스포츠 산업과 ICT

이 저서는 연세대학교 학술연구비의 지원(2020년)으로 이루어진 것임.

스포츠 산업과 ICT

이봉규 · 이철원 · 강희엽 · 박수경 · 사혜지 · 이민석 · 전성범 · 정유진 · 조지연 지음

청송미디어

추천사

4차 산업 혁명 시대를 맞이하여, 스포츠와 ICT 융합이 가속화되고 있습니다. 특히, 5G 기술로 대변되는 디지털 통신 기술의 혁신적인 발전으로 언제 어디서나 스포츠를 실시간으로 즐길 수 있는 스포츠 미디어 환경이 구축되고 있습니다.

5G를 통한 프로 야구 생중계로 팬들이 야구장에 방문하지 않고도 실제 야구장에서 직접 관람하는 듯한 경험을 할 수 있고, AR, VR 기술과 결합한 실감형 중계 서비스들을 통하여 선수의 표정과 현장의 열기까지 생생하게 집에서 느낄 수 있게 되었습니다.

향후 스포츠 실감 미디어 관련 시장은 더욱 성장할 것으로 예측됩니다. 최근의 코로나19의 확산과 언택트(untact, 비접촉) 문화의 확산이 스포츠에 참여하고 즐기는 방식 자체를 변화시키고 있기 때문입니다. 언택트 환경이 일상화되면서 집에서도 즐겁게 스포츠를 즐길 수 있는 실감 미디어에 대한 수요가 급증하고 있습니다. 이처럼 실감 미디어에 대한 사회 문화적 수요는 급속히 증가하고 있으나, 이러한 변화의 동인을 세밀하게 고찰하고 향후의 방향성에 대한 고민을 담은 논의들은 다소 부족했습니다.

그렇기에 스포츠 산업과 ICT의 융합을 다룬 전문 학술서의 출간을 매우 기쁘게 생각합니다. 이 책은 이러한 변화를 이해하고 예측하는 데 있어 꼭 필요한 내용을 담고 있습니다. 특히, 스포츠 산업과 ICT에 관한 균형 있는 시각을 통하여, 4차 산업 혁명 시대의 스포츠 산업이 어떻게 바뀌고 있는지, 어떠한 기술이 산업의 혁신과 변화를 가져 오고 있는지를 다루고 있습니다. 4차 산업 혁명 시대의 스포츠와 ICT의 융합은 이제 피할 수 없는 패러다임의 변화입니다. 이 책이 앞으로 ICT가 스포츠 분야에 가져올 변화와 흐름을 이해하고 미래를 전망하고 예측하는 데 도움이 되기를 기대합니다.

SKT CR 부문장

하성호

머리말

'지루하고 피곤한 일상을 떠나보내고, 기분을 전환하고 신나게 논다'는 의미의 'disport'에서 유래한 '스포츠(sport)'는 개인의 건강 증진이나 관람의 유희뿐만 아니라 전략적 판단에 기초한 공정한 경쟁과 사회적 단결 및 협동심 증진 그리고 경제, 산업적인 측면에서 중요한 가치를 가진다. 최근에는 ICT와의 결합으로 스포츠와 그 산업이 새로운 패러다임 전환을 맞이하게 되었고, 스포츠 참여자들의 건강 유지와 증진, 기록 경신과 만족 증대, 새로운 스포츠 비즈니스의 기회가 열리고 있다. 그러나 스포츠와 ICT 융합의 필요성이 강조되고, 스포츠 산업에서 ICT의 활용 방안에 대한 기대가 증가하고 있음에도 불구하고, 종합적이고 체계적인 논의나 교재는 아직 많지 않은 실정이다.

이 책은 어떻게 하면 쉽고 빠르게 스포츠와 ICT의 융합 배경과 관련 서비스 현황 그리고 스포츠 산업의 미래를 공부할 수 있을까 하는 고민에서 시작되었다. 약 5년 전부터 연세대학교 스포츠응용산업학과, 정보대학원 교수들과 석박사과정 대학원생들이 공동으로 스포츠와 ICT 융합에 관한 정부 프로젝트를 수행하고 연구 논문들을 집필하며 특히, '스포츠와 정보통신' 과목 등을 매학기 팀티칭하면서 스포츠 산업과 ICT에 대해 이해하기 쉽고 종합적으로 다룬 교재의 필요성을 공감하고, 뜻을 모아 이 책을 집필하게 되었다.

이 책은 총 5개 Part로 구성되어 있다. 먼저, Part1 '스포츠 산업과 ICT에 대한 이해'

는 4개의 chapter로 나누어 스포츠 산업 및 ICT 특성과 둘의 만남을 설명하고 있다. Chapter 1은 스포츠 산업에서 ICT의 역할을 이해하는 것에 초점을 두고, 스포츠 산업과 ICT 만남의 필요성 및 배경을 소개한다. Chapter 2에서는 미래 사회 스포츠 산업과 ICT의 융복합을 준비하기 위해서는 먼저 스포츠 산업의 개념과 구조를 이해할 필요가 있기에, 스포츠 산업 전반에 대한 이해와 학습을 통해 스포츠 산업과 ICT가 나아가야 할 방향을 염두에 두고, 스포츠 산업의 정의와 개념, 스포츠 산업의 고유한 특성과 중요성을 살펴본다. Chapter 3에서는 스포츠 산업과 ICT 융합 배경을 산업 관점에서 넓게 조망해 보기 위해 ICT 발전에 따른 산업의 융합 양상을 살펴보고, 4차 산업 혁명 시대의 디지털 트랜스포메이션과 사회 변화 현상들을 고찰한다. 특히, 스포츠 산업과 ICT 융합을 촉진하는 사회 문화적 요구를 분석하고 이해한 것을 바탕으로 마지막 Chapter 4에서는 ICT를 중심으로 스포츠 산업의 변화를 살펴본다. 4차 산업의 핵심 기술, 초연결 구현을 위한 응용 기술, 실감 콘텐츠 환경 구현을 위한 응용 기술 등, 기술의 관점과 더불어 응용 제품의 관점에서 변화 양상을 사례 중심으로 학습한다.

Part2에서 Part4까지는 스포츠 퍼포먼스, 스포츠 서비스, e스포츠 등 특정 스포츠 분야를 중심으로 스포츠와 ICT 융합 현상을 살펴보고 미래를 전망하였다.

Part2 '스포츠 퍼포먼스'는 엘리트 스포츠와 프로 스포츠, 메가 스포츠를 중심으로 변화 양상을 살펴본다. Chapter 5에서는 선수 훈련과 선발, 경기 분석에까지 다양하게 적용되고 있는 빅데이터, AI, 사물 인터넷(IoT) 등 주요 기술들이 어떻게 프로 스포츠 분야에서 활용되고 산업을 변화시키고 있는지 스포츠 산업에 ICT 적용이 가장 활발하게 이루어지고 있는 프로 스포츠 사례와 함께 구체적으로 학습한다. Chapter 6은 올림픽과 월드컵 등 메가 스포츠 이벤트에서의 ICT 활용에 대하여 설명한다. 올림픽과 월드컵으로 대표되는 메가 스포츠는 대규모 관광 효과를 유발하는 국가적인 행사임과 동시에 좋은 성과를 거두기 위해 여러 분야의 전문가, 선수 등의 노력이 집약되기에, 최근 ICT를 기반으로 한 훈련 시스템과 같이 메가 스포츠 이벤트에 ICT가 적용된 사례를 분석하고 향후 확장 가능성을 알아본다. Chapter 7은 스포츠와 기술의 결합을 의미하는 '스포츠테크(Sport Tech)'에 대해 알아보기 위해 스포츠 산업에 영향을 미치는 첨단 기술과, 스포츠 퍼포먼스와 융합이 될 주요 기술 그리고 엘리트 스포츠 프로그램과 선수들의 훈련 향상에 도움을 주는 AI, 로봇, 데이터 등 주요 기술들을 살펴본다.

Part3에서는 ICT와 접목하여 미래의 스포츠 관람과 레저 스포츠는 어떠한 모습으로 변화할지 예상해 본다. Chapter 8은 ICT 발전에 따라 변화하는 스포츠 관람과 시청 방법 가운데 스포츠를 직접 관람하는 '직관'과 집에서 TV로 시청하는 '집관'에 접목되는 기술을 알아본다. 또한, 프로 스포츠 관람 경험 단계를 의미하는 '스포츠 익스피어런스(Sport Experience)'를 토대로 'ICT 익스피어런스'라는 새로운 개념을 설명한다. ICT 익스피어런스를 직관과 집관 현장의 주요 사례 중심으로 살펴보고, ICT 발전과 함께 변화한 스포츠 산업의 마케팅 전략을 조명한다. Chapter 9는 레저 스포츠 분야에서의 ICT 적용에 초점을 두고 어떤 변화가 나타나고 있는지 살펴본다. 앞선 장에서 ICT 활용을 전문 스포츠 영역에 초점을 두고 살펴보았다면 여기서는 일반 시민이 취미나 여가 생활을 영위하기 위해 참여하는 레저 스포츠에서의 ICT 활용을 다룬다. 이를 위해 GPS, IoT, AR, VR, 빅데이터, 드론 등의 기술들이 레저 스포츠 분야에 적용되고 있는 사례들을 알아본다. Chapter 10은 스포츠용품 산업의 디지털 트랜스포메이션 현황을 학습하기 위해 나이키, 아디다스, 언더아머 등 글로벌 일류 업체들이 ICT를 활용하여 어떻게 시장을 선도하고 4차 산업의 스포츠용품 산업을 탈바꿈하고 있는지 살펴본다. 또한, ICT를 통한 혁신으로 삼성, 애플 등 주요 ICT 기업과 경쟁하는 스포츠용품 산업 생태계의 변화와 산업 경쟁력 확보를 위한 다양한 전략 및 미래 전망에 관해 설명한다.

Part4는 ICT와의 융합으로 새롭게 주목받고 있는 스포츠 신산업 분야를 소개하는데, 전 세계적으로 주목받고 있는 e스포츠에 관해 기술한 Chapter 11로 시작된다. Chapter 11은 최근 20년 동안 새롭게 떠오르고 있는 스포츠 신산업인 e스포츠에 대해 기본적인 정의부터 국내외 e스포츠 산업 전반을 조명한다. 즉, e스포츠 산업에 적용되는 ICT 및 e스포츠 중계 기술과 함께 관련 파생 산업 그리고 e스포츠 산업의 현재와 미래를 분석한다. Chapter 12는 4차 산업 혁명 시대를 대표하는 스포츠 산업과 ICT 융복합의 결정체인 디지털 헬스케어에 대해 학습한다. ICT 융복합 기술의 발전과 접목을 통해 더욱 가속화되고 있는 헬스케어 패러다임 변화를 살펴보기 위해 스포츠 산업과 관련된 디지털 헬스케어의 대표적인 기술을 웨어러블 디바이스와 플랫폼 서비스들을 중심으로 살펴보고 새롭게 부각될 디지털 헬스케어 영역도 알아본다.

Part5는 두 개의 chapter로 구성되어 있는데, Chapter 13은 ICT가 적용된 학교 체육 교육의 현황과 주요국의 스마트 교육 전략, 그리고 4차 산업 혁명 시대에 바람직한 학교 체육과 ICT와의 융합을 소개한다. 미래 ICT 교육을 위한 학교 인프라 구축 현황과 ICT의 학교 체육 현장 적용, 스마트 교육을 위한 세계의 ICT 활용 동향에 대해 살펴보고, 기술의 발달로 인한 교육 계획 수립, 학습 과정, 모니터링 등 효율성 향상에 대하여 설명한다. Chapter 14는 인구 고령화에 따른 시니어 스포츠 및 특수 체육 분야의 ICT 활용 방안을 OECD 국가의 실버 ICT 사례, 시니어 스포츠의 국내 동향, 특수 체육에서의 ICT 적용을 중심으로 설명한다.

Part6의 Chapter 15는 4차 산업 혁명 시대 환경에서 스포츠와 ICT 융합이 가속화되며 나타날 변화와 이슈 그리고 ICT를 통한 스포츠 산업 분야에서의 창업을 소개한다. 특히, 성공적인 창업을 위해 알아두어야 할 대표적인 내용을 ICT 기반의 스포츠 창업이 중요해진 배경과 창업과 관련한 기본 개념 및 창업 절차, 과정, 지원 프로그램 등 전반적인 프로세스를 주요 사례와 함께 설명한다. Chapter 16은 급속한 ICT 발전과 융합으로 나타나는 정보 격차(Digital Divide)와 윤리적 이슈 및 문제 해결 방안을 살펴본다. 급격한 디지털 기술 발전과 경제적, 사회적 여건 차에 의해 야기되는 정보 격차의 개념과 향후 스포츠 분야에도 나타날 수 있는 디지털 격차에 관하여 설명한다. 또한, 데이터 활용이 증가하며 나타나는 프라이버시와 AI 접목에 따른 알고리즘 이슈에 관해 주요 현황과 사례를 중심으로 살펴본다.

인류 역사를 되짚어 보면 다양한 형태의 경제 위기는 새로운 기술의 출현이나 확산을 유발하였고, 이에 기반한 기술 혁신이 경제 위기를 종식하는 데 큰 역할을 해 왔다. 최근 코로나19 사태가 여러 가지로 고통스러운 상황을 유발하고 있지만, ICT를 잘 이해하고 적극적으로 활용한다면 다른 분야와 마찬가지로 스포츠 산업에서도 코로나 뉴노멀을 슬기롭게 준비할 수 있을 것으로 기대한다. 그런 면에서 이 책이 포스트 코로나 시대의 스포츠와 ICT 융합을 공부하는 데 디딤돌이 될 수 있기를 희망한다.

끝으로 저자들을 대표하여 이 책이 출간될 수 있도록 물심양면으로 지원해 준 연세대학교 대학출판문화원에 심심한 사의를 표합니다. 저희는 이 책 출간 이후에도 스포츠와 ICT 융합으로 나타나는 새로운 이슈들을 지속적으로 연구하여 책의 내용을 더욱 충실히 보완하고 개정해 나갈 예정입니다. 앞으로도 독자 여러분들의 많은 관심과 성원을 부탁드립니다.

2020년 가을 신촌에서

저자 대표 이봉규, 이철원 배상

CONTENTS

PART 2 스포츠 퍼포먼스

PART 3 스포츠 서비스 – 관람 스포츠/레저 스포츠

PART 6 스포츠 산업의 변화와 준비

PART 1

스포츠 산업과 ICT에 대한 이해

SPORTS INDUSTRY OF
INFORMATION & COMMUNICATION TECHNOLOGY

Chapter 01

스포츠 산업과 ICT는 왜 만나게 되었나

본 장에서는 스포츠 산업과 ICT가 만나게 되는 이유를 분석해 보고자 한다. 이로 인해 스포츠 산업에서 ICT가 어떠한 역할을 하는지 확인하고, 나아가 스포츠 산업과 ICT가 상호 보완적인 관계임을 이해할 수 있도록 할 것이다.

1. 좋은 만남

전 세계적인 코로나19 팬데믹 현상으로 인하여 세계가 혼란스럽다. 많은 사람들이 코로나19로 인하여 외출이 금지되었으며 실외 활동 자체가 위축되었다. 이로 인해 전 세계 스포츠 산업이 위축되었다. 이러한 환경 변화에 의해서 스포츠 산업은 새로운 패러다임을 만들어야 할 상황에 놓였다. 이 시기, 스포츠 산업의 나아갈 방향은 ICT를 통해서 모색할 수 있다. 위기는 기회의 다른 말이기도 하다.

현대 사회에서 스포츠는 사람들의 일상을 구축하는 중요 요인이 되었다. 스포츠가 현대인의 삶에서 의미를 갖게 된 연유에 대하여 엘리스 캐시모어(Ellis Cashmore)는 세 가지 근거를 제시한다(정준영, 2003). 첫째는 선진 사회를 살아가는 사람들의 삶이 너무 변화가 없다는 것이다. 선진 사회에서는 시스템이 고도화, 조직화되어 있어서 일상을 뒤흔드는 사고는 발생하지 않는다. 이러한 일상의 고착성 속에서 사는 사람들은 예측 불가능한 스포츠에 탐닉하게 된다. 둘째, 현대 사회를 사는 사람들은 기본적으로 너무나 착하다는 점이다. 선진 사회를 사는 사람들은 본인의 동물적인 기질을 억제당한다. 이 기질이 마음대로 발산될 수 있는 창구로 스포츠가 현대 사회에서 빛을 발한다. 셋째, 선진 사회는 과도하게 안전하다는 점이다. 빈민층이 몰려 있는 곳이 아니라면 선진국의 대도시는 대부분 안전하다. 안전이 '체득화'된 사람들은 오히려 비안전성을 맛보기 위해서 스포츠를 찾는다. 이와 같은, 현대 사회가 구성한 틀 속에서 사회 구성원들은 스포츠를 통해 일탈을 꿈꾼다.

이렇듯 스포츠를 사랑하는 많은 현대인들이 새 밀레니엄 이후에 새로운 스포츠 현상을 경험하고 있다. 여기서 말하는 새로운 스포츠란 4차 산업 혁명 기술에 따라 변화하고 있는 스포츠를 말한다. 인공 지능, 빅 데이터, 사물 인터넷(Internet of Things, IoT), 가상현실과 로봇 공학을 바탕으로 한 기술의 발전이 이제 스포츠와 만났다. 바야흐로 스포츠와 ICT의 만남은 새로운 문화를 창출하고 있는 중이다.

스포츠와 ICT가 만나서 스포츠 참여자들의 만족을 증대할 수 있는 체제가 구축되고 있다. 황한솔(2020)은 스포츠와 ICT가 만나기 위해서 기본적으로 네 가지 요소가 결합해야 한다고 주장한다. 첫 번째는 '사람'이 있어야 한다. 좋은 플랫폼을 만들어도 이용자가 없으면 의미가 없다. 이용자가 많고, 이용자 간 소통이 가능한 시스템을 구축해야 스포츠 비즈니스가 탄생할 수 있다. 두 번째는 '빅 데이터'가 있어야 한다. 미국의 경우, ESPN에서 스포츠 데이터를 관리하고 이 데이터를 통해 시장을 공략할 수 있는 전략을 짠다. ESPN이 제공하는 다양한 스포츠 자료를 바탕으로 만들어진 콘텐츠는 스포츠 소비자에게 만족감을 준다. 세 번째는 '하드웨어'와 '소프트웨어'가 있어야 한다. ICT와 관련된 하드웨어의 대표적인 것은 모바일 기기이다. 모바일 기기에서 이용할 수 있는 콘텐츠의 제작 및 배포는 소프트웨어를 통해 달성된다. 네 번째는 빅 데이터를 저장할 수 있는 '클라우드 서버' 와 '네트워크 시스템'이 있어야 한다. 빅 데이터를 모아서 저장하고 언제든지 꺼내 쓸 수 있는 기술이 필요하다.

지금의 스포츠 산업 발전에 ICT는 중요한 역할을 하고 있다. 그렇다면 스포츠 산업과 ICT 만남의 중요한 의미는 무엇일까? 이는 네 가지 방향에서 해석 가능하다. 첫째, ICT의 발전은 스포츠 참여자들의 건강 유지와 증진에 도움을 주고 있다. 여가 시간에 스포츠 활동에 참여하는 사람들은 ICT 기반 장비를 부착하여 운동량, 운동 강도, 운동 시간 등에 대한 여러 가지 분석을 통하여 자신에 맞는 운동 프로그램을 관리할 수 있다. 어느 부분의 운동이 필요한지, 어떤 운동이 보완되어야 하는지를 자신의 모바일 기기에서 확인할 수 있다. 빅 데이터 분석을 통하여 부족한 운동 상황을 확인하여 운동 프로그램을 재구성할 수도 있다. 이와 같은 ICT의 적용은 스포츠 참여자들의 만족도 향상에 도움을 준다. 이학준은 ICT의 발전은 스포츠에 참여하는 사람들의 자유감을 향상시킨다고 진단하였다. 이는 모험 스포츠나 극한 스포츠에의 참여 제약을 감소시켜 스포츠 참여에 대한 문턱을 낮춘다. 이학준(2018: 22~23)은 이렇게 진단한다.

> 테크놀로지는 인간 신체의 확장이다. 스킨 스쿠버와 같이 바닷속 산책이 가능하고 수중, 수상, 항공 스포츠가 안정성을 확보하여 일반인의 참여 기회를 확장해 준다. 지금까지 현실에서 불가능한 스키 점프, 스카이다이빙, 스켈레톤 등을 현실뿐만 아니라 가상 현실에서도 가능하게 한다. 이것은 관람 차원에 벗어나 스포츠를 간접 체험할 수 있다는 것이다.

둘째, ICT의 발전은 스포츠 기록 경신에 많은 도움을 줄 수 있다. 예컨대 과거 불가능한 영역으로 일컬어졌던 기록들에 도전할 수 있는 기회를 제공하게 한다. 인공 지능, 빅 데이터, 사물 인터넷, 그리고 가상 현실 등의 기술을 이용한 장비를 통한 훈련은 기록 경신에 도움을 준다. 기록 경신 이외에도 스포츠 판정에서의 판정 오류를 현저히 줄일 수 있다. 테니스 호크아이(Hawk eye), 야구, 축구, 배구 등의 비디오 판독 시스템은 기존 심판 체제에서 나올 수 있는 오류를 최소화한다. 이에 대하여 김찬룡(2018: 20)은 "판정 오류도 스포츠의 하나라는 가치관이 사라지게 될 것"이라고 진단하였다.

유명 선수들은 그들 스스로가 첨단 장비를 찾아 자신의 기량을 극대화하기를 원하기도 한다. 미국 메이저리그 LA 에인절스의 트라웃(Trout)의 경우, 배트 끝에 센서가 달린 스마트 배트를 가지고 타격 훈련을 한다. 그는 스포츠용품 회사인 제프(Zepp)가 만든 이 스마트 배트를 이용하여 타격 속도, 강도, 각도 등을 분석한다. 그는 타격 훈련에서 얻은 정보들을 모바일 디바이스를 통하여 바로 확인한다. 트라웃과 타격 코칭 스태프는 얻은 정보를 통해서 타격 폼을 확인하고 문제가 있으면 바로 해결한다. 골프 선수 미셸 위도 스마트 골프 클럽을 가지고 훈련한다. 그녀는 스윙 궤적을 스마트 골프 클럽에서 나온 정보를 통해서 진단한다. 수영의 펠프스 선수는 스마트 운동화를 신으며 지상 훈련을 하는 동안에 몸 상태를 확인하기도 한다. 여기서 나온 정보를 바탕으로 본인의 컨디션에 맞는 운동 강도를 체크한 후, 수영 훈련을 진행한다. 이와 같이 세계적으로 이름난 스포츠 선수들은 센서를 부착하여 훈련에 임하고 이 정보를 본인의 기능 향상에 적용한다. 선수만이 아니다. 영국 프로 축구 리그(EPL)의 레스터시티는 빅 데이터 분석을 활용하여 우승을 일궈 내기도 했다. 레스터시티는 다양한 각도에서 산출된 경기 영상과 GPS가 부착된 웨어러블 디바이스를 소속 선수들에게 제공하고 이를 통하여 중요한 정보를 얻었다. 그 정보를 통해 훈련을 진행하고, 실제 경기에서 다양한 형태의 전술과 전략을 수립한 것이다. 이와 같은 빅 데이터 분석을 통해서 레스터시티는 '언더독(underdog)의 반란'이라 일컬어지는 리그 우승을 달성했다.

셋째, 스포츠 환경의 변화가 일어나게 된다. 스포츠용품의 다양한 진화가 가능하다. 나노 기술, IoT 그리고 3D 프린팅 기술이 접목된 여러 가지 용품들은 선수나 일반인들의 스포츠 참여의 제약을 감소시킨다. 야구, 배구, 골프 클럽, 테니스 라켓 등의 스포츠용품에 센서가 부착되면 기존과는 다른 스포츠 경험을 할 수 있다. 시뮬레이션 스포츠 또한 스포츠 참여에서 시공간의 제약을 없애고, 기존 스포츠 참여 형태와 다른 경험을 제공해 준다. 스크린 골프 참여자는 야외 라운딩과 다른 골프 경험을 실내에서 경험할 수 있다. 전국의 친구들과 동반 라운딩을 할 수 있으며, 자신의 기록을 친구들이 실시간 열람할 수 있다. 이를 통해서 골프에 대한 욕망이 생겨 실제 라운딩에 관심을 갖을 수도 있다.

참여 스포츠 외에 스포츠 경기장에서도 다양한 변화가 일어난다. VR, AR, 360 비디오 카메라, 드론, UHV 등의 기술이 적용되어 스포츠 관중들은 기존과 다른 스포츠 경기를 볼 수 있다. 또한 시공간을 초월한 경기들을 관람할 수 있다. 경기장에서도 스마트폰 근거리 통신 기술을 통해서 관중들은 즐겁게 경기를 관람할 수 있다. 수원 KT 위즈 파크의 경우, 비콘을 통해서 구단 알림 사항, 구장 소개, 좌석 위치, 입점 매장 안내 등의 메시지를 받을 수 있다.

넷째, 뉴미디어 발전이 가속화되고 있다. 과거 공영 방송이나 케이블 방송사가 제공하는 형태를 뛰어넘는 소셜 네트워크 서비스나 여러 모바일 디바이스를 통한 스포츠 시청이 가능해졌다. 스포츠 중계에 ICT가 접목되면서 급격하게 코드 커팅(cord-cutting) 또한 이루어지고 있다. 코드 커팅은 유료 케이블 회원에서 탈퇴하고 인터넷이나 스트리밍 서비스 등으로 옮겨 가는 현상을 말한다. 이에 많은 스포츠 소비자들이 유튜브, 페이스북 등을 중심으로 스포츠 중계나 뉴스를 시청하고 있다.

스포츠 산업이 발전하는 데 있어서 과학 기술의 발전은 필수적이다. 우리 사회에서 4차 산업 혁명 기술을 가장 크게 실감할 수 있는 분야가 스포츠 산업이다. 가상 · 증강 현실, 3D 프린팅, 사물 인터넷, 빅 데이터 같은 기술들의 활용 정도에 따라 우리 스포츠 산업의 발전 여부는 달라질 것이다.

전 세계적으로 스포츠 산업 규모는 2017년 기준으로 약 1조 3000억 달러(1430조 원)으로 추산된다. 이는 세계 자동차 산업 규모인 1조 4000억 달러와 동일한 수준이다. 이렇듯 스포츠 산업이 계속 성장하고 있기에 문화체육관광부는 2019년 1월 '제3차 스포츠 산업 중장기 계획'을 발표하였다. 이는 4차 산업 기술과 스포츠 분야를 접목하여 한국의 차세대 먹거리를 스포츠 산업 분야에서 찾고자 노력한 흔적으로 볼 수 있다. 이러한 시점에서, 우리는 스포츠 산업과 ICT의 만남을 통해서 한국 스포츠 산업이 성장할 수 있는 기회를 모색해야 할 것이다.

2. 스포츠 산업 패러다임의 변화

ICT와 스포츠 산업이 만남에 따라 스포츠 산업의 패러다임도 바뀌어야 한다. 과거 스포츠 산업이 시설, 용품, 장비, 경기장, 티켓 판매 등에 집중이 되어 있었다면 이제는 스포츠 서비스에 주안점을 두고 스포츠 산업을 해석해야 한다.

서비스의 관점에서 스포츠 산업은 두 가지 맥락을 고려해야 한다. 첫째, 스포츠 산업은 철저하게 '관계' 중심의 비즈니스 영역이다. 스포츠를 구성하는 요소들인 선수, 코치, 감독, 구단 관계자, 관중, 마케터, 에이전트, 시설 관리자, 미디어 관계자, 스폰서, 광고 책임자 등이 서로 소통할 수 있는 비즈니스가 스포츠 산업이다. 하나의 이벤트가 성공하기 위해서 소통은 필수적이다. 스포츠 산업에서 기술보다 중요한 것은 사람 사이의 깊은 유대감이다. 팬들이 스포츠 구단과 선수를 신뢰하지 못하면 그 구단은 필패(必敗)의 길에 들어선다.

스포츠에서 중요한 요소는 '즉흥성'이다. Shank(2011)는 이와 같은 즉흥성에서 스포츠 산업 관계자의 어려움이 존재한다고 말한다.

> 스포츠와 다른 형태의 오락물들과의 중요한 차이점은 바로 즉흥성이다. 연극은 각본으로 연기되고, 콘서트는 프로그램이 미리 짜여 있다. 하지만 스포츠에서 우리를 흥분시키는 활동은 즉흥적이며 이벤트에 참가하는 사람이라 할지라도 통제가 불가능하다. 우리가 코믹 영화를 보러 갈 때는 웃음을 기대하고, 공포 영화를 보러 갈 때는 입장료를 지불하기도 전부터 겁에 질릴 것이란 걸 예상한다. 그러나 스포츠를 관전할 때 우리가 느끼게 될 감정은 예측하기가 정말 어렵다. 만약 경기가 팽팽하게 진행되었고 우리 팀이 승리한다면 우리는 흥분과 기쁨을 맛볼 것이다. 반대로 경기가 지루하게 진행되고 우리 팀이 패배한다면 우리가 받게 될 오락의 효과는 상당히 다를 것이다. 이러한 스포츠의 즉흥성으로 인해 스포츠 제작자들은 다른 오락 산업의 제작자들과는 사뭇 다른 형태의 도전 과제들에 직면하고 있다(pp.5~6).

스포츠 산업에서 일하는 '스포츠 제작자'들은 스포츠라는 매력적인 콘텐츠를 통하여 어떻게 인적 구성 요인들과 원활한 소통을 할 것인가에 대해 고민해야 한다. ICT가 스포츠 산업에서 구성원들 간의 좋은 관계를 만들어 주는 방향에서 적용되어야 한다.

둘째, 스포츠 산업을 움직이는 힘은 이윤 극대화나 수익 창출이 아닌, '재미'이다. 스포츠 지도 영역을 예로 들어보자. 예전에는 골프나 테니스를 배우고자 하는 사람들은 골프 연습장이나 테니스 코트를 찾아서 지도자에게 기초부터 배웠다. 그러나 이제는 많은 사람들이 골프와 테니스 기술을 유튜브를 통해서 배운다. 그 이유는 무엇일까? 바로 재미 때문이다. 유명 유튜버 강사들은 무엇보다도 재미있게 가르친다. 지금은 유튜브 외에도 VR, AR, 홀로그램 등의 기술이 접목된 다양한 형태의 레슨이 등장하고 있다.

ICT가 접목된 스포츠 산업이 다른 오락 산업보다 더 많이 성장하기 위해서는 스포츠 소비자들에게 재미를 줄 수 있는 콘텐츠를 개발해야 한다. 기술보다는 소프트웨어를 개발하는 것이 중요한 시대가 되었다. 추후 스포츠 산업 영역에서는 소비자의 '눈높이'에 맞는 경기, 제품, 경기장, 서비스 등이 개발되어야 한다.

아디다스 스피드 팩토리에서는 3D 프린팅 기술을 통해서 개인용 맞춤형 신발이 단 5 시간 만에 제작 가능하다. 2015년 독일 남부 지역인 안스바흐(Ansbach)에 만들어진 아디다스 스피드 팩토리는 로봇을 통해서 신발 소비자의 신체나 보행 컨디션 등을 고려한 맞춤형 운동화를 생산하였다. 여기에서는 연간 50만 켤레 이상의 운동화 생산이 가능하다. 이와 같이 소비자에게 필요한 용품을 제공해 주는 것이 거시적인 측면에서 소비자들에게 재미를 부여하는 일이다.

스포츠 산업에 대한 패러다임을 관계 중심과 재미 부여의 비즈니스 영역으로 간주할 때가 도래했다. 이제 스포츠 산업은 사회 구성원들이 삶에 깊숙하게 침투하여 그 어떠한 오락 산업보다도 큰 영향력을 행사하고 있다.

3. 한국 스포츠 산업 발전을 위한 전제

한국 사회의 스포츠 산업 발전에 ICT는 큰 역할을 하고 있다. 선진국을 중심으로 스포츠 산업 육성을 위해 ICT를 적용한 다양한 접목이 시도되고 있다. 이와 같은 시점에서 ICT를 통하여 한국 스포츠 산업이 발전하기 위해서는 세 가지 전제를 고려해 보아야 한다.

첫째, 정부의 ICT와 스포츠 산업 발전을 위한 장기적인 계획이 필요하다. 현재 국내 스포츠 기업 중에서 95.9%는 종사자 10인 미만의 영세 기업이고, 국내 스포츠 기업의 해외 수출 비중은 전체 매출액의 2%에 그치고 있다. 이와 같은 열악한 산업 상황을 해결하기 위해서는 문화체육관광부의 스포츠 산업 육성을 위한 ICT를 적용할 수 있는 중장기 계획이 필요하다. 문화체육관광부의 '제3차 스포츠 산업 중장기 발전 계획'에 따르면 정부는 국내 스포츠 산업 시장의 규모를 2023년까지 95조 원으로 키우고, 기업의 영세성 완화를 위한 전략 구성을 시도하고 있다. 이를 위하여 문화체육관광부는 5대 전략과

10대 과제를 제시하기도 하였다. ICT를 한국 스포츠 산업 분야에 접목할 수 있는 아이디어를 정부에서는 구체적으로 설정해야 한다. 나아가 정부가 나서서 우리만의 특색이 살아있는 스포츠 ICT라는 산업군을 창조해야 한다.

둘째, 국내 기업들의 스포츠 산업 영역으로의 접근을 용이하게 해야 한다. ICT와 관련 있는 통신 회사나 IT 기업들이 스포츠 콘텐츠를 이용하여 여러 제품을 만들 수 있는 사회적 여건 조성이 필요하다. SK 텔레콤의 경우, 농구 팀인 서울 SK 나이츠는 ICT를 적용하여 팬들을 즐겁게 하는 구단으로 유명하다. SK 나이츠는 국내 프로 스포츠 구단 최초로 3D 홀로그램 쇼를 선보였다. 경기장 상공에서 선수와 SK 나이츠 로고 홀로그램을 구현하여 팬들의 관심을 이끌어 내었다. 이와 같은 노력으로 SK 나이츠는 2019년 홈경기 6경기에서 32,820명의 관중을 기록했다. 스포츠 구단을 소유한 기업들이 ICT를 이용하여 팬들에게 다가갈 때 팬들의 스포츠 만족도는 향상된다.

스포츠 웨어 회사들도 의류에 ICT를 접목하는 여러 시도를 하고 있다. 2017년 5월, 구글은 청바지 브랜드 리바이스와 스마트 의류인 커뮤터 트러커 재킷(commuter trucker jacket)을 만들어 시중에 선보였다. 천에 전류를 흘려 보내 사용자의 행동을 인지하는 기술로 스마트폰을 꺼내지 않고 옷을 터치만 해도 스마트폰 사용을 가능하게 하였다. 이 제품은 자전거를 타고 통근하는 직장인들에게 인기를 얻었다. 2017년 언더아머(Underarmour)는 자는 동안에 운동 능력을 회복하게 도와주는 잠옷과 스마트 신발을 시장에 선보였다. 이 잠옷은 자는 동안 운동 능력을 회복시켜 주고, 수면 중에 발생하는 땀을 흡수하고 원적외선을 형성해서 숙면에 도움을 준다. 스마트 신발은 이용자가 운동 전에 신발을 신고 점프를 6회 하면 그 기록을 측정해서 이용자의 몸 상태를 점검한다. 이와 같은 스포츠 웨어로의 ICT 적용을 국내 기업들도 활발히 시도해야 한다.

황한솔(2020)은 국내 프로 스포츠가 지속적으로 성장하기 위해서는 팬들에게 필요한 콘텐츠를 제공해야 한다고 말한다. 그렇지 않을 경우에는 우리 프로 스포츠를 팬들이 외면할 수 있다고 한다. 황한솔(2020: 19)은 이에 대하여 다음과 같이 논평한다.

> 미국의 프로 스포츠 단체들은 도태되지 않기 위해 큰 노력을 하지만, 모기업이 지원하는 우리나라 프로 스포츠의 경우 수익성이라는 절박함이 덜한 것 같다. 따라서 팬들을 유

인할 수 있는 연관 콘텐츠를 개발할 필요성이 크지 않아 보인다. 하지만 팬들은 시시각각 변하고 있고 다양한 콘텐츠에 이미 익숙해 있다. 이들은 늘 각종 진화된 디지털 장비들을 사용하고 스포츠도 이들에게는 각종 장비를 활용하여 소비되는 하나의 콘텐츠로 인식될 수 있다. 변화하는 소비자를 잡을 수 없다면 우리나라 프로 스포츠의 미래는 어둡고 결국 도태될 것이다. 그리고 그 피해는 스포츠를 삶 속에서 가장 소중하게 생각하는 팬들에게 고스란히 돌아갈 것이다.

셋째, ICT를 통한 스포츠 산업 육성이 사회 갈등을 해소할 수 있게 해야 한다. 스포츠에 참여할 수 없는, 여러 제약을 갖는 계층들에게 ICT는 신세계를 제공해 줄 수 있다. 소외 계층들이 스포츠에 참여하는 데에는 많은 제약들이 존재한다. 시간, 돈, 장비, 운동 동반자 등의 제약을 AR이나 VR을 통한 스포츠 체험은 해결할 수 있다.

한 사회의 스포츠 산업이 추구해야 하는 방향은 사회 구성원 모두가 스포츠를 통하여 행복한 삶을 영위하는 데에 있다. 이를 위하여 지방 자치 단체는 사회 구성원 모두가 만족할 만한 스포츠 시스템을 구축하는 데 앞장서야 한다. 기업도 소외 계층을 위한 스포츠를 통하여 다양한 사회 공헌 활동을 벌여야 한다.

스포츠 산업과 ICT의 만남은 사회 변혁을 수행한다. 스포츠라는 콘텐츠를 더욱 매력적으로 보이게 하는 데 ICT가 일조하고 있다. 스포츠 산업이 ICT를 만나 날개를 달고 사회 구성원들의 삶을 행복하게 한다.

연구 문제

1. 스포츠 산업과 ICT 만남의 의미를 설명하시오.

2. 스포츠 산업의 패러다임 변화 속에서 고려해야 할 서비스적 관점 설명하시오.

3. ICT를 접목하여 한국 스포츠 산업 발전을 위한 전제를 설명하시오.

Chapter **02**

스포츠 산업에 대한 이해

전 세계적으로 스포츠의 가치는 상승하고 있으며, 오늘날 4차 산업 혁명과 함께 스포츠 산업이 차지하는 시장과 규모는 빠르게 변화하고 있다. 미래 융복합 시대 스포츠 산업과 ICT는 주목받는 고부가 가치 사업으로서 함께 성장해 갈 것으로 예상된다. 스포츠 산업과 ICT의 영역을 확장하는 데 앞서 이번 장은 스포츠 산업 전반에 대한 이해와 학습 과정을 통해 스포츠 산업과 ICT가 나아가야 할 방향과 길을 모색하고자 한다.

1. 스포츠 산업의 개념

1) 스포츠 산업의 정의

오늘날 스포츠 활동 참여 인구가 증가하면서 스포츠에 대한 관심도 함께 증대되고 있다. 스포츠는 현대인들의 다양한 가치와 욕구를 충족시켜 줄 수 있는 중요한 자원으로서, 현대 사회에서 차지하는 비중이 지속적으로 확대되고 있다. 근대 스포츠가 형성된 이후 스포츠는 빠르게 질적 · 양적 성장을 이루어 왔으며, 스포츠 산업은 주목받는 21세기 새로운 고부가 가치 성장 산업으로 자리매김하고 있다. 스포츠 산업이 굴뚝 없는 고부가 가치 산업으로 인정받는 이유는 스포츠 활동 하나로 엄청난 경제적 가치와 파급 효과를 이끌어 낼 수 있기 때문이다. 실제 프로 스포츠 구단과 스포츠 이벤트의 수익과 규모를 살펴보면 스포츠 산업의 경제적 가치와 파급 효과의 정도를 쉽게 파악할 수 있다.

『포브스(Forbes)』에 따르면 미국의 4대 메이저 프로 스포츠의 2018년 기준 연간 수익은 미식축구(NFL) 140억 달러(약 15조 5190억 원), 프로 야구(MLB) 100억 달러(약 10조 8600억 원), 프로 농구(NBA) 50억 달러(약 5조 6800억 원), 프로 아이스하키(NHL) 37억 달러(4조 2228억 원)로 나타났다(문화체육관광부, 2019). 미국인들로부터 가장 큰 사랑을 받는 스포츠 이벤트인 '슈퍼볼(Super bowl)'의 광고 총액은 4억 달러를 상회하였으며, '슈퍼볼'에서 광고를 내보내기 위해서는 초당 2억이 넘는 금액을 지불해야만 한다. 세계 최고의 축구 리그로 평가받는 잉글랜드 프리미어 리그(EPL)의 전체 중계권료는 50억 파운드(약 7조 5800억 원) 정도로 알려지고 있다(허종호, 2020). 이처럼 스포츠가 가지고 있는 경제적 가치와 영향력은 다른 산업과의 융복합을 통해 규모와 영역이 더욱 확장되고 있다. 또한 스포츠 산업과 ICT의 융복합은 미래 사회 새로운 가치를 창출할 수 있는 신성장 산업으로 주목받고 있으며, 정보 통신 기술 분야와 함께 4차 산업을 이끌어갈 핵심 산업으로 부상하고 있다(문화체육관광부, 2019).

미래 사회 스포츠 산업과 ICT의 융복합을 준비하는 시점에서 우선적으로 스포츠 산업의 개념과 구조를 이해하고 넘어갈 필요가 있다. 현재 스포츠와 스포츠 산업의 개념은 먼저 법률적 근거를 바탕으로 그 의미를 탐색해 볼 수 있다. 2007년 고부가 가치 산업으로서 성장 가능성을 가진 스포츠 산업의 기반 조성과 경쟁력 강화를 도모하기 위한 목적으로 「스포츠산업진흥법」이 제정되었다. 「스포츠산업진흥법」을 바탕으로 스포츠 산업의 진흥과 발전을 위한 법적 근거를 마련할 수 있었다. 「스포츠산업진흥법」 제2조 1항에 따르면 스포츠는 '건강한 신체를 기르고 건강한 정신을 함양하며 질 높은 삶을 위하여 자발적으로 행하는 신체 활동을 기반으로 하는 사회 문화적 행태'라고 명시하고 있다. 동법 제2조 2항에서는 스포츠 산업을 '스포츠와 관련된 재화와 서비스를 통하여 부가 가치를 창출하는 산업'으로 명시하고 있다.

지금까지 스포츠 산업에 대한 개념적 정의에 대한 의견들은 다양하게 제시되어 왔으며, 스포츠 산업을 정의한 학자 및 선행 연구자들의 관점은 다음과 같다. Pitts, Fielding과 Miller(1994)는 스포츠 산업을 '스포츠, 레저, 레크리에이션과 관련된 상품, 서비스 및 아이디어를 스포츠 소비자에게 제공하는 산업의 하나'라고 하였다. Li, Hafacre와 Mahony(2000)는 스포츠 산업이란 '스포츠 활동과 관련되어 생산되는 제품 및 서비스를 판매 또는 거래하는 조직의 모임'으로 정의하였다. 강준호(2005)는 스포츠 산업을 정의하는 데 스포츠 파생 상품과 스포츠 산업 클러스터라는 개념을 도입하였다. 스포츠 파생 상품이란 다양한 스포츠 활동으로부터 파생되는 제품 및 서비스를 의미하고, 스포츠 산업 클러스터란 스포츠 파생 상품을 생산하는 개별 생산 단위의 유기적 연결체라고 하였다. 결국 기존의 스포츠 산업이란 용어는 스포츠 산업 클러스터라는 용어로 대체 사용되어야 한다고 주장하였다. 박장호(2006)는 스포츠 산업이란 '스포츠와 관련된 활동에 참여하는 사람들에게 재화와 서비스를 생산 및 제공하고 유통하는 산업'이라고 정의하고 있다. 김용만, 박세혁, 전호문(2011)은 '스포츠 활동에서 소비자들의 욕구를 충족시키기 위해 재화 및 서비스를 제공하는 산업'이라고 정의하였다. 『스포츠 산업 백서』에 의하면 스포츠 산업은 '스포츠 활동과 관련되어 발생하는 유무형의 재화나 서비스를 생산하여 소비자에게 제공함으로써 부가 가치를 창출하는 산업'으로 정의할 수 있다(문화체육관광부, 2019).

이러한 의견들을 바탕으로 요약하면, 스포츠 산업의 개념을 정의하는 데 공통적인 것이 바로 스포츠 활동을 기반으로 한 산업이자 스포츠와 관련된 상품 및 서비스에 중점을 둔 산업 체계라는 것을 알 수 있다. 따라서 스포츠 산업은 '스포츠 자원을 바탕으로 파생되는 제품 및 서비스들을 판매하고 소비하는 일련의 모든 활동'으로 정의할 수 있다.

2) 스포츠 산업의 특성

현대 사회에서 스포츠가 가지는 특성과 의미는 다양하다. 스포츠 산업은 스포츠와 관련된 재화나 서비스를 자원으로 이루어지는 산업이기 때문에 스포츠 산업만의 고유한 특성을 구분하고 그 의미를 탐색해 볼 필요가 있다. 이에 따라 스포츠 산업이 가지는 특성은 기존의 다른 산업과 명확히 구분될 것이다. 스포츠 산업을 전반적으로 이해하기 위해서는 스포츠 산업이 가지는 특성과 의미를 분명히 알아야 할 것이다. 문화체육관광부(2019)에서 발간한『스포츠 산업 백서』를 바탕으로 스포츠 산업의 특성은 다음과 같이 정리해 볼 수 있다.

(1) 복합적인 산업 분류로 구성된 산업

첫째, 스포츠 산업은 복합적인 산업 분류로 이루어진 산업이다. 현재 국내 스포츠 산업은 제공되는 서비스나 재화의 특성에 따라 크게 스포츠 시설업, 스포츠용품업, 스포츠 서비스업으로 분류된다. 그러나 산업 분류 기준에 따라 스포츠 산업을 살펴보면 스포츠 산업은 다양한 산업 분류가 혼합되어 있다는 점을 확인할 수 있다. 이에 가장 최근, 통계청에서 분류한 스포츠 산업에 대한 특수 분류를 바탕으로 스포츠 산업의 복합적인 산업 분류에 대한 이야기를 해 볼 수 있다. 대표적으로 스포츠용품업의 운동 및 경기 용품 제조업과 스포츠 시설업의 스포츠 시설 건설업 등은 대표적인 2차 산업으로 분류되는 산업으로 볼 수 있다. 그리고 스포츠 서비스업의 스포츠 경기 서비스업, 스포츠 정보 서비스업 등은 대표적인 3차 산업의 하나로 분류할 수 있다. 이처럼 스포츠 산업은 서로 다른 산업 분류가 복합적으로 혼합되어 있는 특징을 가진 산업이라고 할 수 있다.

(2) 시설과 공간 중심의 산업

둘째, 스포츠 산업은 시설과 공간 중심의 산업이다. 스포츠 산업에서 시간과 함께 중요한 것이 바로 시설과 공간이다. 스포츠 활동을 매개로 한 다양한 서비스를 제공하기 위해서는 시설과 공간이 반드시 필요하다. 전 세계인들로부터 많은 사랑을 받는 월드컵은 축구 경기를 진행하기 위해서 반드시 축구 경기장 시설이 필요하다. 축구 경기를 진행하기 위해서는 최소한 가로 90m, 세로 45m의 운동장 공간이 필요하며, 축구 경기를 관람할 수 있는 경기 관람 시설에 대한 조건이 갖추어져야 한다. 축구뿐만 아니라 많은 스포츠 종목들도 각각의 종목 특성에 맞는 경기장 시설과 공간에 대한 조건이 필수적이라고 할 수 있다. 스포츠 시설과 공간이 갖추어졌을 때 많은 사람들이 스포츠와 관련된 재화와 서비스를 즐기고 소비할 수 있기 때문에 스포츠 산업은 시설과 공간 중심의 산업으로 볼 수 있다.

(3) 시간 소비 산업

셋째, 스포츠 산업은 시간 소비 산업이다. 스포츠 산업에서 시간의 중요성은 무엇보다 크다고 할 수 있다. 현대 스포츠의 발전과 스포츠 산업의 성장은 산업 발달로 인한 노동

시간의 감소와 여가 시간의 증대가 있었기에 가능했다. 스포츠는 시간이라는 기본적 조건이 갖추어지지 않는다면 존재할 수 없을 것이다. 우리는 많은 시간을 투자하여 스포츠를 소비한다. 2019년 미국에서 열린 US 오픈 테니스 대회는 스포츠가 시간 중심의 산업이라는 것을 보여 주는 대표적인 예이다. 2019 US 오픈 테니스 대회는 나달 선수와 메드베데프 선수가 5시간에 걸친 혈투 끝에 나달 선수의 우승으로 마무리되었다. 결승 경기를 직접 관람한 사람들뿐만 아니라 중계로 경기를 시청하던 전 세계 많은 테니스 팬들은 그때까지 보지 못했던 명승부에 빠져들었고, 5시간이라는 긴 시간 동안에도 전혀 지루하지 않게 스포츠를 소비하였다. 이는 다른 스포츠 종목에서도 나타나는 현상이며, 실제 스포츠 활동에 참여할 때에도 적지 않은 시간을 소비하는 것이 사실이다. 이처럼 스포츠 산업에서 시간은 중요한 요소로, 많은 사람들이 스포츠 서비스를 즐기면서 시간을 소비하고 있다는 점을 확인할 수 있다.

(4) 재미를 중심으로 소비자와 직접 접촉하는 산업

우리들이 스포츠를 좋아하는 이유는 스포츠가 재미있기 때문이다. 다양한 여가 활동 중에서 스포츠를 선택하고 즐기는 까닭도 바로 스포츠가 재미와 오락을 제공해 줄 수 있기 때문이다. 친구나 가족과 함께 여가 시간을 즐기기 위해 야구장을 방문하는 것도 바로 야구장이 선사하는 재미와 즐거움이 크기 때문일 것이다. 한강에서 즐기는 '치맥'도 나름의 매력이 있지만, 잠실야구장에서 즐기는 치맥은 그 이상의 재미를 제공해 준다. 스포츠는 선택재로서 소비자들의 선택을 받게 되지만 재미와 오락의 조건을 충족시킬 수 있다면 소비자들에게 많은 선택을 받을 수 있으며, 이에 스포츠 산업은 더욱 발전해 나갈 수 있는 기회를 마련하게 될 것이다. 이처럼 재미와 오락은 스포츠 산업을 구성하는 중요한 특성으로 볼 수 있다.

(5) 감동을 가져다 주는 산업

스포츠가 많은 사람들에게 사랑을 받는 이유는 스포츠에 감동이 있기 때문이다. 스포츠에는 인생의 희로애락(喜怒哀樂)이 묻어나기도 한다. 스포츠가 인생에 희로애락과 감동을 선사할 수 있는 것은 바로 스포츠가 예측불허의 결과를 제공할 수 있기 때문이다. 많은 사람들은 '한 편의 각본 없는 드라마'라는 비유로 스포츠를 설명하기도 한다. 실제로 스포츠는 항상 누구도 알 수 없는 드라마와 같은 명승부를 소비자들에게 제공함으로써 그 어떤 산업에서도 제공할 수 없는 감동의 서비스를 선사해 왔다. 예를 들어, 2002년 월드컵 4강의 기적은 많은 국민들에게 우리도 할 수 있다는 희망과 감동을 안겨 주었고, 평창 동계 올림픽의 성공적인 개최는 많은 국민들에게 새로운 감동의 드라마를 선사해 주었다. 사람들은 이러한 스포츠의 특성에 매료되어 스포츠에 더욱 열광하게 된다. 스포츠 산업은 스포츠만이 가지는 고유의 특성을 바탕으로 소비자에게 감동을 전달해 줄 수 있는 산업인 것이다.

3) 스포츠 산업의 중요성

2018년 기준으로 전 세계 스포츠 시장의 규모는 약 1473조 원 수준으로 추정된다. 2011~2015년 기간 동안 세계 스포츠 산업은 연평균 성장률 3.7% 수준으로 GDP 대비 성장률이 높은 산업으로 평가되고 있다(이수행, 성영조, 염유경, 정윤철, 김인수, 2015). 이미 스포츠 산업은 ICT와의 융복합을 통해서 산업의 규모와 범위가 더욱 다양화되고, 또한 확장되고 있으며 국가 정책적으로도 '스포츠 산업 중장기 발전 계획'을 통해 스포츠 산업 진흥을 위해 노력하고 있다. 미래 국가 핵심 전략 산업으로 평가될 정도로 4차 산업 사회에서 스포츠 산업이 가지는 역할과 중요성은 크다고 할 수 있다. 이에 『스포츠 산업 백서』(2019)의 내용을 바탕으로 스포츠 산업의 역할과 중요성을 다음과 같이 정리해 보고자 한다.

(1) 21세기 고부가 가치 산업

스포츠 산업은 21세기 고부가 가치 산업이 될 수 있다. 이미 전 세계적으로 스포츠의 가치는 천문학적인 수준을 뛰어넘고 있다. 스페인 축구 명문 구단 레알 마드리드의 구단 가치는 3조 7천억 원, NFL의 1년 중계권료는 5조 원, 슈퍼볼 경기의 광고료는 1초에 약 44억 원 수준이다. 전 세계 기업들은 스포츠 스폰서십 획득을 위해 매년 50조 원이 넘는 비용을 지불하고 있다(강준호, 2014). 이처럼 스포츠는 여러 면에서 전 세계인들의 이목을 집중시킬 수 있는 능력을 가지고 있다. 스포츠 산업은 스포츠 참여를 넘어서 새로운 부가 가치를 창출하는 성장 산업으로 주목받기 시작하였다. 스포츠에 대한 관심과 인기가 높아질수록 스포츠 시장이 가지는 가치와 규모는 더욱 빠르게 성장할 것이다. 또한, 스포츠 산업은 창조적인 산업으로서 융복합을 통해 4차 산업 사회에 주목받는 산업으로 성장해 나갈 것이다.

(2) 성장 잠재력을 갖춘 산업

스포츠 산업은 다른 산업에 비해 성장 잠재력이 뛰어난 산업이라고 할 수 있다. 『스포츠 산업백서』(2019)에 의하면, 전 세계 스포츠 산업의 규모는 2018년을 기준으로 약 1473조 원으로 추정되며, 국내 스포츠 산업 매출액은 78조 원으로 국내 총생산(GDP) 대비 약 4.1%를 차지하고 있는 것으로 나타났다. 스포츠 산업은 국내 총생산(GDP) 대비 성장률이 높은 산업으로 볼 수 있다. 지금까지 스포츠 산업은 스포츠 관련 재화나 서비스를 제공하는 스포츠용품업, 스포츠 시설업, 스포츠 서비스업을 바탕으로 빠르게 성장해 왔지만 미래의 스포츠 산업은 다양한 기술 산업들과의 융복합을 통해 새로운 콘텐츠와 서비스를 지속적으로 생산하는 것이 가능할 것이다. 이미 4차 산업 혁명 이후 스포츠 산업과 ICT의 만남은 스포츠 산업의 외연을 확장시키고, 스포츠 산업 분야에서 새로운 콘텐츠와 서비스가 끊임없이 제공되고 있다. 앞으로 스포츠 산업은 더욱 다양한 산업과의 융복합을 기대해 볼 수 있으며, 이는 스포츠 산업의 무한한 성장 잠재력을 촉발하여 미래 4차 산업 사회를 이끌어 가는 신성장 산업으로 발전해 나갈 것이다.

(3) 미디어적 가치가 있는 산업

스포츠가 가지는 중요한 가치 중 하나는 미디어 효과를 극대화시킬 수 있다는 점이다. 다른 어떤 콘텐츠보다 사람들의 관심과 이목을 집중시킬 수 있는 산업이 바로 스포츠 산업이라고 할 수 있다. 스포츠 미디어적 가치를 쉽게 확인할 수 있는 곳이 바로 스포츠 마케팅의 현장이다. 메가 스포츠 이벤트나 스포츠 스타의 미디어적 가치가 마케팅 수단으로 활용되고 있는 것이다. 미국 최대의 스포츠 이벤트인 '슈퍼볼'의 경우 TV 시청자 수는 약 1억 340만 명 정도이고, '슈퍼볼' 경기의 30초 광고 금액은 약 58억 원 수준으로 추정된다(기정아, 2019). 전 세계인들의 이목을 집중시킬 수 있는 메가 스포츠 이벤트는 스폰서와 광고의 전쟁터라고 할 수 있다. 세계적인 기업들이 올림픽이나 월드컵의 메인 스폰서 자격을 얻기 위해서 막대한 비용을 지불하고 있는데, 메인 스폰서의 수는 제한적이다. 세계적인 프로 골프 선수들은 걸어 다니는 개인 광고판이라고 할 수 있을 정도로 많은 대회 스폰서와 선수 개인 스폰서십인 인도스먼트(Endorsement)가 제공되고 있다. 기업들이 특정 선수의 우수한 실력과 노출 효과 등을 고려하여 후원하는 것이다. 이처럼 세계적인 기업들이 스포츠 스폰서 마케팅 현장에 뛰어든 이유는 스포츠의 미디어 효과와 가치가 그만큼 뛰어나기 때문이다. 스포츠 산업을 구성하는 스포츠 이벤트, 경기장, 선수 등의 모든 요소들이 스포츠의 미디어적 가치를 설명해 주고 있으며, 이러한 가치를 통해 스포츠 산업의 중요성을 확인해 볼 수 있다.

(4) 국민 건강 복지에 기여하는 산업

스포츠 산업은 국민 건강 복지에 기여하는 산업이다. 스포츠 산업이 많은 사람들에게 관심을 받는 이유는 바로 스포츠에 직접 참여하고 경험할 수 있다는 점이다. 스포츠 산업은 많은 사람들의 스포츠 참여를 이끌어 내고 있다. 스포츠 산업에서 소비자는 스포츠 경기를 관람하면서 서비스 및 재화를 구매하고 소비하기도 하지만, 스포츠 활동에 참여함으로써 스포츠용품을 직접 구매하고 재화를 소비하기도 한다. 또한 스포츠 활동을 통해 자연스럽게 다양한 욕구를 충족시키고 건강 증진의 목적도 달성할 수 있게 된다. 실제 스포츠 참여를 선호하는 인구가 증가하면서 정부는 국민들의 여가 선용과 생활 체육 발전을 위한 적극적인 체육 정책들을 제정하여 예산 지원을 아끼지 않고 있다. 2018년에는 생활 체육 육성을 위해 약 5000억 원의 예산을 지출하였다(문화체육관광부, 2019).

스포츠 산업의 성장은 실제로 수준 높은 생활 체육 시설을 제공하는 데 큰 도움이 되고 있다. 현재 우리나라는 올림픽, 월드컵, 세계 선수권 대회와 같은 메가 스포츠 대회를 개최하면서 스포츠 선진국 대열에 올라섰다. 아울러 이를 통해 생활 스포츠 저변 확대 및 활성화에 기여할 수 있게 되었다. 스포츠 산업은 현대인들의 스포츠 활동 참여를 자연스럽게 유도하고 도움을 줄 수 있는 산업으로서 국민 건강 복지 증진에 기여할 수 있다는 점을 확인할 수 있다.

2. 스포츠 산업의 분류

오늘날까지 시간의 흐름에 따른 기술 발전과 스포츠 환경의 변화 속에서 스포츠 산업의 범위가 확장되고, 내용들은 더욱 복잡해졌다. 스포츠가 대중에게 확산되면서 스포츠를 통해 파생되는 서비스나 제품의 분야도 다양하게 나타나고 있다. 스포츠 산업의 중요성에 따라 스포츠 산업 분류에 대한 의견들이 활발히 제시되어 왔다. 위에서 스포츠 산업의 첫 번째 특성으로 설명했듯이 스포츠 산업은 다양한 산업 분류가 혼합되어 나타나는 특성을 가지고 있다. 국내 스포츠 산업은 스포츠 산업을 분류하는 데 가장 쉽게 활용되는 방법으로 제공되는 서비스나 재화의 특성에 따라 크게 스포츠 시설업, 스포츠용품업, 스포츠 서비스업으로 분류할 수 있다. 『스포츠 산업 백서』에서는 최근에 이르기까지 스포츠 산업 특수 분류를 제시하고 있다. 국내에서는 2000년 1월부터 스포츠 산업 특수 분류 v1.0을 시작으로 스포츠 산업 분류에 대한 정리가 이루어지고 있으며, 이후 개정을 통해 스포츠 산업 특수 분류 v2.0과 v3.0까지 제정하여 스포츠 산업을 분류하면서 변화하고 확장되는 스포츠 산업에 대응하고 있는 실정이다. 스포츠 산업의 분류는 지금까지 제정된 스포츠 산업 특수 분류를 살펴봄으로써 그 내용을 정리해 보고자 한다.

1) 스포츠 산업 특수 분류 v1.0

2000년 1월 통계청에서 제정한 스포츠 산업 특수 분류 v1.0의 구성은 크게 대분류 3가지, 중분류 12가지, 소분류 23가지로 되어 있다. 대분류는 운동 및 경기용품 제조업, 경기 및 오락 스포츠업, 운동 및 경기용품 유통 및 임대업의 3가지로 나뉘어 있는 것을 확인할 수 있다. 스포츠 산업 특수 분류 v1.0에서 스포츠 산업은 스포츠용품의 제조 및 유통 산업과 함께 경기 및 오락 스포츠업이 많은 비중을 차지하고 있다는 점을 보여 주고 있다. 이 자료를 통해서 스포츠 산업 특수 분류 v1.0이 제정되는 시기에 많은 사람들이 생활 스포츠와 여가 생활에 참여하면서 경마, 골프장, 스키장, 수영장 등 다양한 스포츠 시설 운영업이 활성화되었다는 점을 확인할 수 있다.

[표 2-1] 스포츠 산업 특수 분류 v1.0(2000.1)

그룹	KSIC	항목명	품목명
1		운동 및 경기용품 제조업	
1-1	18141	셔츠 및 체육복 제조업	
1-2	19302	기타 신발 제조업	
1-3		운동 및 경기 용구 제조업	
1-3-1	36931	체조, 육상 및 체력 단련용 장비 제조업	
1-3-2	36932	놀이터용 장비 제조업	
1-3-3	36933	낚시 및 수렵 용구 제조업	
1-3-4	36939	기타 운동 및 경기 용구 제조업	
2		경기 및 오락 스포츠업	
2-1		경기장 운영업	
2-1-1	88311	실내 경기장 운영업	
2-1-2	88312	실외 경기장 운영업	
2-1-3	88313	경마 및 경주장 운영업	
2-2		경기 전문 종사업	
2-2-1	88321	프로 및 실업 경기 단체	
2-2-2	88329	기타 경기 전문 종사업	
2-3		골프장 및 스키장 운영업	
2-3-1	88331	골프장 운영업	
2-3-2	88332	스키장 운영업	
2-4		기타 운동 시설 운영업	
2-4-1	88391	체력 단련 시설 운영업	
2-4-2	88392	수영장 운영업	

그룹	KSIC	항목명	품목명
2-4-3	88393	볼링장 운영업	
2-4-4	88394	당구장 운영업	
2-4-5	88395	종합 오락 운동 시설 운영업	
2-4-6	88399	그 외 기타 운동 시설 운영업	
2-5		수상 스포츠 시설 운영업	
2-5-1	88921	해수욕장 운영업	
2-5-2	88929	기타 수상 오락 서비스업	수상 스포츠 시설 운영
2-9		기타 경기 및 오락 스포츠업	
2-9-1	75995	연예인 및 기타 공인 매니저업	스포츠인 매니저
2-9-2		그 외 기타 경기 및 오락 스포츠업	
3		운동 및 경기용품 유통 및 임대업	
3-1	51474	운동 및 경기용품 도매업	
3-2		운동, 경기용품 및 자전거 소매업	
3-2-1	52641	운동 및 경기용품 소매업	
3-2-2	52642	자전거 및 기타 운송 장비 소매업	자전거 소매업
3-3	71303	경기 및 여가용품 임대업	

출처: 통계청, 스포츠 산업 특수 분류 v1.0(2013)

2) 스포츠 산업 특수 분류 v2.0

이후 스포츠 산업 특수 분류 v1.0을 개정하여 2008년 스포츠 산업 특수 분류 v2.0이 제정되었다. 스포츠 산업 특수 분류 v2.0은 대분류 4가지, 중분류 15가지, 소분류 46가지로 구성되어 있다. 국내 스포츠 환경 변화에 따라 스포츠 산업 특수 분류 v1.0의 대분류 3가지와 함께 스포츠 및 레크리에이션 교육 기관이 대분류로 새롭게 추가 되었다. 스포츠 산업 특수 분류 v2.0에서 추가된 산업 분류를 살펴보면, 먼저 운동 및 경기용품 제조업에서 기타 비알코올 음료 제조업이 추가된 점을 확인할 수 있다. 2000년대 초중반 주 5일 근무제라는 사회적 제도가 변화하면서 더욱 많은 사람들이 스포츠 활동에 참여하게 되었다. 이에 스포츠 활동 참여 인구 증가에 따른 스포츠 음료에 대한 수요와 시장이 확대되어 스포츠 산업 분류의 하나로 자리 잡게 되었을 것으로 볼 수 있다. 경기 및 오락 스포츠업에서는 기타 스포츠 서비스업과 갬블링 및 베팅업이 새롭게 추가되었다는 점에 주목해 볼 수 있다. 여기에서 기타 스포츠 서비스업의 대표적 품목으로 스포츠와 관련된 방송, 신문과 같은 스포츠 미디어가 있다. 대중의 스포츠에 대한 관심이 높아지면서 스포츠 중계와 미디어 수요가 증가하게 되었을 것으로 볼 수 있다. 갬블링 및 베팅업이 산업 분류의 하나로 추가된 것은 국가에서 주관하고 발행하는 스포츠토토와 같은 스포츠 복권의 활성화가 있었고, 경마, 경륜, 경정과 같은 스포츠 베팅이 스포츠 산업의 하나로 발전하게 되었다는 점에서 그 이유를 찾아볼 수 있다.

[표 2-2] 스포츠 산업 특수 분류 v2.0(2008.6)

대분류	중분류	중분류명	세분류	KSIC	산업분류명	품목명
1. 운동 및 경기용품 제조업	1-1	기타 비알코올음료 제조업	1-1-1	11209	기타 비알코올 음료 제조업	스포츠 음료(알카리성 이온 음료)
	1-2	섬유 제품 및 의복 제조업	1-2-1	13224	천막 및 기타 캔버스 제품 제조업	캠핑용 직물 제품
			1-2-2	13229	기타 직물 제품 제조업	구명 자켓, 구명 벨트
			1-2-3	14191	셔츠 및 체육복 제조업	스포츠 의류 제조
			1-2-4	14199	그 외 기타 봉제 의복 제조업	스포츠 의류 부분품
	1-3	가방 및 신발 제조업	1-3-1	15129	가방 및 기타 보호용 케이스 제조업	등산용 배낭
			1-3-2	15219	기타 신발 제조업	경기용 및 특수용 신발 제조
			1-3-3	15220	신발 부분품 제조업	경기용 운동화 부분품
	1-4	운동 및 경기용구 제조업	1-4-1	25200	무기 및 총포탄 제조업	수렵용 공기총, 경기용 총포탄
			1-4-2	31120	오락 및 스포츠용 보트 건조업	범선, 요트, 카누, 카약
			1-4-3	31991	자전거 및 환자용 차량 제조업	스포츠용 자전거, 자전거 부품
			1-4-4	33301	체조, 육상 및 체력 단련용 장비 제조업	
			1-4-5	33302	놀이터용 장비 제조업	
			1-4-6	33303	낚시 및 수렵 용구 제조업	
			1-4-7	33309	기타 운동 및 경기 용구 제조업	
			1-4-8	33409	기타 오락용품 제조업	볼링 용구, 당구 용구
			1-4-9	33999	그 외 기타 달리 분류되지 않은 제품 제조업	회전목마, 기타 흥행장용품

대분류	중분류	중분류명	세분류	KSIC	산업분류명	품목명
2. 경기 및 오락스포츠업	2-1	경기장 운영업	2-1-1	91111	실내 경기장 운영업	
			2-1-2	91112	실외 경기장 운영업	
			2-1-3	91113	경주장 운영업	
	2-2	기타 스포츠 서비스업	2-2-1	91191	스포츠 클럽 운영업	
			2-2-2	91199	그 외 기타 스포츠 서비스업	*스포츠 미디어 (방송, 신문)
	2-3	골프장 및 스키장 운영업	2-3-1	91121	골프장 운영업	
			2-3-2	91122	스키장 운영업	
	2-4	기타 스포츠 시설 운영업	2-4-1	91131	종합 스포츠 시설 운영업	
			2-4-2	91132	체력 단련 시설 운영업	
			2-4-3	91133	수영장 운영업	
			2-4-4	91134	볼링장 운영업	
			2-4-5	91135	당구장 운영업	
			2-4-6	91136	골프 연습장 운영업	
			2-4-7	91139	그 외 기타 스포츠 시설 운영업	
	2-4	기타 스포츠 시설 운영업	2-4-8	91291	무도장 운영업	무도장
			2-4-9	91292	체육 공원 및 유사 공원 운영업	체육 공원 운영
	2-5	수상 스포츠 시설 운영업	2-5-1	91231	낚시장 운영업	
			2-5-2	91239	기타 수상 오락 서비스업	수상 스포츠 시설 운영
	2-6	갬블링 및 베팅업	2-6-2	91241	복권 발행 및 판매업	스포츠토토
			2-6-2	91249	기타 갬블링 및 베팅업	경마, 경륜, 경정 관련 베팅 시설
	2-9	기타 경기 및 오락 스포츠업	2-9-1	73901	매니저업	스포츠인 매니저
			2-9-2		그 외 기타 경기 및 오락 스포츠업	
3. 운동 및 경기용품 유통 · 임대업	3-1	운동 및 경기용품 도매업	3-1-1	46464	운동 및 경기용품 도매업	
			3-1-2	46465	자전거 및 기타 운송 장비 도매업	스포츠용 자전거 및 부품 도매
	3-2	운동, 경기용품 및 자전거 소매업	3-2-1	47631	운동 및 경기용품 소매업	
			3-2-2	47632	자전거 및 기타 운송 장비 소매업	스포츠용 자전거 소매
	3-3	스포츠 및 레크리에이션용품 임대업	3-3-1	69210	스포츠 및 레크리에이션용품 임대업	

대분류	중분류	중분류명	세분류	KSIC	산업분류명	품목명
4. 스포츠 및 레크리에이션 교육 기관	4-1	스포츠 및 레크리에이션 교육 기관	4-1-1	85611	스포츠 교육 기관	
			4-1-2	85612	레크리에이션 교육 기관	댄스 교습

출처: 통계청, 스포츠 산업 특수 분류 v2.0(2013)

3) 스포츠 산업 특수 분류 v3.0

국내 스포츠 산업의 특성을 고려하여 2012년 제안된 스포츠 산업 특수 분류 v3.0은 스포츠 산업을 대분류 3개, 중분류 7개, 소분류 20개, 세분류 65개로 구분하였다. 스포츠 산업 특수 분류 v3.0에 따르면 스포츠 산업은 크게 스포츠 시설업, 스포츠용품업, 스포츠 서비스업으로 분류된다. 이중 스포츠 시설업은 스포츠 시설 운영업과 스포츠 시설 건설업으로 분류되어 있다. 스포츠 시설업이 스포츠 산업의 대분류로 구분되는 것은 여가 시간의 증대로 많은 사람들이 생활 스포츠에 참여하면서 다양한 생활 스포츠 시설에 대한 수요가 증가했기 때문이다. 스포츠용품업은 운동 및 경기용품업과 운동 및 경기용품 유통 및 임대업으로 분류되어 있다. 스포츠 서비스업은 스포츠 경기 서비스업, 스포츠 정보 서비스업, 스포츠 교육 기관, 기타 스포츠 서비스업으로 분류되어 있다.

3. 스포츠 산업 동향

1) 국내 스포츠 산업 동향

현대인들의 건강과 여가 활동에 대한 관심은 스포츠 활동 참여 인구 증가로 이어지고, 나아가 국내 스포츠 산업 발전과 규모 확장에 중요한 영향을 미치고 있다. 스포츠 활동 참여 인구 증가와 함께 4차 산업 혁명에 따른 ICT 혁신은 스포츠 산업의 규모와 형태를 더욱 빠르게 변화시킬 것으로 예측된다. 이에 국내 스포츠 산업의 동향과 규모를 살펴보면 [그림 2-2]와 같다.

[그림 2-1] 스포츠 산업 특수 분류 v3.0

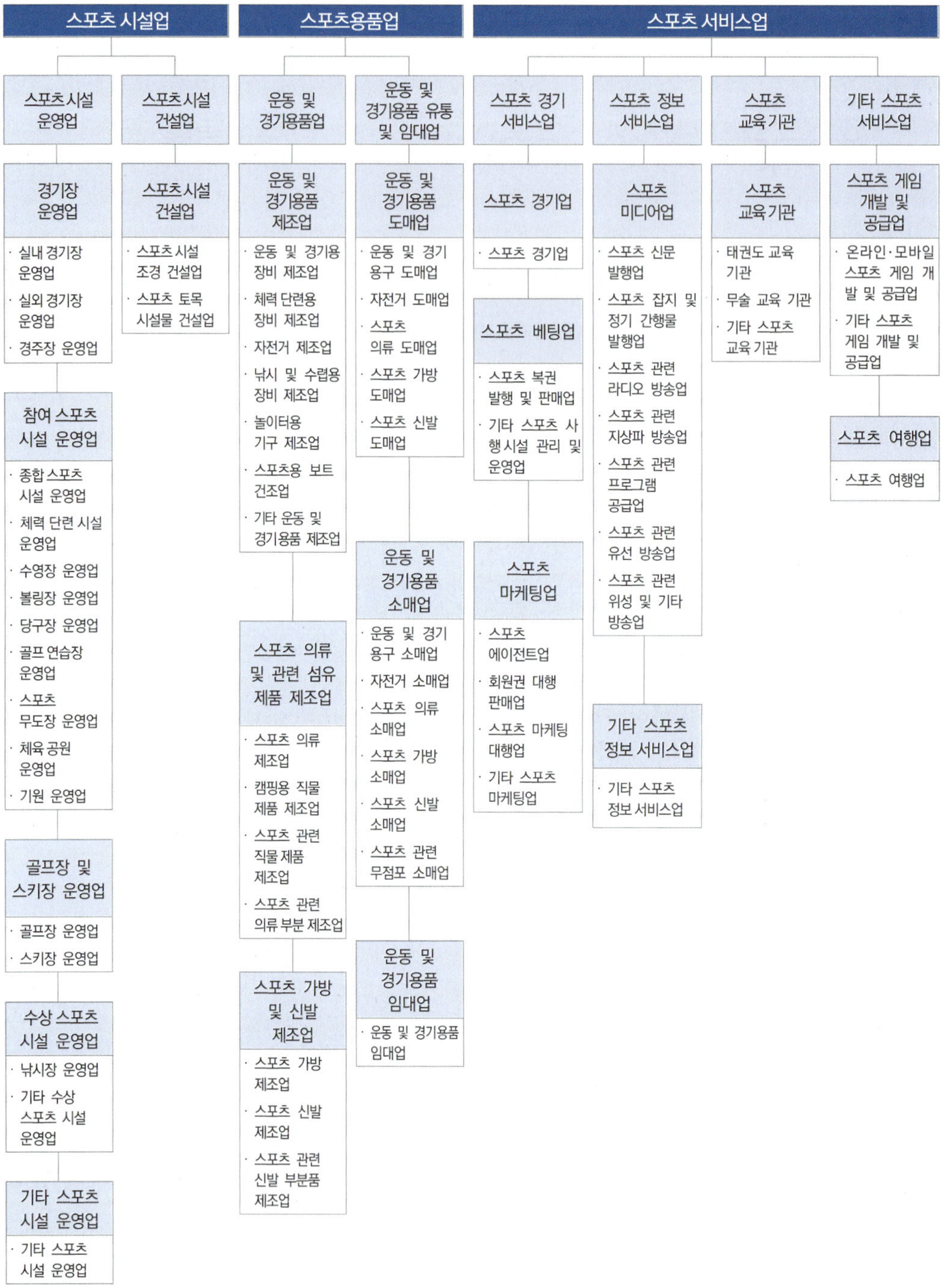

출처: 통계청, 스포츠 산업 특수 분류 v3.0 (2013)

(단위 : 십억 원)

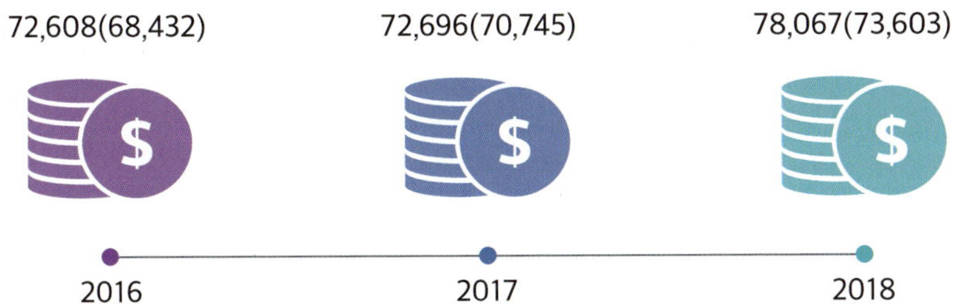

출처: 2019 스포츠 산업 실태 조사

[그림 2-2] 국내 스포츠 산업 매출액 규모

개인의 여가 시간 증대에 따른 스포츠 활동 참여 인구가 증가하면서 국내 스포츠 산업은 스포츠용품업(예: 스포츠 의류, 아웃도어 의류, 신발 등 제조 및 도소매업), 스포츠 시설업(예: 골프장, 스키장, 경기장 건설업 및 운영업), 스포츠 서비스업(예: 프로 스포츠, 스포츠 마케팅업, 스포츠 미디어업, 스포츠 베팅업 등)을 중심으로 그 규모가 크게 성장하고 있다. 스포츠 산업 실태 조사(2019) 자료에 따르면, 국내 스포츠 산업 사업체 수는 2018년을 기준으로 10만 3,145개로 나타났다. 2016년 기준 9만 5,387개, 2017년 기준 10만 1,207개에 비해 사업체 수는 소폭 상승한 것을 확인할 수 있다.

국내 스포츠 산업 매출액 규모는 2016년 약 72조 원, 2017년 약 74조 원으로 나타났으며, 2018년에는 78조 670억 원으로 집계되고 있다. 국내 스포츠 산업 전체 매출액 중 내수가 76조 4660억 원, 수출이 1조 6010억 원으로 나타났으며, 내수가 전체 매출액의 97.7%를 차지하고 있다.

국내 스포츠 산업은 내수 시장이 절대적인 비율을 차지하고 있으며 스포츠 산업 구조가 내수 시장 위주로 유지되고 있다는 점을 확인할 수 있다. 국내 스포츠 산업의 매출액 비중을 자세히 살펴보면 2018년을 기준으로 국내 스포츠 산업 전체 매출액 중 스포츠용품업이 44.0%로 가장 큰 비중을 차지하고 있는 것을 확인할 수 있다. 다음으로 스포츠 서비스업은 전체 매출액 중 30.5%, 스포츠 시설업은 25.4%를 차지하고 있는 것으로 나타났다(문화체육관광부, 2019). 스포츠용품업은 운동 및 경기용품 제조업, 운동 및 경기용품

[표 2-3] 16~18년 국내 스포츠 산업 사업 종류별 매출액

(단위 : 십억 원, %)

구분	2016년		2017년		2018년	
	매출액	비중	매출액	비중	매출액	비중
스포츠 시설업	17,201	23.7	17,554	23.5	19,849	25.4
스포츠용품업	33,547	46.2	34,011	45.5	34,371	44.0
스포츠 서비스업	21,589	30.1	23,141	31.0	23,847	30.5

출처: 2019 스포츠 산업 실태 조사

유통 및 임대업을 포함하고 있으며, 국내 스포츠 산업에서 경기용품이나 스포츠 의류를 생산하고 유통하는 산업 구조가 가장 큰 부분을 차지하고 있음을 알 수 있다.

다음으로 2018년 스포츠 산업 분류별 매출액 현황을 구체적으로 살펴보면 기타 스포츠 사행 시설 관리 및 운영업의 매출액 비중이 가장 큰 것으로 나타났으며, 전체 매출액의 9.1%를 차지하고 있다. 다음으로 스포츠 의류 소매업 8.2%, 운동 및 경기 용구 도매업 7.7%, 골프장 운영업 6.9%, 스포츠 복권 발행 및 판매업이 6.1% 순으로 나타났다.

이처럼 국내 스포츠 산업의 규모는 2018년 기준, 78조 원 수준으로 추정되지만, 미래 국가 전략 산업으로 스포츠 산업을 발전시키기 위해서는 정책적인 노력이 활발히 이루어지고 있다. 문화체육관광부는 2023년까지 '제3차 스포츠 산업 중장기 발전 계획(2019~2023)'을 수립하여 경제 성장의 중심이 되는 스포츠 산업이라는 비전으로 정책 과제를 실행하고 있다. '스포츠 산업 중장기 발전 계획'을 통해 국내 스포츠 산업의 시장 규모는 2023년 95조 원까지 확대될 것으로 예상된다(문화체육관광부, 2019).

2) 해외 스포츠 산업 동향

(1) 미국

스포츠 천국으로 불리는 미국의 스포츠 산업은 전 세계적으로 가장 큰 규모와 가치를 자랑하고 있다. 『스포츠 산업 백서』 자료에 따르면, 세계 스포츠 산업의 규모는 약 1조 3

천억 달러(약 1473조 5500억 원)로 추정되는데, 미국의 스포츠 산업 규모는 약 5397억 달러(약 611조 원)로 추정되고 있다. 이는 세계 스포츠 산업의 약 41.5%를 차지하는 규모이다(문화체육관광부, 2019). 미국의 스포츠 산업 시장은 자동차 산업의 7배를 차지하는 규모이다. 프로 스포츠 산업은 거대 광고 시장을 통해 막대한 수익을 창출하고 있다(김지한, 2019). 이른바 미국의 거대한 스포츠 산업 시장을 지탱하고 있는 것은 바로 프로 스포츠 산업이라고 할 수 있다.

2019년 『포브스(Forbes)』가 선정한, 세계에서 가장 가치 있는 프로 스포츠 구단 상위 50개 팀들을 살펴보면, 1위는 미국 프로 풋볼 리그(NFL)의 댈러스 구단이었으며, 구단 가치는 50억 달러(약 5조 9000억 원)로 책정이 되었다. 상위 50개 구단 중에는 레알 마드리드, FC 바르셀로나, 맨체스터 유나이티드 등 유럽의 8개 축구 구단을 제외하면 모든 스포츠 구단이 미국 프로 스포츠 구단인 것으로 나타났다. 미국 프로 풋볼 리그(NFL) 26개 구단을 포함해 미국 프로 스포츠 42개 구단이 선정되었다(김동욱, 2019). 미국에는 4대 프로 스포츠로 불리는 미국 프로 풋볼 리그(NFL), 미국 프로 야구(MLB), 미국 프로 농구(NBA), 미국 프로 아이스하키(NHL)가 있다. 미국 4대 프로 스포츠의 연간 수익으로 프로 미식 축구(NFL)는 140억 달러(약 15조 5190억 원), 프로 야구(MLB)는 103억 달러(약 11조 333억 원), 프로 농구(NBA)는 50억 달러(약 5조 6800억 원), 프로 아이스하키(NHL)은 37억 달러(약 4조 228억 원)로 추산된다(문화체육관광부, 2019).

미국 프로 스포츠 산업에서 가장 큰 규모를 자랑하는 것은 미국 프로 풋볼 리그(NFL)라고 할 수 있다. NFL은 미국인들의 가장 큰 사랑을 받는 프로 스포츠이며, NFL 구단의 평균 가치는 28억 달러(3조 4000억 원)로 미국 프로 스포츠 구단 중 가장 높은 것으로 나타났다. 당연히 NFL의 챔피언 결승전인 슈퍼볼은 미국인들에게 가장 인기 있는 스포츠 이벤트로 역사와 규모를 자랑한다. 실제로 슈퍼볼이 열리는 매년 2월이면 미국은 슈퍼볼 열기에 휩싸인다. 슈퍼볼 시청률은 매년 미국에만도 60%가 넘는 것으로 알려져 있다. 2019년에 열린 슈퍼볼의 시청률은 67%에 달하는 것으로 나타났다(김동현, 2019). NFL에 대한 인기와 관심은 자연스럽게 경제적 가치의 상승으로 연결되고 있다. 슈퍼볼 광고 총액은 약 3800억 원으로 추정되며, 슈퍼볼 중계 가운데 팔리는 30초 광고비 단가는 500만 달러(약 59억 원) 수준에 이르는 것으로 나타났다(기정아, 2019). 미국의 프로

[표 2-4] 미국 스포츠용품 산업 규모

(단위 : 10억$)

	2010년	2011년	2012년	2013년	2014년	2015년	2016년
스포츠용품 판매업	48.8	50.6	52.7	54.7	56.8	59.1	60.9
스포츠 신발 및 의류 판매업	24.6	26.8	29.2	31.8	35.0	37.8	40.8
스포츠용품 생산업	8.9	9.2	9.6	9.9	10.3	10.7	11.0
합계	82.3	86.6	91.5	96.4	102.1	107.6	112.7

출처: 스포츠 산업 활성화를 위한 글로벌 환경 분석(스포츠정책과학원, 2018)

스포츠 산업이 4차 산업 기술과 만나 발전하게 된다면 그 규모와 경제적 가치는 더욱 빠르게 상승하게 될 것으로 예상된다.

한편, 미국의 스포츠용품 산업의 규모는 스포츠정책과학원(2018) 조사 자료를 통해 확인해 볼 수 있다. 미국의 스포츠용품 산업은 스포츠용품 판매업, 스포츠 신발 및 의류 판매업, 스포츠용품 생산업으로 구분해 볼 수 있는데, 스포츠용품 산업의 규모는 1127억 달러 정도로 추정되고 있다. 미국의 스포츠용품 산업은 꾸준히 상승하고 있으며, 2016년도 미국의 스포츠용품 판매 시장은 609억 달러(약 67조 원)로 전체 스포츠용품 시장의 54%를 차지하고 있는 것으로 나타났다. 스포츠 신발 및 의류 판매업은 2016년 408억 달러(약 44조 원) 규모로 추정되며 스포츠용품 시장의 36%를 차지하고 있다. 스포츠용품 제조업은 2016년 11억 달러(약 12조 원)로 전체 스포츠용품 시장의 10%를 차지하고 있는 것으로 나타났다.

(2) 영국

'축구의 나라'로 알려진 영국은 1990년대 이후부터 정책적으로 엘리트 스포츠의 발전과 국민들의 스포츠 참여 증진이라는 목표를 위해 노력해 왔다. 지난 10년 영국의 스포츠 정책과 산업에 가장 큰 영향을 미친 이슈는 2012 런던 올림픽일 것이다. 엘리트 스포츠와 국민 스포츠 참여라는 두 개의 목표에 런던 올림픽을 계기로 '올림픽 유산의 계승'이라는 새로운 목표가 추가되었다. UK 스포츠는 '올림픽 유산의 계승'이라는 목표를 실천하기 위한 '골드 이벤트 시리즈 프로그램(Gold Event Series Programme)'을 시행하고 있다. 또한 UK 스포츠는 이 프로그램을 통해 2013년부터 2023년까지 총 4천만 파운드를 투자하여 주요 국제 스포츠 이벤트를 개최하고, 영국 스포츠 산업을 진흥시키기 위해 노력하고 있다. 이 계획을 통해 2016년까지 34개 대회가 이미 개최되었고, 그 경제적 파급 효과는 1억 5700만 파운드(약 2189억 원) 정도로 추산되고 있다. 2012 올림픽을 기점으로 지속적으로 성장해 오고 있는 영국의 스포츠 산업 규모는 2017년을 기준으로 93억 파운드(약 14조 원)로 추정된다(문화체육관광부, 2019).

영국은 근대 스포츠의 발상지이자 여러 스포츠 종목들이 처음 시작된 나라이기도 하지만, 무엇보다 영국의 스포츠 산업은 프로 축구 산업을 통해 그 규모를 확인해 볼 수 있다. 그 이유는 바로 전 세계인들로부터 가장 사랑받는 축구 리그이자 세계 최고의 축구 리그인 프리미어 리그(Premier league)가 영국에 존재하기 때문이다. 세계적으로 가장 많은 축구팬을 보유한만큼 프리미어 리그의 규모 역시 세계 최고 수준이다. 이는 프리미어 리그 수익과 중계권료 수준을 통해 확인할 수 있다. 2018/19시즌 영국 프리미어 리그는 시즌 총 24억 5600만 파운드(약 3조 6840억 원)의 수입을 올린 것으로 나타났으며 2016~19년 세 시즌 동안 리그 중계권을 구입하기 위해 방송사 SKY와 BT는 프리미어 리그에 51억 3000만 파운드(약 7조 7000억 원)를 지불한 것으로 나타났다(문화체육관광부, 2019).

(3) 일본

일본의 스포츠 산업은 우리나라와 유사하게 스포츠용품 산업, 스포츠 서비스 · 정보 산업, 그리고 스포츠 시설 · 공간 산업으로 구분되어 발전해 왔다(原田宗彦, 2008). 20세기 후반에 들어서는 경제 성장과 여가 시간 증대로 국민들의 라이프 스타일이 변화하고, 스포츠 진흥을 위한 정부 정책이 추진되면서 일본 스포츠 산업의 비약적인 발전이 이루어졌다. 하라다 무네히코(原田宗彦, 2008)의 '일본의 스포츠 산업: 일과 고용'에서는 일본 스포츠 산업이 글로벌화와 소비자 수요에 따라 스포츠 산업의 범위가 구체화되고 새로운 복합 산업의 영역이 나타나고 있음을 밝히고 있다. [그림 2-3]은 일본 스포츠 산업의 새로운 진화를 설명하고 있으며 '스포츠 관련 유통 산업', '시설 · 공간 매니지먼트 산업', '스포츠 하이브리드 산업'과 같은 새로운 산업 영역의 등장을 보여 주고 있다. 스포츠 관련 유통 산업은 스포츠용품 산업과 스포츠 서비스 · 정보 산업의 융합 영역으로 스포츠용품 산업이 제품 생산뿐만 아니라 유통 및 서비스까지 연계되어 확장된 산업의 영역을 설명하고 있다. 시설 · 공간 매니지먼트 산업은 스포츠 서비스 · 정보 산업과 스포츠 시설 · 공간 산업의 융합 영역으로 시설의 하드웨어와 정보의 소프트웨어의 만남을 통해 새로운 서비스 가치를 창출할 수 있는 산업의 영역을 의미한다. 3개 영역이 모두 합쳐진 스포츠 하이브리드 산업은 스포츠 엔터테인먼트, 스포츠 투어리즘, 스포츠 관련 IT 산업과 같이 스포츠와 관련된 신산업의 영역으로 설명할 수 있다.

일본 스포츠 산업의 규모는 2014년을 기준으로 6조 7천억 엔(약 67조 원) 수준으로 추산되고 있다(문화체육관광부, 2019). 일본은 2020년 제32회 하계 올림픽을 기점으로 주요 국제 스포츠 이벤트를 개최하여 수익을 극대화하고 지역 경제의 활성화를 기대하고 있다. 일본 정부는 2020년 도쿄 올림픽의 성공적인 개최와 스포츠 활동 참여를 통한 국

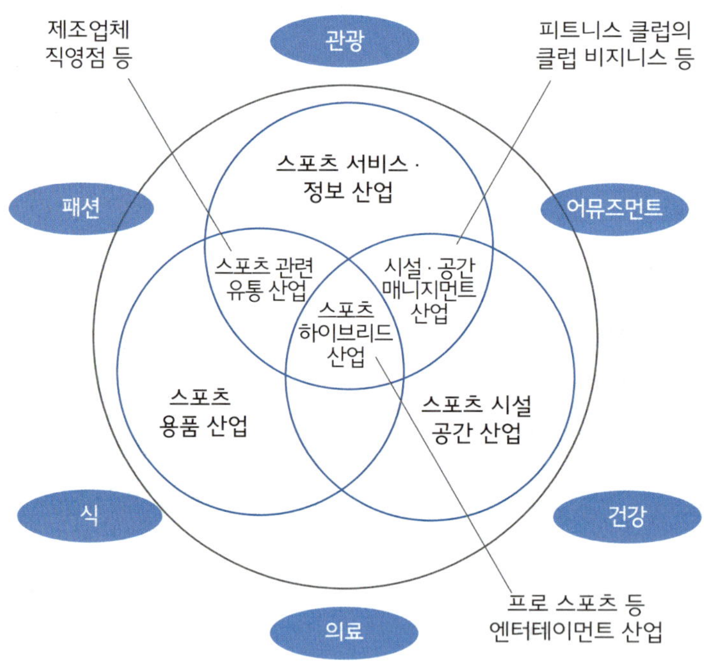

출처: 일본의 스포츠 산업: 일과 고용(2008, 재인용)

[그림 2-3] 일본 스포츠 산업의 진화

민 건강 증진이라는 목표를 위해 스포츠 산업을 적극 장려하고 있으며, 일본의 경제 활성화를 위한 수단으로서도 스포츠 산업 관련 정책을 제정하고 산업을 성장시키기 위해 노력하고 있다.

일본의 스포츠 산업 관련 정책은 유동빈(2017)의 '한국과 일본의 스포츠 산업 정책 비교 연구' 자료를 통해 자세히 살펴볼 수 있다. 일본의 스포츠 산업 정책은 주로 문부과학성이 2012년 3월에 발표한 '스포츠 기본 계획'을 바탕으로 이루어지고 있다. 2016년에는 일본 재흥 전략을 통해서 2025년까지 스포츠 산업 시장 규모를 15조 엔까지 확대시키고, 스포츠 산업을 새로운 유망 산업으로 육성하겠다는 정책을 마련하였다. 일본은 2015년 스포츠청을 새로 신설하여 스포츠 산업 진흥과 활성화를 위한 주요 정책을 제시하고 있으며, 스포츠 산업 규모를 단계적으로 2020년에는 109조 원, 2025년에는 152조 원으로 확대하기 위한 목표를 설정하였다. 이와 함께 스포츠청은 2015년부터 '스포츠 미래 개척 회의'를 개최하고, 지속적으로 회의를 진행하여 스포츠 산업 발전 방안에 대해 논의를 마련하고 있으며 일본의 중심 산업으로 스포츠 산업을 진흥시키기 위한 새로운 패러다임을 제시하고 있다. 스포츠 산업의 경제적 가치를 활용하여 경제 활성화와 GDP 6000조 원 목표를 달성하기 위한 것으로 볼 수 있다.

4. 스포츠 산업의 새로운 패러다임

1) 스포츠 산업과 ICT 융복합

4차 산업 혁명을 기반으로 이미 스포츠 산업 전반에 ICT의 접목이 이루어지고 있다, 스포츠 산업의 ICT 융복합은 다양한 측면에서 스포츠 산업 발전에 큰 역할을 하고 있다. 4차 산업 혁명의 5대 주요 기술인 사물 인터넷, 로봇 공학, 3D 프린팅, 빅 데이터, 인공지능 등이 스포츠 산업 측면에서 활발하게 적용되고 있는 것을 쉽게 확인할 수 있다. 현대인들은 언제 어디서나 자신의 건강 상태와 운동량 등을 확인할 수 있으며, 최첨단 스마트 경기장에서 더욱 편안하게 스포츠 경기를 관람하기도 한다. 다양한 스포츠 종목의 엘리트 선수들은 여러 ICT들을 활용하여 경기 기록을 분석하고, 최고의 경기력을 지속적으로 유지할 수 있다. 여러 종목의 스포츠 구단들은 소비자들의 모든 정보를 수집 · 분석하여 소비자들의 욕구를 충족시키는 다양한 마케팅을 선보이기도 한다.

스포츠 산업에서 ICT의 활용은 과거와는 전혀 다른 새로운 스포츠 산업의 패러다임을 제시하고 있는 것으로 볼 수 있다. 이러한 변화의 움직임은 미래 사회에서 더욱 빠르게 진행될 것이다. 스포츠 산업과 ICT 융복합은 새로운 비즈니스 콘텐츠를 생산해 낼 것이며, 4차 산업 혁명의 주요 기술에 대응하는 새로운 일자리가 각광받을 것으로 전망된다. 미래 신성장 산업으로 스포츠 산업을 발전시켜 나가기 위해서는 스포츠 산업과 ICT 전반에 대해 이해하고 준비하는 자세가 필요할 것이다.

2) 스포츠 미디어 환경의 변화

'5G' 기술로 대변되는 디지털 통신 기술의 혁신적인 발전은 스포츠 미디어 환경에 새로운 디지털 패러다임을 적용시키고 있다. 이제는 더 이상 TV 생중계로만 스포츠를 소비하는 시대는 지나갔다고 해도 과언이 아니다. 국내 스포츠 리그는 TV를 통한 생중계 비중이 여전히 높은 것으로 나타나고 있지만, 개인용 컴퓨터나 모바일을 통한 시청 비율이 급속하게 증가하고 있다. 스포츠 하이라이트 시청은 개인용 컴퓨터, 모바일과 같은 디지털 매체를 통한 시청 비율이 80% 이상 차지하는 것으로 확인되었는데, 특히 20대에서 모바일을 통한 스포츠 시청 비율이 가장 높은 것으로 나타났다(매조미디어, 2019).

스포츠 미디어 환경의 변화는 단지 스포츠 중계에만 국한된 것이 아니다. 디지털 기술의 발전으로 스포츠 관련 콘텐츠를 제작하고 정보를 전달하는 매체가 새롭게 발전하고 있기 때문이다. '유튜브(Youtube)'와 같은 디지털 매체는 스포츠 관련 정보를 전달하는 새로운 전달 매체로 각광을 받고 있으며, 유명 스포츠 인플루언서(Influencer)들은 스포츠 소비자들과 직접 소통하며 새로운 스포츠 미디어의 영역을 확장시켜 나가고 있다. 앞으로도 스포츠 관련 콘텐츠를 전달하는 미디어 매체의 변화는 빠르게 확산될 것으로 예상된다. 이제 스포츠 소비자들의 욕구를 충족시킬 수 있도록 미디어 매체 변화에 신속하게 대응하는 노력과 전략이 요구되는 시점이 된 것이다.

3) '뉴 노멀' 시대와 스포츠 산업

2020년 현재 코로나19는 우리의 모든 일상은 바꿔 놓고 있다. 전 세계적인 코로나19 펜데믹은 단지 생활, 사회, 경제적인 영역에만 국한된 것이 아니다. 스포츠 산업 역시 코로나19로 많은 변화가 일어나고 있으며, 막대한 경제적 손실과 타격을 입고 있는 실정이다. 미국 프로 스포츠 시장의 코로나19로 인한 경제적 손실은 14조 원이 넘을 것으로 전망되고 있다. 한국의 경우는 프로 야구 구단별로 100억에 가까운 손실이 예상되며 올해 프로 축구 K리그는 약 575억 원의 경제적 손실이 전망되고 있다(임수정, 2020). 지금까지 너무나 쉽고 당연하게 여겨졌던 스포츠 경기 관람이 이제는 어렵고 위험한 일들이 되어 버렸다. 이제는 코로나19 이전의 삶으로 돌아갈 수 없다는 전문가들의 예측과 함께 코로나19 이후의 변화된 삶을 이야기하는 '뉴 노멀' 시대가 새롭게 등장하고 있다. 이는 스포츠 산업도 예외가 아닐 것이다.

코로나19 이후로 스포츠를 즐기는 방식과 스포츠를 소비하는 과정에서 다양한 변화의 모습들이 나타나게 될 것이고, 이러한 변화는 더욱 가속화될 것이다. 직접 경기장을 방문하는 것이 어려운 환경 속에서 더욱 많은 사람들이 디지털 환경을 통해 스포츠를 소비하고 서비스를 제공받기 원할 것으로 예상된다. 스포츠 산업 측면에서도 '뉴 노멀' 시대에 대응하여 스포츠 소비자들의 욕구를 충족시키고 수익을 창출할 수 있는 '언택트 마케팅(Untact marketing)'을 적극적으로 준비하고 제공하는 노력이 필요한 시점이라고 할 수 있다.

연구 문제

1. 스포츠 산업의 정의에 대하여 설명하시오.

2. 스포츠 산업의 특성 다섯 가지에 대하여 간단히 설명하시오.

3. 미래 사회의 새로운 스포츠 패러다임에 대해 생각하고 논하시오.

Chapter 03

스포츠 산업과 ICT 패러다임 시프트

본 장에서는 ICT 패러다임의 변화로 촉발되는 산업의 변화와 관련한 기본 개념을 학습하고, 구체적으로 4차 산업 혁명과 디지털 트랜스포메이션 등 산업의 패러다임 전환에 대해 이해한다. 또한, 스포츠 산업과 ICT의 접목을 통해 산업의 변화를 일으키는 주요 사회 문화적 요인에 대해 학습한다.

1. ICT 발전과 산업의 융합

1) 주요 산업 혁명과 4차 산업 혁명

우리 사회는 정보 통신 기술(Information & Communication Technology, ICT)과 과학 기술의 급격한 발전과 함께 새로운 패러다임을 맞이하고 있다. 인류사의 혁명은 사회 · 경제 구조를 획기적으로 변화시킨 현상을 말하고 인류의 사회 · 경제생활이 획기적으로 변화되는 특성을 '패러다임(paradigm)의 전환'이라고 한다. '패러다임'이란 한 시대 또는 분야에 있어서 사회 전체의 가치관이나 인식을 정의하는 틀이나 체계를 의미한다.

[그림 3-1]과 같이 그간 산업 혁명은 4번의 변화를 거쳐 왔다. 그리고 각 산업 혁명의 특성을 살펴보면 [표 3-1]과 같다.

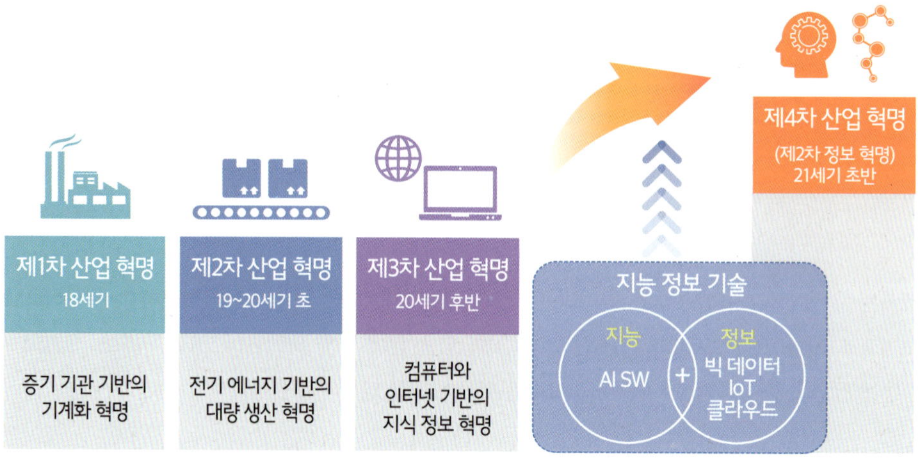

출처: 과학기술정보통신부 공식 블로그

[그림 3-1] 산업 혁명 패러다임의 변화

[표 3-1] 주요 산업 혁명 비교

구분	1차 산업 혁명	2차 산업 혁명	3차 산업 혁명	4차 산업 혁명
시기	18세기 후반 (1784년~)	19~20세기 초 (1870년~)	20세기 후반 (1969년~)	2016년~
변화 요인	기계 엔진 (증기 기관)	생산 기술 (전기 에너지)	디지털 기술 (전자)	초연결 기술 (AI, IoT)
핵심 가치	생산의 자동화	대량 생산	정보 혁명	복지 향상
변화 속도	점진적	점진적	광속	실시간
변화 주도	경제력 (기업)	경제력 (기업)	지식과 정보 (지식 근로자)	산업, 플랫폼 (기업, 집단 지성)
정보 유통	신문, 잡지	TV, 라디오	인터넷	모든 사물
화폐	금, 은화	지폐	신용 카드	비트코인
핵심 개념	증기 기관 발명에 의한 기계화	전기 컨베이어를 사용한 대량 생산화	컴퓨터 기반의 정보화 및 자동화 생산	생산 설비– 제품–인간이 연결되어 생산
주요 특징	인력의 기계 대체화	대량 생산 체계 구축	합리적 의사 결정과 과학 기술의 급발전	기기 자동화로 인류 편리성과 효율성 향상

출처: 지식산업정보원(2016), 스마트 팩토리 구축 기술/시장 전망 실태 분석 수정, 재구성

산업 혁명은 1차적으로 18세기 영국의 증기 엔진과 철도 구축을 시작으로 동물과 인간의 노동력을 획기적으로 개선했고, 2차 산업 혁명은 19세기 전기의 발명을 통해 재화의 대량 생산과 유통 구조가 발달시켰다. 20세기에는 전자 기술인 반도체와 컴퓨터, 인터넷

의 디지털 혁명을 통해 현재의 정보화 사회가 구현되었다. ICT를 활용한 디지털 융복합 현상은 기존의 시공간 개념을 바꾸고, 정보 공유와 생산성 속도를 가속화시켰다. 이러한 변화는 국내외 정치, 경제, 사회, 문화 등의 구조를 변화시켰다. 4차 산업 혁명이란 인공지능(Artificial Intelligence, AI), 사물 인터넷(Internet of Things, IoT), 빅 데이터(Big Data), 모바일(Mobile) 등 첨단 ICT가 경제 · 사회 전반에 융합되어 혁신적인 변화가 나타나는 차세대 산업 혁명을 의미한다. 제4차 산업 혁명이라는 용어는 2016년 6월 스위스에서 열린 다보스 포럼(Davos Forum)에서 포럼의 의장이었던 클라우스 슈밥(Klaus Schwab)이 처음으로 사용하면서, ICT 기반의 새로운 산업 시대를 대표하는 용어가 되었다. 컴퓨터, 인터넷으로 대표되는 제3차 산업 혁명에서 한 단계 더 진화한 혁명으로도 일컬어진다. 즉, 4차 산업 혁명에서는 첨단 ICT가 기존 산업과 융합되거나 3D 프린팅, 로봇 공학 등, 여러 분야의 신기술과 결합하여 실세계 모든 제품과 서비스를 네트워크로 연결하고 사물을 지능화할 수 있다. 특히, 초연결(hyper connectivity)과 초지능(super intelligence)을 특징으로 하므로 기존 산업 혁명과 비교하면 더 넓은 범위(scope)에, 더 빠른 속도(velocity)로 크게 영향(impact)을 끼친다. 4차 산업 혁명은 결국 지식 기반의 서비스 융합이 확장되는 산업 혁명으로서 데이터 기반의 최적의 의사 결정 실현을 목표로 한다.

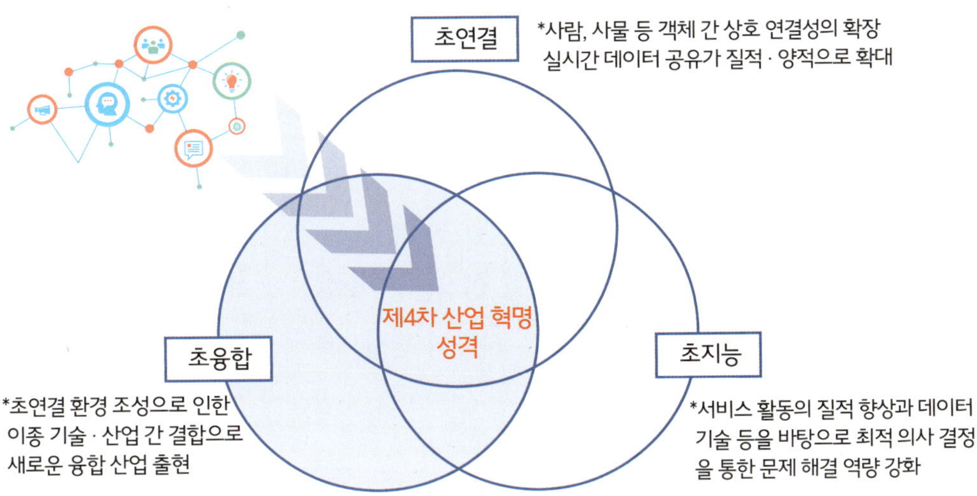

[그림 3-2] 제4차 산업 혁명의 성격

4차 산업 혁명의 주요 핵심 기술은 ICBMA로 요약할 수 있다. ICBMA은 IoT, Cloud, Big Data, Mobile, AI이다. IoT(Internet of Things, 사물 인터넷)는 생활 속 사물들을 유무선 네트워크로 연결해 정보를 공유하는 환경을 의미한다. 즉, 각종 사물에 통신 기능을 내장하여 인터넷에 연결되도록 해서 사람과 사물, 사물과 사물 간의 인터넷 기반 상호 소통을 이루게 하는 것이다. Cloud(클라우드)는 중앙으로 수집된 정보를 분석하여, 이를 기반으로 사용자들에게 원격 서비스를 제공하는 기술이다. Big Data(빅 데이터)는 정보를 분석하는 기술의 일종으로 기존 분석 기술과는 속도, 다양성, 규모 측면에서 차별화된다. 빅 데이터는 분석 속도가 매우 빠르기 때문에 대량의 데이터들을 실시간으로 분석해서 정보를 제공할 수 있으며, 정형화된 데이터뿐만 아니라 비정형화된 데이터도 분석 가능하다는 특징이 있다. Mobile(모바일)은 이러한 정보들을 주고받을 수 있는 디바이스를 뜻한다. 모바일 기술 및 기기의 발전으로 사람들이 쉽게 관련 정보를 주고받을 수 있게 되었다. AI는 인간의 인식 판단, 추론, 문제 해결, 언어나 행동 지령, 학습 같은 인간의 두뇌 작용처럼 컴퓨터 스스로 추론, 학습, 판단하면서 작업하는 시스템을 가리킨다. 이러한 기술이 종합적으로 발전하면서 4차 산업 혁명을 주도하고 있다.

2) 산업의 융합, 디지털 컨버전스

디지털 컨버전스(Digital Convergence)란 디지털 융합이라는 뜻으로, 하나의 기기나 서비스, 산업에 ICT가 융합되는 현상을 말한다. ICT가 발달하면서 기존의 기술 · 산업 · 서비스 · 네트워크의 구분이 모호해지고 있다. 그리고 이들 간의 새로운 형태의 융합 상품과 서비스들이 등장하고 있다. 본래 디지털 컨버전스는 유선과 무선의 통합, 통신과 방송의 융합, 온라인과 오프라인 결합 등을 일컫는 용어였다. 그러나 ICT가 경제 · 사회 모든 분야에 걸쳐 활용됨에 따라, 지금은 하나의 현상으로 받아들여지고 있다. 통합과 융합의 차이는 [표 3-2]와 같다. 즉, 디지털 컨버전스는 단순히 상품과 서비스 산업 간의 결합이 아니라 결합을 통한 새로운 가치 창출을 가리킨다.

디지털 컨버전스가 산업 간 결합을 촉진하는 매개가 되면서, [그림 3-3]과 같은 새로

[표 3-2] 통합과 융합의 차이

구분	통합	융합
형태	원래 모습 유지	새로운 모습
기능	원래 기능 보유	원래 기능 + a
주체	물건(개체) 위주	물건(개체)뿐만 아니라 산업 포함
대상	동종의 기능을 보유한 개체 간 통합	서로 다른 기능을 보유한 개체(기기) 간 또는 산업 간 통합
시기	산업 사회	정보화 사회

출처: 이주연(2010), 디지털 컨버전스에 따른 m-Biz 활성화 방안

운 가치를 창출하고 있다. [그림 3-3]은 디지털 컨버전스의 유형을 설명하는 그림으로, 그 유형을 4사분면으로 설명할 수 있다. 각 사분면은 먼저 융합이 기술 기반의 융합인가 제품 서비스 기반의 융합인가로 분류할 수 있다. 그리고 융합이 기존 가치를 제고하는가, 아니면 새로운 가치를 창출하는가로 구분할 수 있다.

출처: 한국디자인진흥원(2010), 첨단 융합 산업과 디자인 산업 적용, 디지털 컨버전스

[그림 3-3] 디지털 컨버전스의 유형

기술 기반의 융합이며 기존 가치를 제고하는 경우, 기술 진화형 융합이라 칭할 수 있다. 이는 2개 이상 기술이 융합하여 기존 기술 분야에 적용되는 경우를 의미한다. 기술 기반 융합이며 새로운 가치 창출의 경우에는 돌파 기술형 융합이라 부른다. 2개 이상의 기술이 융합하여 기존 기술의 한계를 극복하는 경우이다.

제품 · 서비스 기반 융합이면서 기존 가치를 제고하는 융합은 시장 고도화형 융합이라고 한다. 이는 2개 이상의 제품 · 서비스가 융합하여 기존 시장을 확장하는 것을 의미한다. 스마트폰, 스팀 청소기, 전동 칫솔 등이 이에 해당된다. 제품 · 서비스 융합 중 새로운 가치를 창출하는 융합은 신시장 창출형 융합이라고 하는데, 2개 이상의 제품 · 서비스가 융합하여 신시장을 창출하는 전기 자동차, 의료용 수술 로봇, 스크린 골프 등이 이에 해당된다.

2. 4차 산업 혁명과 디지털 트랜스포메이션

최근의 논의는 ICT를 통한 제품, 서비스, 산업 간 융합을 너머 전통적인 구조의 혁신으로 범위가 옮겨가고 있다. 이를 '디지털 트랜스포메이션(Digital Transformation)'이라 한다. 디지털 트랜스포메이션이란 디지털 기술을 사회 전반에 적용하여 전통적인 사회 구조를 혁신하는 것을 의미한다. 디지털 트랜스포메이션은 우리가 흔히 말하는 기술과의 융합을 통한 정보의 초연결(Connectivity), 또는 현실과 가상 공간의 경계를 최소화하기 위한 사람-기기-맥락 간의 상호적인 정보 공유와 인공 지능 제어가 가능한 환경을 구축하는 것이다. 디지털 트랜스포메이션을 주도하는 기술과 플랫폼은 [그림 3-4]와 같다.

디지털 트랜스포메이션의 특성은 [표 3-3]처럼 세 가지로 압축될 수 있다. 첫째, 세상 모든 것의 연결이다. 기업과 고객이 연결되면서 디지털 기술이 중요해지고, 데이터 중심으로의 전환이 시작된다. 둘째, 새로운 가치의 발굴이다. 이용 방식의 다양화가 진행되고 고객 중심의 비즈니스가 시행된다. 셋째, 비즈니스 방식의 변화다. 완전 자동화, 맞춤화가 되며 제품의 서비스화와 그 결합이 촉진된다.

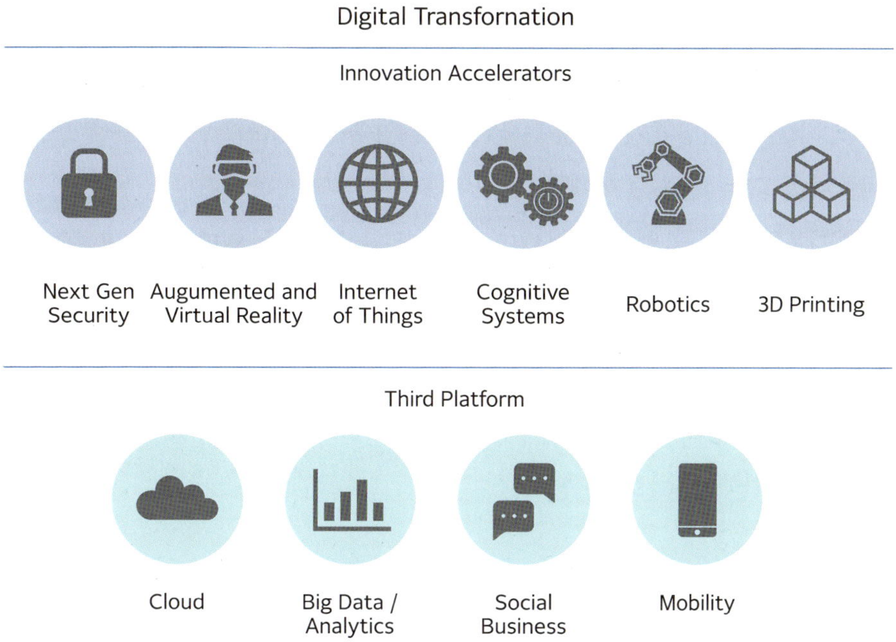

출처: ELEC4(2017.05.02.), IoT 디지털 트랜스포메이션으로 기업 경영을 바꾸다

[그림 3-4] 디지털 트랜스포메이션의 주요 기술

그렇다면 4차 산업 혁명과 디지털 트랜스포메이션 시대의 변혁의 단계는 어떻게 나눌 수 있고, 우리는 무엇을 준비해야 할 것인가? 먼저 그 단계도 세 가지로 구분해 볼 수 있다. 첫째, 조직과 문화 변혁 단계이다. 디지털 트랜스포메이션이 산업과 기업 변화에 영향을 미칠 것이라는 인식을 하였다면, 조직과 문화 변혁에 대한 고려가 요구된다. 이때는 디지털 사업 비전에 대한 중요성을 인식하고 디지털 전담 부서를 신설하는 방안이 존재한다. 둘째, 기술적 변혁 단계이다. 각 산업과 기업 특성에 맞게 차용할 수 있는 기술

[표 3-3] 디지털 트랜스포메이션의 특성

세상 모든 것이 연결	새로운 가치의 발굴	비즈니스 방식의 변화
• 기업과 고객이 연결 • 디지털 기술이 중요 • 데이터 중심으로 전환	• 기본 + 추가 가치 • 이용 방식의 다양화 • 고객 중심 비즈니스	• 완전 자동화, 맞춤화 • 제품의 서비스화 • 제품과 서비스의 결합

출처: 중기이코노미(2019.06.18.), 제조업 위기, 한국형 디지털 트랜스포메이션

들을 살펴보고 이를 적절히 도입해야 한다. IoT, 빅 데이터, 클라우드, AI 등의 도입을 검토할 수 있다. 그리고 필요에 따라 기술 벤처나 스타트업과의 제휴를 수행할 수 있으며, 차세대 기술 보유 업체에 대한 투자와 기업 인수 합병(M&A) 또한 수행할 수 있다. 셋째, 비즈니스 모델 변혁 단계이다. 산업이나 시장을 재창조하거나 기존 제품 및 서비스를 대체 가능한 디지털 플랫폼 비즈니스 모델로 전환할 수 있다. 그리고 새로운 가치 전달, 가치 제안 모델의 재정의를 수행해야 한다.

3. 4차 산업 혁명과 사회의 변화

4차 산업 혁명과 산업 간 융합, 디지털 트랜스포메이션의 가속화는 우리 사회를 많은 부분에서 변화시키고 있다. 물론 새로운 가치 창출 등의 긍정적인 측면도 존재하나 새로운 역기능 또한 부각시킬 수 있다.

산업과 노동, 삶의 양태 부분으로 나누어 그 변화를 생각해 보면 다음과 같다. 먼저 산업의 측면에서는 플랫폼 경제, 지식 산업이 부상하면서 기존 산업과 기술이 접목된다. 이는 새로운 비즈니스 기회를 제공하나 동시에 승자 독식 구조가 심화할 수 있다는 문제가 있다. 노동의 측면에서는 인력 구조가 재편성되고, 신규 일자리가 증가할 수 있다. 그러나 기존 일자리가 감소할 수 있다는 문제가 존재한다. 셋째, 삶의 양태 측면에서는 초연결 기반 맞춤형 서비스, 안전 및 편의성이 제고될 수 있으나 개인 정보 보안의 중요성이 확대되며 소득 양극화 문제가 발생할 수 있다. 그 변화의 양상을 좀 더 구체적으로 살펴보면 [그림 3-5]와 같다.

기술과 산업의 변화는 필연적으로 사회의 변화를 유도한다. 이에 따라 새로운 서비스는 삶의 질을 향상하는 데 기여할 수 있고, 유연한 노동 시장의 형성은 새로운 일자리를 창출할 수 있을 것으로 기대된다. 그러나 이를 뒷받침하는 사회적 준비가 필요하다. 일례로, 자동화 및 고용 형태 다변화에 적극적으로 대응하거나 사회 안전망 강화, 법제 정비 및 윤리 정립, 사이버 위협, AI 오작동 등, 역기능 대응과 같은 노력이 요구된다.

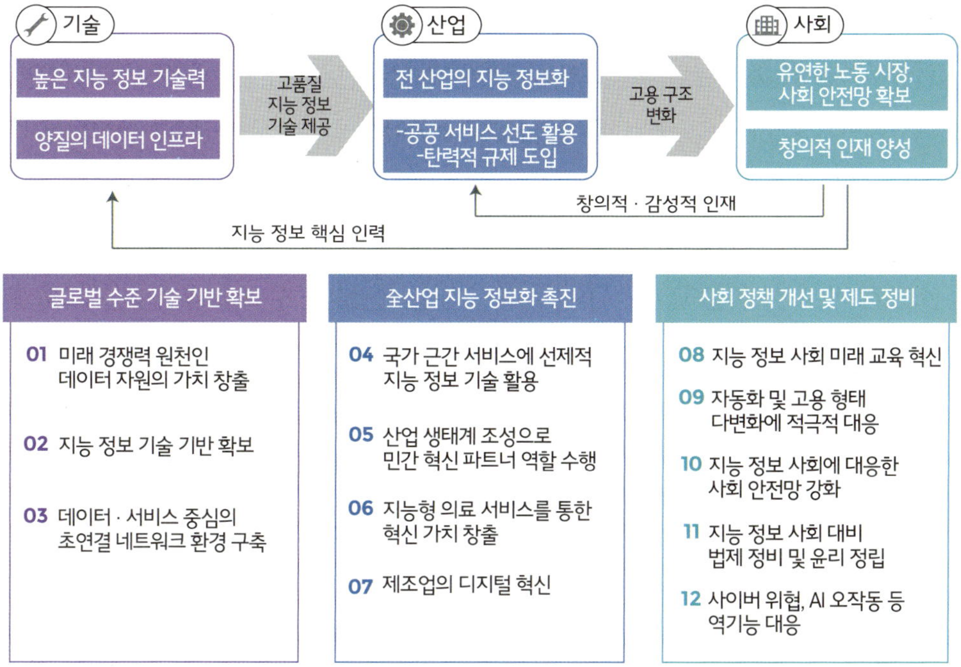

출처: 정부 보도 자료(2016), 제4차 산업 혁명에 대응한 지능 정보 사회 중장기 종합 대책

[그림 3-5] 4차 산업 혁명과 사회의 변화

4. 사회 문화적 변화와 스포츠 산업과 ICT의 융합

지금까지 살펴본 ICT 산업의 변화는 스포츠 산업의 변화를 유인하고 있다. 스포츠 산업은 4차 산업 혁명, 디지털 컨버전스, 디지털 트랜스포메이션과 같은 최근의 변화들을 목도하며 직접적인 산업 변화의 시점을 맞이하고 있다. 본 절에서는 스포츠 산업과 ICT 융합을 촉진하는 사회 문화적 변화의 요인들을 살펴본다.

1) 변화하는 세대와 디지털 환경에 대한 이해

밀레니얼 세대의 개념은 미국 세대 개념 전문가인 닐 하우(Neil Howe)와 윌리엄 스

[표 3-4] 밀레니얼 세대와 Z세대의 비교

구분		밀레니얼 세대	Z세대
현재 연령대		20대 중후반~30대 후분	10대 중반~20대 초중반
출생 연도		1980~1990년대 초반	1990년대 중반~2000년대
경제 상황	유년기 (10세 이하)	1986~1988 3저 호황 (저달러, 저유가, 저금리)	1997 IMF 구제 금융 요청
	성장기 (10대 초중반)	1997~1999 IT 붐	2008 세계 금융 위기
성향		세계화, 경험주의	현실주의, 윤리 중시
커뮤니케이션	성장기 (10대 중후반)	카페, 커뮤니티 (프리챌, 싸이월드 등)	소셜 네트워크 서비스(SNS) (페이스북, 트위터 등)
미디어	성장기(10대 중후반)	인터넷	모바일
미디어 이용		디지털 유목민	디지털 네이티브

출처: 콘텐타매거진(2019), Z세대가 온다, 그들은 누구일까요. 참고 재구성

트라우스(William Strauss)가 1991년 출판한 『세대들, 미국 미래의 역사(Generations: The History of America's Future)』에서 처음 언급된 단어이다. 대한민국의 세대 구분에 따르면 밀레니얼 세대는 1980년대 초(1980~1982년)부터 1990년 중반에 출생한 세대, Z세대는 1995년 이후 2000년대 초(1995~2004년)까지 출생한 세대를 일컫는다.

[그림 3-6] 디지털 검색으로부터 시작되는 콘텐츠 소비

아날로그 중심의 미디어 환경에서 자라온 베이비붐 세대(1950~1964년)와 다르게 밀레니얼 세대는 디지털 기기에 익숙한 세대이다. 이들 세대는 시간과 장소에 상관없이 자유롭게 일하는 '디지털 노마드족'으로 지칭하기도 한다. 어린 시절부터 컴퓨터, 인터넷, 스마트폰을 차례대로 접하며 디지털 환경에서 살아온 밀레니얼 세대는 디지털 문화를 형성한 세대이다. Z세대는 태어나는 순간부터 미디어에 둘러싸인 환경에서 자란 디지털 네이티브로서 디지털 생활 환경에서 디지털 언어를 자유자재로 사용하는 세대이다. 디지털에 익숙한 밀레니얼 세대와 Z세대는 콘텐츠를 소비하거나 여가 생활을 하는 과정에서 필요한 정보를 먼저 디지털 기기로 검색한다. 이러한 세대가 주 소비층으로 떠오르며 각종 ICT가 접목된 헬스테크(health tech)에 대한 수요도 증가하고 있다.

미국의 운동 기구 시장도 소비자 건강 관심도 증가와 함께 기술이 접목된 헬스테크 운동 기구 시장이 새로운 기회의 시장으로 주목받고 있다(Kotra, 2019). 개인을 중요하게 여기는 요즘 세대의 특징과 스마트화 가속으로 나만의 헬스장(gym)을 꾸미는 소비자가 증가하고 있다. 디지털 환경과 IT 기기에 익숙한 요즘 세대는 언제 어디서든 원할 때마다 운동할 수 있는 환경에 대한 욕구를 가지고 있다. 이에 부합하는 다양한 제품들이 등장하며 스포츠 산업과 ICT의 융합이 가속화되고 있다.

웨어러블 기기와 연동하여 활동량을 모니터링하는 앱이나 제품은 많이 상용화되었다. 또한 콘텐츠 제공에 월 구독료를 지불하고 사용자가 기구를 이용해 따라할 수 있는 운동 프로그램을 스트리밍할 수 있도록 하는 새로운 유형의 비즈니스 모델도 등장하고 있다. 이 외에도 기구를 이용해 운동했을 때 사용자의 움직임을 기록하고, 이를 분석해 데이터로 축적해 주는 기능이 진화된 웨어러블 제품의 출시도 가속화되고 있다.

향후 기업들은 사회 · 경제의 중심이 된 밀레니얼 세대와 Z세대를 이해하기 위해 노력해야 하며, 이들 경제 활동의 중심일 뿐 아니라 가장 큰 소비를 하는 중요한 세대를 겨냥한 기업의 전략 수립이 요구된다.

2) 일과 삶의 균형, 워라밸(Work and Life Balance)을 추구하는 사회

'일과 삶의 균형(Work and Life Balance)'이라는 표현은 1970년대 후반 영국에서 개인의 업무와 사생활 간의 균형을 묘사하는 단어로 처음 등장했다(PMG 지식엔진 연구소). 국내에서는 각 단어의 앞 글자를 딴 워라밸로 사용되고 있는데, 연봉과 상관없이 높은 업무 강도로 개인의 삶이 없는 현대인이 직장과 직업을 선택할 때 고려하는 중요한 요소로 떠오르고 있다. 동시에 최근 주당 52시간으로 짧아진 제도적 변화로 근무 시간 속에서 생산성을 강화하고 시간을 적절하게 배분하여 일과 개인 삶의 균형을 추구할 수 있다는 사회적 분위기가 형성되었다.

현재, 사회의 주 활동 계층은 20~30대를 구성하는 1980년대 초반부터 2000년대 초반에 출생한 밀레니얼 세대와 Z세대이다. 이 세대가 차지하는 비중과 사회적 영향력은 매우 커졌고 이 세대의 가치관, 사고방식, 생활 방식이 사회 전반에 영향을 미치게 된다. 특히, 1981년생부터 밀레니얼 세대가 추구하는 업무 방식을 대변하는 '워케이션(work + vacation)'은 일뿐만 아니라 개인의 삶을 중시하는 문화를 확산시킨다.

워케이션은 시간과 장소에 구애받지 않고 즐기며 일하는 문화를 의미한다. 밀레니얼 세대는 미래를 준비하기 위해 일을 중요시하기보다, 여행하면서 일할 수 있는 신축성 있는 일자리를 선호하는 경향이 있다(문재윤, 2015). 최근 대표적인 여행 트렌드인 '한 달 살기'를 주도하는 이 세대의 특징은 끊임없이 이동하며 새로운 세상에서 살아 보는 것을 추구한다. 밀레니얼 세대와 Z세대는 업무보다는 나, 개인을 중요하게 여기는 가치관을 가지고 있다. 이러한 밀레니얼 세대의 또 다른 특징은 건강과 환경에 관심이 많다는 것이다(문재윤, 2015). 이러한 특징은 스포츠와 여가 등에 열중하는 문화로 이어지고 있다. 이처럼 워라밸의 열풍과 함께 건강하게 사는 삶에 대한 요구가 증가하고 있다.

이들 세대는 건강한 식습관과 몸매 유지를 위한 음식과 운동에 대한 관심이 많고, 유기농과 건강 식재료를 선호한다. 환경 문제에 관심이 많으며, 물건을 소유하기보다 공유를 추구한다. 킥보드, 자전거, 자동차 등 이동 수단을 공유하는 것은 이제 일상이다. 이에 다양한 산업에서 새로운 세대의 라이프 스타일을 겨냥한 서비스와 제품을 출시하기 위해 고민하고 있다.

3) 액티브 시니어, 실버 서퍼의 등장

최근 주목해야 할 소비 트렌드 중 하나는 '오팔(OPAL) 세대'이다. 오팔(OPAL)은 'Old People with Active Lives'의 약자로, 고령화 사회의 새로 진입한 5060세대를 지칭한다(김난도 외). 오팔 세대는 한국의 산업화와 경제 성장을 주도한 베이비붐 세대로 1958년생 개띠를 뜻하기도 한다. 한국 전쟁 직후인 1955년에서 1963년 사이에 출생한 베이비붐 세대는 이제 차례대로 65세 이상 고령 인구 세대로 진입하고 있으며, 실제로 현재 이들이 전체 인구의 상당 비율을 차지한다. 전체 인구의 14% 이상을 65세 이상 인구가 차지하는 경우 고령 사회, 20%를 초과하면 초고령 사회라고 한다. 이 기준에 따르면 한국은 이미 고령 사회를 넘었고, 곧 초고령 사회로의 진입이 예측되고 있다.

이러한 고령층을 대상으로 한 시장이 현재 주목받고 있다. 특히, 기존 시니어 세대와 다른 베이비붐 세대의 은퇴로 새로운 시니어 시장이 형성되고 있다. 한편, 이들을 '액티브 시니어(Active Senior)'라고 부르는데 이들 액티브 시니어는 돈과 시간에 여유가 있고, 은퇴 이후 다양한 여가 생활을 즐기며 삶을 적극적으로 살아가는 중장년층이다.

[표 3-5]와 같이 새로운 시니어 세대는 기존 시니어 세대와는 다른 특성과 가치관을 가지고 있다. 이들은 은퇴 이후 여유로운 시간과 경제력을 바탕으로 문화와 소비 생활을 적극적으로 향유한다. 이에 여가 · 레저 분야에서도 시니어 시장을 주목하고 있다. 실제로 이 세대의 스포츠, 골프, 해외여행을 비롯한 다양한 여가 생활에 대한 수요가 증가하고 있다(이데일리, 2019). 그중 특히 스포츠 시장에서 액티브 여성 시니어의 비중이 높아지고 있다. 이들은 등산, 골프 외에도 요가, 필라테스, 라이딩, 스킨 스쿠버 등 더욱 다양한 스포츠를 즐겨 이 시장의 주요 고객층을 형성하고 있다. 따라서 액티브 시니어에 집중한 시장이 새로운 비즈니스 기회를 제공할 것이므로 이 세대의 사고방식과 삶의 방식에 대한 이해가 필요하다.

오팔 세대라 불리는 국내 시니어 세대들의 소비 행태나 특징은 빠르게 변화하고 있다. 이 세대는 밀레니얼 세대의 부모로서 자녀로부터 얻은 정보를 통해 본인도 최대한 젊게 살기 위해 노력하는 특징을 보인다(김난도 외, 2019). 또한, 이 세대는 디지털 기기를 통한 미디어 콘텐츠 이용에도 매우 익숙하다.

[표 3-5] 시니어 세대의 변화

구분	기존 시니어 세대	뉴 시니어 세대
대상	1950년 이전 출생, 혼란기와 전쟁기 경험	1960년, 1970년대 경제 산업 성장기, 발전기 경험
세대 특성	보수적, 동질적, 수동적	미래 지향적, 다양성, 적극적
경제력	독립적, 경제력 보유층이 적음	독립적, 경제력 보유층이 두터움
노년 의식	인생의 황혼기	새로운 인생의 시작
가치관	본인을 노년층으로 인식	본인은 젊다고 생각
소비관	검소가 최고의 미덕	합리적인 소비 생활
취미 활동	취미 없음, 같은 세대 간 교류	다양한 취미, 다른 세대와 교류
레저관	일 중심, 여가 활용에 미숙	여가에 가치를 두며 생활
여행	단체 여행, 효도 여행	여유 있는 부부 여행, 자유 여행
노후 준비	자녀 세대에 의존	스스로 노후 준비
독립성	종속적이며 자녀 의존형	독립적, 배우자, 사회 제도에 의존
보유 자산	자녀에게 상속	자신의 노후 준비를 위해 사용

출처: 김정근(2016) 참고 재구성

디지털 기기에 능숙한 장년층과 노인층의 등장으로 스마트 기기 시장과 콘텐츠 소비문화에도 변화가 나타나고 있다(한국콘텐츠진흥원, 2018). 한국콘텐츠진흥원(2018)의 보고서는 '실버 서퍼(Silver surfer)'의 콘텐츠 소비 행태에 주목해야 한다고 주장한다. 실버 서퍼는 시니어를 뜻하는 실버(Silver)와 인터넷 서핑을 뜻하는 서퍼(Surfer)를 합친 신조어로, 유사한 신조어로 '웹버족'이 있다. 웹버족은 인터넷을 의미하는 웹(web)과 시니어를 뜻하는 실버(Silver)를 합친 신조어다. 결국, 이들은 경제력을 갖추고 있으며 인터넷, 스마트폰 등을 능숙하게 다루는 능력을 보유한 장년층(노인)을 지칭한다.

이 세대는 문화 콘텐츠의 생산자이자 소비자인, 콘텐츠 산업의 새로운 프로슈머(prosumer)로 부상하고 있다. 콘텐츠 시장의 새로운 소비층인 동시에 이 세대를 주인공으로 한 다양한 콘텐츠가 인기를 얻고 있다. 실제로 50대가 가장 많이 사용하는 앱은 유튜브(Youtube)이며, 50대 이상의 한 달 유튜브 총 사용 시간이 64억 분으로, 10대와 20대에 이어 5060 세대의 유튜브 이용률이 3위로 나타났다(한국콘텐츠진흥원, 2018). 60대의 스마트폰 이용률도 80%에 이르는데, 이들은 모바일 서핑과 콘텐츠 이용에 능숙하다. 이 세대는 경제력을 보유하고 있는 세대이면서 새로운 디지털 문화를 빠르게 흡수하고 있어 새로운 소비자층으로 이해해야 한다.

이처럼 급속도로 발전하는 기술만큼 세대 간 격차도 커지고, 사회 문화도 빠르게 변화한다. 그러나 '요즘 애들'과 '꼰대'라고 불리는 서로 다른 세대 간 갈등이 심화되고 있지만, 반면에 동시에 세대 차이를 극복하는 방법에 관한 관심도 증가하고 있다. 새로운 세대인 밀레니얼 세대에 대한 논의가 많이 이루어지고 있지만, 기존 세대와는 다른 특징을 가진 시니어 세대의 등장으로 이들 세대에 관한 이해 또한 필요하다. 현대사회는 점차 고령화 사회로 진입하고 있고, 과거와 비교하면 더욱 다양한 세대가 함께 살아가는 사회로 변화할 것이다. 이러한 사회 문화의 변화 현상에 대한 이해를 바탕으로 스포츠 산업의 변화를 준비해야 한다.

연구 문제

1. 4차 산업 혁명이 무엇인지 설명하시오. 기존 1, 2, 3차 산업 혁명과의 차별적 특성이 무엇인지 생각해 보고, 그 특성을 한 문장으로 정리하시오.

2. 디지털 컨버전스가 무엇인지 설명하시오. 스크린 골프가 왜 신시장 창출형 융합에 속하는지를 가치 차원과 제품 서비스 특성의 차원에서 설명하시오.

3. 최근의 사회 문화 변화 트렌드와 함께 등장한 주요 스포츠 제품과 서비스 사례를 찾아보고, 해당 서비스의 주요 타깃 소비자는 누구인지, 주요 세대별 특징과 연관지어 생각해 보시오.

Chapter 04

스포츠 산업의 변화를 가져온 주요 ICT

본 장에서는 4차 산업 환경에서 스포츠 산업에 변화를 가져올 주요 ICT에 무엇이 있는지 학습한다. 나아가 주요 ICT의 개념과 특징을 이해하고, 해당 기술이 전통적인 스포츠 제품, 서비스, 산업에 어떠한 영향을 주는지 살펴봄으로써 기술과 산업 변화의 흐름을 인지하게 하고자 한다.

4차 산업 혁명 시대에서 데이터를 생성, 보관, 수집, 분석할 주요 환경을 조성하는 ICBM(IoT, Cloud Computing, Big Data, Mobile) 기술을 비롯하여 인공 지능(Artificial

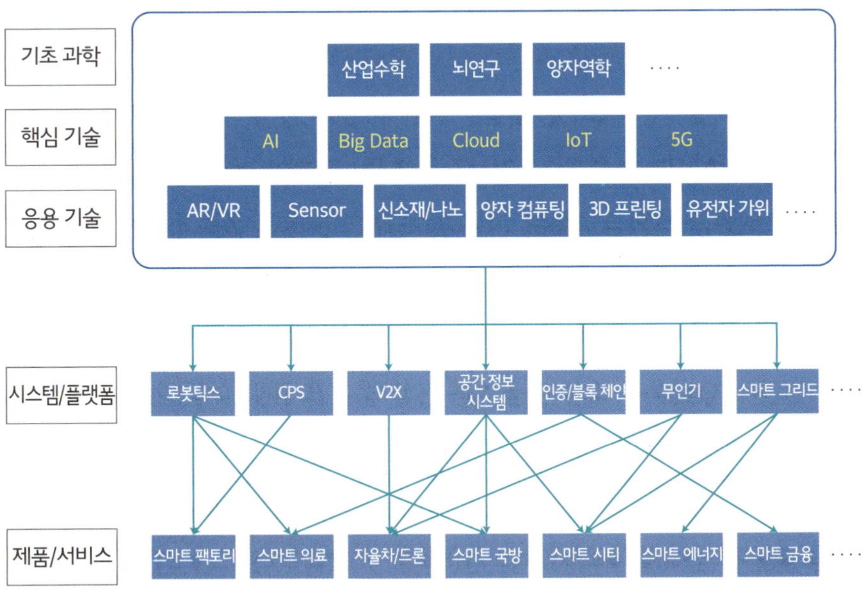

[그림 4-1] 4차 산업 혁명 시대의 핵심 기술과 관련 분야

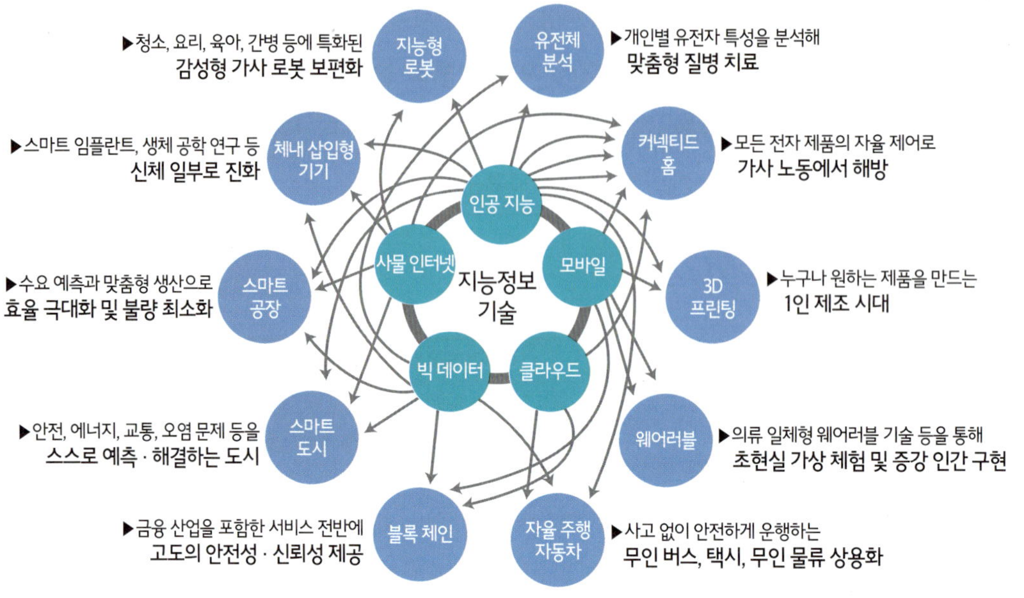

출처: http://www.gov.kr/portal/ntnadmNews/965504

[그림 4-2] 4차 산업 환경의 핵심 기술 · 산업 기술의 융합과 파급 효과

Intelligence, AI), 그리고 연결된 환경(Connected environment)을 조성하는 5G 등이 핵심 기술로 평가받고 있다([그림 4-1 참고]). 이 핵심 기술들은 가상 현실 기술을 비롯한 센서, 3D 프린팅과 같은 응용 기술과 결합되어 스포츠 산업에도 막대한 파급 효과를 가져오고 있다.

[그림 4-2]는 4차 산업 혁명의 주요 기술이 각 분야의 산업, 기술과 융합되었을 때 가져올 수 있는 파급 효과와 그 사례를 보여 준다. 예시와 같이 향후 이러한 기술이 접목되었을 경우 급격한 산업 변화와 비즈니스 모델의 혁신이 이루어질 수 있다. 이러한 변화에 대응하기 위해서는 주요 핵심 기술에 대한 이해가 필수적이다. 다음 절에서는 4차 산업 혁명의 핵심 기술과 응용 기술에 대한 기본 개념과 관련 사례를 학습한다.

1. 4차 산업 혁명의 핵심 기술

1) 사물 인터넷(Internet of Things)

(1) 기본 개념과 기술의 특징

사물 인터넷(Internet of Things, IoT) 기술은 모든 사물이 네트워크로 연결되어 사용자가 공간과 시간의 제약 없이 언제 어디서든 네트워크에 접속할 수 있도록 하는 기술인 '유비쿼터스 컴퓨팅' 개념으로부터 시작되었다. 사물 인터넷은 '사물들(things)'이 서로 연결되어 서비스를 제공하는 것으로, 기존에 네트워크 기능이 탑재되어 있던 컴퓨터, 핸드폰 이외에도 책상, 의자, 냉장고 등 주변의 모든 사물이 연결되어 데이터를 생성하는 환경이다. 기존 인터넷 환경이 언제(anytime), 어디서나(anyplace) 서로 연결이 가능하게 하였다면, IoT는 그 연결 대상이 사물과 사물, 사물과 사람으로 확장되어 무엇(anything)이든 연결될 수 있다는 개념이 추가된 것이다(박수경 외 2014).

IoT의 주요 기술적 요소는 센싱(sensing), 네트워크 인프라, 인터페이스 및 보안 등이다. IoT는 네트워크를 기반으로 모든 사물이 유기적으로 연결되어 실시간으로 상황을 분

[표 4-1] 사물 인터넷의 기술 발전 전망

구분	특징
1단계(연결형)	• 사물이 인터넷에 연결되어 주변 환경을 센싱하고 그 결과를 전송할 수 있으며, 모니터링한 정보를 통해 사물이 원격 제어되는 단계 • 센싱-수집-관리(분석)를 목적으로 구축된 실세계에서 가상 세계로의 연결 및 관리 기술
2단계(지능형)	• 사물이 센싱 및 전송한 센싱된 데이터를 분석 및 예측하는 지능적 행위를 취할 수 있는 단계 • 1단계 기술에 지능이 추가되어, 센싱-수집-분석-진단-예측 등 실세계에서 가상 세계로의 지능적 감지 및 유연한 대응에 대한 기술
3단계(자율형)	• 사물 간 분산 협업 지능을 기반으로 상호 소통하며 공간, 상황, 사물 데이터의 복합 처리를 통해 스스로 의사 결정을 하고 물리 세계를 자율적으로 제어할 수 있는 단계 • 2단계 기술 고도화와 더불어, 예측-계획-전달-실행의 가상 세계에서 실세계로의 대응 자율화 기술(실세계와 가상 세계의 지속적인 상호 작용 사이클 완성)

출처: 서정욱(2019) 참고 재구성.

석하고, 스스로 판단하여 서비스를 자율적으로 제공하는 지능화된 서비스 환경으로서 인프라 및 융복합 기술 모두를 포함하기도 한다. 사물에 내재한 센싱을 통해 주변 사물과 환경에 대한 정보를 수집하고, 네트워크를 통해 실시간 데이터를 교환하며 사람에게 필요한 서비스를 제공하는 것이다.

이러한 IoT 기술은 특징과 수준에 따라 1단계 연결형(connectivity), 2단계 지능형(intelligence), 3단계 자율형(autonomy) 사물 인터넷으로 규정한다. 연결형 IoT 환경은 사물이 인터넷에 연결되어 주변 환경을 감지하고 그 결과를 전송할 수 있으며, 관찰한 정보를 통해 원격에서 사물이 제어되는 단계를 의미한다([표 4-1] 참고).

지능형 IoT는 사물이 센싱 및 전송한 데이터를 분석 및 예측하는 지능적 행위를 취할 수 있는 단계이고, 자율형 IoT는 사물 간 분산 협업 지능을 기반으로 상호 소통하며 공간, 상황, 사물 데이터의 복합 처리를 통해 스스로 의사 결정을 하고, 물리 세계를 자율적으로 제어할 수 있는 단계를 의미한다. 특히, 자율형 사물 인터넷은 예측-계획-전달-실행의 가상 세계에서 실세계로의 대응 자율화 기술이 핵심이며, 실세계와 가상 세계의 지속적인 상호 작용 사이클이 완성되는 단계이다. 이처럼 네트워크에 연결된 사물의 지능화 수준, 제공하는 기능에 따라 사물 인터넷 기술의 단계가 구분된다. 이에 제공하고자 하는 서비스에 적합한 수준의 환경을 설계하는 것이 요구된다.

(2) 산업의 주요 활용 사례

IoT의 주요 서비스는 개인 IoT 서비스(스마트 홈, 웨어러블 건강 등), 공공 IoT 서비스(재난, 환경, 안전 등), 산업 IoT 서비스(농축수산, 제조, 에너지 등)로 분류될 수 있다(IITP, 2018). IoT를 통해 데이터 수집 범위가 넓어지고, 분석 결과를 다양하게 활용할 수 있게 되어 다양한 분야에 IoT 서비스가 도입되고 있다.

① 스마트 홈

스마트 홈은 IoT가 적용되어 상용화된 대표적인 분야이다. 최근의 IoT는 AI가 결합되어 한 단계 진화된 스마트 홈 플랫폼 환경을 제공한다. 기존의 스마트 홈 환경에서는 사용자가 직접 환경 설정을 하거나 사물을 제어해야 했다면, AI와 IoT가 결합된 스마트 홈 플랫폼에서는 거주자들의 행동 패턴을 분석하여 개인이 선호하는 환경으로 자동 제어해 준다(조선비즈, 2020). 향후 IoT를 통한 사물의 연결 범위가 확대됨에 따라 집 내부의 사물뿐 아니라, 자동차나 사무실 사물들도 모두 연결되어 통합 플랫폼에서 제어가 가능하게 될 것으로 예상된다.

② 스포츠 관리 솔루션

스포츠 분야에서도 IoT의 적용이 확대되고 있는데, 특히 AI와 웨어러블 디바이스(wearable device), IoT가 함께 적용되고 있다. 과거에는 선수의 역량을 파악하려면 시합을 녹화한 동영상을 돌려보면서 사람이 시간을 들여 직접 분석했다. 그러나 IoT 기술의 발전으로 이제는 선수에게 장착한 센서를 통해 경기 능력을 측정할 수 있게 되었다. 예컨대 모션 센서(motion sensor)를 비롯한 다양한 센서로부터 수집되는 데이터와 AI 기술의 발전으로 IoT 환경에서 수집한 많은 양의 데이터를 조합하여 정밀도 높은 분석이 이루어지고 있다. 모션 센서란 '물체의 동작 감지처럼 단순한 반응에서부터 인간의 섬세한 표정까지 인식하는 센서'로 선수의 움직임을 통해 경기가 이루어지는 스포츠 종목에 많이 적용되고 있다(전황수, 김현탁, 2020).

가속도 센서나 자이로스코프(gyroscope)와 같은 전자 센서 등이 내장된 웨어러블 디바이스는 선수의 심박수와 움직임을 측정할 수 있어 선수에 관한 통찰력이 높은 데이터를 만들어 낼 수 있다. 앞으로 AI 기술의 진화와 데이터를 실시간 전송할 수 있는 네트워크 환경이 구현되면 선수와 운동 환경에 대한 데이터를 더 광범위하게 수집하고 세밀하게 분석할 수 있을 것이다. 이러한 분석 결과는 선수의 자세 교정과 기술 향상, 부상이나 사고 방지 대책, 대형(formation) 지시, 다음 시합에서의 전략 구축, 대전 상대 연구 및 미래의 시합 결과 예측하는 데 활용될 것이다.

2) 클라우드 컴퓨팅(Cloud Computing)

(1) 기본 개념과 기술의 특징

클라우드 컴퓨팅(cloud computing)은 구름(cloud)처럼 존재하는 IT 자원을 인터넷을 통하여 언제 어디서나 필요한 만큼 빌려 쓰고(on-demand), 사용 요금을 지급하는 방식(pay as you go)이다(박수경 외, 2015). 즉, 클라우드 컴퓨팅 기술은 정보가 인터넷 서버에 저장되고 데스크톱, 노트북, 스마트폰 등의 IT 기기에는 일시적으로 보관되는 컴퓨팅 환경을 제공한다. 이용자는 각종 스마트 기기를 통하여 필요한 정보 통신 자원을 원하는 만큼 빌려 쓰고, 사용 요금을 지급한다. 클라우드 컴퓨팅에는 가상화 기술, 분산 처리 기술 등이 포함된다(한국인터넷진흥원, 2017).

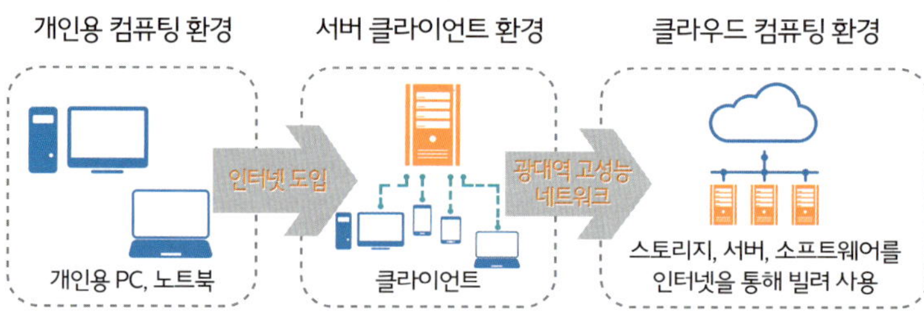

구분	개인용 컴퓨팅	서버-클라이언트	클라우드 컴퓨팅
데이터 위치 및 컴퓨팅 주체	개인용 PC, 노트북	서버/클라이언트	클라우드 서버 (온라인)
자원 구매/폐기	이용자	이용자	서비스 제공자
사용자 컴퓨터 설치 SW	OS, 응용 S/W	OS, 응용 S/W, 클라이언트	클라이언트(웹브라우저)
데이터의 소유 및 관리	소유와 관리가 동일	소유와 관리가 일부 분리	소유와 관리 분리
제공 서비스	오프라인 컴퓨팅 서비스	기본 인터넷 서비스 (웹, FTP, 이메일 등) 응용 인터넷 서비스 (웹하드, SBC, ASP 등) IT 융합 서비스 (VoIP, IPTV)	가상 서버/데스크탑 서비스 스토리지 제공 서비스 SW 임대 서비스 등

출처: 과학기술일자리진흥원(2018a) 재인용

[그림 4-3] 컴퓨팅 환경의 변화

데이터 저장과 콘텐츠 사용을 위하여 IT 관련 자원을 사용자가 직접 소유하고 관리하던 방식과 달리 필요한 만큼의 자원을 받고, 자원의 소유(클라우드 제공자)와 관리(사용자)를 분리한 것이 기존의 데이터 이용 방식과 가장 큰 차이이다.

클라우드 컴퓨팅은 서비스 유형과 서비스 운용 형태에 따라 구분된다([표 4-2]). 이용자에게 플랫폼을 통해 제공하는 하드웨어 · 소프트웨어의 범위에 따라 IaaS, PaaS, Saas로 구분되고, 사용자의 범위와 공유 환경에 따라서는 프라이빗 클라우드(Private Cloud), 퍼블릭 클라우드(Public Cloud), 하이브리드 클라우드(Hybrid Cloud) 등으로 구분된다. 불특정 다수인 일반인을 대상으로 하는 퍼블릭 클라우드는 이미 상용화되어 주변에서 쉽게 이용자를 찾을 수 있다. 예를 들어, 구글(google)이 제공하는 구글 드라이브(google drive)를 통해 이용자들은 클라우드에 접속하여 각종 파일을 저장 · 확인하고, 다른 사람들과 공유할 수 있다. 폴라리스 오피스(Polaris Office)도 클라우드 환경에서 제공하는 대표적인 오피스 프로그램인데, 이용자가 스마트폰에서 프로그램을 별도로 설치하지 않아도 클라우드 서비스를 통해 문서 파일을 확인하고 편집할 수 있다. 이러한 클라우드 기술을 기반으로 다양한 산업에서 비교적 적은 비용으로 최신 소프트웨어를 사용할 수 있다.

[표 4-2] 클라우드 컴퓨팅 분류

구분		특징
서비스 유형	IaaS (Infrastructure as a Service)	서버, 스토리지, 네트워크 등 인프라 자원과 스토리지, 컴퓨팅 능력을 필요에 따라 사용할 수 있게 제공하는 서비스(예: 아마존, EC2 등)
	Paas (Platform as a Service)	개발자가 앱 개발, 테스트, 실행 등 S/W 개발에 필요한 플랫폼을 제공하는 서비스(예: Linux, Apache, PHP, MySQL, Google Apps 등)
	Saas (Software as a Service)	사용자가 원하는 소프트웨어와 애플리케이션을 제공하는 서비스(예: 웹메일 서비스, iCloud, Dropbox, Google Docs, One note 등)
서비스 운용 형태	Private Cloud	기업과 기관 내부에 전용 클라우드 서비스 환경을 구성하여 제한적인 구성원을 대상으로 서비스를 제공하는 형태
	Public Cloud	불특정 다수를 대상의 클라우드 서비스를 제공하는 형태
	Hybrid Cloud	퍼블릭 · 프라이빗 클라우드의 결합 형태, 일부 데이터, 서비스에 대한 프라이빗 정책을 설정하여 제공

출처: 과학기술일자리진흥원(2018a), 한국인터넷진흥원(2017)참고 재구성.

클라우드 컴퓨팅과 관련하여 최근에 등장한 새로운 기술 트렌드는 '엣지 컴퓨팅(edge computing)'이다. 세계적인 IT 트렌드를 발표하는 조사 기관인 가트너(Gartner)에서는 2019년 엣지 컴퓨팅 기술이 클라우드 컴퓨팅 기술의 영역에서 중요하게 될 것이라 예언하였다. 엣지 컴퓨팅은 IoT 기기의 확산으로 데이터의 양이 폭증하자 데이터 처리 지연 등의 문제를 해결하기 위하여 개발된 기술이다. 기존 클라우드 컴퓨팅은 중앙 집중 서버가 모든 데이터를 처리하는 방식이나, 엣지 컴퓨팅은 분산된 소형 서버를 통하여 중요한 데이터만을 실시간으로 처리한다. 따라서 실시간 대응이 필요한 서비스들, 예컨대 자율 주행차, 가상 현실 등의 서비스에 활용되고 있다.

개인이 컴퓨터와 소프트웨어, 데이터 등을 소유하고 작업을 수행하던 기존의 컴퓨팅 환경은 이제 인터넷 플랫폼에서 작업을 수행하는 클라우드 컴퓨팅 환경 패러다임으로 변화하고 있다. 클라우드 컴퓨팅은 언제 어디서나 원하는 정보 통신 자원에 접근하여 활용할 수 있기에, 4차 산업 혁명의 산업과 서비스 구현을 위한 필수 인프라가 되고 있다. 앞으로 클라우드 이용이 활성화되고 다양한 산업에서 활용되면 더욱 많은 데이터가 연결되고 공유될 것으로 예상된다. 이에 클라우드 환경의 보안과 정보 보호를 위한 제도적 보완이 요구되고 있다.

(2) 산업의 주요 활용 사례

① 클라우드 기반 스마트 협업

최근 비대면(untact) 업무 환경에서 클라우드 기반 협업 솔루션이 더욱 주목받고 있다. 구글의 클라우드 기반 소프트웨어 도구 모음인 'G 스위트(G suite)'는 대표적인 협업 솔루션이다. G 스위트는 메일, 캘린더, 드라이브, 문서 도구, 채팅 등 다양한 도구를 통해 기업 구성원의 공동 작업이 가능한 업무 환경을 제공하는 서비스이다(조선일보, 2019). 이러한 클라우드 기반 협업은 업무 진행 과정에 즉각적인 커뮤니케이션을 비롯하여 동시에 한 문서를 작업할 수 있는 기능 등을 제공하여 업무 효율성을 높여 준다. 또한, 클라우드 기반 협업은 업무 장소에 구애받지 않아서 최근에 기업의 스마트 워크

(smart work)와 재택 근무 도입이 확산되면서 더욱 주목받고 있다.

② 엣지 컴퓨팅을 통한 경기 중계방송

사례 연구. 엣지 클라우드 컴퓨팅 통한 경기 중계방송

30대 직장인 A씨는 야구장에서 입체적으로 경기를 즐기기 위해 포털이나 앱으로 중계방송을 시청하는 야구광이다. 하지만 관중이 많이 몰리면 끊김 현상 등이 발생해 경기장에서 중계방송을 보는 게 쉽지 않다고 말한다. KT는 이런 불완전한 5G 통신망의 약점을 5G 특화 서비스 플랫폼을 통해 한층 개선해 나가기로 했다. KT는 12일 5G 특화 서비스 플랫폼인 '5G IT 엣지 클라우드'를 서울 및 부산에 구축했다고 밝혔다.

5G IT 엣지 클라우드는 5G 핵심 기술로 꼽히는 '모바일 엣지 컴퓨팅(Mobile Edge Computing, MEC)'이 적용돼 미디어, 게임 등 엔터테인먼트를 지연 없이 즐길 수 있도록 돕는다. MEC는 물리적으로 데이터 전송 구간을 줄여 초연결, 초저지연을 실현해 주는 분산 컴퓨팅 기술이다.

기존 무선 데이터 처리는 전국에서 발생한 모든 이용자의 데이터 트래픽이 수도권의 중앙 통신 센터로 전송되는 방식이기 때문에 추가 지연 시간이 발생했다. 반면 MEC는 이용자와 가까운 기지국, 통신 센터 등에 데이터 서버를 배치해 물리적 거리를 좁히고, 캐시 서버나 콘텐츠 전송 네트워크(CDN) 서버 등 컴퓨팅 설비를 내장해 지연 시간을 줄이는 것이 강점이다.

이에 KT는 최근 서울, 부산, 대전, 제주 등 8곳에 MEC 기술이 적용된 5G 엣지 통신 센터를 구축해 데이터 처리의 물리적 거리를 줄였다. 또 서울과 부산 2개 지역에 5G IT 엣지 클라우드를 추가로 구축해 최대 10초가량 지연이 줄어든 5G 엔터테인먼트 환경을 구현했다.

……중략……

5G IT 엣지 클라우드는 'e스포츠 라이브', '라그나로크: 클릭 H5', '러브 레볼루션', '뮤지션 Live' 등 5G 특화 서비스에 적용된다. KT는 5G 특성을 반영해 대용량이 요구되는 실시간 엔터테인먼트를 '5G 특화 서비스'라는 이름으로 제공하고 있다.

자료 : 최지웅, KT, "야구 중계 지연 없이 본다"…'5G IT 에지 클라우드' 구축, 글로벌이코노믹, 2019. 05. 12. http://mobile.g-enews.com/view.php?ud=201905102206304624715f3fab4e_1

국내에서는 5G 통신 인프라를 기반으로 클라우드 컴퓨팅 분야의 주요한 트렌드인 엣지 컴퓨팅을 적용하여 경기 중계방송 서비스를 제공한 사례가 있다. 경기 중계방송 또한 실시간성이 매우 중요한 서비스이다. 이에, 위의 사례 연구와 같이 한 기업은 고화질 경기 영상을 클라우드 서버에 저장한 후, 5G 네트워크를 통해 지연 없이 시청자에게 영상을 제공한 바 있다. 또한 경기 중계뿐 아니라 부가적인 콘텐츠를 제공함으로써 중계방송 콘텐츠의 다각화를 시도하고 있다.

3) 빅 데이터(Big Data)

(1) 기본 개념과 기술의 특징

빅 데이터는 매우 방대하여 기존의 방법이나 도구로는 수집, 저장, 분석 등이 어려운 정형 및 비정형 데이터들을 의미한다. 협의의 정의는 기존 데이터 저장 장치 및 기술로 데이터를 저장, 관리, 분석하기 어려운 정도로 큰 규모의 데이터를 가리킨다. 특히, 빅 데이터는 인터넷, 포털, 통신 분야에서 트위터(Twitter), 페이스북(Facebook) 등 개인 사용자에 의해 발생하는 데이터를 말하며, 초단위로 폭발적으로 생성되는 비정형 데이터로 정의되기도 한다.

일반적으로 빅 데이터의 주요 특징은 3V, 즉 Volume(크기), Velocity(속도), Variety(다양성)로 정리된다. '크기'는 수십 테라바이트를 넘는, 기하급수적으로 증가하는 대용량 데이터의 특성 의미한다. '속도'는 빠르게 증가하는 대용량 데이터와 처리 속도를 뜻한다. 마지막으로 '다양성'은 이미지, 소리, 영상 등 다양한 형태의 데이터를 의미하는데 데이터의 정형화된 수준을 포함한다.

- Volume(크기): 데이터 크기를 의미하는 특성으로, ICT 발전에 따라 생성되는 데이터의 크기가 과거와 비교하여 기하급수적으로 증가한 거대한 데이터 용량
- Velocity(속도): 빠른 데이터의 증가, 처리 속도를 의미. 센서, 모니터링, 스트리밍 등에 의하여 실시간 발생하는 데이터의 특징과 이에 대응하는 실시간 분석 · 처리 속도
- Variety(다양성): 데이터의 다양한 형태와 범위를 의미. 데이터 종류가 위치 정보, SNS, IoT 센서 데이터와 같이 다양해졌으며, 문자 외에 이미지, 소리, 영상 등 데이터 유형이 다양화된 것

지능 정보 사회에서 데이터는 다양한 범위와 기기로부터 매우 빠른 속도로 실시간 생성된다. 빅 데이터가 가공되어 정형화된 수준에 따라 정형 데이터(Structured Data)와

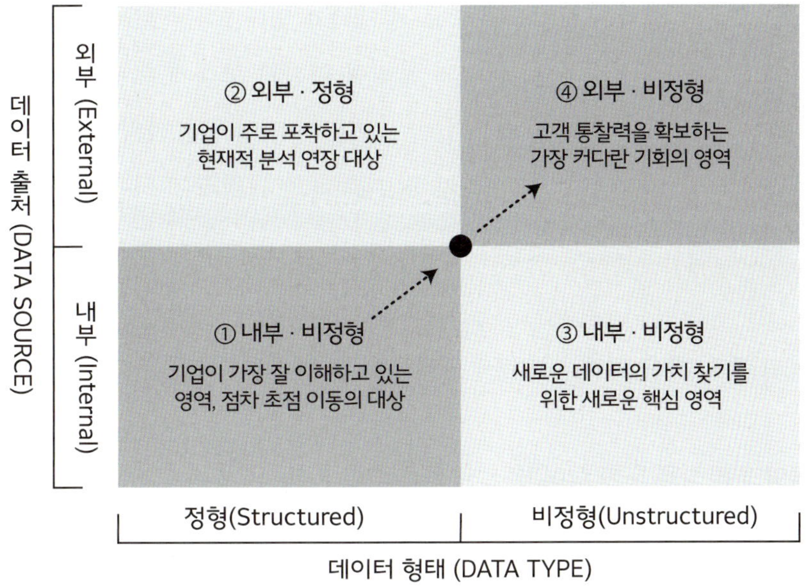

[그림 4-4] 빅 데이터의 유형 분류

비정형 데이터(Unstructured Data)로 구분하고, 수집 · 생성된 데이터의 원천에 따라 내부 데이터(Internal Data)와 외부 데이터(External Data)로 구분할 수 있다.

- **정형 데이터:** 일정한 형식으로 구조화된 데이터. 관리하고 분석하기 용이한 데이터 형태로 특정한 형식에 맞게 잘 정리해 놓은 데이터
- **비정형 데이터:** 데이터 형식이 복잡하고 불분명한 데이터로 관리와 분석이 어려운 데이터를 의미. SNS 게시물, 동영상, 센서와 GPS를 통하여 수집되는 위치 정보 등의 데이터 포함.

최근 빅 데이터는 지식 정보 사회에서 중요한 자원으로, 특히 4차 산업 혁명의 핵심적인 자원으로 여겨진다. 데이터가 화폐나 부동산, 지적 재산권에 견줄 만한 새로운 형태의 '자산'으로 주목받고, 더불어 '데이터 경제(Data Economy)'가 급부상하고 있다(European Commission, 2017). 4차 산업 혁명 환경에서 데이터는 자본이나 노동력과

거의 동등한 수준의 경제적 투입 자본으로 평가되고 있다. 이는 AI 기술의 발전으로 데이터 분석을 통하여 얻을 수 있는 기업의 물리적 자산과 고객에 대한 통찰력이 더욱 증가하였기 때문이다. 지능 정보 사회에서 빅 데이터의 가치와 분석의 중요성은 앞으로도 계속 증가할 것으로 예상되며, 이에 따라 빅 데이터의 특징과 관련된 주요 기술들에 대한 학습이 요구된다.

(2) 산업의 주요 활용 사례

① 빅 데이터 분석을 통한 심야 버스 노선 최적화 사례

2013년 서울시의 심야 버스 노선 최적화 사례는 공공 빅 데이터 활용의 가장 성공적인 사례 중 하나이다. 오래전부터 서울시의 고질적인 문제 중 하나로 대중교통이 끊어진 심야 시간대의 이동 문제가 거론돼 왔었다. 이에 심야 교통 문제 해결을 위하여 자정부터 새벽까지 운행되는 심야 버스 운행을 결정하였고, 어느 노선 구간을 기획해야 시민들의 활용도가 높을 것인가를 결정해야 하는 상황에 빅 데이터 분석이 활용되었다.

심야 시간대의 유동 인구수 파악에 필요한 빅 데이터를 수집하고, 실제로 데이터 분석과 활용할 수 있는 기업과의 협력을 통해 문제를 해결하기로 하였다. 서울시는 KT와 협력을 통하여 서울시 보유 데이터와 KT의 이동 통신망 데이터를 분석하였다. KT의 이동 통신 데이터는 심야 시간 통화량, 위치 등을 포함하였으며, 그 밖에 스마트 카드를 통한 택시 승하차 정보도 분석하였다. 서울시를 1km 반경 1,250개의 헥사 셀 단위로 구분하여 유동 인구의 밀집도를 노선, 시간, 요일별로 나누어 데이터 패턴을 분석함으로써 노선을 최적화할 수 있었다. 이 사례는 서울시의 공공 데이터 외에 민간 기업과의 협력을 통하여 다양한 빅 데이터의 결합을 시도하고, 성공적으로 수요를 예측하고 노선을 최적화한 사례이다.

② 빅 데이터 분석을 통한 스포츠 경기 승패 예측

빅 데이터 분석을 통해 시합 결과나 팀의 성적, 선수의 경기 능력 등을 시뮬레이션하고 시합의 승패나 대결 상대의 움직임을 예측하는 것은 스포츠 분야의 가장 대표적인 빅 데이터 활용의 예다. 대표적인 사례로 2017년 미국 풋볼 대회 슈퍼볼의 점수를 AI가 100% 정확하게 예측한 바 있다(IRS Global, 2019). 마이크로소프트(Microsoft)의 무료 AI 예측 서비스 'Bing Predicts'에 의한 2017년 NFL 정규 시즌 승자의 적중률은 65.5%였다고 한다. 스포츠 빅 데이터 분석 결과는 수집되는 데이터의 양과 질에 따라 차이가 생길 수 있다. 최근 스포츠의 각 분야에서 빅 데이터의 효율적인 분석을 위하여 힘쓰고 있다. 각 경기의 데이터 분석을 통해 경기의 승패를 예상할 뿐 아니라 마케팅, 팀 관리 등 다양한 분야에 활용한다. 나아가 데이터 분석을 기반으로 관객을 참여하게 하는 서비스를 발굴하는 등 비즈니스 모델을 다양화하는 빅 데이터 분석이 적극적으로 활용되고 있다.

4) 머신 러닝(Machine Learning), 인공 지능(Artificial Intelligence)

(1) 기본 개념과 기술의 특징

머신 러닝은 인공 지능의 한 분야로, 기계 학습을 뜻한다. 컴퓨터가 사람이 학습하듯이 데이터를 입력하고 학습하게 함으로써 명시적인 프로그램 없이 스스로 배울 수 있는 능력을 갖게 하는 것을 연구하는 분야이다.

인공 지능은 인간의 지능으로 수행되는 사고와 학습 등을 컴퓨터가 수행할 수 있도록 하는 것으로, 구체적으로는 컴퓨터가 인간의 지능적인 행동을 모방할 수 있도록 하는 것을 의미한다. 인공 지능은 어느 순간 갑자기 발달한 기술이 아니라, 지금까지 약 60년간 꾸준히 연구되어 온 분야이다. 머신 러닝은 AI의 대표적인 기법의 하나로, 구글 알파고(AlphaGo)의 등장 이후 최근에 더욱 많은 관심을 받고 있다. 정리하면, 머신 러닝은 기계적인 알고리즘을 바탕으로 데이터를 분석하는 기법을 총칭하며, 주어진 데이터를 분석하는 과정을 포함한다. 머신 러닝이라는 용어는 1950~1960년대에 사용되기 시작하였다. 그 이후 컴퓨팅 기술의 비약적인 발전과 대용량 데이터가 발생하는 시대를 맞이하며, 머신 러닝 기술로 데이터를 분석하는 방법이 다양해지고 있다.

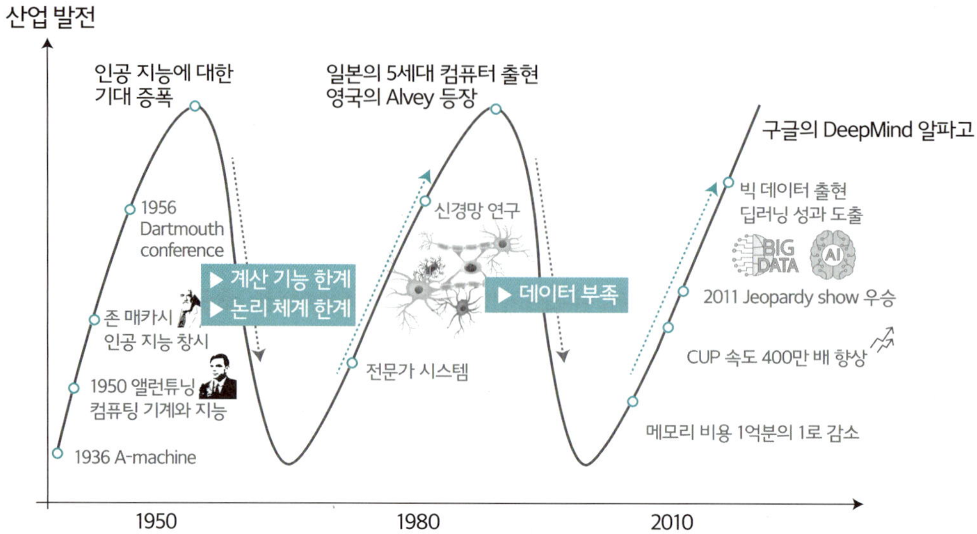

출처: 한국정보화진흥원, 2016

[그림 4-5] 산업 발전에 따른 인공 지능 분야의 변화

추론/탐색	지식	기계 학습	딥러닝
여러 가지 경우의 수를 찾으며 답을 구함.	컴퓨터 내에 지식을 표현하고 해답을 찾음.	대량의 데이터 학습을 통한 대상 분류 및 인식	뇌신경 회로를 흉내 낸 기계 학습을 심화한 방법으로서 특징까지 자동으로 학습함.
적용 분야: 미로 찾기, 체스, 장기, 바둑 등	**적용 분야**: 의료/생산/회계/법률 등의 전문가 시스템	**적용 분야**: 기계 번역, 음성/문자/이미지 인식	**적용 분야**: 기존의 기계 학습 분야 외 확장 가능
한계점: 현실의 복잡한 문제는 해결하지 못함.	**한계점**: 인간의 기본 상식과 지식을 표현하기 위해 방대한 지식 베이스 구축 요구	**한계점**: 학습에 필요한 특징을 정하는 방법에 따라 정밀도에 차이 존재(인식율 낮음)	**한계점**: 초기 단계로서 특정 분야의 문제만 해결 가능

출처: 박종목(2016), 인공 지능 기술과 산업 현황 및 전망

[그림 4-6] 시기별 인공 지능 특성

[그림 4-6]과 같이 인공 지능은 머신 러닝, 딥러닝의 인기와 함께 온 '제3차 AI 붐'으로 볼 수 있다. 최근 인공 지능 분야가 재조명되는 이유는 빅 데이터 기술의 발달과 연관

되어 있다. 인공 지능 기술의 비약적인 발전을 위해서는 양질의 데이터 확보가 필수적이다. PC와 스마트폰의 상용화, 인터넷 사용 증가와 함께 데이터 생성이 증가하였으며, 빅데이터 기술 발달로 인공 지능이 발전 가능한 환경이 조성되었기 때문이다. 앞으로도 다양한 데이터 학습을 통해 인공 지능과 머신 러닝 알고리즘은 더욱 진화할 것이다.

(2) 산업의 주요 활용 사례

① 분야별 머신 러닝을 통한 서비스

머신 러닝은 다소 멀게 느껴지지만, 사실 우리가 일상에서 사용하는 서비스에 이미 적용되어 있다. 나에게 오는 메일 중 불필요한 메일을 판별하여 분류해 주는 스팸 메일 필터도 머신 러닝이 작동한 결과이다. 이메일의 내용에 대해 학습하고, 불필요한 메일은 자동으로 제거해 주는 것이다. 또한 주제별 뉴스 기사 분류로, 온라인에 축적된 기사들을 분석하여 클러스터(군집화)를 통해 유사한 내용으로 분류하여 뉴스 검색 결과를 제시

스팸 메일 필터
대량으로 수신된 이메일 중 불필요한 이메일을
머신 러닝을 사용해 자동으로 판별하여 검출해 내는 방법(분류)

뉴스 기사 분류
온라인에 축적된 기사들을 기반으로
유사한 내용의 기사들끼리 그룹으로 분류하는 시스템(클러스터링)

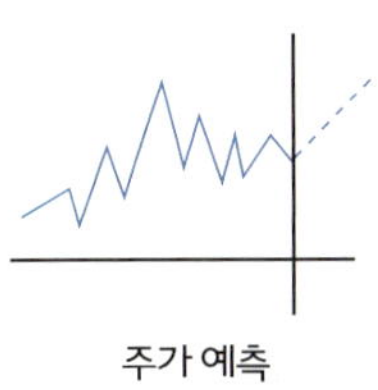

주가 예측
과거부터 현재까지의 주가 추이 기반의 학습을 하여 향후
어떤 형태로 주가가 변할지 예측하는 방법(회귀 분석)

[그림 4-7] 머신 러닝 적용 사례

해 준다. 주가 예측의 경우도 과거로부터 축적되어 온 주가 관련 데이터를 분석하여, 투입된 요인에 따라 앞으로 어떻게 될지 예측하는 머신 러닝 서비스로 이해할 수 있다.

② 머신 러닝을 통한 축구 경기의 패턴 분석

축구의 전술적 패턴을 학습하여 경기를 해설하는 머신 러닝 기반 서비스가 등장하였다(매일경제, 2018). 오랜 시간 축적된 데이터를 비롯하여 경기 중 실시간으로 발생하는 데이터를 분석하여 알고리즘을 기반으로 패턴을 도출하고 해설한다.

사례 연구. 축구 AI 해설가 서비스 사례

제이퍼스트게임즈는 이를 위해 축구 전술적 패턴을 데이터 코드로 변환한 뒤 스스로 학습하는 '축구 신경망 구조' 알고리즘을 만들었다. 축구 AI 분석 브랜드 '빅 db(Big db)'가 선보이는 AI 축구 해설가 서비스는 경기가 진행되는 상황을 실시간으로 데이터 처리한다.

AI 해설가가 축구 경기가 진행되는 동안 경기 상황을 중계하고 각 팀의 전술적 패턴을 스스로 학습하는 AI 데이터 분석 기술을 바탕으로 양 팀의 공격과 전술에 대한 문제점, 과거 경기 패턴을 데이터로 비교 분석한 결과 등을 해설한다.

제이퍼스트게임즈는 AI 축구 해설가 시각 장애인 전용 서비스도 개발했다. 선수 위치와 기술, 연결 동작의 결과들을 소리로 상상할 수 있도록 음성 데이터 처리해 시각 장애인들도 축구를 직접 시청하는 느낌을 받을 수 있도록 해설한다.

장수진 대표는 "AI 축구 해설가 개발 성공에 이어, 이달 말경에는 축구 디지털 방송 및 RPG 게임 등의 서비스를 담고 있는 AI 축구 플랫폼 애플리케이션을 선보일 예정"이라고 말했다.

자료: 최기성, 제이퍼스트게임즈, 제이퍼스트게임즈, 'AI 축구 해설가' 서비스 개발, 매일경제, 2018. 10. 12. https://www.mk.co.kr/news/it/view/2018/10/635330/

2. 초연결 구현을 위한 응용 기술

1) 5G 네트워크

(1) 기본 개념과 기술의 특징

현대 사회의 특징 중 하나는 바로 연결성이다. 기존과는 다르게 현대 사회는 다양한

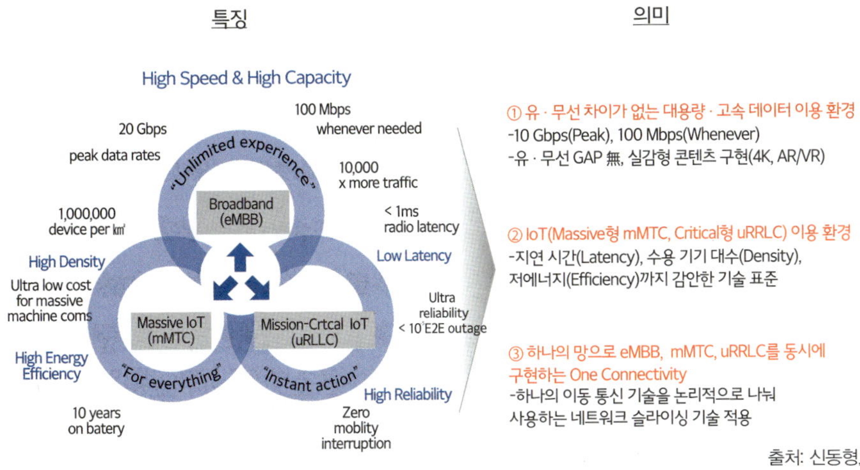

출처: 신동형, 2019 재인용

[그림 4-8] 5G의 특징과 의미

ICT의 출현에 힘입어 고도로 연결되어 있다. 일각에서는 초연결이라는 개념으로 이를 설명하기도 한다. 연결성이 부각되는 이유는, 다양한 ICT와 기기들이 네트워킹을 통해 연결되고 있기 때문이다.

다양한 모바일 장비들과 컴퓨팅 장비들, 그리고 이를 이용하는 혁신적인 모바일 서비스들은 네트워킹이 없다면 존재하기가 어렵다. 이처럼 현대 사회의 대동맥과 같은 역할을 하는 이동 통신은 지속적으로 진화하고 있다. 2G에 이어 3G, 4G 등으로 발전을 거듭하여 최근에 5G 이동 통신이 선을 보였다. 5G는 이론상 최대 속도가 20Gbps에 달하는데, LTE로 알려진 4세대 이동 통신보다도 속도가 20배 빠르고, 처리 용량은 100배 많은 통신 네트워크로 이해할 수 있다. 5G는 'IMT-2020'이라는 정식 명칭을 가지고 있는, 국제전기통신연합(ITU)에서 정의한 5세대 통신 프로토콜이다.

5G는 4세대 대비 20배 빠른 속도뿐 아니라 지연 시간은 10분의 1 수준이고, 전송 가능 트래픽은 100배 정도 많아져 단위 면적($1km^2$)당 접속 가능 기기가 100만 개에 달한다. 5G 초고속, 초저지연, 초연결성은 모든 생활 분야에 획기적인 변화를 가져올 것으로 기대되고 있다. 특히 5G는 가상 현실, 증강 현실 그리고 혼합 현실의 고용량 콘텐츠의 전송 및 수신을 가능하게 한다.

5G의 고속, 대용량, 고밀집, 고에너지 효율, 낮은 지연 시간, 높은 안정성과 같은 기술

적 특징은 유무선 네트워크에서 차이가 없는 대용량, 고속 데이터 이용 환경을 제공한다(신동형, 2019). 5G가 본격적으로 상용화되면 기존에 볼 수 없던 새로운 모습의 제품과 서비스가 다방면의 산업에서 탄생하게 될 것이라고 한다. 특히, 다양한 멀티미디어 기기에서 4K, 8K 및 AR/VR 등 고용량 콘텐츠들을 이용할 수 있는 네트워크 환경을 제공하고, 유무선에 따른 속도 차이가 없어 고해상도의 콘텐츠도 TV와 달리 이동 중에도 콘텐츠를 이용할 수 있게 된다. 또한, 5G는 자율 주행 자동차를 비롯하여 수많은 센서가 부착되어 데이터를 전송하는 기기들이 지연 없이 데이터를 수신, 전송할 수 있게 한다.

5G는 AI와 IoT를 기반으로 한 지능 정보 서비스가 구동할 수 있는 환경을 제공한다. 따라서 기존 통신 산업이 이동 통신 사업자를 중심으로 단말기, 장비 등의 제조업체와 생태계를 조성하였다면, 5G 시대에는 다양한 제품과 서비스 사업자들을 포함한 융합 산업 생태계를 형성할 것으로 예상된다.

(2) 산업의 주요 활용 사례

① 스마트 모빌리티

5G 네트워크 환경이 구현되는 경우, 스마트 모빌리티(smart mobility)가 확대될 것이다. 스마트 모빌리티는 도시 지역의 이동을 최적화하는 포함하는 개념으로, 실시간 교통 관리, 스마트 주차, 승차 공유를 비롯하여 교통 정보 서비스 앱 등의 다양한 솔루션을 포함한다. 이러한 솔루션들은 대용량 데이터를 실시간으로 전송 가능한 환경에서 더욱 최적화된 서비스로 진화할 수 있다. 실시간으로 이동을 원하는 수요와 이동 수단, 공급 정보를 분석하여 결합할 수 있기 때문이다. 우리가 과거 택시나 그 밖의 이동 수단을 이용할 때 우연히 지나가는 택시를 이용하거나 전화로 이동 수단을 요청하는 방식으로 수요자와 공급자가 연결되었다. 그러나 최근에는 스마트폰을 이용하여 다양한 차량 공유 서비스를 비롯하여 실시간 교통 상황 분석을 기반으로 한 최적의 이동 서비스를 사용할 수 있다. 이는 이용자의 출발 위치, 목적지, 공급자 위치 등의 상황 데이터를 실시간으로 수집하고 분석한 결과를 매칭시킬 수 있게 되었기 때문에 가능하다. 미래에는 5G 네트워

크를 기반으로 더욱 진화한 스마트 모빌리티 솔루션이 등장할 것이다. 나아가 IoT, AI의 기술이 접목된 자율 자동차 상용화를 체험하게 될 것이다.

② 실감형 콘텐츠 기반 스포츠 중계

5G 도입에 따라 초고화질 실시간 방송이 가능해지고, 이것이 e스포츠 산업에 빠르게 도입되고 있다. VR · AR · MR 기술이 적용된 실감형 클라우드 게임과 콘텐츠 제공이 가능해지고, 5G 환경에서는 고화질, 실감형 콘텐츠를 활용한 스포츠 경기의 실시간 중계가 가능해진다. 특히 e스포츠 분야는 VR 생중계를 통해 시청자에게 실시간으로 생생하고 현장감 있는 중계를 할 수 있게 된다. 5G 네트워크가 고용량 콘텐츠를 다운로드가 아닌 실시간 스트리밍이 가능하도록 해 주기 때문이다. 이러한 통신 환경에서 주요 통신사와 e스포츠 기업들은 5G 기반 콘텐츠 개발과 관련 비즈니스 모델 발굴에 힘쓰고 있다.

2) 위치 기반 기술(GPS)

(1) 기본 개념과 기술의 특징

GPS(Global Positioning System)는 GPS 위성에서 보내는 신호를 수신해 사용자의 현재 위치를 계산하는 위성 항법 시스템이다. 항공기, 선박, 자동차 등의 네비게이션 장치에 주로 쓰이고 있으며 최근에는 스마트폰, 태블릿 PC 등에서도 많이 사용되고 있다. 원래 GPS는 미국 국방성에서 폭격의 정확성을 높이기 위해 군사용으로 개발한 시스템이다. 그러나 최근에 GPS를 장착한 스마트 기기가 대거 보급되면서 GPS를 이용한 새로운 서비스들이 등장하기 시작하였다.

GPS는 삼주 측량 원리를 이용하여 알고 싶은 지점의 위치를 결정하는데, 3개 이상의 위성이 전파를 발사하면 GPS 수신기가 장착된 이용자의 장치가 그 전파를 수신하여 각 위성의 위치, 속도, 시각을 계산한다. 위성의 정확한 위치를 계산하는 방식은 위성의 궤도 정보를 통하여 수행되며, 구체적으로는 위성 신호가 발신되는 시간과 실제 수신기가 수신한 시간을 비교하여 빛의 속도로부터 역산해 수신기와 위성 사이의 거리를 추정한다.

GPS의 가장 큰 장점은 가격이 매우 저렴하며, 전 세계 어디에서나 실시간 위치 측정이 가능하다는 점이다.

- 시간과 장소 구애 없이 위도, 경도, 고도의 3차원 위치 측정과 시간 측정
- 안개와 같은 기상 상태와 무관하게 측정 가능
- 시야가 확보되지 않아도 측정 가능
- 고도의 정확성 및 신속성을 가지고 있음.
- 실시간 GIS 데이터를 통해 위치의 측정 가능
- 위성 전파를 수신기로 수신함으로써 관측하며, 고도의 관측 기술은 필요하지 않음.

이전에는 항법 장치를 적용하기 힘들었던 자동차, 스마트폰을 비롯하여 멀티콥터 같은 취미용 장비에도 GPS 기술을 적용할 수 있게 되었다. 또 GPS는 위성 기반으로 전 세계 대상 24시간 서비스가 진행되고 별도의 사용료를 받지 않아 군사용부터 항공, 선박, 토지 측량 분야, 레저용 등 다양한 분야에서 활용 중이다. 최근에는 위치 정보가 요구되는 일상 속의 다양한 서비스에 이용되고 있다.

(2) 산업의 주요 활용 사례

① 스마트폰 위치 기반 서비스

현재 스마트폰 등에 탑재된 주변 정보 검색, 지오 태깅(geo tagging, 사진이나 노트, 블로그, 트위터 등의 위치 기록), 증강 현실 애플리케이션 등은 모두 GPS 기술이 활용되고 있다. 스마트폰을 통한 네비게이션 서비스도 GPS와 통신망이 동시에 활용되는 서비스이다. 또한, 실시간 버스 도착 안내 서비스의 경우도 GPS를 활용하여 버스 위치를 파악하는 것이다. 이 외에도 위치를 추적하거나 안내하는 서비스 대부분은 GPS 기술이 적용되는 것으로 이해할 수 있다.

- 음식 주문 및 배달 서비스
- 실시간 택시 호출 및 자전거, 킥보드 공유 서비스
- 재난 안전 알림, 안전시설 안내 등

이러한 서비스들은 사용자에게 편리성을 제공하지만, 개인의 위치를 실시간으로 파악할 수도 있다는 점에서 사생활 침해 관련 문제가 발생하기도 한다.

② 스포츠 분야 GPS 기술 적용 사례

스마트폰이나 스마트워치 등에 앱을 설치하여 개인의 자전거, 등산, 달리기 등 다양한 운동을 하면 어떠한 경로와 속도로 이동했는지를 분석해 주는 트래킹 앱은 대표적인 GPS 기술 활용 서비스이다. 이동 거리, 속도, 소모한 칼로리양 등 다양한 정보를 표시해 준다. 이러한 트래킹 앱 외에도 다양한 제품에 GPS 기술이 적용되어 활용되고 있다. 다음은 GPS와 센서 기술 등이 접목된 사례이다.

사례 연구. 나이키 골프공 추적 스마트 안경

증강 현실(AR)을 접목해 골프공을 추적하는 나이키의 스마트 안경 특허가 2017년 국제 출원했다. 스마트 안경을 착용하면 안경이 경기 중 골프공의 위치를 추적한다. 안경 렌즈는 기본적으로 투명하며 렌즈에 비친 실제 세계와 렌즈에 디스플레이된 정보를 합쳐 증강 현실을 구현한다. 사용자는 눈으로 공의 움직임을 따라가고, 기기가 그리는 공의 궤적 이미지를 확인할 수 있다.

기기는 사용자가 타격한 공의 실제 궤적과 이상적인 궤적을 함께 보여 주며, 사용자는 제공된 이미지를 바탕으로 다음 타격 시 움직임을 교정하면 된다. 골프공이 땅에 떨어져도 공이 날아간 궤적 전체를 확인할 수 있다. 안경은 공의 궤적은 물론 평균 타수, 평균 퍼트 수, 핀까지의 거리 등을 알려 준다.

스마트 안경에는 위성 항법 시스템(GPS)과 골프공을 추적하는 골프공 센서도 탑재되어 있다. 센서 개수와 위치, 각종 센서 유형은 여러 요인을 고려해 결정된다. 골프공에도 특별한 기술이 적용된다. 식별을 위해 골프공 겉면에는 적외선 발광 다이오드(IRED)가 설치된다. 내부에는 △마이크로칩 △전원 회로 △타이밍 회로 △온 · 오프 스위치 △충격 센서가 들어가며 마이크로칩은 발광 다이오드에 전력을 공급하고 제어하는 역할을 한다.

골프공 센서에는 적외선 수신 기능이 있어 적외선 발광 다이오드가 보내는 신호를 포착한다. 프로세서는 수신한 정보를 바탕으로 골프공의 위치를 파악하고 궤적 이미지와 운동 정보를 사용자에게 제공한다. 나이키가 개발한 골프공 추적 스마트 안경은 사용자에게 필요한 정보를 제공해 궁극적으로 골프 실력 향상을 가져온다.

자료: Ictsports, 중장년 선호도 1위 스포츠 '골프'에 접목된 첨단 기술…거리 측정부터 코칭, 모바일 앱까지, 부산테크노파크 스포츠융복합 사업단, 2020. 02. 06. http://smarthealth.or.kr/bbs/board.php?bo_table=news_articles&wr_id=24

3. 실감 콘텐츠 환경 구현 응용 기술

1) 가상 현실, 증강 현실, 혼합 현실

(1) 기본 개념과 기술의 특징

실감 콘텐츠는 AR, VR, MR 등으로 구현된다. 첫째, VR(Virtual Reality) 즉, 가상 현실은 컴퓨터 등을 사용한 인공적인 기술로 만들어 낸 실제와 유사하지만, 실제가 아닌 어떤 특정한 환경이나 상황 혹은 그 기술 자체를 의미한다.

가상 현실은 가상의 세계에 접속해서 실제 현실처럼 시각, 청각 등의 감각을 경험할 수 있게 한다. 가상 현실 세계에서 물건도 구매할 수 있고 정보를 교환할 수도 있다. 가상 현실 속에서 상호 작용 또한 할 수 있다. 가상 현실은 사람이 직접 존재하고 있는 현실의 공간이라고 착각할 수 있을 정도의 몰입도를 보여 준다.

AR(Augmented Reality) 즉, 증강 현실은 현실의 이미지나 배경에 3차원 가상 이미지를 겹쳐서 하나의 영상으로 보여 주는 기술로, '포켓몬 고(Pokémon GO)'가 대표적이다.

[표 4-3] 실감 콘텐츠 기술의 장단점

구분		내용
가상 현실 (Virtual Reality)	장점	현실에서 체험하기에 제한된 다양한 상황을 간접 체험할 수 있으며, 몰입도가 가장 높음.
	단점	HMD 기기 착용이 필수적이며 현실 세계와 완전히 차단되어 현실감이 떨어짐.
	응용 분야	교육 훈련, 게임, 테마파크, 스포츠 등의 분야
증강 현실 (Augmented Reality)	장점	외부 HMD와 같은 별도 디바이스가 불필요하며, 현실에서 여럿이 동시에 사용 가능
	단점	상대적으로 몰입도가 떨어짐.
	응용 분야	네비게이션, 음식점 메뉴판, 서적, 도로 안내, 관광 등
혼합 현실 (Mixed Reality)	장점	몰입도 및 현실도가 적절하게 조합
	단점	아직 기술적 완성도가 높지 않음.
	응용 분야	AR 및 VR 전 분야, 사무 공간, 가정 내 전자 제품 등

[표 4-4] AR, VR, MR 적용 범위

<table>
<tr><th>콘셉트</th><th>현실+ 가상 물체</th><th>가상 현실 + 실제 물체</th><th>가상 현실</th></tr>
<tr><td>현실화 기술</td><td>AR</td><td>MR</td><td>VR</td></tr>
<tr><td>디바이스</td><td colspan="3">HMD((Head mounted Display)</td></tr>
<tr><td rowspan="6">서비스</td><td colspan="3">엔터테인먼트</td></tr>
<tr><td colspan="3">게임</td></tr>
<tr><td colspan="3">교육</td></tr>
<tr><td colspan="2">트레이닝</td><td>가상 커머스</td></tr>
<tr><td>일반 컴퓨팅</td><td colspan="2">가상 체험</td></tr>
<tr><td colspan="3">광고/PPL</td></tr>
</table>

출처: 김석기 외(2018) 참고 재구성

가상 현실은 완전한 상상으로 만들어진 공간이지만, 증강 현실은 가상의 공간이 현실의 공간과 공존하고 있다. 증강 현실은 실제의 현실적인 공간에 홀로그램 등으로 가상의 공간을 겹쳐 보이게 한다.

AR과 VR이 합쳐진 기술이 혼합 현실(MR, Mixed Reality)이다. 혼합 현실은 증강 현실과 가상 환경에 현실 정보를 부가하는 증강 가상의 의미를 포함한다. 즉 컴퓨터 그래픽 상의 가상 환경 속에서 비디오 창을 통해 실제 모습을 보여 주는 방식이다. MR은 현실과의 상호 작용이 가능한 AR과 흡인력이 강한 VR 각각의 장점을 겸비했다. 혼합 현실은 현실 공간과 가상 공간이 동시에 존재하면서 실시간으로 상호 작용을 할 수 있는 공간으로서 시각, 청각 외에 촉각과 후각까지도 활용할 수 있다.

가상 현실 기술은 이동 통신 기술의 발전으로 최근 상용화가 가속되고 있다. [표 4-4]는 실감형 미디어 기술과 관련된 비즈니스 지도로, 향후 엔터테인먼트, 게임, 교육을 비롯하여 가상 공간을 보면서 시각, 청각, 촉각, 중력 등의 감각을 활용하여 실체 물체를 만지는 기술이 함께 적용되어 다양한 비즈니스로 확대될 것으로 예상된다(김석기 외, 2018).

(2) 산업의 주요 활용 사례

① 초등학교 가상 현실 VR 교육

오감 자극 콘텐츠, VR 디바이스 개발, 컴퓨터 그래픽(CG) 기술 등 실감형 기술의 지속적인 발전으로 실감형 콘텐츠 관련 분야는 더욱 확장되고 있다. 특히, 가상 현실과 결합한 체감형 게임 및 증강 현실과 융합된 게임을 통해 관련 산업에서 상용화가 가속화되고 있으며, 교육, 훈련 분야를 중심으로 접목되고 있다. 일례로 초등학교에 VR 스포츠실을 구축하는 등 교육, 정보 통신 기술이 융합된 디지털 교육이 실현되고 있다. ICT를 기반으로 교육과 스포츠가 융합된 플랫폼인 VR 스포츠실은 축구를 비롯하여 육상, 골프 등 다양한 스포츠 콘텐츠뿐만 아니라 역사, 문화 콘텐츠를 체험할 수 있게 해 준다(Ictsports, 2019). 실내 체육 활동 환경을 조성하기 위하여 가상 현실 기술과 특수 센서 기술을 함께 적용하여 실내 스크린에 동작, 공, 출동 등의 움직임을 인식하는 객체 인식 시스템을 구현한다.

출처: Ictsports, 2019

[그림 4-9] VR 스포츠 교육 사례

② 가상 사이클 플랫폼

VR을 활용한 가상 사이클 플랫폼은 대표적인 실내 스포츠 콘텐츠이다. 즈위프트(Zwift)는 가상 사이클링과 러닝 플랫폼, 게임이나 훈련 도구가 결합한 사례로, 전 세계의 사이클 라이더들이 아바타 형태로 경기를 할 수 있는 콘텐츠를 제공한다. 화면을 통해 게임에서 제공되는 배경은 실제 라이딩 루트를 포함한다. 이러한 경기는 실제 방송을 통해 중계되고 e스포츠 산업으로 확장하고 있다. 최근 코로나19로 경기가 취소된 프랑스의 '투르 두 프랑스' 경기를 가상에서 진행하는 이벤트를 기획하는 등, VR 기술을 통한 실감형 콘텐츠를 통해 스포츠와 미디어를 결합하는 시도를 하고 있다(Forbes, 2020).

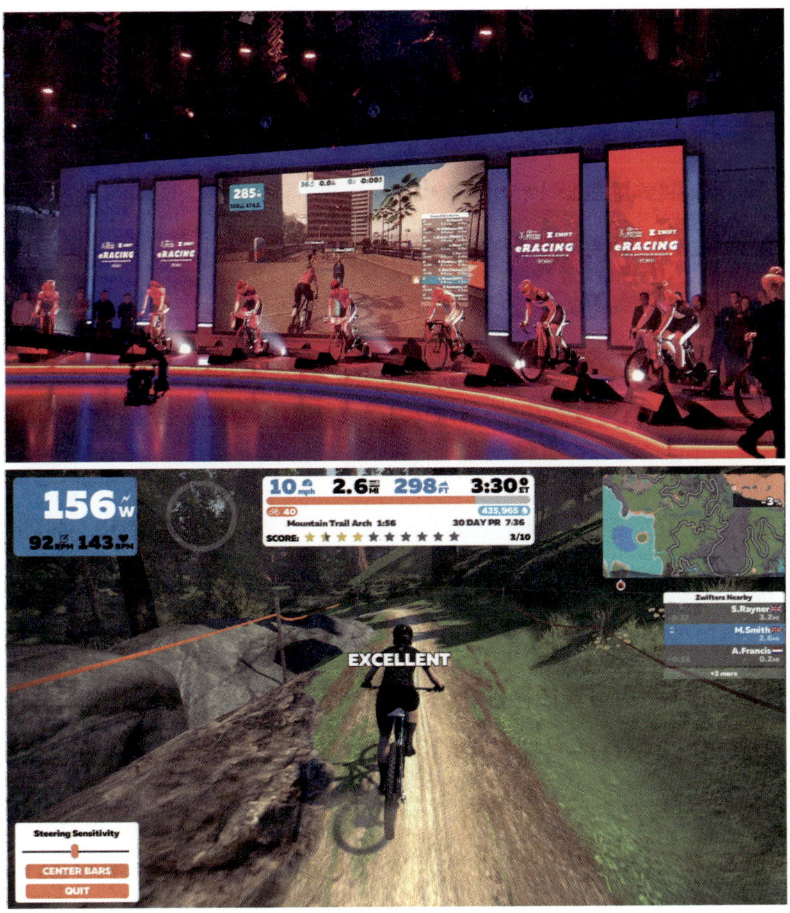

출처: Zwift 홈페이지

[그림 4-10] VR 접목 사이클 사례 – 즈위프트(Zwift)

4. 스포츠 산업의 ICT 응용 제품

1) 웨어러블 디바이스

(1) 기본 개념과 제품의 특징

웨어러블 디바이스(Wearable Device)란 웨어러블(wearable)과 디바이스(device)의 합성어로 옷, 안경, 시계 등과 같이 사용자의 신체에 착용할 수 있는 전자 장치를 말한다(조준동, 2015). 구체적으로는, 사용자가 이동 또는 활동 중에도 자유롭게 사용할 수 있도록 신체나 의복에 착용할 수 있게 작고 가볍게 개발되어 신체의 가장 가까운 곳에서 사용자와 소통 가능한 차세대 전자 기기를 가리킨다(과학기술일자리진흥원, 2018b).

웨어러블 디바이스를 통해 사용자의 신체와 주변 환경의 변화에 대한 데이터의 실시간 수집이 가능하게 되자, 초기 웨어러블 디바이스 시장은 액세서리와 의류 형태의 시장을 중심으로 형성되었다. 현재는 생체 이식 형태 기기로까지 발전하고 있다. 웨어러블 디바

[표 4-5] 웨어러블 기술의 범위

구분	범위
센싱 기술	저항 변화 센서를 이용한 인체 신호 수치 측정 기술 피부 부착형 센서를 이용한 생체 정보 측정 기술 생체 전압 측정 센서를 이용한 심박, 심전도 측정 광학 · 초음파 센서를 이용한 혈량 변화 측정 기술 혈당 센서를 이용한 혈당 측정 기술 압력 · 광학 센서를 이용한 혈압 및 맥박 측정 기술 환경 센서를 이용한 기상 정보 측정 기술 화학 · 광학 센서를 이용한 대기 환경 가스 감지 기술
출력 기술	투명 디스플레이 기술, 플렉서블 디스플레이 기술 섬유 일체형 디스플레이 기술 인체 무해한 신체 부착형, 신체 이식형 디스플레이 기술 아이 글래스 디스플레이 기술 증강 현실 및 인포그래픽 기술 액추에이터 기술
처리 기술	인체 정보 모니터링 기술 저전력 실시간 영상 처리 기술 사용자 인증 및 정보 보안 기술 헬스 데이터 인식 및 알고리즘 기술 저전력 메모리 기술, 저전력 CPU · DSP 기술

출처: 과학기술일자리진흥원, 2018b

이스는 센서가 내장된 기기, 사용자 그리고 서버 역할을 하는 스마트폰과 같은 단말기가 함께 작동한다. 웨어러블 디바이스는 [표 4-5]와 같이 센싱, 출력, 처리 기술 등 다양한 기술이 요구되는데, 기본 원리는 웨어러블 디바이스에 부착된 센서로부터 데이터를 수집 · 전송 · 분석하여 사용자에게 적합한 피드백을 제공한다.

웨어러블 디바이스는 다양한 영역에서 활용되고 있는데, 특히 피트니스, 헬스케어, 의료 등의 분야에서 건강 관리와 치료 목적으로 많이 활용되고 있다. 주로 손목, 머리, 허리, 발 등에 착용하고, 머리에 착용하는 기기는 운동량을 측정하는 헬멧이나 모자, 안경, 증강 현실 등, 다리나 허리에 착용하는 기기는 근육 상태, 심장 박동, 균형 상태 등을 측정한다. 일상생활 기록을 비롯하여 스마트폰 대체, 건강 관리, 스포츠, 업무용 보조 도구 등의 다양한 용도로 사용되고 있다.

(2) 산업의 주요 활용 사례

① 의료용 웨어러블 디바이스

웨어러블 디바이스와 의료용 모바일 앱을 연동한 의료 서비스가 더욱 다양화되고 있다. 특히 당뇨, 고혈압 같은 만성 질환을 앓는 환자 관리와 재택 진료 등을 중심으로 빠르게 도입되고 있다. 그 외에도 대학 병원도 4차 산업 혁명 환경에 맞게 웨어러블 기기를 도입하고 있다. 외과 수술 등에 첨단 의료용 웨어러블 장비를 적용하거나, 환자의 재활을 위해 활용되기도 한다. 최근 정부가 비대면 원격 의료를 본격 추진하겠다고 발표하는 등, 관련 시장은 더욱 성장할 것으로 예상된다.

② 스포츠 웨어러블 제품 사례

웨어러블 디바이스가 가장 많이 출시된 스포츠 분야의 웨어러블 제품은 종류가 매우 다양하다. 손목에 착용하는 시계형부터 옷처럼 입는 형태 등을 포함하여 최근의 센싱 기술을 접목한 다양한 형태의 웨어러블 제품이 출시되고 있다. 개인의 건강 관리를 넘어선 다양한 ICT와의 결합을 통해 스포츠 역량 향상을 위한 제품이 개발되고 있다. 다음은 웨어러블 기술이 접목된 골프 코칭 신발 사례이다.

사례 연구. 골프 코칭 웨어러블 제품

골퍼들을 위한 스마트한 신발도 있다. 솔티드벤처가 개발한 '아이오핏(IOFIT)'이다. **'아이오핏'은 골프 스윙에 있어 가장 중요한 체중 이동 정보를 분석하여 올바른 스윙을 위한 솔루션을 제공하는 스마트 웨어러블 신발이다.** 골프 프로들은 비거리 향상과 스윙의 파워를 향상하기 위해 올바른 균형과 체중 이동이 굉장히 중요하다고 이야기한다.

아이오핏 신발 밑창에는 네 개의 압력 센서가 내장되어 있다. 이를 통해 스윙할 때 발생하는 체중 이동과 지면으로부터 발생하는 하중 정보를 제공하며, 골프를 즐기는 사람들에게 실시간 코칭을 제공한다. 신발과 연동되는 스마트폰 앱은 신발로부터 받은 데이터를 분석해 사용자의 발바닥 압력 분포와 체중 이동 밸런스 등을 보여 준다. 밑창 센서를 통해 모은 데이터를 분석해 고쳐야 할 점을 지적해 주고, 프로 골퍼들의 데이터와 비교해 준다. 아이오핏은 신발을 통해 골프 자세를 어떻게 개선해야 할지 보다 정확하게 알 수 있어 큰 호평을 받았다.

자료: Ictsports, 중장년 선호도 1위 스포츠 '골프'에 접목된 첨단 기술…거리 측정부터 코칭, 모바일 앱까지, 부산테크노파크 스포츠융복합 사업단, 2020. 02. 06. http://smarthealth.or.kr/bbs/board.php?bo_table=news_articles&wr_id=24

2) 드론

(1) 기본 개념과 제품의 특징

드론은 사람이 타지 않고 무선 전파의 유도로 비행하는 비행기나 헬리콥터 모양의 비행체를 의미한다. 즉, 드론은 무인 비행기로, 사전적 의미로는 '(벌 등이) 왱왱거리는 소리' 또는 '낮게 웅웅거리는 소리'라는 뜻이다. 드론은 무선 전파로 조종할 수 있으며, 카

출처: https://unsplash.com/photos/pWtNPCpvVA8

[그림 4-11] 드론 제품

메라, 항공, 소프트웨어, 통신, 센서 등 연관 산업의 기술을 필요로 하며, 무게와 크기는 25g부터 1,200kg까지 다양하다. 군사 용도로 처음 생겨났지만, 고공 촬영과 배달 등의 목적으로 활용 영역이 확대되고 있다. 특히 인간의 접근이 어려운 정글이나 오지, 화산 지역, 자연재해 지역, 원자력 발전소 사고 지역 등에 드론이 활용되고 있다. 최근에는 개인의 취미 활동으로 개발되어 상품화되고 있다.

드론 제품을 활용하려면 항공 · SW · 통신 · 센서 · 소재 등 연관 산업의 기술이 필요하다. 또한, 군용 위주가 아닌 최근 취미 · 촬영용 등 민수시장으로 성장 중이며, 안전진단, 감시 · 측량, 물품 운송 등에도 활용될 전망이다. 드론을 이용하여 획득한 정보는 IoT, 빅 데이터 등과 연계하여 새로운 가치를 창출할 수 있을 것으로 기대되고 있다.

[표 4-6] 공공 분야 드론 활용 모델

분야	활용 모델 및 기대 효과
공공 건설	토지 보상 단계의 현지 조사에 활용 비용 50% 절감(연간 약 10억 원) 및 해상도 10배 증가 효과
하천 관리	하천 측량 및 하상 변동 조사에 활용 비용 70% 절감 및 작업 시간 90% 단축 효과
산림 보호	소나무 재선충 피해 조사(국토의 64%가 산림)에 활용 인력 대비 90% 기간 단축 및 1인당 조사 면적 10배 증가 효과
수색 정찰	적외선 카메라 탑재 드론 활용을 통한 실종자 수색에 활용 인력 접근이 어려운 지역의 효과적 수색 및 탐지 효과
에너지	송전선 철탑 안전 점검(철탑 4만 2,372개)에 활용 점검 시간 최대 90% 단축 및 1일 점검량 10배 증가 효과

출처: 경상북도, 2019 참고 재구성

(2) 산업의 주요 활용 사례

① 다양한 산업의 드론 활용 사례

드론은 민간에 상용화되어 다양한 산업에서 활용되고 있으며, 공공 분야를 비롯하여 농업 분야에도 많이 적용되었다. 특히, 농업 분야에서는 광범위한 범위에 드론을 이용하여 농약이나 비료를 살포할 수 있어 인건비를 절감하고 넓은 면적의 농지를 관리할 수 있다는 점 때문에 도입되고 있다. 카메라 기술이 접목된 드론은 다양한 카메라 앵글과 높은 고도에서 피사체를 촬영할 수 있는 장점이 있다. 주기적인 촬영을 통해 변화 과정을 추적할 수 있다는 점에서, 공공 건설을 비롯하여 건설 현장에서 활용되고 있다. 그 외에도 드론은 광범위한 지역의 조사 및 촬영을 하는 데 도입되있다. [표 4-6]은 공공 분야의 드론 활용 모델을 보여 준다.

② 프로 스포츠 중계 촬영

스포츠 분야에서 드론은 프로 야구와 같은 프로 스포츠 중계를 위하여 도입되고 있다. 기존과는 다르게 다양한 앵글에서 여러 각도의 중계 화면을 제공함으로써 시청자들의 만족도를 높인다. 그뿐만 아니라 드론에 부착된 카메라를 통해 경기나 훈련 장면을 분석하는 것도 스포츠 분야에서 널리 사용되고 있다. 다양한 각도뿐 아니라 높은 상공에서 촬영함으로써 수비수들이 일정 간격을 유지하는지, 수비 대형 등이 잘 지켜지는지 등에 대한 분석이 가능하다. 향후 산업용 드론 시장의 빠른 성장이 전망되고 있다.

3) 로봇

(1) 기본 개념과 제품의 특징

로봇은 어떤 작업이나 조작을 자동으로 할 수 있는 기계 장치로 정의된다. 로봇이라는 용어는 1920년에 처음 사용되었으며, 1961년 산업용 로봇이 처음 등장하였고 1980년대에 들어와 본격적으로 개발되기 시작하였다. 그러나 로봇은 이제는 단순한 기술 제품이 아니라 인간의 삶의 방법을 바꾸고 편익과 행복을 제공하는 매개체가 되고 있다. 과거의 산업용 로봇이 기술의 편리성을 활용하여 산업 발전을 위한 도구로 활용되었다면, 4차 산업 혁명 시대에는 서비스 로봇(Service Robot)의 중요성이 증가하면서 기술과 사람을 연결하는 인공 지능을 가진 도구로 인식되고 있다. 단순 반복 작업 위주의 노동을 대체하는 자동화 구현을 위한 로봇에서 점차 자율적 응용 작업이 가능한 무인화 로봇으로 발전하고 있다. 현재 로봇은 다양한 분야에서 적용되고 있으며, 분야별로 적용되는 로봇에 따라 주요 특징이나 사용 목적이 구분된다.

[표 4-7] 협동 로봇과 산업용 로봇 비교

구분	협동 로봇	산업용 로봇
특징	설치 및 운영이 간편하고 안전하며, 일반인도 쉽게 사용 가능	빠른 속도와 복잡한 운영 체계로 위험하고 숙련된 전문가만 사용 가능
용도	단순 조립, 배치, 반복 공정에 적합	용접, 도장 등 전문성이 필요하고 어려운 공정에 적합
적용 분야	전자, 반도체, 식품 의약품 등 다양한 분야에 적용	자동차, 기계, 전자 부품 등의 분야에 적용

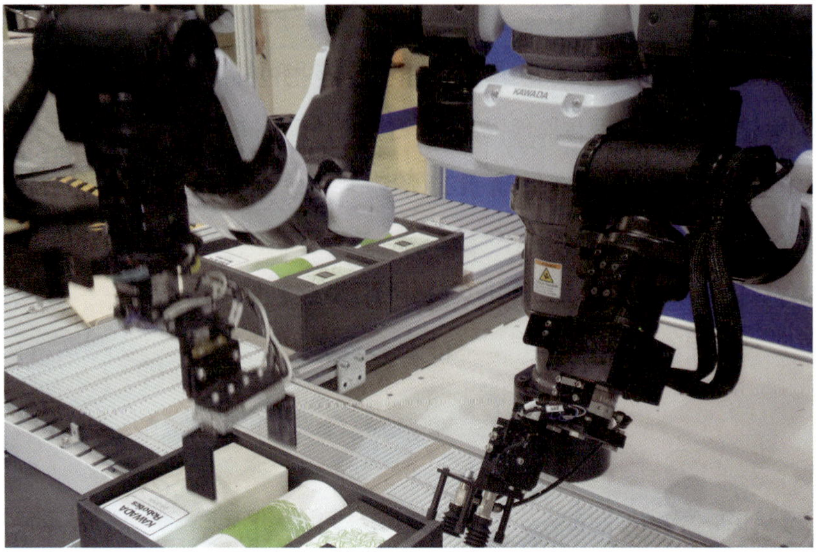

[그림 4-12] 제조 현장의 로봇 사례

제조 현장에서는 로봇이 이미 상당 부분 상용화되어 있다. 노동력 부족과 인건비 절감을 목적으로 생산 라인에 로봇을 도입함으로써 제조 혁신이 이루어지고 있으며, 로봇으로 인한 생산 단가 하락으로 제조업의 경쟁 구조가 변화하고 있다. 아마도 미래에는 저가 노동력으로 제조 경쟁력을 키우는 것은 한계가 있을 것으로 예측된다.

(2) 산업의 주요 활용 사례

① AI 로봇의 진화 '소셜 로봇'

최근의 로봇 기술은 제조 산업 분야 외에도 딥러닝(deep learning) 기술의 발전으로 사람과 상호 작용 가능한 로봇인 '소셜 로봇(social robot)'에 대한 관심이 증가하고 있다. 소셜 로봇은 사람과 일상적인 의사소통이 가능하고, 상대방의 행동에 따라 정서적 상호작용을 하는 사회적 행동이 가능한 로봇이다. 데이터 학습을 통한 상호 작용이 필수적이므로 머신 러닝, 데이터 수집을 위한 센싱 기술과 클라우드 환경이 요구된다. 소셜 로봇은 가사 지원과 교육용, 애완용 로봇을 비롯하여 고령층을 돌보는 실버 케어용 로봇 등의 시장으로 다변화되고 있다. AI 로봇의 알고리즘이 발전할수록 영화에서처럼 로봇과 사람이 교감하는 듯한 일상적인 대화를 나누는 상상이 현실에 가까워질 것이다.

② AI 로봇 심판

최근 스포츠 분야에 AI 기술이 접목되며, AI 기술이 스포츠 경기에서의 심판 역할을 대체할 수 있을까에 대한 논의가 이루어지고 있다. 스포츠 경기에 'AI 심판'이 시범적으로 도입되는 등, 로봇 심판이 내린 판정이 실제 심판에게 전달되는 방식으로 AI 로봇 심판이 도입되고 있다. AI 로봇 심판의 정확도는 90% 수준으로 알려져 있으나, 앞으로 알고리즘의 개선을 통해 오류를 최소화해 나갈 것이다. 국내 야구에서도 퓨처스 경기에 볼과 스트라이크를 자동으로 판정하는 로봇 심판을 시범적으로 도입할 계획을 밝힌 바 있다(KBS News, 2020). 로봇 심판은 데이터를 기반으로 볼과 스트라이크를 판정하고, 심판이 이를 듣고 최종 판정을 내리는 시스템이다. 로봇 심판의 도입은 심판을 대체하려는 것이 아닌 인간 심판의 조력자 수준이지만, 향후 경기 심판 판정에 AI 로봇 도입의 실효성과 역할의 범위와 관련한 논의가 계속될 것으로 예상된다.

연구 문제

1. 4차 산업 환경의 주요 핵심 기술의 개념과 특징은 무엇인지에 대해 정리해 보고, 스포츠 산업에 가장 큰 변화를 가져온 기술에 대하여 생각해 보시오.

2. 주요 ICT가 접목된 스포츠용품 사례를 찾아보고, 소비자가 기대하는 효과, 사업자의 비즈니스 모델 혁신, 스포츠 산업 변화의 관점에서 분석하시오.

3. 스포츠 경기에 AI 로봇 심판이 도입되는 경우 경기 방식에 어떠한 변화가 일어날지 생각해 보시오. AI 로봇 심판을 비롯하여 주요 스포츠 경기에 ICT의 도입은 필요한지, 적용 범위에 대한 본인의 의견을 정리하시오.

PART 2

스포츠 퍼포먼스

Chapter 05

제4차 산업 혁명 기술과 프로 스포츠 환경의 변화

스포츠 산업과 함께 급성장하는 ICT 분야에서 주목받는 대표적인 분야가 '스포츠 퍼포먼스'이다. 선수 선발과 훈련, 경기 분석까지 다양한 방법과 서비스를 통해 스포츠 산업과 ICT의 만남이 본격화되고 있다. 이번 장에서는 스포츠 퍼포먼스 분야에서 ICT의 실제적인 적용 사례가 무엇인지 알아보고자 한다.

2016년 세계 경제 포럼(World Economic Forum)에서 제4차 산업 혁명에 대한 토론과 논의가 본격적으로 시작된 후부터 사회의 모든 분야에서 중요하게 다뤄지고 있다. 이제 제4차 산업 혁명은 스포츠에서도 예외가 아니다. 분야마다 정의와 적용이 조금씩 달라지겠지만, 스포츠 산업 분야에서는 대체적으로 빅 데이터와 ICT의 발전, 그리고 인공 지능과 같은 다양하고 복잡한 기술의 사용과 그로 인한 스포츠 환경의 변화가 두드러지게 나타나고 있다.

스포츠 산업에서 ICT와의 융합 및 성장을 위해서는 프로 스포츠의 협조가 필수다. 실제로 문화체육관광부가 2018년 진행한 스포츠 산업 실태 조사에서 국내 스포츠 산업 규모는 약 74조 7000억 원으로 나타났다. 신기술과 스포츠가 접목하면서 매년 눈부신 성장세를 보이고 있다. 스포츠 분야에서의 ICT 활용은 다른 산업과 마찬가지로 대한민국 국민뿐 아니라 전 세계인이 주목하는 분야이다. 스포츠는 전 세계적으로 통일된 단일 규칙을 사용하기 때문에 스포츠에 적용하는 새로운 시도와 기술은 한 국가에만 적용되는 것이 아니다. 스포츠 산업 입장에서 보면 ICT와 융합을 시도하는 것만으로도 대상이 자연스럽게 지구촌으로 확장되는 것이다. 미국의 경우 스포츠 산업 시장은 자동차 산업의

7배 규모로, 미식 축구 · 야구 · 골프 같은 프로 스포츠는 다양한 융복합 시장과 연계된 산업이다(중앙일보, 2019).

스포츠 퍼포먼스의 개념과 관련한 논지는 선수 훈련과 프로 구단에서 사용하는 것과 같은, 프로 스포츠 산업에 적용되는 주요 기술을 먼저 생각해 볼 수 있다. 그렇다면 스포츠 퍼포먼스에서 사용되는 ICT를 활용한 주요 기술에는 어떤 것들이 있을까? 우선 사물인터넷(IoT) 기술과 데이터 수집 기술을 주목할 필요가 있다. 데이터 수집 기술은 스포츠 분야에서 많은 양의 데이터를 분석하고 활용의 가치를 높이는 데 가장 중요한 기술이다. 다음으로 인공 지능(AI) 기술이 있다. AI 기술은 수집된 데이터를 분석하여 지능화된 결과를 제시한다. 스포츠 경기를 분석하고 전략을 수집하는 데 이용되며, 경기 결과를 예측하고 팀에서 선수 선발과 같은 중요한 의사 결정을 하도록 돕고 있다. 이 밖에도 이동 통신 기술(5G)과 근거리 통신 기술의 발전, 3D 그래픽 기술, 가상 현실(VR)과 증강 현실(AR) 같은 최첨단 영상 기술에 이르기까지 스포츠 퍼포먼스 분야에서 ICT는 제4차 산업 혁명의 기술 진보와 그 맥을 같이 하고 있다.

본 장에서는 스포츠 퍼포먼스 분야의 최신 정보 통신 기술 활용 사례와 적용에 대해 구체적으로 살펴보고자 한다.

1. 데이터 전쟁, 스포츠 빅 데이터

1) 프로 축구

빅 데이터가 가장 큰 주목을 받는 분야는 무엇보다도 기록이 중요한 경기 현장이다. 자동차 경주와 경정과 같은, 촌각을 다투는 경기일수록 지금까지 축적된 기록 데이터를 통해 경기에 사용되는 장비의 문제를 미리 예상할 수 있고, 실시간 대응을 통해 기록이 얼마나 단축될지 예측할 수 있기 때문이다. 예측이 어려운 스포츠 경기 결과를 최대한 많이 예측하게 하고, 최종적으로 경기에서 이기는 전략을 수립하는 데 도움을 주는 ICT로 최근 빅 데이터가 많이 활용되고 있다.

빅 데이터를 이용한 정보 활용은 프로 스포츠 현장에 크게 도움이 되고 있다. 대표적인 사례로 프로 축구 K리그 포항 스틸러스가 2015 시즌 연봉 협상을 조기에 마무리한 것을 들 수 있다. 이 팀이 예전과 비교해 3개월이나 빨리 앞당겨 협상을 마무리할 수 있었던 가장 큰 이유는 빅 데이터를 기반으로 하여 선수 연봉 평가 시스템을 도입했기 때문이라고 한다. 포항 스틸러스가 적용한 평가 프로세스는 출장 횟수와 시간, 공격 포인트를 기준으로 하던 기존 방식과는 다르게 지난 10여 년간 축적한 선수 평가 기록과 영상, 팀 승리와의 연관성 등이 담긴 방대한 양의 데이터 분석 결과를 토대로 했다. 이것은 빅 데이터를 통해 프로 스포츠 산업에서 업무 효율성을 크게 높인 대표적인 사례가 되었다(스포츠서울, 2015). 이 밖에 빅 데이터를 활용한 해외 사례도 많다.

최근 구글 클라우드는 영국 축구 협회와 손을 잡고 '축구계의 머니볼'을 꿈꾸고 있다. 소속 축구 선수 모두의 데이터를 협회가 중앙으로 모으고, 각 선수에 대한 정보를 코치들이 빠르게 접근할 수 있는 시스템과 인프라를 구축하는 것이 그 목적이다. 이번, 다년간 계약을 통해 협업 소프트웨어로 선택된 G 스위트가 협회 조직 전체에 설치될 예정이며, 데이터는 구글 컴퓨팅 엔진 및 빅 쿼리(Big Query)로 이동되어 분석에 활용된다. 선수 전원의 개인성과, 컨디션 상태, 훈련과 기량 등을 측정하기 위하여 선수 프로필 시스템(PPS)이라는 자체 도구를 구글 클라우드상에 구축하는 방식이다. 영국 축구 협회의 팀 전략 및 성과 책임자에 따르면 웨어러블 기술이 빠르게 확산됨에 따라 관련 업계 전체에 사용 가능한 데이터가 폭발적으로 늘어났다고 한다. 대부분의 시장이 마찬가지겠지만 가장 흥미진진한 부분은 단순히 데이터를 많이 수집하는 것이 아닌, 데이터에서 얻을 수 있는 통찰력도 중요하게 작용한다는 점이다. 하지만 PPS에서 얻고자 하는 진짜 의미 있는 정보에 이르려면 기술의 발전이 더 필요하다. 영국 축구 협회는 스스로도 방대한 데이터의 한가운데 있지만 아직 그 흐름을 제대로 타지 못하고 있고, 수치가 아닌 통찰력을 더 많이 얻지 못하고 있음을 인정하였다. 영국 축구 협회는 이제 PPS의 개선을 통해 더 많은 실시간 데이터 분석 결과를 얻고자 한다. 또한 이러한 빅 데이터를 활용하여 앞으로 분석 중심의 접근 방식을 확장시킬 예정이다. 이러한 목표를 달성하기 위하여 구글 클라우드 스마트 분석, 데이터 관리 및 머신 러닝 예측 관리 도구들을 활용할 계획이다(CIO Korea, 2019).

2) 프로 야구

프로 야구 감독들의 능력을 확인하는 데 중요한 포인트 중 하나가 데이터를 활용한 야구를 얼마나, 어떻게 체계적으로 하는가라는 말이 있을 정도니, 야구에서 데이터의 중요성이 얼마나 큰지 짐작할 수 있을 것이다. 야구 선수의 미래 가치를 평가하기 위해서 선수의 과거 데이터를 활용하기도 하고, 같은 포지션의 타 선수와 비교하기도 한다. 그뿐만 아니라 선수의 현재 컨디션과 변화 가능성을 보기도 하고, 상관관계를 고려하기도 한다. 예전처럼 단순히 촉이나 '감(feeling)'으로 선수를 평가하거나 상대팀에 대응했다가는 낭패 보기 십상이기 때문이다.

미국 프로 야구(MLB) 뉴욕 메츠(New York Mets)는 선수들의 경기 기록뿐 아니라, ICT를 관중에 적용하기도 했다. 팬들의 SNS 참여와 모바일 활동, 이메일 경로 등을 분석하여 관중의 행동 패턴, 소비 성향, 선호도 등을 파악하기 위해서다. 이러한 빅 데이터 수집을 통해 남녀노소 전 연령대를 타깃으로 맞춤형 프로모션을 개발하고, 팬들의 자발적인 참여를 이끌어 낼 수 있는 여러 가지 마케팅 전략을 통해 20% 이상의 스폰서십 추가 수익 달성 목표를 세우기도 했다.

미국과 유럽 등 선진국에서는 이미 프로 스포츠 구단들이 앞다투어 빅 데이터 분석 기술을 경기력 향상과 수익 창출의 중요 전략 수단으로 삼고 있다.

2016년 시카고 컵스(Chicago Cups)가 메이저리그 우승팀으로 결정되었을 때, 108년 만에 '염소의 저주'에서 풀려났다는 기사들이 쏟아졌다. 시카고 컵스의 우승에는 2011년 부임한 사장인 테오 엡스타인의 지도 아래 팀의 리빌딩(Rebuilding)도 크게 한몫하였지만, 외신들은 시카고 컵스의 또 다른 강점인 '빅 데이터 분석 능력'이 우승의 결정적 요인이라고 하였다. 시카고 컵스는 '모션 픽처(Motion Picture)' 기술을 적용함으로써 투수들의 투구 장면을 전부 촬영한 후 골격 구조와 위치를 분석했다. 그리고 선수들 개개인의 축적된 데이터를 기반으로 성적이 부진했을 때와 좋을 때를 비교해서 문제점을 찾아내고 개선 방안을 제시하는 방식으로 구단 운영에 활용하였던 것이다. 결과적으로 1908년부터 108년간 지속된 염소의 저주가 빅 데이터 분석으로 마침내 끝이 난 것이다.

브래드 피트가 주연을 맡은, 2011년 개봉 영화 '머니 볼(Money ball)'에서도 야구팀이 새로운 방식으로 승리를 쟁취하는 것을 볼 수 있다. 영화에서 메이저리그 만년 최하위 팀인 '오클랜드 애슬레틱스'의 단장 '빌리 빈'은 야구 관련 전공자가 아닌 경제학을 전공한 '피터'를 영입한다. 그는 선수들의 몸값이나 유명세 등을 중심으로 라인업을 구성하지 않는다. 철저하게 데이터 분석에 기반하여 선수를 기용하고, 훈련과 운영 정책을 펼치면서 팀을 재구성한다. 어찌 보면 제일 약한 팀의 승리가 마치 각본 없는 드라마의 주인공처럼 보이겠지만, 결론은 데이터 분석이 경기력에 상당한 영향을 미칠 수 있다는 것을 보여 주는 대표적인 사례라는 것이다. '머니 볼' 이론은 구단 전체 선수의 몸값이 양키스의 스타 선수 한 명의 연봉과 맞먹는 수준의 최약체로 취급받았던 오클랜드 애슬레틱스의 구단주, 실존 인물인 '빌리 빈'이 창안하였다. 실제로 오클랜드 애슬레틱스는 4년 연속 포스트 시즌에 진출하는 기적을 이루어 냈다. '머니 볼' 이론은 몸값이 높은 스타 선수의 명성에 의존하지 않고 철저한 데이터 분석을 통해 이기는 전략(Winning Strategy)을 찾아 나가는 구단 운영 전략을 의미한다.

앞에서 이야기했듯이 흔히들 야구는 데이터 게임이라고도 한다. 우리는 매년 선수들의 'FA 대박'이라는 헤드라인의 기사를 심심치 않게 찾아볼 수 있다. 그렇다면 과연 FA로 시장에 나오는 선수들의 가치는 무엇을 기준으로, 어떻게 매겨지는 것일까? 아마도 선수의 과거 성적이나 인기, 잠재력 등의 요소들이 가치를 매기는 주요 요소가 될 것이다. 그리고 야구 선수의 성과를 측정하는 수많은 지표들도 있다. 일반적으로 투수는 방어율, 다승, 피홈런, 세이브 정도이며, 타자의 경우는 타율, 홈런, 장타율, 출루율, 안타 등의 지표가 있다. 실제로는 이 외에도 OPS(출루율+장타율; On Base plus Slugging), BABIP(인플레이 타구가 안타가 되는 비율; Batting Average on Balls In Play), WAR(대체 선수 대비 기여 승수; Wins Above Replacement), 타구 처리율, 구질별 컨택트율, FIP(수비 무관 평균 자책점; Fielding Independent Pitching) 등 야구 선수를 평가하는 지표는 상당히 많다. 야구는 다른 스포츠에 비해 유난히 데이터가 많이 축적되어 있고, 상당히 과학적인 지표들이 설계 되어 있다(일간투데이, 2018).

하지만 이중에서 WAR 산출 방법은 나라마다 조금씩 다르다. 미국 메이저리그는 크게 베이스볼레퍼런스(bWAR), 팬그래프닷컴(fWAR)을 현지 미디어에서 주로 이용한다. 우리나라는 KBO 공식 기록 업체 스포츠투아이(Sport2i)도 있고, 통계 전문 사이트 스탯

티즈도 팬들에게 공신력을 인정받고 있다. 계산법에 따라서 WAR에도 미묘한 차이가 존재한다. 한국 프로 야구 FA 시장에서도 WAR이 선수 영입의 근거로 직접 거론되기도 했었다. 지난 2015년 11월 NC는 FA로 내야수 박석민을 영입하면서 WAR을 활용했다. 당시 NC는 "WAR 등 데이터 분석 결과 박석민은 국내 야수 중 최정상급 성적을 꾸준히 냈고, 4~5승을 더할 수 있다는 분석도 있다."라고 설명하였다. WAR뿐만 아니라 매순간 선수의 플레이가 통계적 승리 확률에 미치는 영향을 나타내는 WPA(Win Probability Added), 각 구장 특성을 고려한 득점 생산력을 뜻하는 wRC+(weight Runs Created), 타자가 한 타석에서 기대할 수 있는 득점 공헌도를 의미하는 wOBA(weighted On Base Average), OPS 약점을 보완하기 위해 출루율 가중치를 높인 GPA(Gross Production Average) 등도 선수별 가치 평가 방법에 있어 다양하게 쓰인다.

최근 메이저리그에서는 수비 시프트를 뚫기 위한 방법 중 하나로 '플라이볼 혁명'이 일어나 타자들의 발사 각도가 유행으로 번지기도 했다. 땅볼, 직선타보다 공을 띄워야 안타가 될 확률이 높아진다는 인식이 커졌기 때문인데, 2015년부터 미사일 추적 기술을 활용한 '스탯캐스트'를 통해 30~35도 사이의 발사 각도가 홈런을 치는 데 가장 이상적이라는 분석도 나왔다.

우리나라에서도 트랙맨 시스템을 통해 타구 속도, 발사 각도 등 측정이 가능해졌으며, 이를 활용하는 구단들도 늘어나고 있는 추세이다. 2010년대 이후 구단별로 스포츠 데이터 업체 '스포츠투아이'가 운영하는 카메라 기반의 투구/타구 추적 시스템(PTS)을 도입했다. 2018년 이후에는 대부분의 구장에 레이더 기반의 트랙맨('애슬릿미디어' 운영) 장비와 시스템이 구축되기도 했다. 추적 시스템의 도입은 천문학적인 양의 데이터를 양산하기 시작했다. 신동윤 '애슬릿미디어' 이사는 "트랙맨의 경우 투수가 타자에게 공 1개를 던질 때 80~100개의 데이터가 나온다."라고 전했다. 과거에는 투수가 공을 던지면 공 속도가 평균 시속 몇 ㎞인지만 확인할 수 있었지만, 현재의 추적 시스템은 투수가 쥔 공을 마지막으로 놓는 위치가 어딘지, 공이 날아가며 얼마나 회전하는지, 공 궤적의 초속과 종속은 얼마나 차이 나는지, 공의 상하좌우 움직임은 어떠한지, 공이 포수에게 도달한 위치는 어딘지까지 모두 실시간으로 측정되는 것이다. 타자 또한 공을 치면 발사 각도(타구 궤적과 지면의 각도)와 타구 속도 등을 실시간으로 알 수 있으며, 타자가 친 공

[그림 5-1] 트랙맨

이 경기장 내 도달한 좌표와 지면에 떨어지기까지의 시간도 확인할 수 있다.

홈런 · 타율 · 방어율 등의 기록이 선수들의 시험 결과를 보여 주는 성적표였다면, 추적 시스템이 측정한 데이터는 선수들이 문제를 푸는 과정까지 보여 주는 셈이다. 문제 풀이 과정을 확인하게 된 선수들과 야구단은 바야흐로 '새로운 야구'를 하기 시작했다. 대표 사례가 '뜬공 혁명'과 '수비 시프트(shift)'이다. 뜬공 혁명은 흔히 메이저리그 타자들이 올려 치는 스윙으로 '뜬공'을 만드는 데 집중하면서 홈런 개수가 기하급수적으로 늘어난 것을 말한다. 세이버메트릭스와 추적 시스템의 협업에서는 이러한 '뜬공 혁명'을 수치로 보여줬는데, 타구의 발사각이 지면에서 26~30도, 타구 속도가 시속 158㎞ 이상일 때 '홈런이나 장타가 나올 확률이 높아진다'는 분석을 내놓았다. '공을 수평으로 치거나 내려치라'는 기존 타격 이론을 뒤집는 분석으로, 타자들은 무조건 공을 퍼올려 치기 시작했다. 그 결과 메이저리그 30개 팀 홈런 개수는 증가 추세(2018 시즌 5,585개 → 2019 시즌 6,776개)로 2019년 역대 최다 기록을 깼다. 이러한 추세는 한국 타자들에게도 영향을 주어 타자들이 발사각과 속도에 신경 쓰기 시작했다. 이를 적극적으로 활용하고 훈련에 도입했던 SK와 KT 위즈는 나란히 2018 시즌 팀 홈런 1, 2위를 기록했다(한겨레, 2019).

사실 다소 보수적인 분위기의 현장에서는 이러한 데이터 분석에 거부감을 갖는 시선도 존재한다. 데이터를 참고 자료로만 활용해야지, 데이터 의존도가 너무 높아져서는 안 된다는 우려의 목소리도 있다. 모든 갈등이 외부로 드러나진 않아도 데이터 문제로 현장과 프런트 사이에 미묘한 분위기가 생기기도 한다고 전해지고 있다(OSEN, 2018). 하지만 이제 데이터를 활용한 스포츠 경기 운영이 더 이상 거스를 수 없는 시대적 흐름이 되고 있는 것은 분명하다. 선수들도 각자 스타일에 맞춰 발사각을 조절하거나 타구 속도를 더 빠르게 하기 위한 노력을 한다. 현장도 이제 지금까지 쌓아 온 경험에만 의존하는 시대가 지났다.

3) 프로 농구

그렇다면 다른 종목은 어떨까? 앞서 야구에서 설명했던 '세이버매트릭스(Sabermetrics)'는 농구 종목에도 접목되어 스포츠 분야에서의 데이터 분석을 보편화시키고 있다. 축구의 '티키타카(Tiki-Taka)'와 농구의 '모션 오펜스(Motion offense)'는 유기적인 움직임과 패스를 기반으로 한다는 점에서 유사성을 띤다(IT 데일리, 2016). 빌 제임스가 만들어 MLB에 새로운 혁신을 일으킨 세이버메트릭스는 야구계를 넘어 농구에까지 데이터 바람이 불게 했고, 이후 농구의 데이터 싸움은 상당히 발전하게 되었다. 이 과정에서 APBR(Association for Professional Basketball Research)이 중심이 되었기에 이를 APBR 메트릭스라고 한다. 이러한 데이터 싸움은 세이버매트릭스에 능통한 전문 기자가 미국 프로 농구(NBA) 구단에 채용되는 사례를 만들고 있고, NBA 하부 리그인 D 리그는 2015년 시즌부터 승률이 같은 팀의 순위 우위를 따질 때 단순한 승자 승이나, 총 득점 등이 아닌 농구의 2차 통계를 활용하기로 해 주목을 받았다.

농구에서 가장 주목받는 빅 데이터는 PER(Player Efficiency Rating) 순위다. PER은 APBR 메트릭스의 종류 중 하나로, ESPN의 존 홀린저가 고안해 낸 통계이다.

> "선수의 긍정적인 성취들을 더하고, 부정적인 성취들을 뺀 후, 단위 분으로 나누어 선수의 생산성을 측정한다(The PER sums up all a player's positive accomplishments, subtracts the negative accomplishments, and returns a per-minute rating of a player's performance)."
>
> – 존 홀린저(John Hollinger)

PER은 단위가 'per minute'으로 1분당 선수가 얼마나 많은 긍정적 효과를 생산해 냈는가를 수치화한 것이다. PER에는 득점, 어시스트, 리바운드뿐 아니라 파울, 실책 등의 요소들도 모두 내포되어 있으며, 해당 경기의 팀 성적도 고려하기 때문에 철저히 개인을 평가하는 지표인 셈이다. 선수의 효율성을 따질 때 과거에는 단순히 누적 기록을 기준으로 삼았다. 이것이 흔히 생각할 수 있는 1차 통계이다. 누적 기록을 기준으로 삼은 것은 선수가 코트에서 오래 뛰고 있을수록 기록이 좋아지기 때문이다. 그러나 1차 통계만으로는 선수의 진정한 가치를 볼 수 없으며, 따라서 출전 시간 대비 누적 기록을 바탕으로 효율성을 따지는 것이 보다 합리적이라고 할 수 있다. 가장 대표적이고 널리 인정받는 기록이 바로 PER이다. PER은 NBA 게임에서 활용될 정도로 미국에서는 이미 보편화된 기록이다. 이 통계를 고안한 존 홀린저 전 ESPN 기자는 지금 멤피스 그리즐리스에 스카우트되어, 2012년에 구단 운영팀을 이끄는 위치까지 올라갔다(ESPN, 2007).

NBA 역사상 단일 시즌 기준으로 가장 높은 PER을 기록한 선수는 윌트 체임벌린(Wilton Chamberlain)으로, 1962-63년에 31.82를 기록했다. 2018-19 시즌을 기준으로 역대 단일 시즌 PER 30+를 기록한 선수는 윌트 체임벌린(Wilton Chamberlain), 마이클 조던(Michael Jordan), 샤킬 오닐(Shaquille O'Neal) , 르브론 제임스((LeBron James), 스테판 커리(Stephen Curry), 앤서니 데이비스(Anthony Davis), 데이비드 로빈슨(David Robinson), 러셀 웨스트브룩(Russell Westbrook), 드웨인 웨이드(Dwyane Wade), 트레이시 맥그레이디(Tracy McGrady), 야니스 아데토쿤보(Giannis Antetokounmpo), 제임스 하든(James Harden)까지 모두 12명이다. 이중 단일 시즌 PER 30+를 2시즌 이상 기록한 선수는 윌트 체임벌린, 마이클 조던, 샤킬 오닐, 르브론 제임스, 앤서니 데이비스로 NBA 역사상 5명뿐이며, 30+를 4시즌 이상 기록한 선수는 마이클 조던과 르브론 제임스 단, 두 명이다.

KBL에서도 PER 지수를 적용해 볼 수 있다. 다만 예전에는 경기 수가 지금의 1/3도 안 되기 때문에 초기 데이터가 압도적으로 좋게 나오는 경향이 있다. 그래서 보통 90년대 기록은 신뢰도가 떨어진다고 평가한다(나무위키, 2020).

야구의 2차 통계에는 '윈셰어(Win Share: WS)'라는 개념이 있다. 이것은 세이버매트릭스의 아버지로 불리는 빌 제임스가 고안한 통계 방법이다. 요즘 야구에서는 선수의 가치를 평가할 때 대체 선수 대비 공헌도를 따지는 'WAR(Wins Above Replacement)' 개념이 WS보다 각광받고 있는데, WS는 팀이 거둔 전체 승리에 해당 선수가 얼마나 기여하고 있는가를 보여 주는 기록이다. 이 또한 선수의 가치를 판단하는 기준 중 하나가 된다. 농구의 2차 통계, 세이버매트릭스에서도 WS 개념을 활용하고 있다.

PER은 농구에서 공격과 수비를 통해 개개인이 팀 승리에 얼마나 기여했는가를 나타내는 지표라고 볼 수 있는데, WS에서 수치 1은 실제 1승과 동일한 개념이다. 한 시즌 동안 그 팀에서 뛴 선수들의 WS를 모두 합하면 그 시즌 팀의 승수와 거의 동일한 결과가 나온다. 따라서 야구의 WAR과 의미가 같다. WAR과 마찬가지로 누적 통계이기 때문에 많은 경기를 뛰면 더 좋은 수치가 나타난다. 따라서 단기간 임팩트보다 길고 꾸준하게 뛴 선수들이 높게 평가받는 시스템이다. 특히 통산으로 따질 때, 농구의 대체 선수 기준이 야구에 비하면 많이 낮기 때문에 평균 숫자가 야구보다 높다.

WS의 장점은 한 선수가 그 팀의 승리에 얼마나 기여했는가를 판단할 수 있는 수치적인 자료가 된다는 것이지만, 이런 수치적인 자료들이 가지는 문제점을 WS 역시 가지고 있다. WS는 OWS(Offensive Win Shares: 공격 승리 기여도)와 DWS(Defensive Win Shares: 수비 승리 기여도)의 합으로 결정된다. 하지만 농구라는 스포츠는 수비에 대한 통계를 수치적으로 나타내는 것이 굉장히 어렵다. 따라서 DWS가 실제 그 선수가 수비에서 하는 역할을 제대로 반영하지 못하는 경우가 많다. 대표적으로 DWS는 파울 숫자만을 고려하기에 그 파울이 사실은 매우 좋은 수비였다고 할지라도 DWS는 감소하게 된다.

선수의 기여도 수치를 계산할 때는 공격에서의 WS를 구하고 수비에서의 WS를 구해 더하는 방식으로 계산한다. 예를 들어 10승을 기록한 팀이 있다고 가정해 보면, 소속 선수들은 WS 10을 두고 기록을 나눠 갖는다. 이를 통해 선수의 승리 기여도를 따져 볼 수 있다. WS 10 가운데 어떤 선수가 WS 5를 기록했다면 그의 존재가 팀 승리의 절반 정도를 책임졌다고 보는 것이다. 그렇다면 승리가 많은 팀의 선수가 WS 순위에서도 유리할 것이라고 생각할 수 있다. 하지만 꼭 그렇지만은 않은 것이 농구의 WS는 야구와 달리 마이너스 값이 존재한다. WS가 높은, 뛰어난 선수가 있더라도 그 팀의 승수가 많지 않은 경우가 있다. 누군가는 마이너스대(–) WS를 기록해 팀의 승리를 까먹고 있기 때문이다(노컷뉴스, 2015).

이 외에도 프로 스포츠 팀에서는 선수 역량 개발, 경기 조정, 선수 컨디션 관리 등 팀 운영과 퍼포먼스 모니터링도 비즈니스와 바로 직결되는 중요한 요소다. 이에 빅 데이터 활용은 선수의 속도와 지구력, 슛, 패스, 위치와 같은 경기 내 행동 횟수 등을 측정하여 그것을 기반으로 각 선수의 플레이와 팀 전반적인 상호 작용을 평가하고 더 높은 가치를 끌어낼 수 있도록 돕는다. 데이터 분석은 많게는 수천만 달러에 달하는 선수들의 연봉이나 팀의 성과에 따른 상여금을 산정하는 데에도 활용되며, 팀에 부족한 부분을 세부적으로 찾아내고 이를 근거로 필요한 선수를 영입하는 데에도 쓰이고 있다(IT데일리, 2016).

2. 스포츠 전문 분야로 파고드는 인공 지능(AI)

수집된 빅 데이터를 분석하고 분석 결과를 바탕으로 지능화된 결과를 제시하는 인공 지능(Artificial Intelligence, AI) 기술이 스포츠 퍼포먼스 분야에서도 떠오르고 있다. AI 기술이 스포츠 퍼포먼스에 적용된 단적인 예로는 프로 바둑 기사 이세돌과 알파고의 경기이다. 이로 인해 AI 기술이 전 세계의 관심 분야로 떠오른 지 오래다.

> "롯데는 사직구장에서 열린 넥센과의 2016 타이어뱅크 KBO리그에서 넥센에게 5:4로 진땀승을 거두었다. 넥센을 주저앉게 만든 롯데의 오늘 기록은 11안타 1홈런이다. 롯데는 0:0으로 경기 중이던 1회 말, 첫 득점 적시타를 뽑아 낸 황재균이 시작이었다. 이후 최준석이 활약해서 롯데의 승리를 합작해 냈다. 넥센도 4점을 내면서 롯데를 추격했지만, 경기를 뒤집기에는 역부족이었다."

이는 페이스북 '프로야구 뉴스로봇' 페이지에서 발췌한 기사의 일부 내용이다. 인공 지능 기술이 스포츠 영역에 활용된 단편적인 사례라고 볼 수 있다. 재미있는 점은 위의 기사와 실제 기자가 작성한 기사 두 개를 동시에 일반인들에게 보여 줬을 때, 상당수가 작성 주체가 인공 지능인지 사람인지 구분해 내지 못한다는 것이다. 심지어 뉴스 로봇에 의해 작성된 기사에 더 많은 신뢰감을 보였다는 설문 결과도 있다. 이는 인공 지능 기술의 발전 수준이 인간의 능력을 점차 뛰어넘고 있다고도 할 수 있다.

인공 지능(AI)은 'Artificial Intelligence'의 약자로 인간의 학습, 추론, 지각, 자연 언어의 이해 능력 등을 컴퓨터 프로그램으로 실현한 기술을 의미한다. 전문가들에 의해 오랜 세월에 걸쳐 만들어진 지식 체계와 판단 능력까지 갖춘 인공 지능은 스포츠 퍼포먼스 분야에서도 적용되어 단순한 도움부터 중요한 역할까지 대신한다. 인공 지능의 도입은 스포츠 심판, 코칭, 훈련 전략 수립, 경기 예측과 분석 등 스포츠 퍼포먼스에 적용된다.

인공 지능 기술이 스포츠 퍼포먼스에서 활용될 때는 선수의 움직임, 경기 기록, 훈련 결과 등 앞에서 설명한 다양한 데이터를 수집 및 분석하여 지능화된 결과를 제시하는 빅데이터 분석 기술을 바탕으로 한다. 그리고 영상 분석 기술, 자연어 처리 기술, 진단과 판단 기술 등 다양한 부가 기술이 더해져 발전하고 있다.

하지만 AI 기술이 발달함에 따라 사람들은 로봇에게 일자리를 빼앗길 수 있다는 위기감을 갖게 됐다. 경제협력개발기구(OECD)의 '일자리의 미래' 정책 브리핑에 따르면 스포츠 심판은 자동화가 쉬운 '중간 숙련 일자리'로, 로봇에 의해 인간을 대체할 가장 개연성 높은 직업군으로 선정되기도 하였다. 앞으로 정확한 데이터만 수집할 수 있다면 로봇 심판으로 인해 오심에 대한 논쟁이 사라지게 되고, 심판 판정에 불복하는 사례도 줄어들게 될지도 모른다.

이미 인공 지능 스포츠 심판이 도입되는 사례도 있다. 2015년 미국의 지역 리그 구단인 샌 라파엘 퍼시픽스(San Rafael Pacifics)에서 도입한 '피치 F/X 시스템'이 대표적인 사례이다. 3대의 카메라를 설치하여 투수가 던지는 공의 궤적과 속도 데이터를 측정한 뒤 스트라이크 존에 들어왔는지의 여부를 판정하는 시스템으로 현재 방송 중계용으로 쓰이고 있다. 아직은 초기 단계지만 앞으로 이러한 인공 지능 로봇에 음성 기술이 더해진다면 로봇이 스포츠 경기장에서 직접 심판을 보는 현장도 곧 보게 될 것이다(스위트케이, 2017).

AI가 코치를 대체하는 사례도 생겨나고 있다. 세계적 IT 기업 가운데 스포츠 분야에 인공 지능 기술을 적용한 사례인 SAP 외에도 Oracle의 'Early Warning System', IBM의 'SlamTracker' 등이 대표적인 예라고 할 수 있다. 또한 이는 실제 FIFA, 윔블던 테니스 대회와 같은 국제대회에도 각각 적용된 바가 있다.

https://www.donga.com/news/article/all/20200605/101372254/1

[그림 5-2] KBO 로봇 심판 작동 원리

AI를 가장 많이 활용하는 종목은 야구라고 할 수 있다. 클라우디오 실바(Claudio Silva) 뉴욕대학교 교수는 MLB Advanced Media와 함께 미국 메이저리그(MLB)에서 활용하고 있는 스탯캐스트매트릭스 엔진을 공동 개발한 개발자이다. 스탯캐스트는 세이버매트릭스의 2차 발전 형태로, 추적 시스템을 야구에 적용해 경기 기록을 중계 화면에서 시각적 형태로 실시간 제공한다. 스탯캐스트는 야구장 곳곳에 설치된 고성능 카메라와 실시간으로 시각화 자료를 생성하는 소프트웨어를 활용하는 것이다. 진행 중인 경기 상황에 모든 플레이를 실시간으로 분석하기 때문에 관중들은 다양한 시각적 자료를 바탕으로 경기를 볼 수 있으며, 코치는 선수의 세부적 움직임이나 경기 패턴 등을 보다 빠르게 파악할 수 있다. 또한 경기 중계 화면에서 실시간으로 데이터를 시각화하여 제공하기 때문에 시청자에게 보다 풍부한 볼거리를 제공할 수 있다는 장점이 있다. 하지만 아직 한계도 존재한다. 스포츠에는 스포츠의 재미인 불확실성과 경기 당일의 선수 컨디션, 경기장의 상태, 날씨 변화 등 다양한 변수가 존재하기 때문이다.

한국야구위원회(KBO)도 프로 야구에 로봇 심판 도입을 추진하고 있다. KBO의 로봇 심판은 메이저리그(ML)가 지난해 독립 리그 애틀랜틱 리그와 협약을 맺고 시범 운영한 로봇 심판 시스템과 차이가 있을 것으로 예상된다. KBO가 미국과 별도로 로봇 심판 시스템을 준비하고 있기 때문이다. KBO는 트래킹 장비를 보유한 대행 업체와 손잡고 독자적으로 로봇 심판 시스템을 개발 중이다. 심판 판정에 대한 논란이 계속되는 가운데 2020년 8월, LG와 한화의 퓨처스리그 2군 경기에 로봇 심판이 모습을 선보였다. 빠르면 내후년부터 1군 경기에도 도입한다는 계획인데, 고질적인 볼 판정 논란이 불식될지도 관심의 대상이다. 2020년 8월부터 퓨처스리그 이천구장과 마산구장에 장비를 설치해 20게임 정도 시범 운용할 계획인데, 실제 로봇은 아니지만 카메라 기반 투구 궤적 시스템이 볼과 스트라이크를 결정하면 심판이 이어폰으로 전달받아 판정을 내리는 방식으로 진행된다. 키가 작은 타자 혹은 미세하게 스트라이크 존 좌우를 공략하는 투수까지 대처할 수 있다는 게 KBO의 설명이다(국제신문, 2020).

로봇 심판 도입에 반대하는 목소리도 있다. 측정 기술의 정확도가 아직 보장되지 않았다는 점과 타자의 키와 상관없는 기계적인 스트라이크 존이 기존 야구 규칙이 정한 스트라이크 존 개념과 맞지 않는다는 것이다. 인간미가 사라진 기계적 판정에 대한 거부감 또한 로봇 심판 도입 반대 의견이 나오는 이유다. 로봇 심판은 야구에서 주심 역할을 하는 직업을 없앨 가능성도 있다. 아직은 미래의 일이지만 기술의 발전과 이에 따른 비용 절감 차원에서 충분히 가능한 이야기다. 실제로 메이저리그뿐만 아니라 리틀 야구에서도 로봇이 주심을 대신하기도 한다. 이처럼 인공 지능(AI)은 이미 스포츠 분야에서 인간의 고유 영역이라고 생각했던 판정이라는 영역까지 넘어 오고 있다.

농구의 경우에는 야구에 비해 경기장이 작고, 보통 실내에서 이루어지기 때문에 비교적 간단하게 6개의 카메라를 통해 움직임을 파악하고, GPS 기술을 활용하여 선수들의 움직임을 확인한다. 이렇게 확인한 선수들의 정보는 선수와 공의 실시간 위치를 추적하고 각 선수의 정보를 지도화하여 실시간 분석이 가능하게 되었다. 이렇게 실시간으로 분석된 데이터는 TV로 송출되는 화면에 시각화되어 나타나 스포츠 시청의 재미를 더해 준다.

NBA(National Basketball Association)는 인공 지능과 머신 러닝을 사용하여 NBA 올스타 주말의 하이라이트를 만든다고 발표하였다. 리그는 2014년부터 이 기술을 수년 동안 테스트했다. 이 기술은 이스라엘 회사인 'WSC Sports'에서 제공하며, 하이라이트를 만들기 위해 각 게임의 주요 순간을 분석하는 데 사용된다. 이러한 변화의 원인 중 하나는 소셜 미디어가 팬들에게 다가갈 수 있는 방법으로서 점차 중요성이 높아지고 있고,

맞춤형 하이라이트가 더 많은 사람들에게 다가갈 수 있다는 점이다. 한편, 하이라이트가 만들어지려면 먼저, 기계 학습 또는 AI가 소프트웨어에 의해 활용되어 시각적, 오디오 및 데이터 신호를 통해 게임의 주요 순간이 식별된다. 그런 다음, 소프트웨어가 소셜 미디어 및 다른 곳에서 공유할 하이라이트를 만들게 된다. WSC Sports에 따르면 2019년 총 1300만 개 이상의 클립과 하이라이트가 제작되었다고 한다.

3. 훈련을 실제처럼, Training VR

VR(Virtual Reality)을 활용한 스포츠 시뮬레이터는 모든 프로 스포츠에 사용될 수 있으며, 선수 혼자서는 현실에서 불가능한 훈련을 진행할 수 있다. 예를 들어 미식축구의 경우 쿼터백 훈련에는 전체 팀의 참여가 필요하지만 VR 훈련 시뮬레이션을 통해 쿼터백 훈련을 하면 통제된 환경 내에서 다양한 기술을 습득하고 부상 위험 없이 경기 능력을 향상시킬 수 있다.

많은 VR 시뮬레이터는 실제 NFL, NBA 또는 MLB 플레이어를 기반으로 매우 상세하고 초현실적인 캐릭터 모델을 위해 전신 3D 스캔을 사용한다. 여기에서 공의 궤도를 정확하게 재현하고, 전체 팀 전략을 경기에 포함시키며, 반복 사용을 위해 세션을 설정할 수 있다. 농구 VR 훈련 중 일부에서는 VR을 착용한 사람이 아무것도 하지 않아도 공중에서 공이 움직이는 소리를 들을 수도 있고, 야구에서는 가능한 한 많은 공을 치는 것에 중점을 두기도 한다. 이처럼 하키 퍽의 추적 및 축구에서 선수 위치 표시를 허용하는 Sportvision과 같은 VR을 활용하여 스포츠의 다양한 종목에서 기술 혁명을 일으켰다. 미국의 프로 스포츠에서는 선수들에게 VR(Virtual Reality) 훈련을 본격 도입하기 시작했다. 미국 6개 NFL(미식축구리그)팀과 12개 대학 풋볼팀은 STRIVR 기술을 훈련에 활용하고 있다.

VR 훈련의 가장 큰 장점은 기상 악화로 인해 외부 훈련이 어려울 때 실내에서 VR을 이용해 공격과 패스 등 실제 훈련을 하는 듯한 효과를 얻을 수 있다는 것이다. 더욱이 훈련 도중 부상을 입을 확률이 적기 때문에 많은 프로팀에서 VR 훈련을 활용하고 있다(스위트케이, 2017).

VR 기술이 나날이 발전함에 따라 다양한 스포츠 분야, 다양한 장소에서 VR을 활용하는 모습을 쉽게 찾아볼 수 있게 되었다. 메이저리그 야구팀 LA 다저스(Los Angeles Dodgers)가 선수들의 훈련 프로그램에서 VR을 활용한 타격 연습 시스템을 도입했다. LA 다저스가 도입한 VR 타격 연습 시스템은 지난 2018년에 설립된 미국의 스타트업 WIN Reality에서 개발한 시스템이다. WIN Reality가 개발한 VR 타격 연습 시스템은 CG 이미지와 실사 영상 데이터로 구성되어 있다. 각각의 데이터를 결합하여 투구 폼과 휴식, 릴리스 포인트가 충실하게 재현된 투수의 모습을 재현하여 각 선수에게 꼭 필요한 연습 환경을 제공한다. 보통은 곧 경기를 앞둔 상대 구단의 투수를 재현, 그에 맞는 대응을 미리 연습하는 방식으로 활용한다. VR 타격 연습 시스템 이용자는 작은 버튼이 포함된 전용 야구 배트를 사용해야 하며, 버튼을 누르면 스윙 연습을 시작할 수 있다. 시스템은 각 투구마다 구속과 투구 위치 등 다양한 정보를 표시해 주는데, 선수들은 이 정보를 통해 투수의 버릇이나 성향을 파악할 수 있다. 미국의 VR 매체 VRScout는 VR 타격 연습 시스템을 선수들 중에서도, 특히 내야수 코리 시거(Corey Drew Seager)와 외야수 A.J. 폴락(A. J. Pollock) 선수가 적극적으로 이용하고 있다고 한다. EON SPORTS 역시 NFL과 야구팀에 VR 훈련 프로그램을 제공하는 기업이다. 실제 모의 훈련 경기 때 360도 카메라를 선수 머리에 장착하고 기록된 영상을 실내 훈련용으로 활용하는데, 포지션별 선수들에게 각각 카메라를 부착해 다양한 시점에서 훈련에 임할 수 있도록 도와준다(INVEN,2019).

2020년 코로나19(COVID-19) 바이러스 확산 상황에서도 선수들은 VR 훈련으로 큰 도움을 받고 있다. 프로 야구의 거대 시장인 미국은 확진자 수가 연일 치솟는 탓에 사회적 거리두기와 자택 대기 등의 조치들이 이어지고 있다. 이에 선수들 대다수가 집에 머물면서 훈련 방법을 찾고 있지만, 일반적인 비시즌 때보다도 여건이 좋지 않게 된 환경임은 분명하다. 그런 가운데 색다른 방법을 찾는 선수들이 늘어나고 있다. 세인트루이스의 간판 타자인 폴 골드슈미트(Paul Goldschmidt)도 그 한 예이다. '세인트루이스 포스트-디스패치'에 따르면 골드슈미트는 최근 VR(가상 현실)을 통한 훈련에 나섰다고 한다. 이 매체는 "골드슈미트가 'WIN Reality'가 제조한 VR 프로그램으로 매일 상대 투수들을 만나고 있다."라고 보도했다. VR 프로그램은 투수들의 투구 폼, 구종, 구속 등을 증강 현실로 재연했다. 선수는 VR 장비를 착용하고 이를 쳐 볼 수 있다. 이 프로그램은 이미 MLB 몇몇 구단들이 정식 훈련 프로그램으로 사용하고 있을 만큼 완성도가 높다.

프리미어 리그(Premier League) 스타들도 코로나 바이러스 전염병 확산 기간 동안 기술을 유지하기 위해 VR 훈련을 사용하고 있다. 리버풀(Liverpool) 지도자를 포함한 많은 최고의 클럽들이 선수들에게 훈련과 운동이 언제 재개될지 확신하지 못한다고 전하면서 선수들은 맨체스터에 본사를 둔 회사 Rezzil이 개발한 VR 훈련 기술을 집에서 훈련하는 데 사용하고 있다고 한다.

미국에는 VR 시장은 계속해서 성장하고 있으며, 일부 회사는 KBO리그 구단에도 자사의 프로그램을 제안할 정도로 대중화되고 있다고 한다. 물론 실전과는 확실히 다르겠지만, 편의성은 최대 장점으로 손꼽히고 있다. 공간을 그렇게 많이 필요로 하지 않으며, 어떤 투수든 쉽게 로딩해서 생생하게 공을 볼 수 있기 때문이다.

VR 훈련의 또 다른 장점은 사용자가 조작할 수 있는 환경이라는 점이다. 매 훈련마다 다른 시나리오를 만들기 위해 레벨을 조정하거나 개인화할 수 있는데, 이것은 실제 경기와는 비교할 수 없을 만큼 경제적이다. 이러한 이유로 VR 훈련은 스포츠 시장에서 크게 주목받고 있다.

4. 기술을 입는다, IoT

코치가 선수별 프로필에 따라 최적화된 운동 프로그램을 입력하면, 선수들은 태그가 내장된 스마트 밴드를 착용하고 운동 기구 앞에 선다. 그러면 기구는 밴드에 입력된 선수 정보를 읽어 들여 선수에게 적합한 운동 횟수와 강도를 제시한다. 그리고 운동하는 동안 심박수, 혈압 등의 선수 생체 정보가 코치에게 실시간 전송된다.

이는 사물 인터넷(Internet of Things, IoT) 실증 사업이 진행되고 있는 태릉선수촌의 사례다. 스포츠 현장에서 IoT 기술은 이렇게 선수별 맞춤 훈련 외에도 다양한 용도로 활용되고 있다. IoT는 사람, 사물, 기기 등 모든 것이 유무선 네트워크로 연결되고 데이터를 생성하고 교환 및 활용하는 인터넷 환경을 뜻한다. 이러한 이유로 IoT는 단순히 센서를 통한 정보의 수집이 아닌 정보의 가공을 통한 새로운 서비스 창출이 가능한, 앞으로 주목하는 차세대 기술로 인정받고 있다. 특히 IoT 기반의 경기력 분석 서비스, 웨어러블(wearable) 헬스케어 서비스 등 선수의 경기력 향상과 체력 관리를 위한 스마트 스포츠 분야로 그 영역이 확장되고 있다. IoT 기술에서 데이터 생성과 수집은 주로 센서(sensor)와 기기(device)가 처리하는데, 스포츠에서는 데이터 수집 방식과 기기의 종류에 따라 IoT가 분류된다. 웨어러블(wearable) 방식, 센서 내장(sensor embedded) 방식, 센서 부착(sensor attached) 방식, 카메라에 의한 영상 분석(video analysis) 방식 등으로 구분된다.

IoT는 야구, 농구 및 축구와 같은 프로 스포츠에 지속적으로 침투하고 있다. 메이저리그(MLB)에서는 카메라와 레이더 장비를 활용하여 StatCast로 중요한 데이터를 수집하기도 하고, Golden State Warriors와 같은 NBA 농구팀에서는 카메라를 사용하여 선수에서부터 슛까지 게임의 거의 모든 측면을 추적한다. 그런 다음, 수집된 데이터는 EVP(Estimated Possession Value)라는 것을 통해 강점과 취약점으로 변환된다. 일반적인 추세는 팀이 분석에 사용할 수 있는 데이터를 수집하는 것이다.

NFL에는 수많은 게임 데이터 추적 기능이 있다. 간단한 예로는 공의 끈 아래에 작은 센서가 내장된 태그를 지정하여 거리, 속도 및 가속도와 같은 측정 항목을 기록한 다음, 1초 안에 컴퓨터로 전송할 수 있다. NFL은 2014년에 건강 관리 및 운송 추적에 이르기까지 모든 분야를 다루는 산업용 IoT 회사인 Zebra Technologies와 파트너 관계를 맺기도 했다.

기본적으로 NFL의 IoT 데이터 수집은 플레이어가 내장된 RFID 태그 장비를 착용하여 사용된다. 마찬가지로 RFID 태그는 경기장의 구조물, 공, 더 나아가 심판 복장에도 인식이 가능하게 만들어져 있다. 수집된 데이터는 서버로 전송된 다음, 방송사가 TV 또는 경기장 전광판에 표시할 수 있도록 제공되기도 한다. 전광판에 나타나는 대부분의 정보는 선수의 속도, 거리 및 등판 시간과 같은 매트릭이 추적된다. 모든 선수들과 개인 선수 사이에서 실시간 데이터를 기록하는 수단이 되기도 한다. 따라서 IoT를 사용함으로써

NFL은 리그 전체, 개별 팀 및 팬으로 분석할 수 있는 귀중한 통계를 얻게 되었다. NFL은 속도와 같은 기본 통계 외에도 IoT를 사용하여 쿼터백 공격성을 모니터링하거나 시간 및 압박 상태에서 공을 던질 수 있는 기능을 모니터링할 수도 있다. 그렇다면 우리나라의 프로 스포츠 팀에서는 IoT를 어떻게 활용하고 있을까?

한국 프로 야구팀 중에서 한화 이글스 팀에서는 타자들에게 2019년 마무리 캠프 때부터 타격 훈련을 할 때 '블라스트'라고 불리는 스윙 분석 센서 기계를 배트 끝에 붙여 훈련하게 하고 있다. 블라스트는 스윙 스피드뿐 아니라 타자 몸의 중심축과 배트 각도, 타구가 배트에 맞는 면, 타구 각도 및 궤적까지 다양한 정보가 입력된다. 최근 KBO리그 내에서 널리 쓰이는 장치이기도 하다. 한화는 선수들의 계정을 하나씩 만들어 데이터를 계정별로 공유하여 스마트폰으로 직접 볼 수 있게 하고 있다. 타격 코치들은 모든 선수들의 영상에 접근할 수 있게 하여 타격 훈련 후 추가 지도를 위해 유용하게 쓰이기도 한다. 전력 분석원은 기계에 입력되는 수치가 높다고 무조건 좋은 것은 아니며, 선수들마다 타격 스타일이 다르기 때문에 정답은 아니지만 참고 자료로 쓸 수 있다고 전하고 있다. 하지만 무엇보다도 추상적인 평가보다 정확한 수치를 보면서 선수들이 훈련에 도움을 받을 수 있게 된 것은 사실이다(SPOTV NEWS, 2019).

우리나라도 발사 각도, 타구 속도 측정이 가능한 트랙맨 시스템 도입을 하는 구단들이 늘고 있다. 수년간 거포들을 모아 온 SK는 2018년 234개로 역대 한 시즌 최다 팀 홈런 기록을 세웠다. 메이저리그 출신 트레이 힐만 감독이 발사각을 30도 안팎으로 높이는 타격 메커니즘을 유도했기 때문이다. KT도 창단 후 팀 홈런 9, 10, 9위에 머물다 2018년에 홈런 기록 부문 2위(197개)로 도약했다. 김진욱 감독이 스프링 캠프 때부터 발사 각도 높이기를 강조했기 때문이다. 구단 차원에서도 타구 속도와 발사 각도를 측정한 자료를 선수들이 수시로 확인할 수 있도록 제공한다. 그 결과 KBO리그는 2018년에 1,709개의 홈런을 기록했다. 경기당 홈런도 2.43개로 1999년 기록(2.41개)을 넘어섰다. 투수들의 난조, 타자 친화 구장 등 문제도 있지만, 이처럼 트랙맨 시스템으로 기술력을 끌어올린 타자들의 노력도 빼놓을 수 없는 요소다. 트랙맨 시스템은 타자뿐만 아니라 투수 교체에도 활용되고 있다. 삼성은 2018년에 시즌을 앞두고 홈구장 대구 삼성라이온즈파크에 트랙맨 시스템을 공식 도입했다. 백스톱에 설치된 레이더를 통해 공의 속도와 투구

시 분당 회전수, 익스텐션, 수직 및 수평 변화량, 타자의 발사각과 속도, 비거리 등을 측정한다. 전력 분석뿐만 아니라, 투수 상태를 정확하게 파악할 수 있는 자료다. 삼성은 실제 대구 홈경기 때 트랙맨 시스템을 참고 자료로 활용, 투수 교체 타이밍을 잡은 것으로 알려졌다(OSEN,2018). 감독의 느낌으로 투수의 상태를 파악해서 교체하는 것이 아니라 정확한 자료를 참고하며 확률을 높인 것이다.

웨어러블 기기에는 시계, 밴드, 슈트 형태 외에 마우스피스(mouth-piece) 타입도 있다. 대표적으로 '피트가드(FITGUARD)'가 있는데, 이는 선수의 뇌진탕 상태를 모니터링할 수 있도록 마우스피스처럼 입안에 물고 있을 수 있는 웨어러블 기기다. 뇌진탕을 유발할 정도로 강력한 충격을 받으면 충격 감지 센서를 통해 자동으로 알람이 들어오고, 연동된 스마트폰에 충격 속도와 강도, 선수의 몸무게, 성별, 나이, 건강 상태, 위급 상황 등이 실시간으로 나타난다. 특히, 격투기 등 과격한 운동을 하는 선수들의 보호와 위급 상황 대처에 유용하다.

그동안 IoT가 적용된 기술은 센서의 파손, 배터리 용량, 디바이스 수명과 소형화 문제 등 여러 가지 기술적 한계로 인해 주로 착용하기 쉬운 웨어러블 방식 또는 탈부착 방식으로 발전되어 왔다. 하지만 최근에는 이러한 기술적 한계를 뛰어넘어 제품 제작 단계에서부터 다양한 센서를 내장함으로써 더욱 다양하고 정밀한 데이터를 수집할 수 있게 됐다. 이러한 기술의 발전은 특히 스포츠 현장에서 빅 데이터를 활용한 사용자의 경험을 확대하고 한층 더 유용한 정보의 분석과 통찰력을 제시하는 기술의 진화로 이어지고 있다.

이 밖에 스컬프트(SKULPT)는 팔이나 다리, 등, 배 등의 평평한 부위에 명함 크기의 IoT 기기를 부착하여 근육의 특성, 체지방 비율 등을 측정한다. 진동과 전류를 이용하여 측정하려는 근육에서 데이터를 수집하며, 타 선수들과 비교하여 평균 이상 또는 이하의 여부를 알려 주고, 블루투스를 통해 스마트폰으로 데이터를 전송하여 당시의 생체 데이터를 확인할 수 있다(스위트케이, 2017).

앞으로는 더 많은 프로 스포츠 및 대학 스포츠 프로그램에서 IoT 사용을 채택하여 선수, 팀 그리고 더 나아가 팬들에게 새로운 경험을 제공하게 될 것이다. 예컨대 많은 경기 종목에서 선수들의 습관, 출전 시간, 승률, 심지어 어떤 구단의 팬들이 나쵸나 핫도그 같은 간식을 더 많이 주문하는지까지도 파악할 수 있게 될 것이다.

5. VAR, 트랙맨 그리고 호크아이(Hawkeye)

"오심(誤審)도 경기의 일부다."는 오랜 스포츠 역사에서 흔히 통용되어 오던 말이다. 경기장의 '재판관'이라 불리는 심판들도 사람인지라 실수는 언제나 있을 수 있다는 합리화이기도 하다. 이 말은 또한 오심을 객관적으로 확인하거나 밝혀 줄 기술적 방법이 없던 시절, 심판의 권위를 보호하고 선수들에게 심판의 결과를 인정하게 하는 데 쓰였던 전통적 관념이기도 했다. 경기에서 결정적인 순간의 오심 하나는 경기 흐름을 일시에 바꿔 버릴 수 있고 선수들이 사기를 잃고, 팬들이 등을 돌리게 만드는 계기가 되기도 한다. 때문에 가끔 오심은 경기의 '일부'가 아니라 '전부'가 되기도 한다. 과학 기술이 발달하면서 정작 보호받아야 할 가치는 '심판의 권위'라는 위압적인 방법이 아니라 '스포츠의 공정성'이며, 이를 위해 기술의 도움이 필요하다는 주장에 무게가 실리고 있다. 인공 지능(AI)과 첨단 기술이 인간의 눈으로는 확인할 수 없는 미세한 차이나 실수를 보완해 주는 역할을 하게 되면서 감정이 배제되고 실수가 없는 정확한 판단이 중요해지고 있다.

세계적으로 이미 여러 경기 심판에서 다양한 첨단 기술이 도입 및 시행되고 있다. 국내에서도 축구, 야구, 농구, 배구, 테니스 등 구기 종목을 중심으로 비디오 판독(VAR) 시스템이 시행되고 있다. VAR은 여러 대의 카메라가 찍은 영상으로 경기 과정을 다시 되돌려 보고 모든 상황을 검증하여 정확한 판단을 내리게 도와주는 시스템이다. 구기 종목의 경우 아직까지는 파울이나 라인의 인 · 아웃 판정에서 주로 활용되고 있다(전북일보, 2020).

2020년 메이저리그의 야구 측정 시스템이 다시 한 번 업그레이드된다고 한다. 2015년부터 스탯캐스트에서 사용된 트랙맨이 호크아이로 바뀐다. 보다 정밀한 측정이 가능해지는 것은 물론, 그동안 가려져 있던 미지의 세계가 열릴지도 모른다는 평가가 뒤따르고 있다. 어쩌면 새로운 문이 열리게 되면서 야구가 또 바뀔 수도 있다. 메이저리그는 2019년 8월부터 30개 구장에 호크아이 시스템을 설치했다. 2020년 개막부터 호크아이가 포함된 새로운 스탯캐스트가 사용되는 것이다. 쉽게 설명하자면 트랙맨이 '음파'를 사용하는 레이더 시스템이라면, 호크아이는 '카메라'를 이용하는 광학 시스템이다. 즉, 사진을 통해 움직임을 파악하는 시스템이다. 전문가들에 따르면 호크아이는 선수들의 팔과 다리의 움직임을 X레이 촬영처럼 확인할 수 있다고 한다. 트랙맨이 측정한 것이 공의 회전수 등 투구에 한정됐었다면, 호크아이는 타구의 발사각, 타구 속도를 뛰어넘어 공이 방망이에 맞은 뒤의 회전축과 방향, 회전수까지 알 수 있게 된다. 내야와 외야 수비 때 선수들의 움직임과 관련한 구체적인 숫자까지도 제공된다. 이렇게 되면 야수의 움직임을 수치화해 판단할 수 있는 근거가 마련되며, 이럴 경우 보다 효과적인 수비 위치 선정이 가능해지고, 선수 개개인의 수비 능력이 보다 객관적인 숫자로 랭킹이 매겨질 수 있다(스포츠경향, 2020).

미국의 메이저리그(MLB)에 이어 한국 야구위원회(KBO)도 2020년 하반기부터 우선 프로 야구 퓨처스리그(2군) 경기에서 로봇 심판을 운영할 예정이라고 발표했다. 지금까지의 홈런 · 아웃 등 5개 항목의 비디오 판정 이외에 투수가 던진 공의 스트라이크 여부를 로봇 심판이 판단하게 한다는 것이다. 레이더 추적 기술을 이용한 시스템이 투구의 스트라이크 여부를 판단해 이를 이어폰을 통해 홈 플레이트 뒤에 서 있는 인간 심판에 전달하면 주심이 이를 복창하는 방식이다.

호크아이의 도입이 가장 두드러지는 종목은 테니스이다. 2006년, 테니스에 호크아이가 최초로 도입되면서 정확성을 더욱 높이기 위해 카메라의 개수가 10개로 늘어났다. 호크아이는 실패 확률이 거의 없고, 그 정확도에 있어서는 3.6mm 이하의 거리까지 식별할 수 있다고 알려져 있다. 테니스공의 지름이 평균 67mm인 것을 고려하면, 테니스에서 오차 범위는 실제 테니스 공 지름의 5%밖에 되지 않는다. 실제로 3.6mm의 단위는 테니스공의 보풀 정도 밖에 되지 않는 정도이다. 호크아이 시스템의 도입이 판정의 정확도를 높였다는 사실은 이제 더 이상 반박할 수 없다. 이로 인해 결정적인 순간에 심판의 오심 때문에 경기의 승패가 바뀌는, 그래서 서로에게 떳떳하지 못한 상황이 줄어들게 되면서 테니스를 보다 객관적으로 만들어 주었다. 또한 호크아이는 선수들의 플레이를 분석할 수 있는 도구로 활용되면서 테니스의 분석과 발전에 있어 큰 몫을 담당하고 있을 뿐만 아니라, TV 중계에도 큰 영향을 미쳤다(테니스코리아, 2017).

사례 연구. Bundesliga(분데스리가)로 살펴보는 4차 산업 혁명

분데스리가(Bundesliga)는 세계 최고의 스포츠 리그 중 하나이다. 이 대회는 전 세계 축구에서 가장 높은 평균 출석률과 전 세계의 다른 스포츠 리그와 비교할 수 없는 막대한 총 수익을 가지고 있다. 독일 리그는 이 성공을 통해 전 세계 지지자를 기반으로 디지털 참여 방법을 계속 구축하고 있다. 지난 3년 동안 분데스리가의 디지털 채널은 팬 층을 기반으로 100% 이상 증가시켜 유럽 최고의 리그에서 가장 활발한 역할을 하고 있다.

분데스리가의 적극적인 접근 방식은 기술 향상과 관련하여 축구의 선두 리그로 분류되는 이유를 계속 보여주고 있다. 더 많은 팬들에게 도달하고자 콘텐츠를 더 많이, 더 자주 제작하는 장기 전략은 더 높은 성장을 촉진하고 있다. 2011년에 분데스리가는 세계에서 가장 큰 디지털 축구 아카이브(archive)를 시작했다. 이러한 아카이브는 기록 보관소로 사용되고 있으며, 33,000건이 넘는 콘텐츠와 140,000시간이 넘는 콘텐츠를 보유하고 있으며, 과거 데이터는 1963년 리그부터 기록되어 있다.

2012년에는 매년 120,000명 이상의 선수가 참가하는 E – 풋볼 대회를 만든 최초의 프로 리그가 되었다. 2015년 골라인(Goal-line) 기술이 구현되었으며, 2016년 UHD(Ultra High Definition)로 게임이 방송되었다. VAR은 2017년 분데스리가에 도입되어 시스템을 사용하는 최초의 리그 중 하나가 되었다. 가상 광고(Virtual advertising)는 2018년에 시작되었으며, AI(Artificial Intelligence: AI)는 2019년 WSC Sports와의 파트너십을 통해 팬에게 하이라이트를 전달하는 데 사용되었다. Vodafone(영국의 이동 통신 사업)과 관련하여 분데스리가는 지난 시즌 축구 경기장에서 5G 기술을 처음으로 구현하기도 했다. 팬들은 게임 도중 스마트폰에서 실시간 데이터와 증강 현실(Augmented Reality: AR)을 테스트할 수 있었으며, 향후 경기장 내 관중 경험을 기대할 수 있게 되었다.

이전의 모든 기술 혁신 이후 디지털 세계에서 분데스리가의 미래 계획은 무엇일까? 장기적인 접근 방식은 다음과 같은 주요 프로세스에 중점을 둔다. 현대 산업의 발전과 참여의 수준별 모니터링, 새로운 혁신적인 제품 구축 및 기능 테스트 등, 이러한 점들을 발판으로 최종적인 성공과 리그의 높은 목표를 만족시킬 수 있는 제품을 구현하고자 함이다. 이러한 목표를 이루기 위해 분데스리가 리그는 하버드 비즈니스 스쿨(Harvard Business School) 및 매사추세츠 공과대학(Massachusetts Institute of Technology)과 같은 교육 기관과 협력하여 새로운 기술을 주시하고 소비자 행동, 소비 및 리그와의 관계를 파악하여 진행한다. 학술 연구와 함께 분데스리가의 자회사인 Deutsche Fußball Liga(DFL) Digital Sports에서 데이터를 수집하여, 팬이 축구를 소비하는 방식, 플랫폼, 빈도 및 유형이 가장 많은 콘텐츠를 상세하게 설명한다. 또 다른 분데스리가 자회사인 Sportec Solutions는 각 게임에서 약 4백만 건의 데이터를 기록한다. 수집된 데이터는 DFL Digital Sports의 개인 취향 정보를 사용하여 팬과 더 깊은 관계를 맺고 주요 시장에서 기반을 구축하는 콘텐츠를 제공함으로써 활용될 수 있다.

디지털 혁신 담당 부사장인 Andreas Heyden은 "분데스리가 팬들의 요구와 관심을 이해하는 것은 엔터테인먼트 제공 업체로서의 전략적 개발의 중심에 있다. 혁신적인 기술을 통해 소비자가 원하는 것을 배우고 식별할 수 있을 뿐만 아니라 언제 어디서나 개별화된 콘텐츠에 대한 수요에 대응할 수 있을 것이다. 리그가 빠른 속도로 새로운 기술을 도입하여 팬에게 맞춤형 콘텐츠를 제공하는 방법은 앞으로 몇 년간 축구 혁신의 선두에 서게 될지를 결정할 것이다."라고 말하고 있다.

분데스리가는 Messe Dusseldorf와 파트너십을 맺고 다양한 시장에서 다양한 혁신 행사에 참여했다. 2018년 5월, 뒤셀도르프에서 첫 번째 SportsInnovation 이벤트가 열렸으며, 작년 말 중국과 미국에서 SportsInnovation Future Summits가 열렸다. Heinz Kusters의 Messe Dusseldorf의 SportsInnovation 디렉터는 다음과 같이 말하고 있다. "이 규모의 혁신 이벤트를 제공하는 다른 축구 리그는 없다. 상호 작용 및 의사 결정 교환을 위한 플랫폼을 제공한다. 클럽, 협회 및 조직의 의사 결정자들은 고성능 스포츠와 관련된 미디어 및 방송 산업뿐만 아니라 전 세계에서 함께 모여 현재와 미래의 기술에 대한 통찰력을 얻고 아이디어를 교환한다. 이는 앞으로의 혁신의 토대가 될 것이다. 경기 분석, 방송, 디지털 서비스 및 경기장 경험 분야에서 몇 가지 새로운 기술 개발이 라이브 축구 환경에서 선보이기 때문에 반드시 놓쳐서는 안 될 이벤트이다."

분데스리가는 밝은 미래에 계속 투자하고 있다. 독일 회사 Athletia의 투자로 'Ryghts'라는 합작 투자 제품이 탄생했으며, 이는 분데스리가 경기의 모든 국제 불법 복제를 모니터링한다. 이와 같은 현명한 재무 결정은 리그가 축구의 혁신 리더로서의 명성을 유지하는 데 도움이 될 것이다.

출처: https://www.soccerscene.com.au/industry-4-0/the-bundesliga-continues-to-build-its-reputation-as-footballs-innovation-benchmark/

연구 문제

1. 4차 산업 혁명 기술을 사용하는 다른 프로 스포츠는 어떤 것들이 있으며, 어떤 기술을 어떻게 활용하고 있는지 생각해 보고, 시간이 지남에 따라 스포츠 규칙이 어떻게 바뀌었는지에 대해 생각 설명하시오.

2. 스포츠 기술 장비의 발전과 사용이 운동 능력을 어떻게 향상시키는지에 대하여 설명하시오.

3. 4차 산업 혁명 기술 발전에 따라 개선된 스포츠 종목은 무엇이고, 반대로 어떤 스포츠 장비가 불공평한 이점을 제공하며 그 이유는 무엇인지 설명하시오.

4. 4차 산업 혁명 기술의 도입으로 사라지고 있는 스포츠 직업에는 어떤 것들이 있을지 논해 보시오.

Chapter 06

ICT 그리고 메가 스포츠 이벤트

우리는 각 나라를 대표하는 출전 선수들의 컨디션 관리부터 훈련 방법, 장비 도입으로 인한 메가 스포츠 이벤트의 발전과 변혁을 꿈꾸고 있다. 이에 앞 장에서는 프로 스포츠 현장에서 적용되는 ICT를 살펴보았다면, 이번 장에서는 올림픽과 월드컵 등 메가 스포츠 이벤트에서의 활용을 살펴보고자 한다. 아울러 ICT와 메가 스포츠 이벤트의 실제적인 적용 사례를 살펴보고, 앞으로의 확장 가능성에 대해 생각해 보고자 한다.

올림픽과 월드컵으로 대표되는 메가 스포츠 이벤트는 대규모 관광 효과를 유발한다. 따라서 전 세계적으로 수십억 명을 대상으로 하는 미디어 캠페인도 진행한다. 이것은 개최 도시를 전 세계로 알리는 홍보의 기회가 되기도 한다. 이러한 이유로 개최국의 중앙 정부와 개최 도시를 중심으로 대규모 투자가 이루어지며, 여러 글로벌 기업과 지역 커뮤니티가 함께 참여하여 메가 스포츠 이벤트의 성공적 개최를 위해 다양한 시설과 프로그램을 설계, 구축, 운영하게 된다.

이를 위해 선수단과 운영진도 개최 몇 년 전부터 철저하게 준비한다. 일례로 4년에 한 번 열리는 올림픽과 월드컵은 개인 대회가 아니기 때문에 선수들은 나라를 대표한다는 책임감을 가지고 대회에 나가게 된다. 그러므로 무조건 달리거나 역기를 들어 올리는 것이 최고였던 과거와는 달리 최근에는 훈련 방법이 과학 기술을 기반으로 변화되고, 체계적이면서도 효율적인 시스템으로 바뀌고 있다.

출처: 과학기술정보 통신부

[그림 6-1] ICT와 올림픽

1. 0.01초 차이를 극복하기 위한 선수와 기술의 콜라보레이션

전 세계적으로 4차 산업 혁명과 관련된 ICT 핵심 기술들을 스포츠 전문 분야에 접목하여 경기력 향상에 도움을 주고자 하는 시도들이 이루어지고 있다. 지금까지의 전통적인 훈련 방법으로도 우수한 성적을 거둘 수 있지만, 독일과 미국, 일본 등 해외 사례에서 볼 수 있듯이 많은 나라에서 점차 스포츠 IoT에 관심을 보내는 추세이다.

2014년 브라질 월드컵 우승국인 독일은 경기력을 높이기 위해 글로벌 IT 기업인 SAP의 빅 데이터 분석 기술을 적극 활용한 것으로 알려져 있다. SAP는 지난 2013년 독일 축구 대표 팀을 대상으로 '디자인 씽킹(Design Thinking)' 세션을 실시, 이를 바탕으로 파트너십을 체결하고 독일 축구 국가 대표 팀의 경기력 및 효율성 제고에 관한 정보와 자료를 지원했다. '2014 브라질 월드컵'을 14주 앞둔 시점에서 코칭 스태프의 신속한 의사 결정과 선수들의 기량 향상을 위해 'SAP HCP(SAP HANA Cloud Platform)' 기반의

'SAP 매치 인사이트(SAP Match Insights)'를 개발하기도 했다. 'SAP 매치 인사이트'는 'SAP HANA'를 기반으로 방대한 양의 데이터를 실시간으로 처리해 경기 분석을 지원했다. 독일 대표 팀은 클라우드와 빅 데이터를 혼합해 훈련 계획과 선수 체력 관리, 성적 등을 분석했다. 경기 핵심 상황을 파악하여 다음 경기를 보다 효율적으로 대비하기 위한 영상 자료로도 활용됐다. 월드컵을 앞두고 스피드 향상을 주목표로 삼았던 독일 축구 대표 팀은 공 점유 시간에 대한 통계 분석을 통해 평균 공 점유 시간을 3.4초(2010년 월드컵 기준)에서 1.1초로 단축할 수 있었다. 결과는 월드컵 우승이었다(아이뉴스, 2014).

이외에도 2013년 아메리카컵 요트 대회에서 1 대 8로 지고 있다가 막판 뒤집기로 9 대 8까지 역전한 오라클 USA 팀은 사물 인터넷(IoT) 기술을 활용하여 경기력 향상에 도움을 받았다. 오라클 USA 팀은 요트에 400개 이상의 센서로 풍향, 풍속, 돛대 상태, 배의 움직임 등의 데이터를 수집해 분석하고, 분석된 자료는 요트와 선수들에게 부착된 디바이스를 통해 선수별 맞춤 정보를 제공했다(조선일보, 2013).

우리나라도 문화체육관광부와 국민체육진흥공단이 주관하는 국가 대표 경기력 향상 사업이 2018년 12월 17일 시작해, 2022년 12월 31일까지 총 49개월간 진행될 예정이다. '첨단 기술 기반 국가 대표 경기력 향상 사업'은 약 50억이 들어갈 예정인 대규모 사업으로, 4차 산업 핵심 기술의 스포츠 분야 접목을 통한 봅슬레이 및 스켈레톤 종목의 국가 대표 경기력 향상과 인재 발굴 및 육성, 더 나아가 저변 확대까지 가능한 시스템을 개발할 계획이라고 한다. 1000분의 1초로 승부가 갈리는 스피드 세계에서는 1g의 무게와 공기 저항 차이에도 메달 색깔이 바뀔 수 있다. 눈과 얼음에서 열리는 동계 올림픽은 스피드를 높이고 시간을 줄이기 위한 스포츠 과학의 불꽃 튀는 경연장이라고 해도 과언이 아니다.

올림픽이 감동스러운 이유는 선수들이 기록을 위해 몇 년 동안의 노력과 투혼의 결과로 만들어지기 때문이다. 올림픽 현장에서는 감동의 순간을 맛보면서 승부가 주는 짜릿함과 기쁨, 그리고 패배 뒤에 오는 패자의 아쉬움과 승자의 배려, 스포츠 정신까지 확인할 수 있다. 또한 승자와 패자가 나뉘는 모든 순간이 찰나에 이루어짐을 확인할 수 있다. 계측 기술의 발달로 세밀한 계측이 가능해졌고, 이러한 세밀한 계측 때문에 찰나의 순간이 승부를 갈라 메달의 색깔이 결정되는 것이 바로 올림픽이다. 예컨대 마지막 피니쉬 라인에서 초당 1만 장의 사진을 찍어 내어 순위를 정확하게 판단할 수 있는 기록 계측 공식 파트너인 오메가의 계측 기술은 올림픽을 더 흥미롭게 했으며, 역으로 올림픽을 통해 한 단계 한 단계 더 발전하고 있다.

그렇다면 가장 최근의 올림픽 경기에서는 어떤 기술들이 활용되었을까? 우리나라는 2018년 평창 동계 올림픽에 대비해 쇼트트랙과 컬링 등 동계 종목에 IoT 기술을 활용한 실증 사업을 2015년 7월부터 진행했었다. 우선, 쇼트트랙 종목의 경우 각 선수들에게 선수용 센서를 부착하고, 경기장에는 위치 인지 센서와 동작 분석 시스템 등을 설치했다. 이렇게 하면 각 선수별 주행 궤도와 구간별 기록 등의 데이터를 실시간으로 분석할 수 있기 때문이다. 경기 중인 선수가 갑자기 지쳐 속도가 줄거나, 반대로 너무 흥분을 해서 오버 페이스가 되지는 않았는지를 객관적인 데이터로 확인하고, 각 코너에서 선수들이 취하는 코너워크 자세가 흐트러지지는 않았는지도 확인할 수 있었다. 선수용 센서에서 발생하는 선수별 실시간 위치 정보와 트랙 블록 위치 정보, 선수의 주행 동작 및 자세 데이터 등은 클라우드에 저장했다가 스마트폰이나 웨어러블 기기 등 모바일 디바이스로 전송하였다. 이를 통해 코치와 감독이 선수 컨디션 맞춤형 분석 결과를 확인할 수 있었다.

한편, 컬링은 센서 적용이 쇼트트랙과 다른 방식이다. 컬링 선수의 딜리버리(맨 처음 컬링 스톤을 바닥에 놓고 밀어 경기를 시작하는 행위) 자세와 스톤이 어느 방향으로 가고 있는지에 대한 정보, 이에 따라 어떻게 스톤을 드로우(빗자루 모양의 솔로 스톤의 이동을 돕는 것)해야 하는지를 판단할 수 있어야 하기 때문이다(조선일보, 2018).

스포츠에서 체력, 기술, 정신력의 싸움은 바로 시간 싸움이며, 엄청 치열하다. 올림픽 기간 실제 경기 상황에서 기록이 똑같아서 승부를 가리지 못한 루지를 비롯해 0.01초 차이로 승부가 갈리는 장면은 흔치 않으나 2018 평창 동계 올림픽에서는 유달리 많았다. 차민규는 남자 스케이트 500m에서 34.42초로 1위인 호바르 로렌첸(노르웨이)의 34.41초에 0.01초가 뒤져 메달 색깔이 바뀌었다. 그 순간 "키가 조금만 더 컸더라면…."이라는 말 한마디가 그가 말할 수 있는 안타까움의 최대 표현이었다. 이동 거리, 가속도 등을 배제하고 산술적으로 계산해 보면 0.01초 차이의 길이는 정말 키가 1㎝만 더 크면 극복할 수 있는 거리일지 모른다.

또한, 동계 올림픽 사상 최초로 스노보드와 알파인 스키에 동시 출전해 금메달을 딴 체코의 에스터 레데츠카는 알파인 스키 여자 슈퍼 대회전에서 1분 21초 11로 안나 파이트(오스트리아, 1분 21초 12)를 단 0.01초 차이로 제치고 우승을 차지하였다. 2위를 차지한 안나 파이트는 경기 후에 결과 보드를 한참이나 보면서 한동안 멍한 표정을 지었다. 봅슬레이 남자 2인승 경기에서는 0.01초가 같아서 공동 금메달을 수상하기도 하였다.

설상 종목에서는 이상호 선수가 2018 평창 동계 올림픽에서 한국 설상 종목의 새 역사를 썼다. 한국 스키가 1960년 스쿼밸리 올림픽(미국)에서 도전을 시작한 이후 58년 만에 처음으로 은메달을 획득한 것이다. 이상호의 메달 뒤에는 스포츠 과학의 지원이 있었다. 한국스포츠개발원이 대한스키협회와 스노보드 팀을 도왔다. 한국스포츠개발원은 2017년 5월과 7월 두 차례에 걸쳐 기초 및 전문 체력 평가를 실시했고, 이를 통해 이상호 선수를 비롯한 여러 스노보드 국가 대표 선수들의 체력 향상과 효율적인 훈련이 이루어질 수 있는 가이드라인을 제시했다. 그리고 지도자, 트레이너 및 선수들에게 시합장에서 최상의 경기력을 발휘하기 위한 과학적인 체력 훈련 방법을 스포츠과학교실을 통해 교육했다(스포츠조선, 2018).

사실 세계적인 선수들의 기량은 어느 정도의 수준에 올라가면 비슷해진다. 그 비슷한 수준에서 올림픽 금메달은 0.01초, 0.01mm의 차이를 극복하는 자의 몫인 것이다. 스포츠에서 과학의 힘이 절실하게 필요해지는 이유이다. 2018 평창 동계 올림픽에서 한국 썰매 사상 첫 금메달을 획득할 것으로 기대를 모았던 '스켈레톤의 신성' 윤성빈 선수는 신이 준 신체 능력에 스포츠 과학을 잘 입혀 만들어 낸 작품이라는 소리를 들었다. 윤성빈 선수는 스켈레톤 입문 1년 만인 2013년 아메리칸컵에서 우승하는 등, 큰 두각을 나타내 2014년 소치 올림픽에 출전하여 16위까지 올라갔다. 그러나 이후 월드컵에서 가끔 우승하기는 했지만, 꾸준한 성적이라고 보기엔 어려움이 있었다. 2014년부터 한국스포츠개발원이 윤성빈 선수를 과학적으로 지원하기 시작했다. 개발원은 윤성빈 선수가 폭발적인 힘을 낼 수 있도록 하체 근육량을 늘리는 데 초점을 맞췄다. 육상 단거리 100m 선수들의 하체가 중요하듯 스켈레톤도 하체가 탄탄해야 한다. 먼저 강도 높은 웨이트 트레이닝으로 하체 근육부터 키웠다. 스피드에 유리한 속근을 단련하는 데 중점을 두었다. 윤성빈 선수가 2016년 기준으로 서전트 점프에서 107cm를 뛰어 대표팀 최고를 기록했다는 점은 이미 유명한 사실이다. 하지만 2009-2010년 시즌에 첫 우승을 차지 한 후, 2016-2017년 시즌까지 연속 8번 우승을 한 마르틴스 두쿠르스(라트비아) 선수의 벽은

출처: 과학기술정보통신부

[그림 6-2] 봅슬레이에 적용된 IoT 기술

높았다. 한국스포츠개발원 연구원들이 다양한 분석을 한 결과 윤성빈 선수의 신체 좌우의 힘의 균형이 맞지 않는다는 사실을 발견했다. 폭발적인 파워를 내려면 햄스트링(허벅지 뒷근육)의 힘이 100%일 때 대퇴사두근(허벅지 앞 근육)의 힘이 70%여야 하는데, 일반 선수들의 경우 이 비율이 100 대 50이 안 된다. 하지만 윤성빈 선수는 오른 다리의 경우 100 대 61이었는데, 왼 다리의 경우 이 비율이 100 대 42였다고 한다. 두 다리의 힘의 균형 차이가 너무 컸던 것이다. 왼쪽 넓적다리 앞쪽은 강한데 뒤쪽이 약했던 것인데, 이를 극복하기 위해 3개월간 이 비율을 맞추는 훈련을 진행했다. 훈련 결과 오른쪽 69%, 왼쪽 50%까지 힘을 끌어올렸다. 그 결과 2018 평창 동계 올림픽에서 윤성빈 선수는 금메달을 목에 걸 수 있었다(동아일보, 2018).

찰나는 기회의 순간인 동시에 놓침의 안타까움이 발생할 수 있는 시간이기도 하다. 때문에 천금과도 같이 소중한 찰나를 어떻게 받아들이고 활용하느냐는 선수들의 입장에서 매우 중요하다. 찰나를 위한 올림피언들의 기다림과 승부를 향한 노력은 올림픽에 참가하는 선수 모두의 공통점이다. '첨단 기술 기반 국가 대표 경기력 향상 사업'은 ICT 핵심 기술을 활용한 국가 대표 경기력 향상을 위해 마련되었으며, 영상 분석 데이터, 센서 데이터, 생체 데이터 등을 리빙랩을 통해 수집, 분석하여 선수 개인에게 최적화된 맞춤형 코칭 프로그램을 제공한다. 관계자에 따르면 국내 대표 선수들을 통해 만들어진 과학적 코칭 프로그램은 우수 선수 발굴 및 육성에 활용되고 있으며, 목표는 2021년 평창 동계 아시안 게임 스켈레톤과 봅슬레이 전 종목 석권, 2022년 북경 동계 올림픽 전 종목 메달 획득이라고 한다(조선일보, 2018).

2. 오심 극복, VAR

스포츠와 첨단 기술의 융합이 갈수록 다양해지고 있다. 선수의 기량을 끌어올리는 장비 또는 시스템이 결정적인 역할을 제공하는 '어시스턴트'였다면, 인공 지능(AI) 심판이나 로봇 지도자 등은 '플레이어'로 영역을 넓히고 있다.

국제축구연맹(FIFA)이 2018 FIFA 러시아 월드컵에서 VAR을 도입했다. 인판티노(Gianni Infantino) FIFA 회장은 "집에서 TV로 경기를 시청하는 팬들조차 잘못된 판정이 내려진 후 몇 초가 지나면 오심 여부를 알 수 있다. 그런데 정작 주심이 이를 모른다는 건 말이 되지 않는다."라며 VAR 도입의 이유를 밝혔다. VAR(Video Assistant Referee: 비디오 보조 심판)이란 비디오 판독 전담 부심이 모니터를 통해 영상을 보며 주심의 판정을 돕는 비디오 판독 시스템이다. 비디오 판독을 담당하는 전담 부심은 경기장에 설치된 12대 이상의 카메라를 통해 다양한 각도에서 경기 영상을 시청하며 주심의 경기 운영을 보조하게 된다. 비디오 판독은 경기장 안의 주심이 직접 신청하거나, 경기장 밖의 부심이 주심에게 VAR을 요청하여 이 요청이 주심으로부터 받아들여지는 경우에 실시할 수 있다. 또한, VAR은 득점, 페널티킥, 퇴장, 경고 선수 확인 등 경기 결과에 직접적인 영향을 주는 판정의 경우에만 사용할 수 있다. VAR이 처음으로 도입된 대회는 2016년 12월 일본에서 열린 2016 FIFA 클럽 월드컵이었다. 클럽 월드컵에서의 시범 운영을 시작으로 독일, 이탈리아 등 다양한 나라의 리그가 VAR을 도입했다. 우리나라에서는 2017년 7월 K리그 클래식(현 K리그1) 도입으로 시작되었다.

VAR 도입은 축구 역사에 있어 한 획을 그은 사건이라고 할 수 있다. 농구, 야구, 배구 등과 같은 다른 구기 종목 스포츠와 달리 그동안 과학 기술에 다소 보수적이었던 축구가 경기 운영에 과학 기술과의 접목은 흔치 않은 사례였기 때문이다. 과학 기술에 보수적 입장이던 축구계의 이러한 모험적인 변화는 VAR 도입에 관하여 뜨거운 찬반 논쟁을 낳기도 했다. VAR 도입에 찬성하는 입장 측에서는 '공정성'의 회복과 함께 오랜 축구 역사에서 심판의 오심이 승자와 패자를 뒤바꾼 경우가 꽤 빈번했다고 주장한다. 또한 VAR 도입을 찬성하는 입장에서는 VAR이 심판의 실수를 보완할 것이라고 주장한다. 인간이기 때문에 실수할 수밖에 없는 심판의 한계를 보완하기 위해서라도 VAR은 꼭 도입되어야 한다는 것이다.

반대로 VAR 도입을 반대하는 입장 측에서는 축구 경기 운영의 생명인 '흐름'을 중요시 한다. 흔히 '흐름'의 스포츠라고 하는 축구에서 VAR 판독을 위해 경기를 중간에 중단시킨다면 경기를 보는 사람들의 재미가 반감될 뿐만 아니라, 선수들의 플레이에도 영향이 있을 것이라고 주장한다. 비디오 판독을 위해 수차례 경기를 중단하는 것은 경기의 흐름을 주도하던 팀에게 불리하게 작용될 수 있다는 걱정 섞인 주장이다. 실제로 스페인 축구 국가 대표 팀의 훌렌 로페테기 감독은 "VAR을 사용한다는 것은 경기가 중지되고 다시 시작된다는 걸 의미한다. 그리고 이 자체가 경기의 리듬과 지속성에 영향을 미칠 것이다. 스페인은 볼을 오래 소유하는 것을 좋아한다. 우리는 이 새로운 상황에 대비할 필요가 있다."라며 걱정스러운 입장을 내비치기도 했다. VAR은 여전히 뜨거운 감자로 남아 있지만, FIFA는 앞으로 모든 대회에 VAR을 도입할 계획임을 내비쳤다. 경기 흐름의 보존보다는 스포츠 제1 가치인 '공정성' 회복에 더 중점을 두기로 한 것이다(오마이뉴스, 2018).

이러한 단점을 보완하고자 FIFA에서는 오프사이드 판정의 정확성과 신속성을 높이고자 기존의 VAR(비디오 보조 심판) 시스템에 인공 지능(AI) 기술을 접목하는 연구를 진행 중이라고 한다. 일반적으로 축구 경기에서 심판은 VAR 시스템을 사용해 선수의 오프사이드 여부를 판정하게 되는데, 혹시라도 이 판정마저 불확실한 경우 심판이 오프사이드 라인을 결정해야 한다. 이때 오프사이드 라인을 정하는 것조차도 논란이 될 수 있는데, 오프사이드인지 아닌지 최종 결정을 내리는 것도 인간 심판의 몫이다. 또한 이 방식은 시간이 많이 지체될 뿐만 아니라 경기의 흐름을 깰 수 있다는 단점 때문에 종종 비판의 대상이 되었다.

최근 미국 경제 전문지 『포브스(Forbes)』 등의 외신 보도에 따르면 FIFA는 2019년 12월 카타르에서 개최된 클럽 월드컵(Club World Cup)을 통해 VAR의 오프사이드 판독 능력 개선을 위해 개발 중인 AI 기반 반자동 VAR 시스템을 처음 테스트했다. 이날 테스트는 비공식적으로 이루어졌으며, 실제로 경기를 심판하는 데에는 기술이 사용되지 않았다.

이러한 AI 기반 시스템 도입은 다음과 같다. 먼저, 오프사이드 판정에 연관된 선수들을 파악하고 각 선수 신체의 15~20개 지점들, 특히 팔다리 위치를 먼저 식별하고 분석한다. 일반적으로 사용되는 광학 추적(optical tracking) 기술이 선수당 한 개의 지점만을 이용해 분석하는 것과 달리 새로운 시스템에 사용된 사지 추적(limb tracking) 기술은 기존의 광학 추적보다 훨씬 정확성을 높일 수 있다고 한다. AI가 분석을 시작하면 오프사이드 라인이 결정되면서 문제가 된 행위가 오프사이드인지 아닌지 여부를 AI가 결정하게 된다. 즉 시스템 알고리즘이 어떤 순간이든 수집된 데이터를 바탕으로 각 선수의 신체의 어느 부분이 골라인에 가장 가까이 있었는지 등을 알아내 정확한 오프사이드 라인을 형성할 수 있게 된다.

FIFA의 요하네스 홀즈뮐러(Johannes Holzmüller) 축구 기술 혁신 담당 이사는 카타르에서 실시된 첫 테스트 결과에 대해 매우 고무적이라고 평가했다. 또 AI 기술이 앞으로 VAR로 오프사이드 판정 시에 시간을 단축하고 정확성을 높이는 데 도움이 될 수 있다고 전했다. 이제 다음 단계에서는 해당 시스템이 실제 축구 경기에서 사용 가능한 수준이 될 때까지 지속적으로 테스트하고 관련 기술을 향상시켜야 할 것이다. FIFA는 2020년 상반기부터 다른 IT 기업들과도 접촉하고 기술에 대한 다양한 접근법으로 오프라인 테스트 및 단계적인 시나리오와 시뮬레이션 등을 통해 알고리즘을 지속적으로 훈련시킬 계획이라고 한다. 또한 연구 기관 등에서 선수들의 사지 추적 기술에 대한 테스트도 이루어질 예정이다. 현재 이 AI 기반 반자동 오프사이드 시스템은 개발 초기 단계에 있는 상황에서 실제 경기에서 상용화되기까지는 아직 시간이 필요해 보인다. 앞에서 설명한 VAR 시스템과 골라인 기술(축구에서 공이 골라인을 넘어갔는지를 정확히 판독하는 기술) 등을 개발하는 데에만 약 2년이 걸렸기 때문이다. 그러나 그동안 수많은 축구 팬들 사이에서 기존 VAR 시스템의 오프사이드 판정을 둘러싸고 시간이 지연되는 이유로 인해 원성이 높았던 만큼, AI 기술이 향후 원활한 경기 운영에 기여할 것이라는 데에는 긍정적이다(AI타임스, 2020).

인공 지능(AI) 심판이나 로봇 지도자는 올림픽에서의 적용으로도 확대되고 있다. 1936년 베를린 올림픽 당시 펜싱에 전자 채점 장비가 처음 도입됐다. 이를 시작으로 테니스의 호크아이, 태권도의 전자 호구 시스템, 축구의 VAR(비디오 판독 시스템) 등 오심을 막기 위한 장비들이 속속 등장하고 있다. 그리고 마침내 AI가 인간 고유의 담당이라고 할 수 있는 심판 판정의 영역에 모습을 드러냈다. 지난해 11월 국제체조연맹(FIG)과 일본 정보 통신 기술(ICT) 기업 후지쓰는 2년여에 걸쳐 개발한 AI 기반의 기계 체조 판정 시스템을 선보였다. AI 심판은 2019년을 시작으로 본격화되어 2021년 도쿄 올림픽에서도 시행이 유력하다. 체조에서의 AI 판정 시스템은 2개의 3D 레이저 센서가 초당 200만 회의 레이저를 쏴 선수의 움직임을 기록한 뒤, 이를 데이터베이스 자료와 비교해 기술의 성공 여부와 가점, 감점을 판단하는 방식이다. AI 심판 도입으로 선수들은 더 완벽한 기술을 구현해야 하고, 실수 없는 연기를 펼쳐야 하는 압박을 받을 수밖에 없다고 전해지고 있다. 시스템을 개발한 후지쓰는 AI가 기계 체조 선수 1,300여 명의 연기를 머신 러닝을 통해 학습하도록 했으며, 이 과정에서 AI는 선수들의 눈속임 동작도 대부분 잡아 낼 만큼 정교해졌다고 한다. 또한 FIG는 점수 계량화와 정교한 채점에 필요한 알고리즘 형성을 위해 2017년 세계선수권대회에서부터 선수들의 동작을 정밀하게 분석한 데이터를 모았다(한겨레, 2018). 와타나베 모리나리(일본) FIG 회장은 "2년 전 후지쓰 측과 만났을 때 로봇이 도쿄 올림픽에서 심판을 볼 것이라는 농담으로 시작한 사업"이라면서 "AI가 판정의 공정성을 획기적으로 높일 것"이라고 말했다. 최근 올림픽, 월드컵과 같은 메가 스포츠 이벤트에서는 로봇이 경기장 안팎에서 관객 안내, 치안 등의 업무를 수행했었는데, 앞으로는 심판 업무까지 맡게 될 것으로 보인다.

출처: 국제체조연맹(FIG) 홈페이지 캡처(www.fujitsu.com)

[그림 6-3] 일본의 후지쓰가 개발 중인 인공 지능(AI) 기반
체조 채점 시스템의 모니터 화면 1

출처: 국제체조연맹(FIG) 홈페이지 캡처(www.fujitsu.com)

[그림 6-4] 일본의 후지쓰가 개발 중인 인공 지능(AI) 기반 체조 채점 시스템의 모니터 화면 2

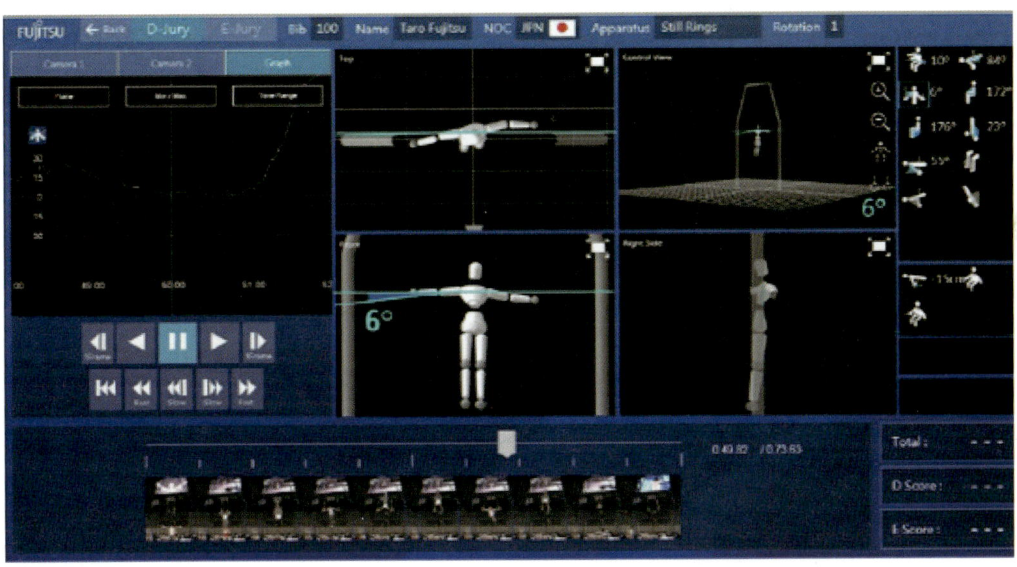

출처: 국제체조연맹(FIG) 홈페이지 캡처(www.fujitsu.com)

[그림 6-5] 일본의 후지쓰가 개발 중인 인공 지능(AI) 기반 체조 채점 시스템의 모니터 화면 3

3. 5G 커넥티드(5G Connected)

한국은 지난 2018년 평창 올림픽에서 5G 시범 서비스를 선보이며 성공적인 5G 선도 국가 이미지를 구축하였다. 성화 봉송 당시 5G 네트워크로 작동하는 드론에 성화봉을 장착해 성화를 이동시키고, 개막식에서 1,218대의 드론으로 올림픽 오륜기를 만들어 전 세계를 놀라게 했다(조선비즈, 2020).

'글로벌 메가 스포츠 이벤트'라고 할 수 있는 올림픽은 세계 여러 기업들의 첨단 ICT가 소개되고, 온오프라인을 통해 개최국은 물론 참가국 선수들이 새로운 ICT 서비스를 이용하는 '테스트베드(test bed)'로 활용되기도 한다. 글로벌 기업들은 ICT 시장의 선점과 브랜드 이미지를 높이기 위해 막대한 돈을 투자해 올림픽 공식 파트너로 참가한다. 또 실제로 이 투자를 기반으로 새로운 비즈니스 모델을 만들기도 한다. 중국 알리바바그룹은 국제올림픽위원회(IOC)의 파트너로 참가해 향후 10년 동안 올림픽 관련 전자 상거래 및 클라우드 서비스를 지원한다고 발표했다. 이는 세계 클라우드 서비스 시장을 차지하기 위한 포석으로, 알리바바는 올림픽에서 상당한 양의 빅 데이터를 축적하는 기회를 잡게 되었다.

인텔도 마찬가지다. IOC와 손잡고 2024년 올림픽까지 5G 통신과 가상 현실, 인공 지능, 드론 등의 기술을 올림픽 개폐막식과 경기 생중계에 적용하기로 계약했다. 이 과정에서 인텔은 각종 UX(사용자 경험) 및 인터랙션(interaction) 서비스 관련 데이터를 확보할 수 있게 됐다. 인텔은 2021년 도쿄 올림픽과 2022년 베이징 동계 올림픽, 2024년 파리 올림픽을 위한 5G 기반의 VR, 3D, 360도 콘텐츠 개발 플랫폼을 개발하고 있다. 새로운 경험을 창출하기 위해 VR 테마파크 '소리얼(SoReal)'로 잘 알려진 '스카이 리미트 엔터테인먼트'와 손을 잡았다고 한다. 인텔과 소리얼은 인텔 코어(Core) 및 제온(Xeon) 프로세서와 그 외 인텔 제품을 기반으로 5G 기술을 더한 VR 및 AR 콘텐츠 솔루션을 개발, 더욱 몰입감 있는 올림픽 경험을 제공할 계획이다.

2002년부터 올림픽 공식 파트너로 활동 중인 GE의 경우 올림픽 사상 처음으로 '에너지 모니터링 시스템(EMS)'을 활용해 행사 기간 전력 공급의 전 과정을 실시간 확인 · 분석하고 있다. 분석된 데이터는 2021년 도쿄 하계 올림픽, 2022년 베이징 동계 올림픽의 효율적인 운용에 활용될 예정이다(디지털타임스, 2018).

5G 커넥티드는 올림픽뿐만 아니라 월드컵에서도 영향력을 나타내고 있다. KT는 2017년 개막한 국제축구연맹(FIFA) '20세 이하(U-20) 월드컵 코리아 2017'의 공식 후원사로 참여하였다. 경기 수원, 전북 전주 등 6개 도시에서 열렸던 U-20 월드컵에서 KT는 IT 분야의 내셔널 서포터(National Supporter) 자격으로 5G 기반의 다양한 기술을 선보였다(헤드라인뉴스, 2017).

5G는 지금까지의 무선 기술에서 한발 더 앞서 나간 것으로 앞으로 스포츠를 포함하여 모든 분야에 영향을 미칠 것으로 예상된다. 특히 빅 데이터, 가상 현실(AR/VR), 인공 지능(AI), 사물 인터넷(IoT), 웨어러블 기술 등은 모든 스포츠 분야에서 디지털과 물리적 결합의 속도를 촉진시키게 될 것이다. 이러한 ICT의 발전은 사물 간 네트워크 연결 기술과 끊이지 않는 안전성이 핵심 조건이다. 국가 간 경쟁이 이루어지는 메가 스포츠 이벤트에서 선보이는 새로운 기술은 글로벌 선점을 위한 중요한 기술로 작용하게 될 것이다.

4. 메달 색깔을 바꾸는 VR 훈련

VR 훈련으로 메달의 색깔을 바꾼 대표적인 사례로 2018 평창 동계 올림픽에서 금메달을 획득한 미국 알파인 스키 대표 팀을 꼽을 수 있다. 미국 대표 팀은 지난 2016년부터 2018년 평창 동계 올림픽을 위해 VR을 활용한 훈련을 준비했다. 2년 전, 강원도 정선에서 열린 스키 월드컵에 참여해 360도 카메라를 부착한 헬멧을 착용하고 정선 알파인 코스를 꼼꼼히 촬영했다. 그리고 선수들은 올림픽이 열리기 몇 달 전부터 정선의 알파인 코스를 그대로 재현한 영상으로 주 1회 이상 VR 훈련을 진행했다. VR 디바이스를 착용하고 스키 역할을 하는 나무판 위에 올라 코스를 익숙하게 하는 훈련 방식이었다. 미국 대표팀 관계자는 "선수들의 경기력을 향상시키는 데 VR 훈련이 적지 않은 도움이 됐다."라면서 "실제 훈련과 똑같다고 할 수는 없지만 새로운 코스를 미리 경험하고 익숙해지는 데 큰 도움이 됐다."라고 강조했다. 미국 스키와 스노보드 팀도 정선 알파인 경기장을

출처: 과학기술정보 통신부

[그림 6-6] 2018 평창 동계 올림픽에서 사용된 VR 시뮬레이션

VR로 그대로 구현하여 올림픽 훈련에 이용해 스노보드, 알파인, 프리스타일 등 3개 종목에서만 4개의 금메달을 획득하는 큰 성과를 낼 수 있었다.

해외 국가들만 이러한 훈련을 실시하는 것은 아니다. 우리나라 루지 국가 대표 선수들도 VR 시뮬레이션을 활용한 훈련에 매진했다고 한다. 실제 루지 썰매를 시뮬레이터 위에 올리고, 실전처럼 발과 손으로 조종하는데, 트랙을 달리면 실제 타는 것처럼 흔들림도 있고 기울어지기도 한다. 여기에 얼음 표면과 썰매 사이의 마찰 소리까지 재현하여 실제 경기를 하는 것과 같은 효과를 내었다. 이 루지 시뮬레이터는 강원 평창 알펜시아 슬라이딩 센터를 360도 입체 화면에 구현해 실제 트랙을 달리는 가상 경험을 할 수 있게 했다. 이 시뮬레이터를 만들기 위해 썰매 밑에 센서를 부착해 주행 중 각종 정보를 수집한 후, 헬멧에 카메라를 달아 트랙을 촬영했다. 이 밖에도 스키, 스노보드, 봅슬레이, 루지 등에서도 VR을 통한 시뮬레이션을 선수들의 훈련에 적용해 계절, 시간, 장소에 구애받지 않고 실전 감각을 유지할 수 있게 도움을 주었다.

2018년 평창 동계 올림픽에서 금메달보다 값진 은메달로 우리에게 감동을 안긴 스피드 스케이팅 500m 종목에서도 초당 약 120장까지 찍을 수 있는 초고속 촬영이 동원되었다. 출발이 반이라 할 정도로 빠른 스피드가 요구되고, 30초 만에 경기가 끝나는 500m 종목은 총성이 울림과 동시에 출발해 최고의 가속도를 올려야 한다. 스타트 기술은 육안으로 향상 요소를 찾는 데 한계가 있어 지금까지는 선수나 지도자의 경험에 의존해야 했다. 하지만 이제는 고속 촬영을 통해 스타트 동작에 있어 불필요한 동작을 찾아내고, 이런 잘못된 동작이 몸에 배지 않게 미리미리 바꿀 수 있게 되었다(파이낸셜뉴스,

2018).

VR 훈련의 사용은 조만간 스포츠 전 분야의 오프라인 경험을 혁신적인 온라인 경험으로 전환시키게 될 것이다. 특히, 2018 평창 동계 올림픽에서 시도됐던 VR, AR 기반의 서비스가 코로나19로 인한 팬데믹 시대에 선수들의 훈련과 감각 익히기에 크나큰 기여를 하고 있다.

연구 문제

1. VAR과 같은 인공 지능 심판 도입의 장단점이 무엇인지 생각해 보고, 이것이 앞으로 스포츠 경기에 어떠한 영향을 미치게 될지 의견을 나누어 보시오.

2. 스포츠에서 기술이 수용 가능하다고 생각되면 올림픽과 월드컵에서 운동 선수가 사용할 수 있는 장비의 양이나 유형에 구체적인 규정이 있어야 하고, 만약 없어도 된다면 왜 그런지에 대해 설명하시오.

3. 스포츠 기술 장비의 발전과 사용은 앞으로 메가 스포츠 이벤트를 어떻게 바꾸게 될 것이며, 발전하는 메가 스포츠에는 어떠한 종류가 추가될지 생각해 보시오

Chapter 07

스포츠 퍼포먼스와 첨단 기술의 만남, 스포츠 테크

스포츠 퍼포먼스와 첨단 기술의 만남인 스포츠 테크 산업이 눈부시게 성장하고 있다. 경기 분석이나 선수 관리 등 다양한 스포츠 테크 관련 소식도 꾸준히 나오고 있다. 아울러 곳곳에서 엘리트 선수 양성 및 대표 팀과 연계한 스포츠 산업 기술을 접할 기회를 만날 수 있게 되었다. 이에 이번 장에서는 앞으로 어떠한 신기술이 스포츠 퍼포먼스와 융합이 될지와 앞으로의 확장 가능성에 대해 생각해 보고자 한다.

스포츠와 기술을 결합한 말인 '스포츠 테크(Sport Tech)'는 사물 인터넷(IoT)과 인공지능(AI) 등의 첨단 기술을 스포츠에 접목한 것이다. 현재 급부상 중인 스포츠 테크 산업에서 최신 기술을 활용한 엘리트 스포츠 프로그램과 선수들의 훈련 향상에 도움을 주는 기술들이 주목받고 있다. 국내에서는 2019년 4월 6일, 광명 스피돔에서 국민체육진흥공단 경륜경정총괄본부 주최로 '2019 KSPO 인도어 사이클링 대회'가 열렸는데, 인도어 사이클링은 실내에서 자전거 경주를 펼치지만 실제로 자전거를 타는 것처럼 시속 및 RPM 등의 데이터가 나와 승부를 겨루는 새로운 스포츠 테크의 예를 보여 주었다(시선뉴스, 2019).

2021년 도쿄 올림픽이 개최될 예정인 일본에서는 운동 선수들을 위한 획기적인 스포츠 테크 제품들이 활발하게 출시되고 있다. 일본 스포츠청에 따르면 지난 2012년 5조 5000억엔(약 60조 787억원) 규모의 일본 스포츠 산업 시장 규모는 스포츠 테크의 발전으로 원래 예정이었던 2020년 10조 9000억엔까지 확대될 것이란 예측이었다. 스포츠 테크 중에서는 특히 가속 센서와 지자기 센서, 속도 센서 등을 내장한 야구공이 주목받고 있다. 야구공을 던지면 스마트폰에 투구 데이터가 전송되어 전용 서버에서 투구 데이터 분석이 가능하다. 드론을 이용해 축구 선수의 훈련 모습을 머리 위에서 촬영하고, 야구 투수가 던진 커브 볼의 회전 속도와 회전축을 분석해 선수들의 수면과 건강 상태 등을 관리하는 앱이 개발되기도 해 많은 관심을 모았다.

스포츠가 하나의 거대한 산업으로 자리함에 따라, 이 분야에서의 ICT에 대한 필요와 관심이 지속적으로 높아지고 있다. 최근 들어서는 소셜 미디어(SNS)를 활용하는 수준을 넘어 경기력 향상과 차별화된 제품, 서비스 제공 등 본격적으로 ICT에 관심을 보이고 있다. 전 산업 분야에 걸쳐 불고 있는 디지털 전환의 바람이 스포츠 분야에도 도달한 것이다. 이들 스포츠 산업에서 궁극적으로 바라는 것은 결국 ICT를 통한 선수들의 훈련과 비용의 효율성 및 수익 창출이다.

특히, 프로 스포츠는 글로벌 엔터테인먼트 산업 가운데 가장 수익성이 좋은 분야 중 하나로, ICT 도입과 활용에 적극적인 움직임을 보이고 있다. 글로벌 컨설팅 업체 PwC에 따르면, 글로벌 프로 스포츠 시장은 2018년 기준으로 1450억 달러(한화 약 165조 원) 규모로 성장했다. 이 가운데 NFL(미식축구), MLB(메이저리그, 야구), NBA(농구), NHL(아이스하키) 등 북미 4대 프로 스포츠 및 EPL(프리미어리그, 영국), 분데스리가(독일), LFP(프리메라리가, 스페인), 세리에아(이탈리아), 리그앙(프랑스) 등 유럽 프로 축구가 가장 높은 수익을 올린 것으로 조사됐다(IT 데일리, 2016).

이렇듯 고수익을 올리고 있는 프로 스포츠 관련 조직들이 최근 들어 효율성 제고의 문제에 직면하고 있다고 한다. 글로벌 시장 조사 기관 '가트너'가 2015년에 내놓은 보고서에 따르면, 글로벌 경제 위기 및 UEFA(유럽축구연맹)의 FFP(재정적 페어플레이) 규정과 같은 리그의 금융 정책은 스포츠 팀들로 하여금 경비 절감과 함께 핵심 프로세스에 대한 효율적인 관리를 고려하게 만들었다. 경기장 자동화 및 테러 대비 보안 강화도 세계적인 추세가 되고 있으며, 나아가 디지털화의 가치를 깨달은 프로 스포츠 조직들부터 그들의 퍼포먼스와 비즈니스를 향상시키기 위해 ICT에 눈을 돌리고 있는 것이다.

이번 장에서는 이외에도 어떠한 신기술들이 스포츠 산업과 연관이 있는지 더 자세히 살펴보고자 한다.

1. 거대 시장을 형성한 스포츠 산업과 신생 데이터 회사

현재, 스포츠 테크는 프로 스포츠에서 활발하게 영역을 넓혀 가고 있다. 마이크로소프트(Microsoft)의 선임 관리자인 제프 앨거(Jeff Alger)는 주 차원의 축구팀을 지도하고

출처: https///www.seattlesportsciences.com/cisa

[그림 7-1] 시애틀 스포츠 사이언스(Seattle Sport Sciences)

선수를 육성하는 데 있어 과학이 거의 없다는 것을 깨달았다. 앨거는 "선수의 상태를 측정할 수 있는 객관적인 방법이 없었으며, 앞으로도 측정할 수 없다면 아무 것도 발전할 수 없다."라고 말하며, 인공 지능을 사용하여 선수들의 운동 재능과 훈련을 평가하는 회사를 세웠다. 그의 회사 '시애틀 스포츠 사이언스(Seattle Sport Sciences)'는 패턴 인식의 머신 러닝 기능을 사용하여 코칭을 혁신하고, 모든 종류의 팀이 고급 분석 기능을 사용할 수 있도록 하는, 아직 얼마 안 되는 스타트업 회사 중 하나이다.

시애틀 스포츠 사이언스는 프로 스포츠 클럽과 조직에, 이제 개별 플레이어의 기술을 측정하는 기술을 통합하여 제공한다. 클럽은 훈련에 'ISOTechne Skill Analytics'를 도입함으로써 생리학적 측면 및 게임 후 성능 분석으로 제한되는 기존의 비디오와 GPS 기술을 뛰어넘어 리그에서 최고의 자리를 차지하거나 유지할 수 있게 되었다. 교육 프로그램은 '2Victa® 교육 시스템'과 함께 'ISOTechne 플랫폼'을 채택함으로써 객관적인 데이

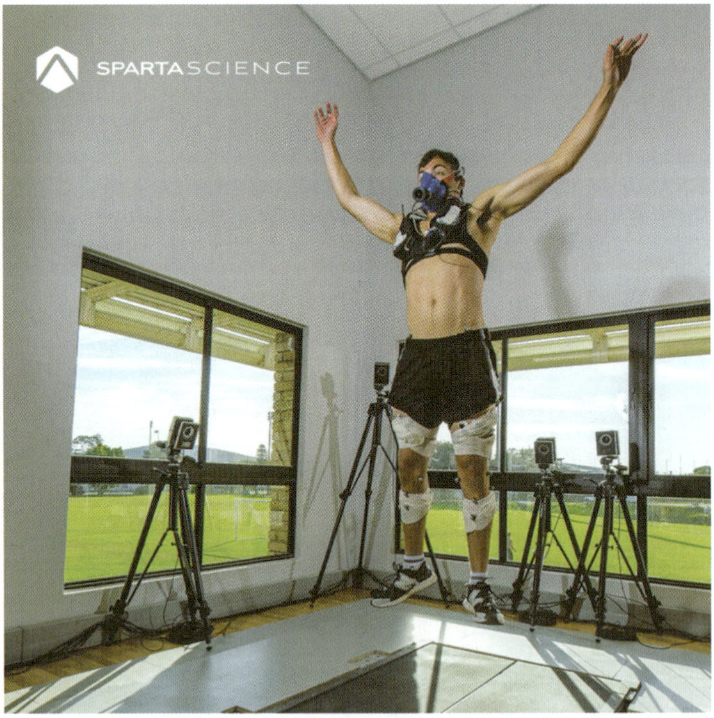

출처: https://spartascience.com/webinars/assumptions-in-sports-science-medicine-the-misleading-facts-infiltrating-your-organization-2]

[그림 7-2] 스파르타 사이언스(Sparta Science) 공식 홈페이지

터 수집과 선수 및 팀의 측정 가능한 개발을 보장할 수도 있다고 한다. 이러한 스포츠 테크 트렌드는 스포츠 의학도 변화시키고 있다. 그리고 필연적으로 스포츠 베팅의 가능성을 변경했다. 시애틀 스포츠 사이언스 인공 지능 시스템의 설계자 존 밀턴(John Milton)은 스페인 축구 팀 '말라가(Málaga)'와 함께 활약하며 4K 초고속에서 약 20대의 동기화된 카메라로 경기장에서 일어난 모든 것을 포착했다. 밀턴의 시스템 'ISOtechne' 선수의 기술과 일관성, 그리고 팀의 방어 구조뿐만 아니라 수비를 통과하는 것까지 평가한다. 심지어 스핀 축과 볼의 회전 속도도 추적 가능하다. 또한 축구 아카데미는 재능 있는 선수를 훈련시킨 다음, 다른 프로 팀에 소개해 주기도 한다. 선수의 능력을 객관적으로 측정하지 않으면 선수에게 가치를 부여하는 것이 어렵기 때문이다.

일부 시스템은 부상을 감지하고 예측할 수도 있다. '스파르타 사이언스(Sparta Science)'의 최고 경영자이자 설립자인 필 바그너(Phil Wagner) 박사는 실리콘 밸리의 창고에 육상 트랙을 가지고 있으며, 선수의 신체 상태를 평가하기 위한 장비를 설치했다. 이 회사는 기계 학습을 사용하여 힘과 균형을 측정하는 지상의 전자판에서 데이터를 수집한다. 이 시스템은 초당 3,000개의 데이터 포인트를 수집하고 테스트(점핑 또는 밸런싱 측정)도 약 20초 밖에 안 걸린다고 한다. 바그너 박사는 "선수들은 부상이 있거나 부상이 있을 수 있음을 인식하지 못하고 있다."라고 말한다. 이곳에서는 위험을 파악한 다음 그 위험을 줄이기 위한 최상의 권장 사항을 제공하고 있다.

또한 스파르타 사이언스는 움직임 진단 소프트웨어 응용 분야의 리더로 인정받고 있다. AI 및 기계 학습을 사용하여 간단한 90초 스캔으로 이동 방법을 식별하여 준비된 증거 기반의 운동 계획을 제공하기도 한다. 또한 부상 위험을 최소화하며 신체 활동에 대한 효율적인 재활을 가속화시키는 데 도움을 준다. 피츠버그 스틸러스(Pittsburgh Steelers), 디트로이트 라이온스(Detroit Lions) 그리고 워싱턴 레드스킨스(Washington Redskins) 등의 구단에서 이 시스템을 정기적으로 사용한다. 스파르타 사이언스는 내셔널 풋볼 리그의 연례 스카우트 조합에서 대학 선수를 평가하는 데 사용되기도 한다.

물론 머신 러닝의 예측력이 스포츠 산업의 또 다른 끝인 베팅에 적용되는 것은 불가피하다. 몬트리올에 본사를 둔 회사인 'Sportlogiq'는 주로 하키와 축구, 라크로스 선수와 팀을 분석하기 위해 방송 영상에 의존하는 시스템을 가지고 있다. 이 회사의 최고 기술

책임자이자 공동 창립자 중 한 명인 Mehrsan Javan에 따르면 지난 4명의 스탠리컵 챔피언을 포함한 내셔널 하키 리그 팀의 대다수가 Sportlogiq의 시스템을 사용하여 선수를 평가했다. 오하이오 프로 하키 프랜차이즈 콜럼버스 블루 자켓의 조쉬 플린(Josh Flynn) 부사장은 이 팀이 Sportlogiq을 사용하여 선수와 전략을 분석했음을 인정했다. 이 모든 스포츠 중심 기술의 핵심이 데이터에 집중되고 있다.

로봇 스타트업인 JockLab은 설립된 지 1년이 조금 넘었지만 이미 여러 번 상을 수상하고 미국 전역의 주요 대학과 파트너십을 확보하고 있다. Gustavus Adolphus College의 학생들이 만든 JockLab은 로봇의 도움으로 운동 훈련을 강화하는 것을 목표로 한다. 이 회사의 주력 제품은 인간 선수가 골을 득점하는 것을 막기 위해 농구 코트에서 디펜스를 대신 해 주는 로봇이다. 2020년 7월 JockLab은 Twin Cities의 가장 인기 있는 기술 이벤트 중 하나인 BETA Showcase에서 1위를 차지했을 정도로 실력 있는 스타트업 회사이다. 설립자 겸 CEO 넬슨(Alijah Nelson)은 "우리는 하드웨어 신생 기업이고, 미네소타에는 우리와 같은 회사가 많지 않다. 대부분 SaaS(Software as a Service)이기 때문에 하드웨어를 도와줄 사람을 찾는 데 어려움이 있었다."라고 말했다. 이러한 이유로 JockLab은 문제 해결을 위해 대학 파트너십의 형태로 진행했다. JockLab 팀은 D-Up이라는 농구 봇의 프로토타입(protptype) 디자인 4개를 만들었으며, 가장 최근에는 Mankato의 Minnesota State University와 협력했다. JockLab은 University of St. Thomas의 도움으로 제품을 계속 개발하고 있다. 현재 로봇 공학 및 엔지니어링 전문가와 협력하는 것 외에도 JockLab은 최종 제품을 사용할 프로 선수들과 긴밀하게 협력하고 있다. 넬슨은 회사가 이미 소셜 미디어 채널을 통해 잠재 고객으로부터 관심을 받고 있다고 전했다. JockLab은 회사에서 비디오를 올리면 많은 코치들이 관심을 보이고 있으며, 처음에는 제품에 대한 트레이너, 코치 및 팀을 대상으로 할 계획이라고 덧붙였다. 이 회사는 해당 지역에 하드웨어 스타트업이 부족함에도 불구하고 미네소타에서 D-Up을 계속 개발하기 위해 연말에 크라우드 펀딩 캠페인을 시작할 계획도 갖고 있다.

VR 교육 및 인지 개발 도구를 사용하는 영국 맨체스터 지역의 Rezzil을 사용하면 축구 선수가 부상에서 회복하는 동안 이미지 트레이닝을 통해 민첩성과 감각을 유지할 수 있다. Rezzil은 선수의 반응 시간과 게임으로 여러 훈련 시나리오를 통해 이미지를 지속적으로 인식할 수 있으며, 다양한 단계의 플레이어를 모니터링하고 추적할 수 있게 설계되어 있다.

런던에서 시작한 'Sportable'은 럭비를 위한 스타트업 회사이다. 럭비공 속의 칩, 운동복 셔츠 어깨의 힘 측정 센서 및 선수 추적 데이터를 통합함으로써 경기장에서 선수의 행동에 대한 완전한 통계를 생성하여 팀 성과 분석가와 미디어 팀에게 관련 정보를 제공한다.

마지막으로 NBA 스타 Kristaps Porzingis와 은퇴한 축구 선수 Jordi Cruyff를 비롯한 투자자의 지원을 받는 'Zone7'은 AI를 사용하여 부상 위험과 선수 개인의 성과로 이어지는 데이터 패턴을 찾는 스타트업 회사이다. 데이터 패턴을 파악하여 부상을 예방하고 가용성을 높이며 성과를 개선할 수 있다는 장점을 갖고 있다. 또한 스트레스 부하를 과거 데이터와 비교하여 코치가 선수의 부상 위험을 최소화하는 개별 훈련 계획을 개발할 수 있도록 한다. 현재 고객으로 Serie A, MLS(Major League Soccer) 및 MLB의 전문 팀이 있으며, 장기적으로는 프로 선수가 아닌 일반인들의 여가 스포츠로의 확대라는 목표를 가지고 있다.

2. 글로벌 소프트웨어 기업들의 스포츠 산업

글로벌 소프트웨어 관련 기업들도 스포츠 산업 분야의 시장성과 앞으로의 성장 가능성을 인지하고 본격적인 행보를 보이고 있다. 독일 소프트웨어 전문 기업인 SAP는 전통적인 B2B 소프트웨어 선두 주자 가운데 가장 적극적으로 시장을 공략하고 있는 기업 중 하나로 인정받고 있다. 'SAP 매치 인사이트(match insight)'는 'SAP HANA' 플랫폼을 기반으로 방대한 양의 데이터를 실시간으로 처리하여 경기를 분석하고, 경기의 핵심 상황을 파악해 다음 경기를 보다 효율적으로 대비하기 위해 영상 자료를 활용한다. 이러한 'SAP 매치 인사이트'의 성과는 이후 추가적인 개발을 거쳐 지난해 'SAP 스포츠 원(SAP

Sports One)' 솔루션 출시로 이어졌다. 이것은 선수와 코치들의 경기력 향상을 목적으로 만든 첫 스포츠 전용 클라우드 솔루션이라 할 수 있는데, 개별 선수들과 팀 전반의 관리 및 분석을 돕는 단일 통합 플랫폼을 제공했다. 여기에는 'SAP 매치 인사이트'의 기능들과, 지난 월드컵 기간 동안 독일 축구 대표 팀의 보다 신속하고 효율적인 의사소통에 사용됐던 SAP 모바일 앱(Application) 시제품의 기능들도 포함되어 있다. 이를 통해 팀 운영에서부터 훈련, 선수 관리 및 스카우트까지 다양한 영역을 하나의 솔루션으로 해결할 수 있게 해 준다. 더 나아가 최근에는 '유로 2016'을 맞아 페널티킥 분석을 위한 'SAP 페널티 인사이트 기능(SAP Penalty Insights Function)', 상대팀을 보다 면밀히 분석할 수 있는 'SAP 챌린저 인사이트(SAP Challenger Insights)' 등도 새롭게 선보이면서 계속 발전시켜 나가고 있다(아이티데일리, 2016).

다른 여러 산업 분야에서처럼 오라클(Oracle)의 소프트웨어 기술도 스포츠 분야 시스템에 활용되고 있다. FIFA는 '오라클 엑사데이타 DB 머신(Oracle Exadata Database Machine)'과 '오라클 DB 12c(Oracle Database 12c)'를 기반으로 EWS(조기 경보 시스템) 'GmbH'를 마련했다. EWS 'GmbH'는 점차 증가하고 있는 스포츠 베팅 산업이 축구에 끼치는 국제적인 악영향을 최소화하는 목적으로 2006년 구축됐으며, 바로 그해 2006 독일 월드컵에서 그 효과를 입증했다. 그리고 이듬해부터 불법적 베팅 산업 분야에 대해 독립적으로 운영되는 비영리 기구로 공식 출범되었다. 이 과정에서 오라클 DB는 전 세계 유력 베팅 업체들과 모든 FIFA 경기 정보 소스들을 동기화하는 데 걸리는 시간을 줄여 주었다. 또한 '오라클 데이터 인티그레이터(Oracle Data Integrator, ODI)'는 스포츠 베팅 데이터를 로드하고 처리하며 대시 보드로 전송하는 데 걸리는 시간을 기존 8분에서 90초까지 단축시켰다. 또한 연간 진행되는 수천 개의 축구 시합들에 대해 국경에 관계없는 분석 범위와 데이터 통합을 제공, 스포츠 베팅과 관련한 빅 데이터의 실시간 모니터링과 분석을 기반으로 축구 경기와 다른 스포츠 경기 간 베팅 확률의 차이를 규명하는 것을 돕고 있다.

NBC 스포츠 그룹은 '오라클 소셜 마케팅 클라우드(Oracle Social Marketing Cloud)'를 도입, '2012년 런던 올림픽' 방송에서 2억 1700만 명의 TV 시청자 수와 1억 5930만 개의 온라인 스트리밍 영상을 기록한 바 있다. 이는 미국 역사상 가장 높은 시청률로,

2008년 베이징 올림픽 방송과 비교해 볼 때 12% 증가한 수치였다. 올림픽 기간 동안 소셜 미디어상에는 2012년 아카데미 시상식, 슈퍼볼 및 2011년 월드 시리즈의 일곱 경기 때보다도 많은 8300만 개의 관련 영상 콘텐츠가 생성됐다.

아울러 야구 방송 기업인 'MLB 네트워크'는 디지털 콘텐츠 스토리지 관리 시스템인 '오라클 DIV 아카이브 스위트(Oracle DIV Archive Suite)'를 도입해 프로그램 스케줄 관리 향상을 이루었다. 아카이브에서 야구 관련 콘텐츠들을 이전, 접근, 보존하는 성능을 향상시키고, 스케줄을 프로그래밍하는 시간을 16시간으로 단축시켰다. 총 53만 5,500시간의 야구 경기 관련 콘텐츠를 보관하고 있는 비디오 라이브러리를 구축하고 하루에 총 600시간에 이르는 생방송 비디오 콘텐츠를 불러오는데, 연간 7PB(페타바이트)만큼의 정보를 자유롭게 이동시키면서 활용할 수 있게 되었다.

이밖에도 여러 글로벌 IT 기업들의 소프트웨어 기술이 스포츠 분야에서 활용되고 있다. 최근 애리조나주립대학교는 대학 스포츠 경기에서 적극적인 응원을 펼치는 관중 구역에 선물을 증정하는 이벤트를 마련하고, 경기장 곳곳의 소리 센서에서 수집된 소음 정보를 IBM 클라우드에서 저장, 분석하기 위한 실시간 통합을 구현한 바 있다. 인지 컴퓨팅 'IBM 왓슨(IBM Watson)'과 '테라 데이타의 DW(Data Warehouse) 기술' 또한 북미 스포츠 시장에서 데이터 분석에 활용되고 있는 것으로 알려졌다(아이티데일리, 2016). 앞으로 많은 글로벌 소프트웨어 회사들과 스포츠 산업의 융합 발전이 기대된다.

4차 산업 혁명은 빅 데이터, 인공 지능, 사물 인터넷, 모바일, 클라우드 서비스 등 정보 통신 기술(ICT)에 힘입어 다양한 센서와 복잡한 데이터를 융복합하고 '초연결', '초지능'의 사회로 접어드는 패러다임의 큰 변화를 만들고 있다. 스포츠 분야도 이러한 제4차 산업 혁명의 커다란 흐름 속에 인공 지능 로봇을 이용해 선수와 코치 등 인간의 능력을 대체 또는 증대시키는 새로운 변화의 시대에 진입했다고 볼 수 있다. 즉 천재 과학자 앨런 튜닝의 예견처럼 인공 지능의 정확함(Accuracy)과 인간의 감수성(Sensibility)이 조화를 이루는 미래의 스포츠(Sports of Future)는 이미 우리가 느낄 수 있을 만큼 빠르게 다가오고 있다(스위트케이, 2017).

사례 연구. 인간과 로봇의 스포츠 빅 매치

"언젠가는 기계가 직접 체스를 둘 수 있을 거예요."

영국의 천재 과학자 앨런 튜링은 이미 60년 전 인공 지능 시대를 예견했다고 한다. 1950년 발표한 앨런의 논문에서는 '사람의 지능을 모방해 스스로 학습하는 기계'를 상상했다고 보고되었다. 이것이 바로 오늘날의 인공 지능 로봇으로 현실화되었다. 특히 최근 다양한 인공 지능의 기능이 탑재된 '스포츠 로봇'들이 탄생하며 오랫동안 훈련된 운동 선수의 기량을 뛰어넘는 사례들이 속속 등장하고 있다.

1) 바둑에서는 알파고, 골프에서는 엘드릭

2016년 3월 인공 지능 로봇 알파고와 세계 정상 프로 바둑 기사 이세돌의 5회 공개 대국에서 알파고가 최종 전적 4승 1패로 승리해 지켜보는 모든 이가 충격에 휩싸였던 바 있다.

비슷한 시기에 프로 골프(PGA) 투어 피닉스오픈이 열렸던 미국 애리조나주에서는 '엘드릭(LDRIC)'이란 인공 지능 로봇이 당시 16번 홀에서 다섯 차례의 시도만에 홀인원을 성공시켰다. 보통 골프에서 아마추어 골퍼가 홀인원을 할 확률은 12,000분의 1이고, 프로 골퍼가 홀인원을 할 확률이 약 3,000분의 1이라고 볼 때 경이로운 사건이라 할 수 있다. 물론 정식 경기가 아닌 대회 오픈 이벤트로 진행된 결과이지만 스윙 스피드와 궤도 등에서 인간의 능력을 압도하는 정확도를 보여 줬다. 또 날아가는 골프공의 방향, 탄도, 거리 계산 등 기계가 보여 줄 수 있는 모든 최상의 퍼포먼스를 여과 없이 드러냄으로써 스포츠와 과학 분야에서 일대 화제가 된 사건으로 기록되고 있다.

2) 세계 최고에게 도전장을 던진 탁구 로봇

독일의 티모 볼(Timo Boll)은 세계 랭킹 9위이자 유럽에서는 1, 2위를 다투는 세계 최고의 기량을 가진 선수이며, 2016년 브라질 리우데자네이루 올림픽 단체전 동메달리스트이기도 하다. 그런 인간에게 도전장을 던진 아길러스는 독일 최대 로봇 기업 쿠카(KUKA) 로보틱스가 제작한 산업용 로봇으로, 지구상에서 가장 빠른 스피드를 자랑하는 로봇으로도 유명하다. 탁구 로봇 '아길러스(AGILUS)'는 그동안 탁구 선수들이 단순히 연습을 할 때만 사용해 왔던 훈련 보조 도구가 아니다. 유럽 최고의 선수들과 맞대결을 펼친 최첨단 인공 지능 로봇이다. 2014년 3월, 이 둘의 경기가 펼쳐졌다. 결과는 어땠을까?

최종 경기 결과는 11 대 9로, 티모 볼이 2점 차로 승리하면서 경기가 끝났다. 하지만 아길러스는 기계 학습(Machine Learning) 기술로 공의 방향과 궤도에 따른 공의 착지 위치를 미리 예측해서 스윙하는 정밀함을 보여 주었다. 또한 세계 최고 선수의 스피드와 강한 회전을 받아 내면서 완벽에 가까운 기량을 보여 주었다. 이는 승패와 관계없이 큰 의미를 남긴 경기라고 할 수 있다.

3) 축구 천재 메시와 골키퍼 로봇 간 세기의 대결

축구계에서도 인간과 인공 지능 로봇 간의 빠질 수 없는 빅 매치가 있었다. 바로 아르헨티나의 축구 천재 리오넬 메시(Lionel Messi)와 인공 지능 로봇 골키퍼, 일명 골파고의 세기의 대결이다. 2013년에 열린 이 대결에서 골파고는 메시의 시속 130km가 넘는 강한 슈팅을 쉽게 막아 냈고, 메시는 여러 차례의 도전 끝에 간신히 골을 넣을 수 있었다. 축구에서 이러한 강한 슈팅을 막아 내기 위해서는 순발력과 빠른 판단력이 매우 중요하다. 골파고의 눈에는 사전에 학습된 인공 지능 카메라가 달려 있어 날아오는 공의 궤적과 속도에 따른 공의 낙하 지점을 미리 예측해 막아 낼 수 있었던 것이다. 이 역시 앞에서 언급했던 알파고와 아길러스에서 사용된 기계 학습(Machine Learning) 기술이 적용된 사례다.

이밖에 인간 번개 우사인 볼트(Usain Bolt)를 긴장시킨 치타 로봇, 배드민턴 로봇도 있다. 이 같은 인간의 한계와 능력을 뛰어넘으려는 기계 로봇의 도전은 바로 딥 러닝(Deep Learning)으로 대표되는 기계 학습 기반 인공 지능 기술에 힘입어 놀라운 속도로 발전하고 있다.

출처: 스위트케이(2017). 빅 데이터로 보는 스포츠 – 인간과 로봇의 스포츠 빅매치.

연구 문제

1. 스포츠 테크 적용이 스포츠 산업에 어떠한 영향을 미쳤는지 경제, 사회, 문화 등으로 나누어 논하시오.

2. 스포츠 테크가 적용된 또 다른 사례들은 어떤 것들이 있는지 생각해 보고, 어떤 종목과 기술이 새롭게 나타날지 생각해 보시오.

3. 스포츠 테크가 발전될수록 스포츠 경기에서의 규칙도 변화되어야 할지, 아니면 새로운 규칙이 생겨야 할지 논하시오.

PART 3

스포츠 서비스
- 관람 스포츠/레저 스포츠

Chapter **08**

스포츠 관람과 ICT

ICT의 발전에 따라, 스포츠에 대한 관람과 시청 방법도 변화하였다. 본 장에서는 스포츠 관람 또는 시청 환경에서 ICT가 어떠한 모습으로 접목되는지 확인해 볼 것이다. 이로 인하여 스포츠 서비스 환경에서 ICT의 중요성을 확인하고, 미래의 스포츠 관람은 어떠한 모습으로 변화할지 예상해 보고자 한다.

1. ICT 익스피어런스(Experience)

프로 스포츠에는 관중이 필요하다. 관중 없는 프로 스포츠는 성립할 수 없기 때문이다. 필연적으로 관중이 프로 스포츠를 관람 경험을 하기 위해서는 일련의 과정이 발생되는데, 이를 '스포츠 익스피어런스(Sport Experience)'라 칭할 수 있다. ICT 익스피어런스는 스포츠 관람 경험의 과정에 추가되는 일련의 ICT 관련 과정들로 정의된다(양광호, 전칠환, 나인호, 2018). ICT를 활용하면 물리적 장소를 지능화할 수 있으며, 이를 인터넷상의 가상 공간과 결합시켜 기존의 공간 환경이 증강된 새로운 가상 물리 공간을 창출해 낼 수 있다. 정보 통신 기술을 기반으로 스포츠 환경에 방문하는 관중의 여정상의 여러 장소를 ICT로 증강하여 새로운 경험을 제공하고자 하는 것이 ICT 익스피어런스라 할 수 있다. ICT 익스피어런스는 오프라인의 물리 공간에 한정될 필요는 없다. 인터넷을 통해 온라인의 가상 공간까지 확대할 수 있고, 관중의 여정 전체 구간에 걸쳐 제공될 수 있다. 예를 들어, 한 개인이 본인이 살고 있지 않는 외국의 스포츠 이벤트를 관람하고자 한다는 가정을 세워 보자. 이 관람객은 본인이 거주하는 현지에서 출발할 것이다. 여러 교

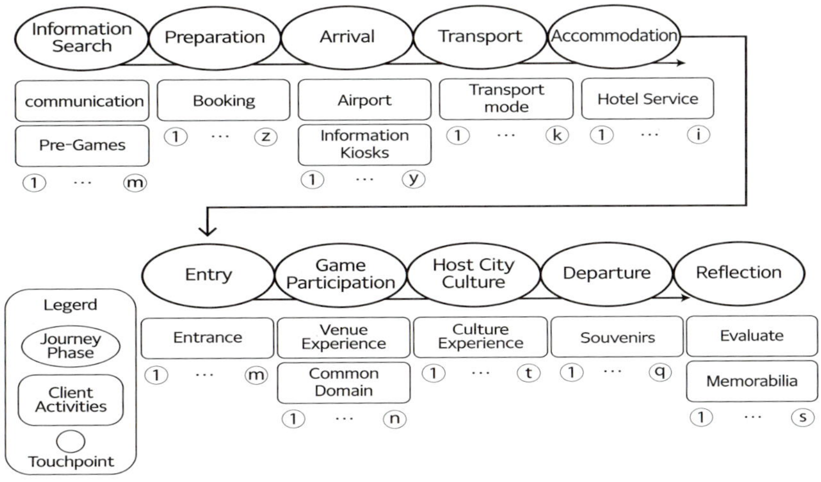

출처: 양광호, 전칠환, 나인호, 2018. 메가스포츠 이벤트를 위한 ICT 익스피어런스 프레임워크 설계 및 적용. 한국지능시스템학회논문지, 28.3, 287-293

[그림 8-1] 관중 여정의 단계

통수단을 통하여 스포츠가 진행되는 개최국에 도착할 것이고, 여기서도 또다시 교통수단을 사용하여 경기장에 도달할 것이다. 이 개인은 대부분 경기만 보고 도시를 떠나지 않는데, 경기장에서 스포츠 이벤트를 관람하고 도시 관광의 과정을 거칠 수 있다. 이렇듯 '출발–도착–스포츠 관람–(도시 관광)–귀국'의 여정 전체에 걸쳐 다양한 모습의 ICT 익스피어런스가 제공될 수 있다. 이때 온라인과 오프라인의 ICT 경험은 서비스 접점(service encounter)이라 하는 터치 포인트(touch point)를 통하여 제공된다. 이와 같이 관객의 여정 전체에 걸쳐 ICT 익스피어런스에 대한 수요가 발생하므로, 이를 조달할 수 있는 바람직한 방법을 찾는 것이 필요하다(양광호, 전칠환, 나인호, 2018).

2. ICT와 스포츠 관람의 변화

1) AR 활용을 통한 관람 기술

AR은 증강 현실을 뜻하는 기술로, 스크린을 통해 집에서 보는 '집관' 현장뿐 아니라 실제 경기장에서 스포츠를 관람하는 '직관' 현장에서도 사용될 수 있다. 2019년 프로 야구 SK 와이번스는 SK텔레콤과 함께 구단의 마스코트인 비룡을 증강 현실로 형상화하여 홈구장인 SK행복드림구장 '빅보드'에 등장시키는 이벤트를 하였다. 비룡은 영화 속의 장면처럼 경기장 지붕과 관중석 위를 날아다니거나 그라운드에서 포효하는 등의 역동적인 장면을 연출했다. 또한 SK텔레콤의 '5GX AR' 앱을 통해 응원 버튼을 누르면 비룡이 날아오르는 등, 인터랙티브(interactive) AR 퍼포먼스를 시도하였다. 이 증강 현실 비룡의 모습은 실시간으로 중계 채널을 통해서 방송되어 TV 및 스마트폰으로 중계를 보는 팬들에게도 전달되었다.

2019년 2월, 스페인에서 열린 '모바일 월드 콘그레스(MWC19)'에서는 많은 ICT 전문가들이 향후 헤드마운트(HMD) 기기가 대세가 될 것이라 한 바 있다. 헤드마운트 디스플레이(Head Mounted Display)란 사용자의 머리에 장착, 눈앞의 디스플레이를 통해 입체적 화면을 표시하는 장치이다. 안경 방식의 장비가 대부분이며, 5G 기술의 발달로 인하여 데이터 전송이 활발해져 향후 주류가 될 기술이라 예상된다. 가령 스포츠 경기장에서 AR 글래스를 사용하여 경기를 지켜보며 실시간으로 전문 해설을 듣거나, 데이터를 확인하며 경기를 즐기는 것이 가능할 것으로 예상된다.

2) 경기장 내 사각지대를 줄이다

야구단들은 모기업의 통신사와 함께 경기장 내의 사각지대를 줄이기 위해 노력하고 있다. LG 야구단의 경우 계열사 LG유플러스와 5G를 통한 U+ 프로 야구 서비스를 제공한다. '경기장 줌인'과 '홈 밀착 영상' 등의 기능이 대표적인데, 경기장 방문과 TV 중계 어느 것으로도 쉽게 보기 어려운 불펜의 상황과 주자의 주루 플레이 등, 원하는 부분을 자유롭게 확대해 초고화질로 감상할 수 있도록 한다. 홈 플레이트를 중심으로 카메라 60대를 설치하여 시청자가 원하는 모든 순간을 확인할 수 있게 해 준다.

KT를 모기업으로 둔 수원 KT 역시 경기장 내의 사각지대를 줄이기 위해 노력하고 있다. 수원 KT위즈파크 경기장은 2015년 첫선을 보일 때부터 ICT를 접목하였다. 8개의 카메라를 야구장에 설치하여 다시점(多視點) 기술을 적용하였다. 이를 통해 시청자들은 1루 내야에서의 시야나 포수 뒤쪽, 심지어 외야까지 시점을 마음대로 옮겨가며 경기를 시청할 수 있다. 이를 '포지션 뷰(position view) 기술'이라고 한다. 또한 5G 시대에 맞추어 '매트릭스 뷰(Matrix View)'를 선보였는데, 3루 관중석 측 벽면에 설치된 HD급 카메라 40대가 촬영하는 영상을 270도 각도 내에서 입체적으로 볼 수 있는 기술을 도입하였다. 시청자가 마음대로 탐색 속도를 조절할 수 있으며, 슬로우 모션을 시청할 수도 있다. 이는 데이터 전송 및 정보 처리 속도가 빨라져 40대의 카메라가 담은 영상을 동시에 처리할 수 있게 발전한 기술이다.

3) 스마트 경기장을 통한 관중 친화적 운영 방식 도입

창원의 NC 다이노스도 신축 야구장인 창원 NC파크에서 첨단 ICT를 접목한 '스마트 경기장 서비스'를 제공하기 위해 노력하고 있다. NC가 지향하는 스마트 경기장은 정보통신 기술(ICT)을 활용해 관중에게 다양한 시점의 중계와 경기 기록의 실시간 전달 등을 제공하는 것이다. NC는 또한 야구장에 내방하는 관람객의 만족도 향상을 위해 메인 · 보조 · 리본 전광판을 통합해서 운영한다. 타 구단에서는 제공하기 어려운 투수의 구종, 회전수, 타자 시점에서의 체감 속도, 타구의 비거리 등의 데이터를 보조 전광판을 통하여 제공하고 있다. 더불어 ICT를 활용한 지능형 안내 로봇 '애디 2019'를 도입, 관람객들에게 시설 및 좌석 안내, 선발 라인업 제공, 사진 찍기 서비스 등을 제공한다. KT는 지난해부터 야구장에 설치된 8개의 미세 먼지 측정기를 통해 분석된 결과를 토대로 미세먼지가 심한 날에는 인공 강우로 경기장 미세 먼지 수치를 떨어뜨리고 있다.

[표 8-1] 수원 KT위즈파크의 5G 스마트 경기장 기술(공식 애플리케이션 '위잽' 이용)

기술명	매직 모멘트 (모션트래킹)	The K's (투구 분석)	옴니 뷰 (포지션 뷰)	매트릭스 뷰 (프리뷰)
설명	– 필드 카메라 3대로 야수 · 타구 추적	– 투구 추적용 카메라로 투구 궤적 및 구속 서비스	– HD급 카메라 8대 사용 – 경기 중 주요 장면 하이라이트 제작	– 내야에 카메라 40대 설치 – 탐색 기능, 슬로우 모션 기능

축구 종목 역시도 스마트 경기장 도입을 진행하고 있다. 2020년 6월, FC서울은 보도자료를 통하여 구단의 공식 홈페이지와 앱(APP)을 개편하고, FC서울 스마트 경기장 플랫폼을 팬들에게 공개하였다. FC서울에 따르면, 'FC서울 스마트 경기장'은 다양한 ICT를 모바일로 구현, 경기장에 내방한 팬들이 편리하고 스마트한 관람 환경을 경험할 수 있게 구축한 사업이다. 이는 문화체육관광부의 재정 후원으로 진행된 한국 프로 스포츠협회 2차 스마트 경기장 구축 사업 공모에 선정되어, 경기장 ICT 인프라를 확충하고 팬 관람 서비스 개선을 목적으로 진행한다. 서울 월드컵경기장에서는 스마트 티켓, 좌석 3D View, 증강 현실(AR)을 통한 좌석 찾기 등의 콘텐츠를 제공하도록 구축되었다. 이를 위해 서버 시설 역시 교체, 스마트 경기장의 완성도를 높이기 위하여 노력하였다.

3. ICT와 스포츠 '집관'

1) 세컨드 스크린

ICT 산업이 발달함에 따라 개인이 보유한 디바이스 종류가 늘어나고 있다. 이로 인해 스포츠를 시청할 때에도 하나의 기기가 아닌, 복수 이상의 기기를 활용하는 세컨드 스크린 사용이 증가하고 있다. '세컨드 스크린(Second screen)'이란 TV를 통해 각종 프로그램을 시청하면서 콘텐츠의 주인공 또는 제품에 대한 정보를 얻기 위해 사용하는 작은 크기의 모바일 디바이스를 가리킨다(한국정보통신기술협회, 2015). 구글 발표에 따르면, 2014년에 이미 스포츠 시청자의 77%가 TV로 경기를 시청하면서 동시에 랩탑, 스마트폰 또는 태블릿 등 세컨드 스크린을 활용한다고 한다(Greenwood & Yorke, 2014). 만일 TV에서 무언가 큰일이 벌어진다면, 더 큰일이 세컨드 스크린에서 벌어진다고 해도 과언이 아니다. 이렇듯 세컨드 스크린의 존재는 이미 현실에서 자연스러운 일이 되었다. 따라서 이제는 이를 통한 팬 경험 공유와 실시간 방송, 공통 관심사 검색 등에 대한 스포츠 서비스적 시각이 필요한 때이다.

'집관'은 '집에서 경기를 본다'는 뜻의 신조어인데, 세컨드 스크린의 증가에 따라 '집관' 환경도 나날이 좋아지고 있다. 특히나 2020년의 코로나19 사태는 거의 모든 프로 스포츠에 '무관중'이라는 전무후무한 경험을 하게 하였고, 팬들은 반강제적으로 집관을 할 수밖에 없는 상황이 되었다. 이에 각 스포츠 종목의 협회 및 구단들은 세컨드 스크린을 통한 시장의 확장을 오히려 새로운 기회로 삼고 있다.

NBA의 경우 경기를 보는 동시에 더 많은 트윗을 생성하도록 SNS 시청자 채널을 조성하였다. 또한 전용 애플리케이션을 통해 스마트폰 시청자를 위한 가상 카메라 각도, 시청자들 간의 SNS 대화, 설문 조사 및 실시간 통화 장면 등, 세컨드 스크린을 통해 '팬 주도적 콘텐츠'를 제공하는 새로운 시청 형태를 도입하였다. NBA의 디지털 미디어 부사장인 사무엘 파버는 2019년 초, 런던에서 개최된 LMI(Leaders: Meet Innovation) 컨퍼런스에서 "판타지 농구, 통계 같은 다른 주제의 방송이나, 미국에서 도박이 합법화되는 경우에 대한 고민도 하고 있다. 다양한 가능성이 존재한다."라며 새로운 시장 개척의 가능성을 말하였다.

2) 중계에서의 AR 활용

각 프로 스포츠 구단들은 집에서도 세컨드 스크린 디바이스를 통하여 AR을 활용할 수 있도록 다양한 기술들을 도입하였다. 프로 야구의 경우 경기장에 사물 인터넷(IoT)을 도입한 후, 애플리케이션을 통하여 쌍방향 소통을 이끌고 있다. 개별 구단들은 야구장 곳곳에 다수의 카메라를 설치하여, 다양한 시점의 영상을 제공하는 서비스를 제공한다. 타임 슬라이스 영상을 제공하며, 투구 추적 서비스를 통해 심판이 선언한 스트라이크 존과 핸드폰 애플리케이션으로 파악하는 존이 같은지 확인하는 재미도 제공한다. 이러한 서비스들은 각 구단이 계약을 맺은 통신사들의 애플리케이션을 통해 이용할 수 있으며, 이 역시 새로운 산업의 한 부분으로 발전하고 있다.

NBA의 경우 NBA AR 앱을 출시하여 집관 시청자들의 편의를 도모하였다. 오큘러스(Oculus)와 NBA 사무국이 협력하여 개발한 것으로, 실시간 경기를 채팅과 함께 가상 현실 방송으로 볼 수 있도록 하였다. NBA는 가상 현실과 증강 현실을 결합하는 것이 팬

출처: 아이클릭아트

[그림 8-2] 세컨드 스크린의 발전과 스포츠 관람을 즐기는 방식의 변화

경험(Fan Experience)에 지대한 영향을 미칠 것이라 판단하고 애플리케이션을 통하여 경기와 포털 서비스 두 가지의 상이한 경험을 제공한다. 앱을 통해 팬들은 360도 선수 소개를 즐길 수 있고, 게임 후 축하 영상을 함께할 수도 있다. 또한 NBA는 AI 메신저 봇 기술을 개발, 팬들이 성적, 하이라이트, 점수 및 일정을 질문하도록 하였다. 이 기능은 스마트 스피커에서 자동차 AI 환경으로, 다시 집의 스피커로 연결해서 구현할 수 있어 팬들의 집관 환경의 질을 높였다.

3) 인공 지능(AI)을 통한 시청자 편의 향상

스포츠 집관 환경에서 인공 지능이 사용되는 또 하나의 분야가 바로 '하이라이트'의 영역이다. 한국 프로 야구의 경우 기존 경기가 끝난 후 하이라이트 영상이 업로드되기까지 적게는 몇 분, 많게는 몇십 분이 소요되었다. 여러 사정으로 인하여 경기를 챙겨 보지 못한 팬들은 잘 편집된 하이라이트를 기다리게 되는데, 인력이 소모되는 일이기 때문에 신속한 업로드는 불가능하였다. 하지만 최근 포털 사이트 네이버는 AI를 통하여 득점 모음 하이라이트를 먼저 제공하는데, 비록 간헐적으로 장면이 누락되거나 화면 전환이 다소 부드럽지 않을 수 있더라도 경기의 맥을 이해하기에는 어렵지 않은 영상이 업로드된다. 즉, 팬들은 경기가 종료된 이후 기다리는 일 없이 인공 지능이 편집한 영상을 통해 득점 장면을 모두 확인할 수 있다.

인공 지능은 경기의 득점 장면 편집만을 위해서 사용되지는 않는다. 포털 사이트 네이버는 인공 지능을 통한 '클린봇' 기능을 도입하였다. 이는 AI 기술을 이용하여 불쾌한 욕설이 포함된 댓글을 체크하여 자동으로 숨겨 주는 기능이다. 세컨드 스크린의 증가로, 팬들은 포털이나 뉴미디어 등의 사이트에서 다른 팬들과 채팅, 댓글 등을 통해 실시간 소통을 하며 경기를 지켜본다. 이러한 과정에서, 선수나 타 팀 팬을 향한 비난, 욕설 등의 비도덕적 행위를 마주하게 되는데, 인공 지능의 활동을 통하여 채팅이나 댓글 창을 쾌적하게 이용할 수 있는 기능도 사용할 수 있다. 최근에는 직접적인 욕설이 아니더라도 비방투의 글을 인공 지능이 스스로 걸러낼 수 있다. 뉴미디어 플랫폼 트위치의 '싹둑봇'도 비슷한 기능을 하는 인공 지능 봇이다.

인공 지능이 사용되는 또 다른 예는 바로 '기사 작성' 분야이다. NC 소프트의 연구 개발에 따르면, 머신 러닝 기반의 'AI 기자'는 스스로 기사를 작성할 수 있다. 기존의 로봇이 작성하였던 기사는 스포츠 경기 결과 등의 정형화된 데이터를 기존에 제작된 탬플릿(template)에 삽입하여 작성하는 방식이었다. 하지만 이제는 AI 기자가 머신 러닝을 기반 자연어 처리 기술을 활용하여 문장을 생산해 낼 수 있는 시기에 다다랐다. 이렇듯 인공 지능을 통한 다양한 기술은 시청자의 집관을 보다 쾌적하게 즐길 수 있도록 도와주는 역할을 하고 있다.

4. ICT와 스포츠 서비스 마케팅 산업

1) 관람 스포츠 산업 마케팅과 빅 데이터

각 구단들은 마케팅에 사용하기 위하여 다양한 방법으로 빅 데이터를 수집한다. 프로 야구 두산 베어스의 마케팅 팀은 "빅 데이터 분석은 최근 흐름에서 반드시 이루어져야 하는 부분"이며, "KBO에서도 팬 성향 분석을 하고 있어 자료를 받고 있고, 구단 자체적으로도 하고 있다."라고 하였다. 두산의 경우 우리나라 프로 야구 원년부터 보던 팬, 젊은 여성 팬, 그리고 직장인 팬 등으로 분류하여 데이터화시켜서 이벤트 진행에 반영하고 있다. 데이터가 꾸준히 축적이 되면 이를 빅 데이터 마케팅으로 활용할 수 있는데, 여성 야구 팬을 공략한 '퀸즈데이', 직장인을 타깃으로 한 '직장인의 날', 남성 팬을 위한 'MR. DOO 데이' 등 세분화된 마케팅이 진행되었다.

미국 프로 야구(MLB) 뉴욕 메츠의 경우도 데이터를 관중에 적용한 예이다. 뉴욕 메츠는 팬들의 SNS 참여, 모바일 활동 및 이메일 경로 등을 분석하여 행동 패턴과 소비 성향, 선호도 등을 파악했다. 수집된 데이터를 토대로 연령대와 성향에 맞는 맞춤 프로모션을 개발하고, 팬들의 자발적인 참여를 이끌어 낼 수 있는 다양한 마케팅 전략을 통해 20% 이상의 스폰서십 추가 수익을 달성한다는 목표를 세우기도 하였다.

KT 위즈는 창단 당시 모기업 KT의 IT 기술력을 바탕으로 'ICT+엔터테인먼트+베이스볼'의 합성어인 '빅테인먼트'라는 마케팅 컨셉을 발표한 바 있다. IT 서비스 애플리케이션은 '위잽'을 중심으로 구단 멤버십 시스템을 구축하고, 빅 데이터를 수집했다. 수집된 정보들은 소비자 행동 패턴 분석 및 관중 예측 등에 활용하여 방문 관중 확보와 이들의 재방문율 재고, 효과적 예산 집행 과정을 이루어지게 하였다. SK 와이번스도 '플레이 위드(Play With)'라는 구단 공식 애플리케이션을 통해서 고객의 욕구를 파악하고 있다. 이 밖에 KT는 국내 야구장 중 처음으로 티켓 예매, 관중 입장 현황, 경기장 내 상황 등을 확인하고 대처하는 통합 운영실을 만들었다.

골프에서도 데이터는 팬 참여를 분석하기 위한 중요한 디지털 도구이다. 세계 골프 규칙을 관장하는 영국왕립골프협회(R&A)는 팬들의 데이터를 활용해 시청자들이 황금 시간대에 가장 유명한 스타를 볼 수 있도록 경기 일정을 조정한다. 또한 웹과 애플리케이션을 통해 코스 레이아웃을 안내하는 등, 팬들의 편의성과 접근성을 높이기 위해 노력하고 있다. 실제로 '더 오픈(The Open)' 챔피언십에서는 통신사 'NTT 데이터 UK'와 협력하여 관중 빌리지 섹션에 매치 플레이 데이터를 실시간으로 표시해 주는 대형 화면을 설치했다.

한편, 감성적인 상호 작용도 점차 관심을 불러일으키고 있다. 테니스 종목의 경우 데이터를 통해 마케팅 자료에 활용하고 있다. 인도의 IT 서비스 업체 인포시스(Infosys)는 테니스 관중들의 소음 측정 시스템을 개발하여 2018년 NITTO ATP 테니스 결승전에 적용하여 토너먼트 중 가장 시끄러운 순간을 추적했다. 다음 해에는 카메라를 추가해서 팬들의 시각적인 반응까지 평가하여 관중들이 어떠한 상황에서 가장 좋은 반응을 보였는지를 파악해 자동으로 하이라이트를 제작하는 프로그램을 개발하였다.

이렇듯 데이터를 통하여 편의성을 높이는 방식은 스포츠 전반에서 유용하게 작동하고 있다. 이 외에도 평창 올림픽의 경우에도 AR 기술을 사용하여 관람객들의 편의를 도모하였다. 과학기술정보통신부, 한국정보화진흥원 및 KT 컨소시엄이 공동으로 개발한 AR 애플리케이션 'AR Ways'는 공항에 입국하는 순간부터 경기장에 도착하는 관람객의 여정을 AR 기술을 사용하여 동행한다. 실내와 실외의 경계를 넘나드는 경우에도 끊김없이 사용할 수 있도록 했는데 여기에는 와이파이, 근거리 통신 기술 비콘(Beacon), 센서 기반 위치 보정(PDR) 기술 등이 접목되었다.

2) 중계권

스포츠 종목들의 중계권은 주관 사무국과 각 구단의 수입을 극대화시키며, 중계권 계약 이행의 철저한 보장을 통해 차질 없는 방송 수행을 지원하고, 홍보에 도움을 주고자 추진되어 왔다(원영신, 함은주, 2010). 즉, 스포츠와 방송 중계는 공생의 관계에서 서로 간의 수익을 보장하는 시스템을 형성하게 된다(김원제, 2016). 중계권료는 시간이 지날수록 상승하고 있는 추세이다. 2015년을 기준으로 메이저리그(MLB)는 연간 약 1조 7500억 원, 잉글랜드 프리미어리그(EPL)는 약 2조 8600억 원, 미국 프로 풋볼(NFL)은 약 5조 3700억 원의 중계권료를 벌어들였다(이용균, 2015).

세계적인 스포츠에 비하면 미약하지만, 대한민국의 프로 스포츠 역시 중계권 측면에서 비약적인 발전을 보이고 있다. 한국야구위원회(KBO)는 2019년 유무선(뉴미디어) 중계권 사업자 선정 입찰을 통하여 네이버와 카카오 등의 포털에 SK브로드밴드, KT, LG유플러스 등이 참여한 통신 · 포털 컨소시엄을 우선 협상 대상자로 선정, 입찰을 통해 연 평균 약 220억, 5년 총 1100억 원 규모의 중계권 협약을 체결한 바 있다. 2020년에는 지상파 3

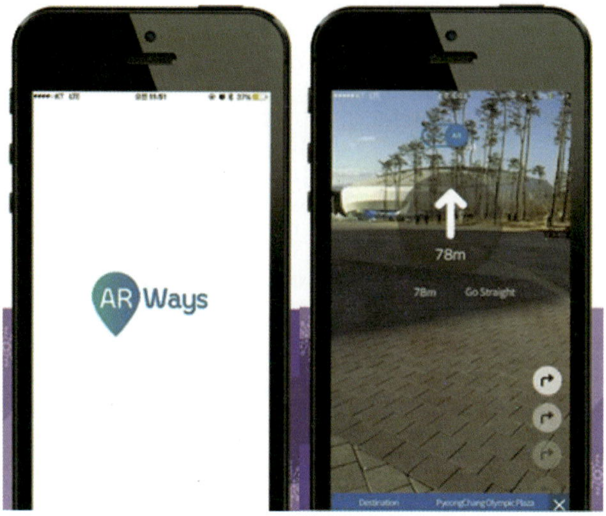

출처 : 앱스토어

[그림 8-3] 가상 현실 접목 애플리케이션 AR Ways 사용 장면

채널과 4년간 총 2160억 원 규모의 TV 중계권 계약을 맺으며, 수익 창출에 박차를 가하였다. 이를 통해 KBO는 매해 약 760억 원의 중계권 수입을 얻게 되어, 10개 구단과 함께 안정적인 수익 창출이 가능하게 되었다. 프로축구연맹 역시 K리그 중계권을 판매하기 위한 절차를 계속 진행하고 있으며 프로 배구, 프로 농구 역시 중계권료의 중요성을 자각하여 중계권 판매를 통한 지속적인 수익 창출을 위해 노력하고 있다.

그런데 대한민국 프로 야구와 프로 축구는 2020년 코로나19 사태로 인하여 중계권 시장에서 예상치 못했던 기회를 얻게 되었다. 해외 방송사들과의 중계권 협약이 그것이다. 자국의 프로 스포츠가 개막하지 못한 상황에서 적절한 수준과 높은 방송 기술을 갖춘 한국의 프로 스포츠 중계권은 그들 입장에서도 해 봄직한 시도였던 것이다. 프로축구연맹에 따르면 10개국 이상의 방송사와 해외 온라인 콘텐츠 플랫폼 3사에 K리그 중계권과 영상 사용권을 판매하였으며, KBO는 ESPN과 협상을 통해 한국프로야구 중계권을 판매하였다. 물론, 우리나라 프로 스포츠 중계권의 해외 판매는 코로나 바이러스 사태로 인한 일시적인 현상임은 분명하다. 하지만 중계로 인해 생겨난 팬층을 잡기 위한 추가적인 노력이 진행된다면, 추후 국내뿐 아니라 해외 중계권 판매를 통한 지속적인 수익 창출도 기대할 수 있을 것이다.

출처: ESPN

[그림 8-4] KBO와 ESPN의 합작 로고

3) 뉴미디어와 주문형 스트리밍 서비스

스포츠 중계는 새로운 변혁을 맞이할 준비를 하고 있다. 초기의 스포츠 중계는 지상파와 케이블의 중계에 의존하였고, 이후에는 네이버 등의 포털 사이트를 통해 시청자들을 만났다. LTE 시대를 거쳐 5세대 이동 통신망인 5G가 보급되는 현재, 각 스포츠 종목 협외들은 통신사와 함께 뉴미디어 플랫폼으로의 변화를 지속적으로 시도하고 있다. 스포츠는 영화나 게임 등 다른 콘텐츠보다 실시간 중계가 중요한 콘텐츠다. SK텔레콤은 '5GX 프로 야구'를 통한 중계를, KT는 올레tv 모바일 애플리케이션에 '프로 야구 Live' 전용관을, LG유플러스 역시 'U+ 프로 야구' 서비스를 통해 뉴미디어 플랫폼을 통한 중계 방법을 선보이려고 한다. 일반적으로 프로 야구 등의 경기는 한 경기당 3GB 이상의 데이터를 소모하므로 뉴미디어 플랫폼을 통해 경기를 볼수록 이동 통신사들에게로 이익이 커 사업적으로도 매우 매력적인 시장이다.

미국의 가장 큰 스포츠 종목 중 하나인 NBA 역시 발전하는 뉴미디어 시장에 발맞추어 변화를 시도하고 있다. NBA 사무국은 페이스북 임원들과 회동한 뒤, 수직 카메라 촬영과 모바일 뷰(mobile view)를 도입하였다. 스마트폰의 작은 화면에 맞추어 밀집된 '줌인 앵글(zoom in angle)'을 제공한 것인데, 이는 NBA가 제작한 동영상 콘텐츠가 TV 사이즈에 맞춰진 앵글을 사용하고 있어서 인스타그램에 업로드하기 용이하지 않기 때문에 내린 결정이다. 이렇게 뉴미디어 환경에 발맞추어 변화한 새 NBA 영상은 인스타그램에서 NBA 관련 시청물에 대한 사용자 참여율(Engagement Rate, ER)을 2배로 늘렸다. 이후 NBA는 리그 패스 구독 서비스를 출시하였고, 모바일 시청이 67% 증가하는 등의 성과를 얻었다.

현재 디지털 기업들은 전통적인 스포츠 방송국이 차지하고 있던 실시간 스포츠 라이브 시장의 파이를 얻기 위하여 치열하게 경쟁하고 있다. 페이스북, 트위터, 아마존 등은 실시간 및 주문형 OTT(Over-The-Top) 스포츠 스트리밍 서비스를 통해 복수의 스포츠 협회들과 주요 경기를 스트리밍 서비스하기 위한 계약을 체결한 바 있다. 한국 트위치 코리아도 KBO 프로 야구를 중계할 수 있도록 협약을 맺어 실시간 스트리밍을 진행하고 있다. 이는 전 세계의 흐름과도 상통하는데, 스페인 축구 1부 리그인 라리가(La Liga)는 LaLiga SportTV OTT 서비스를 공개하였고, 프리미어 리그 역시 경기 중계 방송 수익 극대화를 시도하는 자체 스트리밍 서비스 출시를 검토 중이다. 이들은 스카이스포츠, ESPN 등의 전통적 방송국들과 경쟁하며, 데이터 전송 기술이 발전함에 따라 더 새로운 ICT 미디어 플랫폼을 통해 시청자들과 소통하기 위해 노력하고 있다.

4) 사용자 생성 콘텐츠

사용자 생성 콘텐츠는 시청자와 팬들을 해당 스포츠에 관심을 가지도록 하는 유인책이자, 동시에 지적재산권 침해라는 법적 이슈를 일으킬 가능성을 내포하는 양날의 검이라 할 수 있다. 특히 사용자 생성 콘텐츠의 단점은 가장 최근까지도 논쟁의 중심에 있었는데 2020년 초, KBO는 본인들이 뉴미디어 컨소시엄과 맺은 협약을 통해 야구팬들의 2차 가공 영상에 대한 저작권 강화 움직임을 보인 바 있다. 이로 인해 소위 '움짤[1]'

1 움직이는 짤방의 줄임말로, 주로 경기 영상 중 매우 짧은 분량의 GIF 파일을 뜻한다.

에 대한 저작권 단속을 강화하였다. 그러나 이러한 결정은 팬들의 거센 반발을 불러 일으켜, 팬들이 항의의 표시로 모자이크화된 GIF 영상을 팬페이지에 게시하는 등 논란이 계속해서 일어났다. 팬들이 제작한 사용자 생성 콘텐츠는 비록 불법 수익의 여부와 관계가 없더라도, 중계권 협약을 맺은 사용자가 아니기에 법적으로는 문제가 될 수 있다. 또한 협회와 저작권자들은 이를 지적재산권에 대한 침해이자 이미지 관리에 위협이 된다고 여겼다. 하지만 NBA는 KBO와 다른 방향의 접근을 시도했다. 팬들과 교류하기 위한 도구이자 소셜 커뮤니티를 유지하는 수단으로 사용자 생성 콘텐츠를 이용하기로 결정한 것이다. 그 결과 NBA는 유튜브에서 40억 이상의 조회수를 기록하는 동영상 콘텐츠를 생성했고, 트위터에서는 1천억 회 이상의 트윗, 스냅챗에서는 6억 이상의 회의 조회수를 생성하였다.

비록 법적으로는 문제가 될 수 있는 방안이더라도 불법적 수익과 관련 없는 부분에서는 팬들의 2차 저작물을 금지하는 것은 현재의 스포츠 관련 미디어 흐름에서는 불가능하다. KBO의 경우 계약을 통하여 일정 수준 이상의 수익을 거둘 수 있었지만, 이것은 팬들을 통한 수익 창출이 아닌 뉴미디어와의 계약을 통한 단기적 이익이었다. 실제로 MLB의 경우 지속적인 팬 고령화가 리그의 수익 창출 및 신규 팬 유치에 악영향을 주고 있다. 비단 MLB뿐 아니라 KBO 및 국내 프로 스포츠에서도 이러한 사례를 반면교사 삼아 프로 스포츠의 확장을 위하여 적절한 가이드라인을 제공하는 것이 필요하다. 1020세대가 기성 스포츠에 접근하는 통로는 대부분 뉴미디어이며, 구단이나 사무국이 만들어낸 영상이 아닌 본인들 스스로 창작한 2차 저작물이 더 많은 일반인들을 팬층으로 유입하고 있기 때문이다.

5) 가상 광고 산업

가상 광고는 TV 중계방송에 ICT와 그래픽을 사용해 제작한 가상 이미지를 방영 중인 영상 위에 삽입하는 형태의 광고를 뜻한다(이슬기, 윤재영, 2020). 시청자들은 익숙한 스포츠 중계 화면에서 기대하지 않았던 순간 자극에 노출되었을 때 집중도가 높아지는 것으로 확인되었다(Johnson, Hawlet, Plewe, Elliott, & DeWitt, 1990). 베르트하임(Wertheim)(1998)에 따르면, 시청자들은 전통적인 TV 광고에서의 브랜드 상품보다 가상 광고 기법을 통해 프로그램에 삽입된 브랜드 상품을 두 배 이상 기억해 냈다. 가상 광고를 스포츠 방송에 넣는 방식에는 업링크(Uplink) 방식과 다운스트리밍(Down streaming) 방식이 적용된다. 업링크 방식은 스포츠 현장에 실제 장비를 보내서 이미지를 삽입하는 방식이며, 다운스트리밍 방식은 중계 영상에 이미지를 삽입하는 기술이다(정재영, 김영갑, 2015). 특히, 스포츠 중계 영상 내에 가상 광고를 자동적으로 삽입하려면 다양한 영상 처리 기법이 활용되는데, 이를 통해 ICT 산업의 발달이 스포츠 가상 광고 산업에도 영향을 끼침을 확인할 수 있다. 정재영, 김영갑(2017)의 연구에 따르면, 스포츠 내에서 가상 광고 이미지를 자동적으로 삽입하기 위하여 기계 학습 기법 중 분류 알고리즘 기법인 '다층 퍼셉트론(Multi-Layer Perceptron)'을 사용, 저정보 영역의 추출을 통해 자동으로 가상 광고를 삽입하는 방법을 제안하는 등, ICT 발전은 스포츠 내의 가상 광고 산업을 지속적으로 발전시켜 주고 있다.

가상 광고는 시청자들에게 특정 상품에 대하여 충분히 영향을 미칠 수 있기에 광고 사업자 입장에서는 매우 효과적인 광고 방법이 될 수 있다. 가상 광고는 스포츠가 가지는 특성에 발맞추어 성장하고 있다. 프로 야구의 경우 야구가 가지는 특성상 플레이 사이에 멈추는 경우가 많이 발생하는데, 이는 가상 광고를 삽입하기에 매우 효과적인 시간이다. 프로 축구의 경우 하프 타임 등의 시간이, 배구나 농구의 경우 작전 타임을 걸거나 막 인플레이(in play)가 시작되는 경우 등, 변수가 발생할 가능성이 극히 적은 상태일 때 가상 광고가 삽입되어 시청자의 이목을 집중시킨다.

6) 젊어지는 미디어, 늙어 가는 기존 팬층

미디어와 ICT의 발전은 팬들이 미디어를 통해 스포츠를 즐기는 방식을 변화하도록 하였다. 기존 일방향적 시청 및 중계방송 시청에서, 이제는 실시간으로 쌍방향 소통을 하며 경기를 즐길 수 있는 뉴미디어의 환경이 조성된 것이다. 하지만 각 협회의 대처는 매

[표 8-2] 2016년 기준 미국 프로 스포츠 케이블 TV 시청자 연령 및 증가분(06년 대비)

종목	PGA	NASCAR	MLB	NFL	NHL	NBA	MLS
연령	64	58	57	50	49	42	40
증가분	+5	+9	+4	+4	+7	+2	+1

우 느린 것이 현실이다. 미국 프로 스포츠의 2006년과 2016년 10년간 케이블 TV 중계 시청자의 연령층에 관한 Lambardo & Broughton(2017)의 연구에 따르면, MLB는 총 4살의 연령층 증가를 기록하여 2016년 평균 TV 시청자들의 연령이 57세로 확인되었다. 이는 타 스포츠들도 마찬가지로, 제일 젊은 연령층이 MLS의 40세로, 결국 모든 스포츠의 팬들이 점점 고령화되어 감을 알 수 있다.

따라서 각 프로 스포츠들이 살아남기 위해서는 젊은 팬층의 유입이 절대적으로 필요하다고 할 수 있다. MLB는 이러한 팬층의 고령화를 타개하기 위해 뉴미디어 중계권을 적극적으로 받아들였는데, 일례로 2017년 유튜브에 대한 월드 시리즈 중계권 판매를 시작으로 트위터 중계 및 하이라이트 제공, 페이스북에 대한 경기 중계권 판매 등을 시도하였다. 뉴미디어와 손을 잡아 가장 성공한 것은 NBA로, 뉴미디어의 저작권에 대한 개방정책을 실시하여 팬들이 만드는 영상물에 대해서도 거의 무조건적으로 허용하고 있다. 2019년에는 NBA TV 앱을 통해 현 시즌뿐 아니라 과거의 모든 시즌 경기까지 뉴미디어를 통해 시청할 수 있게 함으로써 팬들을 유입하기 위해 노력하였다. 이렇듯 ICT의 향상과 뉴미디어의 발전은 각 종목 및 구단의 생존에 새로운 전환점을 부여하였으며, 스포츠 마케팅에도 다양한 연구 과제를 제시하고 있다.

5. ICT를 통한 스포츠의 정확성 향상

호크아이는 테니스, 크리켓, 축구, 야구, 아이스하키 등 구기 종목 전반에서 사용될 뿐 아니라 나스카 레이싱, 경마 등 20개 이상의 다양한 스포츠 종목에서 사용되는 기술을 지칭하는 것으로, 볼 트래킹 및 SMART 기술을 통하여 게임의 판정을 정확하게 만드는 역할을 한다. 호크아이 기술이 사용되는 대표적인 종목은 테니스이다. University of California, Davis의 데이비드 휘트니(David Whitney) 박사는 윔블던에서 나온 4,000개의 득점을 분석한 결과 테니스 경기 내에서 오심이 가장 많이 발생하는 구간이 심판이 인아웃(In-Out) 판정을 선언할 때라는 사실을 밝혀 냈다(Rowland, 2014). 데이비드 휘트니 박사는 연구를 통해 인아웃 판정의 논란은 심판이 가지는 자질의 문제가 아닌, 인간의 시각적인 인식 체계 그 자체에 오차가 존재하기 때문이라 하였다. 즉, 사람이 아무리 경기의 판정을 잘하려고 노력한다고 하더라도 오차는 언제나 존재할 수 있다는 것이다. 이러한 논란은 호크아이 시스템이 본격적으로 테니스에 적용되며 사취를 감추었는데, 테니스의 경우 경기장에 10대 이상의 초고속 카메라를 설치하고 이를 실시간 통신 및 분석 기술을 사용해 3차원 영상으로 재구성하여 공의 위치를 약 10여 초 안에 판정하도록 호크아이 기술이 발전하였다.

이러한 볼 트래킹 기술은 기존 오심으로 인하여 스포츠의 순수성을 의심하였던 많은 팬들을 다시금 스포츠를 향하도록 돌려놓았다. 하지만 호크아이 기술이 언제나 정확한 것만은 아니라는 것이 2019-2020 영국 프리미어리그(EPL) 29라운드의 아스톤 빌라(Aston Villa)와 셰필드 유나이티드(Sheffield United) 간의 경기에서 드러났다. 전반 42분, 셰필드의 올리버 놀우드 선수의 프리킥이 아스톤 빌라의 골문을 향했고, 볼을 잡는 과정에서 닐란 골키퍼가 공을 잡고 골대 안으로 들어갔다 나오는 상황이 발생하였다. 육안으로는 명백하게 공이 골라인을 넘은 상황이었지만 골, 노골을 판단하는 심판의 시계는 울리지 않았고 결국 노골로 선언되는 결과가 발생하였다. 경기 후 골 판독 기술을 제공하는 호크아이는 오심을 인정하였다. SNS를 통하여 호크아이는 "경기장에 설치된 7개의 카메라가 골키퍼, 수비수와 골포스트에 의하여 가려졌다. 이러한 상황은 호크아이 골라인 판독 시스템이 도입된 지난 9,000번의 경기에서 한 번도 일어나지 않았던 일이다."라며 프리미어리그와 셰필드 유나이티드, 그리고 경기의 영향을 받은 모든 사람들(팬)에게 사과를 하였다. 이처럼 기술이 100% 유효한 경우가 아니라면 드물지만 이런 오류는 존재할 수 있다. 하지만 시청자들에게 조금 더 정확한 경기 상황을 보여 줄 수 있다면, 지속적인 기술 발전을 꾀해야 할 것이다.

연구 문제

1. 원하는 스포츠 하나를 정하고, 해당 스포츠의 ICT 익스피리언스 여정을 논하시오.

2. 각 종목에 따라 스마트 경기장에 필요한 기술에 대해 논하시오.

3. 미래의 스포츠 관람에는 어떠한 기술이 적용될지 추론해 보고 서술하시오.

Chapter 09

레저 스포츠와 ICT

프로 스포츠, 엘리트 스포츠 그리고 관람 스포츠 등과는 다르게, 레저 스포츠는 주로 일반 시민이 취미나 특기 그리고 여가 생활을 위해 참여하는 형태의 스포츠이다. 이러한 레저 스포츠 맥락에서 활용되는 정보 통신 기술의 양상은 스포츠 전문가들이 활용하는 방법이나 전문 스포츠를 관람하는 경기장 등에서의 활용과는 다른 모습을 보인다. 레저 스포츠에서의 정보 통신 기술 활용을 기반 기술별로 알아보도록 하자.

1. 위치 기반 기술의 활용

위치 기반 기술(GPS 또는 GIS 등)은 4차 산업 시대를 이끌어 가고 있는 여러 신정보 통신 기술 중에서도 기초적인 기술에 속한다. 하지만 동시에 위치 기반 기술은 많은 사람들이 야외에서 레저 스포츠를 즐길 때 가장 많이 도움을 받는 기술 중 하나이기도 하다. 맵핑(mapping)을 통해 자신의 위치를 파악하고, 이동 거리나 방향을 파악할 필요가 있는 활동에 위치 기반 기술이 유용하게 활용된다. 위치 기반 기술을 레저 스포츠에 활용할 수 있는 종류는 스마트폰(app) 기반과 외장형 기기 기반으로 나누어 살펴볼 수 있다.

1) 스마트폰(app) 기반

위치 기반 기술은 최근 주목받는 사물 인터넷(IoT), AI(인공 지능), VR, AR, 웨어러블 디바이스 등과 같이 특정 기기가 필요하거나 시스템 애드온이 필요치 않고 이미 대중화가 이루어진 스마트폰만으로도 운용 및 적용이 가능하다. 특히, 우리나라는 스마트폰 사용자가 전체 국민의 95%를 훌쩍 넘고 있으므로, 누구나 위치 기반 기술을 레저 스포츠와 피트니스 활동에 활용할 수 있다고 봐도 무방하다. 그렇기에 가볍게 운동할 수 있는 걷기 및 조깅에서부터 달리기, 마라톤, 실외 사이클링 등 거리와 속도 측정이 유효한 종목을 비롯해 등산, 골프, 해양 스포츠, 래프팅처럼 사용자 위치 정보가 중요한 종목들까지 스마트폰과 앱만으로도 충분한 활용이 가능하다.

(1) 걷기, 달리기, 사이클링, 하이킹

일반적으로 '러닝 앱'이라고 불리며 사용자의 위치, 움직인 거리, 속도 등을 주로 측정 분석하는 위치 기반 앱이 현재 가장 널리 쓰이고 있는 스마트폰 앱이다. 러닝 앱으로 총칭되고 있기는 하지만 움직이는 거리, 속도, 심박수 등을 측정 분석하는 기능적 성격 면에서 걷기 및 달리기 활동에 국한되지 않고 사이클링과 등산 활동처럼 비슷한 성격의 스포츠 활동에서 활용도가 높다.

나이키는 2006년 '나이키 플러스(Nike+)'라는 스마트폰 애플리케이션을 출시하였다. 당시에는 시계형 웨어러블 디바이스가 상용화되기 전으로, 스마트폰의 위치 기반 기술을 활용한 초기 모델의 앱이었다. 나이키 플러스 앱은 지금의 러닝 앱과 마찬가지로 사용자의 이동 속도와 거리를 측정하여 데이터화하는 기능을 가지고 있었는데, 나이키는 여기에서 그치지 않고 뛴 기록을 연동된 소셜 미디어에서의 친구나 지인들과 공유하여 서로 경쟁하고 동기 부여를 할 수 있게 디자인하였다. 반응은 폭발적이었다. 이에 나이키는 나이키 플러스 앱을 활용한 이벤트를 개최하기도 하면서 경쟁심과 협동심을 공략하여 많은 사람들을 달리기 운동에 끌어들이는 성과를 내었다.

나이키 플러스가 발전한 것이 현재의 '나이키 런 클럽(NRC, Nike Run Club)'이다. 달리기뿐 아니라 피트니스와 트레이닝에 대한 보조 역할을 할 수 있는 '나이키 트레이닝 클럽(NTC, Nike Trainning Club)'을 개발하는 등, 나이키는 스마트폰 기반 애플리케이션 시장에서 선도적 위치를 유지하고 있다. 참고로 나이키 런 클럽 앱은 기존 기능에 더

출처: 나이키 홈페이지

[그림 9-1] 나이키 런 클럽과 트레이닝 클럽 앱

해 같이 달릴 수 있는 동호인을 소개해 주고, 수준에 맞는 맞춤형 러닝 프로그램을 제공하며 전문가의 코칭이나 팁을 제공함으로써 더욱 다양한 수준의 달리기 참여자의 니즈(needs)를 만족시키고 있다.

비슷한 시기에 나이키의 경쟁사인 아디다스는 런타스틱을 인수하면서 ICT 관련 소프트웨어와의 결합을 추진했다. 런타스틱은 2009년에 오스트리아에서 설립된 헬스/피트니스 하드웨어 기업이다. 런타스틱은 아디다스에 인수되기 전, 달리기부터 시작해 헬스/피트니스 관련 애플리케이션을 20여 개 운영 중이었다. 아디다스는 2015년에 런타스틱을 2억 2천만 유로(약 2935억 원)에 인수하였다. 이후 런타스틱 애플리케이션은 1억 4천만 회 이상 다운로드되었으며, 전 세계 7천만 명에게 18개국 언어로 서비스되고 있다(줌이글루 포스팅, 2020.06.26.).

앞에서 언급한 것처럼 런타스틱은 GPS 기반의 러닝 트래커 앱, 로드 바이크 앱, 식스팩 앱, 슬립베터 앱, 스마트 밴드인 오빗 등 여러 종류의 스포츠와 피트니스 관련 앱과 제품을 출시했던 기업이다. 특히, 런타스틱이 개발하여 출시한 '런타스틱 발란스(Runtastic Balance) 앱'은 기존의 러닝 및 피트니스 앱과 병행하여 쓸 수 있도록 60만 가지가 넘는 음식 관련 라이브러리 기능을 제공하여 각종 음식에 대한 칼로리 및 영양 정보를 사용자에게 제공는 서비스를 하였다. 이 발란스 앱은 단순 정보 제공에 그치지 않고 사용자의 식습관과 체중 및 운동량을 추적하여 체중 관리를 위한 식생활 계획을 짜

출처: (왼쪽) 아디다스 런타스틱 홈페이지, (오른쪽) 구글플레이 아디다스 런타스틱 앱

[그림 9-2] 아디다스 런타스틱 앱

주거나 건강한 식습관을 형성하도록 돕는 역할을 하였다. 런타스틱이 아디다스로 인수되며 '아디다스 러닝(Running) 앱'과 '트레이닝(Trainning) 앱' 등으로 출시되어 있으며, 기존의 기능인 활동 추적, 목표 설정, 코칭, 활동 통계 등을 지속적으로 서비스하고 있다(데이터넷, 2017.09.21.).

'림포(Lympo)'는 블록체인 기반 운동 보상 앱이다. 사용자가 운동을 한 만큼에 대한 보상을 암호 화폐로 지급해 주는 시스템이다. 2018년 11월 경부터 미국과 한국에서 서비스를 시작하였으며, 애플 앱스토어와 구글 플레이에서 건강 분야 인기앱을 유지하고 있

출처: 구글 플레이 림포 앱

[그림 9-3] 림포 앱(블록체인 기반 운동 보상 앱)

다. 2019년에는 유저수 30만 명을 돌파했는데, 전체 사용자의 10%를 차지하는 한국 유저들이 전체 보상액 약 5.9억 원 중 1.9억 원을 지급받으며 32% 점유율로 미국과 리투아니아의 유저를 앞서는 활동량을 보였다. 림포 앱을 통해 지급받은 코인으로는 앱 내에서 나이키, 아디다스 등의 스포츠용품과 갤럭시나 핏빗 등의 ICT 제품 등을 구매할 수 있다(뉴스웍스, 2019.10.29.).

(2) 골프 맵핑 앱

최근 전 세계적으로 골프 인구가 점진적이지만 꾸준히 감소하고 있다고 평가되는 것과는 반대로(최철환, 2019; ESPN, 2015), 한국의 골프 인구는 지속적으로 증가해 왔다. 특히, 최근 들어 20~30대의 관심 증가로 골프 인구가 급격히 상승하고 있는 추세이다(대한골프협회, 2018; 최철환, 2019). 2014년 골프 인구가 전체 인구 중 13.3%였던 것이 2017년 15.1%로 증가하였으며, 여전히 증가하는 추세에 있다(김수현, 2019; 대한골프협회, 2018).

골프는 특성상 골프장 코스마다 코스의 거리와 플레이어의 위치에 따른 세세하고 다양한 정보를 요구하며, 이에 따라 나름대로 다양한 경우의 수를 전략화해야 하는 면이 있어서 지도(맵)와 위치 기반 기술의 혜택을 크게 볼 수 있는 종목이다. 국내 골프 산업 배경과 골프 종목의 특성, 그리고 국내 선진 정보 통신 기술 개발 능력이 맞물려 국내에서는 골프를 중심으로 한 위치 기반 기술 기반 앱이 지속적으로 개발되어 왔다.

국내 개발 앱으로는 파이골프, 그린캐디, 애니캐디 등이 있다. '파이골프'는 파이골프나비라는 업체에서 개발하였으며, 2D 이미지의 구글맵과 GPS 기반의 스마트폰 앱이다. 스마트폰 카메라를 활용하여 표고차 확인이 가능하고, 장애물 안내, 비거리와 볼의 위치 정보, 그리고 클럽 추천 서비스 등 다양한 기능을 탑재하였다. '그린캐디 앱'은 지코어그린캐디라는 업체에서 개발하였는데, 마찬가지로 스마트폰 기반의 2D 그래픽과 GPS 기능을 활용한 골프 앱이다. 그린캐디 앱은 클럽 거리, 평균 거리, 비거리 등의 정보를 제공하고 공략할 만한 거리와 지점의 전략과 골프장 정보 등을 제공하였다. 애니캐디에서 개발한 '애니캐디 앱' 역시 같은 기술로, 비슷한 서비스를 제공하였다(김재필, 이동철,

2014).

해외에서 개발된 골프 관련 스마트폰 앱으로는 골프샷(Golfshot)과 SkyDroid-Golf GPS 앱과 같은 것을 예로 들 수 있다. 이들 역시 2D 그래픽 및 GPS 기반의 스마트폰 앱으로 클럽 거리, 평균 거리, 비거리 및 공략 거리, 골프장 지도 정보 등을 제공하는 서비스이다(김재필. 이동철, 2014).

위에서 언급한, 현재까지 소개되었던 스마트폰 골프 앱들은 주로 GPS와 단순한 2D 이미지로 구동되기 때문에 조금 더 세세한 위치의 정확도와 사실감이 부족하다는 점이 지적되기도 한다. 이에 따라 증강 현실(AR) 기술과 더욱 정밀한 위치 측정 기술을 접목한 골프 앱의 필요성이 커지고 있다(김재철. 이동철, 2014).

[표 9-1] 골프 관련 스마트폰 앱

	회사명	제품명	내용
국내 개발	파이골프나비	파이골프	- 구글맵과 GPSS 기반의 스마트폰 골프 앱 - 2D 이미지 기반 - 카메라를 이용한 표고차 확인 가능 - 장애물, 비거리와 볼의 위치, 클럽 추천
	지코어그린캐디	그린캐디	- 2D 그래픽 + GPSS - 클럽 거리, 평균 거리, 비거리 측정 정보 - 공략 거리 및 지점 설정 - 골프장 정보 - 아이폰 및 안드로이드폰 사용 가능
	애니캐디	애니캐디	- 2D 그래픽 + GPSS - 클럽 거리, 평균 거리, 비거리 측정 정보 - 공략 거리 및 지점 설정 - 자동 홀 인식 기능 - 아이폰 및 안드로이드 사용 가능
해외 개발	Golfshot	Golfshot	- 2D 그래픽 + GPSS - 클럽 거리, 평균 거리, 비거리 측정 - 공략 거리 및 지점 설정 - 골프장 정보 - 아이폰만 사용 가능
	SkyDroid	SkyDroid	- 심플한 디자인 - 그린의 전 · 후면 및 센터 거리 제공 - 위성 맵을 통한 모든 코스/그린 보기 - 플레이한 공의 궤적 저장/보기 - 아이폰 및 안드로이드 사용 가능

출처: 김재필, 이동철 (2014)로부터 재구성

(3) 레저 안전 관련 앱

등산 같은 산악 레크리에이션 활동에 있어 앞서 언급된 러닝 앱이나 하이킹 앱의 활용도 효과적이지만, 산이나 바다처럼 자연에서의 레저 스포츠를 참여할 때에는 안전 목적의 위치 정보 기술이 무엇보다 중요하다고 할 수 있다. 대표적인 예로 해양 안전 앱인 '해로드(海Road)'를 들 수 있다.

해로드 앱은 사용자가 해상에서 쉽게 자신의 위치를 디지털 해도에서 확인할 수 있고, 유사시 GPS 기반 위치를 해경 등 안전 관련 기관에 전송할 수 있는 스마트폰 앱이다. 긴급 구조 요청 및 위치 정보 전송 기능 외에도 항해 경로 인내와 해양 기상 정보 제공 등의 기능이 있다. 해양경찰청 통계에 따르면 해로드 앱을 통해 접수되어 실행된 구조 비율이 2015년 이후 매년 급증해 2019년까지 총 677명이 구조되었다고 한다. 677명 중 302명 가량이 2019년 한 해에 구조되었다. 일반적으로 해경 등 구조자 입장에서는 표류하거나 고립된 일반 선박이나 조난자의 위치를 정확히 파악하기 어렵기 때문에 구조가 지연되는 경

출처: 해양수산부

[그림 9-4] 해양수산부 개발 해양 정보 모바일 앱 '해로드'

우가 많다. 이 점에 대해 해로드 앱을 통한 구조 요청은 정확한 위치 정보를 실시간으로 공유할 수 있기 때문에 신속한 구조가 가능하게 된다(연합뉴스, 2020.04.22.).

2) 외장형 위치 기반 기기

(1) 산악 및 해양 활동 위치 공유 기기

PLB(Personal Location Beacon)는 특히 산악 활동을 전문적으로 하는 사람들의 필수품이라고 할 수 있다. PLB는 주로 산악 아웃도어 레크리에이션이나 해양 레크리에이션 상황에서 혹독한 기후를 만났거나 길을 잃어 조난이 되거나 하는 안전 상황에서 자신의 위치를 긴급하게 구조 기관에 바로 알릴 수 있게 해 주는 장치이다. 스마트폰과 관계없이 개별적으로 GPS 기반 위치 정보를 송신할 수 있는 구조이며, 작은 크기로 휴대하기 좋은 것이 장점이다.

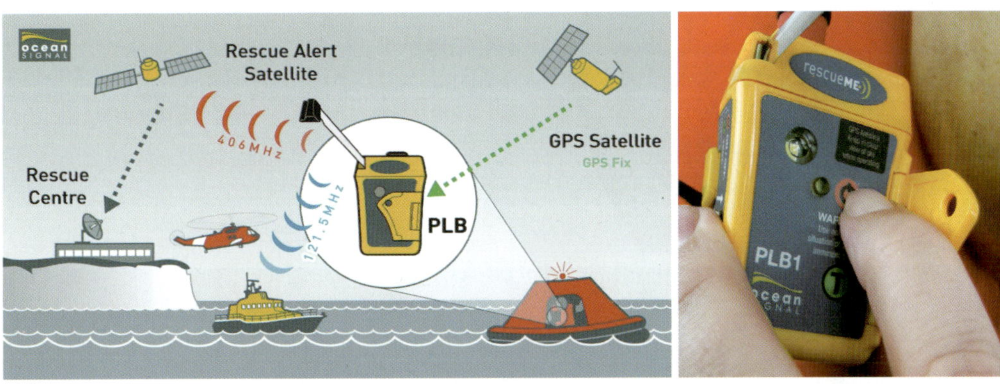

출처: Ocean Signal 홈페이지 (oceansignal.com)

[그림 9-5] PLB 구조 작동 원리 및 제품 예시

(2) 골프용 외장 위치 기반 기기

'골프 디바이스' 제조사인 보이스캐디는 2019년에 SK텔레콤과 손을 잡고 '5G 초정밀

골프 정보 통신 기술(ICT) 사업'에 대한 업무 협약을 시작하였다. 이 사업을 통해 앞으로 골프장 내에서 더욱 정교한 위치 정보 서비스와 거리 측정 기기, 그리고 5G 및 인공 지능(AI) 기술이 결합되어 시너지를 낼 수 있는 골프 솔루션이 개발될 예정이다(한국경제, 2019.10.31.).

보이스캐디는 국내에서 활발히 활동하고 있는 골프 디바이스 기업으로서, 골프 워치를 비롯하여 레이저형 거리 측정기, 음성 안내 거리 측정기, 론치 모니터 등 다양한 골프 관련 기기를 보유한 기업이다. SK텔레콤은 잘 알려져 있다시피 국내 최대 통신사 중 하나로서, 최근 5G 서비스를 시작하였으며 ICT 개발의 선두 주자로 활약하고 있다. 이 두 업체는 협약을 통한 결과물로 골프 활동에 쓰일 초정밀 위치 측정 디바이스를 개발하여 5

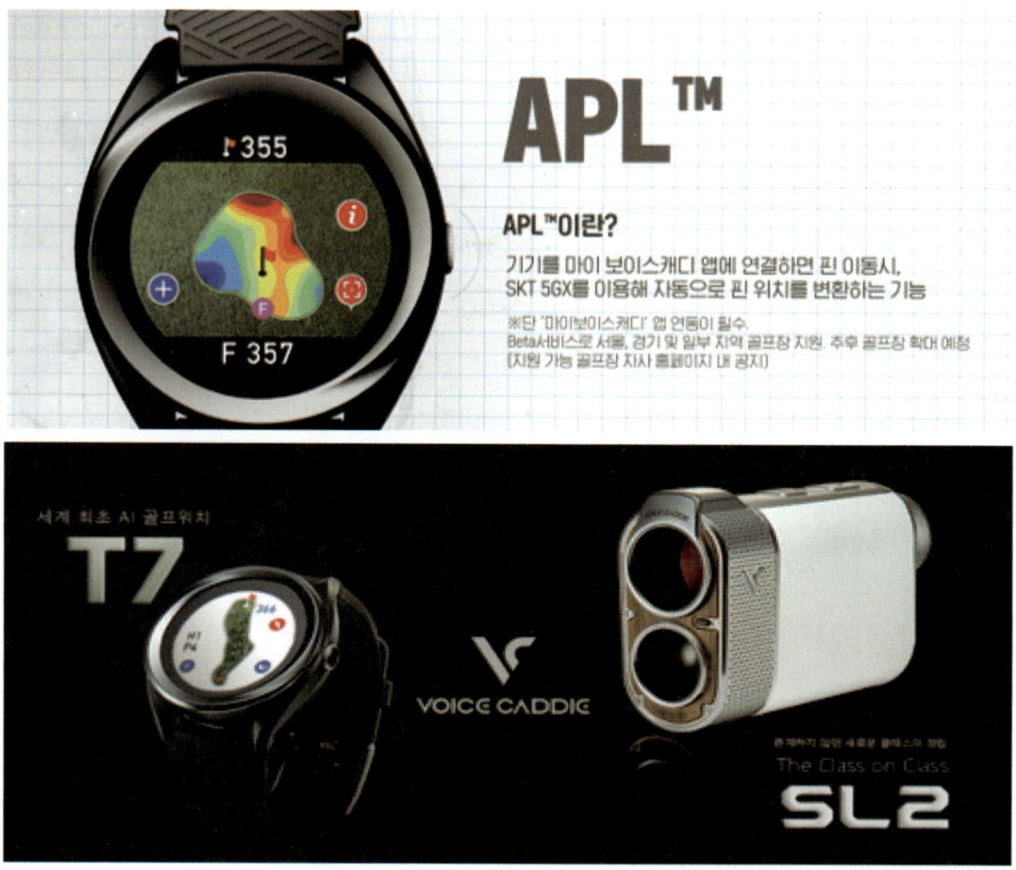

출처: 보이스 캐디 홈페이지

[그림 9-6] 보이스 캐디 제품과 SKT 5G와의 합작 기술

개 골프장에서 사전 테스트를 할 계획을 갖고 있다. 이를 통해 골프 경기 중 센티미터 수준의 정밀한 위치와 거리 정보, 그리고 사용자와 홀컵의 정확한 위치를 확인할 수 있는 보다 높은 차원의 서비스와 경험을 제공할 계획이다(지디넷, 2019.10.30.).

2. 사물 인터넷(IoT)의 활용

1) 웨어러블 디바이스

웨어러블 디바이스는 단순히 휴대하는 물건을 넘어서 몸에 착용되어 사용자의 신체 상태와 움직임 그리고 주변 환경 등에 대한 정보를 지속적으로 수집하고 분석하여 이를 사용자에게 유용한 실시간 정보와 맞춤 제안을 제공할 수 있는 디지털 기기이다. 신체에 착용되어 움직임이나 운동의 퍼포먼스에 방해가 되지 않는 것이 중요하므로, 초소형의 크기와 가벼운 무게가 특징이다. 웨어러블 디바이스는 착용 형태, 용도 그리고 기능에 따라 다음과 같이 분류할 수 있다.

① 착용 형태별 분류: 시계형, 안경형, 액세서리형, 셔츠형, 신발형 등
② 용도별 분류: 증강 현실, 일상생활 기록, 스마트폰 대체, 건강 관리, 스포츠 등
③ 기능별 분류: 스마트형, 기본형 등

첫 번째, 착용 형태별로 살펴보면, 웨어러블 디바이스에는 시계형, 안경형, 액세서리형, 셔츠형, 신발형 등이 있다. 현재 가장 많이 보급된 웨어러블 디바이스의 형태는 시계형으로 애플 워치, 갤럭시 워치, 가민 워치 등이 있다. 두 번째, 용도별 세부 분류를 살펴보면, 증강 현실, 일상생활 기록, 스마트폰 대체, 건강 관리, 스포츠, 업무용 등이 있다. 앞서 언급한, 현재 가장 많이 보급된 시계형 웨어러블 디바이스의 용도는 스마트폰 대체, 건강 관리 그리고 스포츠라고 볼 수 있다. 마지막, 기능별 세부 분류로는 모바일

OS를 기반으로 한 스마트 형, 그리고 단순 기능만을 제공하는 기본형 등으로 나눌 수 있다. 애플 워치나 갤럭시 워치 같은 시계형 웨어러블 디바이스가 스마트폰 대체의 용도를 갖고 있으며 가장 많이 보급되어 있는데, 이와 같은 것이 모바일 OS를 기반으로 한 스마트형의 예가 될 수 있다. 단순 기능만 제공하는 기본형의 예로는 골프 기기 중 거리 측정 기능만을 제공하는 기기가 있다. 이와 같은 분류법 중 착용 형태별로 나눈 분류법이 가장 구별이 뚜렷하다고 할 수 있기에, 착용 형태별 분류법을 통해 어떤 웨어러블 디바이스가 있는지 알아보고자 한다.

(1) 시계형

시계형 웨어러블 디바이스는 보통 스마트폰과의 연동을 통해 수집된 데이터를 공유하여 분석한다. 시계형 기기는 앞서 스마트폰의 위치 기반 기술에 대한 스포츠 활용에서 언급되었던 사용자의 위치, 거리, 속도 등의 정보에 더하여 심박수, 칼로리 소모량 등 신체 상태에 대한 정보를 수집할 수 있어서 좀 더 정교한 정보 분석이 가능하다.

전 세계적으로 웨어러블 디바이스 시장은 가파른 성장률을 보여 왔다. BBC 리서치는 웨어러블 디바이스 시장이 2013년 50억 달러 규모에서 2018년에는 303억 달러 규모로 성장하여 연평균 43% 성장률을 보일 것으로 전망한 바 있다(유동훈, 2018). IDC에 의하면 웨어러블 디바이스 출하량이 2018년 1억 2490만 대에서 12.5% 성장하여 2022년 약 2억만 대 출하를 전망하고 있다(정부연, 2018).

피트니스와 ICT 접목에 있어서 초반에 등장하여 피트니스 웨어러블 디바이스를 선도한 제품은 나이키 퓨얼밴드(Nike+ Fuelband)라고 할 수 있다. 초창기 선두 주자였던 나이키 퓨얼밴드는 운동으로 소모된 칼로리 정보를 디스플레이에 보여 줘 사용자에게 정보를 제공하여, 이를 애플리케이션을 통해 저장하고 친구나 지인들과 공유할 수 있었다. 특히, 이러한 운동량 정보 공유 기능이 친구 및 지인들과의 경쟁을 유도하여 재미와 동기를 부여할 수 있는 게이미피케이션(gamification) 요소를 제공한 대표적 사례이다(강선영, 강승애, 정형수, 2016).

출처: 나이키, 삼성 디스플레이 뉴스룸

[그림 9-7] 나이키 퓨얼밴드

비슷한 시기에 나이키의 경쟁사인 아디다스는 런타스틱을 인수하면서 ICT 관련 소프트웨어와의 결합을 추진했다. 런타스틱은 2009년에 오스트리아에서 설립된 헬스·피트니스 하드웨어 기업이다. 런타스틱은 아디다스에 인수되기 전, 달리기부터 시작해 헬스·피트니스 관련 애플리케이션 20여 개와 '오르빗'과 같은 웨어러블 기기를 운영 중이었다. 아디다스는 2015년에 런타스틱을 2억 2천만 유로(약 2,935억 원)에 인수하며, 애플리케이션과 '오르빗'을 가져가게 되었다. 이후 런타스틱 애플리케이션은 1억 4천 이상 다운로드되었으며, 전 세계 7천만 명에게 18개국 언어로 서비스되고 있다. 후발 주자로 출발하여 이미 미국 내에서는 아디다스의 점유율을 넘어선 언더아머의 경우에도 운동관리 애플리케이션 업체인 맵마이피트니스, 엔도몬도, 마이피트니스팔 등 피트니스 애플리케이션 업체들을 차례로 인수하면서 스포츠용품과 ICT의 결합 흐름에 동참하고 있다. 일본 스포츠용품 기업인 아식스 역시 헬스키퍼라는 애플리케이션을 인수하는 등 흐름에 동참하는 행보를 보이고 있다(유동훈, 2018). 이와 같은 애플리케이션들은 시중의 스마트 밴드나 스마트 워치 등의 웨어러블 기기와 연동이 가능하도록 설계되어 있다.

출처: 아디다스 런타스틱 홈페이지

[그림 9-8] 아디다스 런타스틱 오르빗

웨어러블 디바이스는 건강, 스포츠, 교육, 게임 분야에서의 개발 사례가 주로 증가하는 추세인데, 그중 가장 가파르게 성장하는 분야는 건강과 스포츠(피트니스) 분야이다(강승애, 2015). 현재 가장 많이 보급화가 이루어진 웨어러블 디바이스 중 하나인 스마트 워치는 애플이 선보인 애플 워치가 선두 주자였다고 할 수 있다. 애플 워치 출시 당시 애플의 스마트폰인 아이폰의 iOS 체제에 '건강(health)'이라는 기본 애플리케이션을

출처: (왼쪽) 애플 홈페이지, (오른쪽) 삼성전자 홈페이지

[그림 9-9] 애플 워치, 삼성 갤럭시 워치, 삼성 갤럭시 핏

제공하며 애플 워치의 여러 용도 중에서도 건강 및 피트니스 기능의 연동에 중점을 두었다. 애플의 아이폰에 대적하는 삼성 역시 시계형 웨어러블 디바이스인 갤럭시 기어를 출시하며 자사 갤럭시 스마트폰과의 연동 서비스를 제공하였으며, '기어핏'이라는 밴드 형태의 디바이스도 출시한 바 있다(전성범, 임진선, 이철원, 2016).

주요 글로벌 ICT 기업들 외에도 중국 업체들과 스타트업 업체들도 웨어러블 디바이스 시장에 뛰어들어 경쟁함으로써 시장의 저변 확대가 시작되었다. 중국의 화웨이나 샤오미 같은 기업들이 Talkband B1이나 미밴드 등을 출시하면서 밴드형 웨어러블 디바이스 시장에 뛰어들었다. 그 외에도 소프트뱅크의 Fitbit flex 밴드와 같이 사업 분야 확장과 스타트업 등이 초기 웨어러블 밴드의 레거시(legacy)를 이어 왔다.

(2) 안경형

안경형 웨어러블 디바이스는 주로 증강 현실 기술을 실현시키는 것에 적합한 형태이다. 구글의 구글 글래스가 가장 선도적이고 잘 알려졌으나, 시계형 웨어러블 디바이스처럼 상용화되지 못했다. 2013년에 첫선을 보인 구글 글래스는 가벼워 보이면서 미래 지향적인 디자인을 바탕으로 스마트폰과 같은 일반 사용자를 타깃(B2C 시장)으로 하여 많은 기대를 모았었다. 하지만 1,500달러 정도의 높은 가격과 사생활 침해에 대한 이슈 및 관련 법 제도 미비 등의 이유로 인해 일반 소비자에게 출시조차 못 한 채 2년 만에 단종된 바 있다(태스 네이버 블로그, 2019.05.22.).

이후, 2017년 '구글 글래스 엔터프라이즈 에디션'이라는 이름으로 구글 글래스 에디션 1 제품이 출시되었다. 엔터프라이즈라는 이름에서 알 수 있듯 첫 시도였던 구글 글래스 1세대와는 달리 기업 간 거래를 타깃(B2B)으로 삼았다. 주로 산업 현장 업무와 산업 업무' 교육 목적에 특화된 솔루션의 적용 등 목적 변화에 따른 발전이 있었으나, 기본적으로 형태나 기능은 1세대와 크게 다를 바 없었다. 최근, 2019년에 구글이 구글 글래스 엔터프라이즈 에디션 2(이하 구글 글래스 2)의 출시를 알리며 다시 한번 관심을 모으고 있다. 기존에 2D 환경만 지원하던 디스플레이를 3D 환경을 지원하도록 업그레이드하면서 증강 현실 기능을 강화하면서도 가격을 999달러로 낮추어 경쟁력을 강화하는 등의 발전

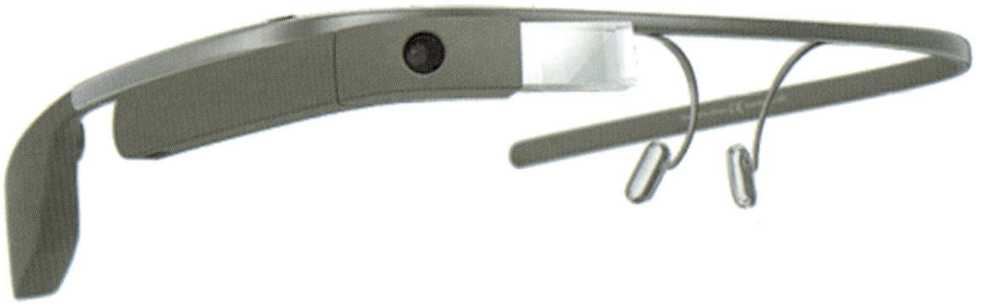

출처: 구글. 에이서의 네이버 포스트

[그림 9-10] 구글 글래스 1세대

이 있었지만, 여전히 산업 현장에서의 용도에만 한정되고 있어 일상적 사용과 특히, 스포츠에서의 상용화는 어렵다(중앙일보, 2019.05.21.).

안경형 웨어러블 디바이스를 스포츠에 적극적으로 활용한 사례는 캐나다 기반의 스마트 고글 업체 리콘(Recon Instruments)의 '리콘 젯(Recon Jet)'이다. 리콘 젯은 아웃도어 스포츠용 스마트 안경으로서 렌즈의 HD 디스플레이를 통해 속도, 이동 거리, GPS 기반 위치 정도 등을 표시해 주는 제품이다. 리콘 젯은 또한 모바일 기기와 연결하여 전

출처: 구글. "구글, 더 날렵해진 디자인...'구글 글래스 2' 공개". 중앙일보

[그림 9-11] 구글 글래스 엔터프라이즈 에디션 2

출처: https://dvdprime.com/g2/bbs/board.php?bo_table=dpinfo&wr_id=40881

[그림 9-12] 리콘 젯

화, 문자 수신을 알려 주는 기능도 탑재하고 있어 달리기, 사이클링, 스키, 스노우보드 등 아웃도어 스포츠 참여자들에게 유용한 기기이다.

세계 최대 컴퓨터 소프트웨어 업체인 인텔은 2015년에 리콘 인스트루먼트를 인수하며 구글 글래스와의 경쟁에 대비하여 움직였다. 구글 글래스가 산업용 기기로 방향을 잡은 것과는 다르게 인텔은 리콘사의 리콘 젯이 스포츠로의 활용도가 높은 점을 차세대 성장 동력으로 분석한 듯하다. 하지만 현재로서는 구글이나 인텔 두 업체 모두 안경형 웨어러블 디바이스의 일상생활이나 스포츠에서의 상용화는 이루지 못하고 있는 실정이다(전자신문, 2015.06.18).

(3) 신발형과 셔츠형

현재 가장 널리 상용화가 이루어지며 발전하고 있는 시계형 웨어러블 디바이스의 뒤를 이어 스포츠 웨어러블 기기 시장에서 주목받고 있는 것이 신발형이나 셔츠형처럼 평소에 사람들이 기본적으로 착용하는 아이템에 적용되는 사물 인터넷이라 할 수 있다. 시계형 웨어러블 기기가 액세사리의 성격에 가깝다면, 신발형이나 셔츠형 웨어러블 기기는 '입는 것'이기 때문에 무엇보다 거추장스러울 일이 없는 형태의 웨어러블 디바이스이다. 그중에서도 부피의 축소와 경량화가 조금 더 용이한 신발형이 현재 시장에서 부

출처: 언더아머 홈페이지

[그림 9-13] 언더아머의 스마트 슈즈

상하고 있다. 대표적 사례로 스포츠 웨어 브랜드 언더아머는 최근 '커넥티드 피트니스(connected fitness)'라는 방향성하에 IBM의 인공 지능 기술 및 빅 데이터 기술과 협업하여 헬스케어 앱 '언더아머 레코드(Under Armour Record)'를 운영하고 있으며, 이 앱과 연동 가능한 스마트 신발과 스마트 의류 등의 개발에 집중하고 있다. 이와 같은 언더아머의 웨어러블 기술 개발 비전에 대한 대표 협력 업체 중 하나로 삼성전자가 있다(와이즈맵 네이버 포스트, 2019.07.05.).

2019년 1월, 삼성전자는 언더아머와의 협력 확대를 발표하면서 CES 2019에 언더아머 부스가 등장하기도 했다. 삼성전자는 웨어러블 디바이스에 대한 언더아머와의 협업에 있어 보편화된 시계형 기기를 넘어 운동화에 사물 인터넷을 적용할 수 있는 스마트 인솔을 책임지고자 하였다. '스마트 인솔'이란 신발 안창에 심은 센서를 통해 보폭, 양발 균형, 압력 분포 등의 정보를 측정하고, 그 정보를 저장 및 분석할 수 있는 기술이다.

언더아머 역시 스마트 슈즈 개발에 있어서 초보자가 아니었다. 앞서 언급된 커넥티드 피트니스라는 비전 아래 2016년 즈음, 스마트 러닝화인 'Gemini 2 RE'를 이미 선보인 바 있다. 당시 이 스마트 러닝화는 위치 추적 기능이 장착되어 있어 착용한 사람의 이동한 거리와 시간을 측정할 수 있었으며, 그 데이터를 통해 운동화의 수명도 계산할 수 있었다(김치원, 2017.04.25.).

국내 토종 스포츠 브랜드로서 LS 네트웍스가 운영하고 있는 프로스펙스 역시 스마트 슈즈와 스마트 깔창 개발에 집중하고 있다. LS 네트웍스는 대학병원과 재활 분야에서 스마트 인솔 등 사물 인터넷 개발에 집중해 온 티엘아이 사와 협업하여 앉기, 걷기, 뛰기, 서기 등의 활동은 물론, 러닝 자세 분석이 가능한 구체적 측정이 가능한 스마트 깔창을 운동화에 적용하였다. 이를 통해 스포츠 참여에 있어 재활이나 부상 방지 또는 홈 트레이닝 등에 활용 가능한 프로스펙스 운동화를 상용화하였다.

스마트 신발은 또한 스타트업 벤처 기업들의 활약으로 발전에 속도가 붙고 있다. 솔티드벤처가 개발한 '디지털 밸런스 트레이닝 슈즈'는 언더아머나 프로스펙스가 선보인 신체 균형을 측정하여 분석하는 기술에서 나아가 운동할 때 실시간으로 자세를 파악해 옳지 않은 자세를 취하면 음성 안내로 올바른 자세를 잡아 준다. 이러한 기능은 시계형이나 안경형 웨어러블 기기에서는 측정 분석할 수 없기 때문에 헬스케어 및 스포츠 활동에 있어서 경쟁력 있는 기술이라는 평가를 받고 있다. 앞으로 5G의 보급화를 통한 사물 인터넷 기술의 발전에 따라 더 다양한 기능이 추가될 것으로 예상되는, 전 세계 스마트 신발 시장은 2018년 3조 8200억 원 규모에서 2020년에는 5조 7200억 원 정도로 급성장할 전망이다(조선비즈, 2019.05.23.).

이와 같은 스마트 신발에 대한 기대감과 진화는 스포츠 업체들의 시장 선점 경쟁을 부

출처: 프로스펙스. "스마트 깔창 상용화…프로스펙스에 적용", 티엘아이

[그림 9-14] 프로스펙스 스마트 슈즈와 깔창

출처: 나이키. Early adopter 웹페이지 (http://www.earlyadopter.co.kr/120882)

[그림 9-15] 나이키 어댑트 BB

추기고 있다. 영화 「백 투 더 퓨처(Back to the future)」에서 주인공 마티가 미래로 시간 여행을 하는 장면에서 자동으로 끈을 조여 주는 나이키 운동화가 등장한다. 2019년에 나이키는 영화에서나 볼 수 있던 이 운동화를 구현한 어댑트 BB(Adapt BB) 농구화를 출시하였다. 이 운동화는 신발 끈이 외피 밖으로 보이지 않고 발등 안쪽으로 감싸져 있다. 사용자가 발을 넣으면 신발 안의 끈과 모터가 작동해 발 모양에 맞도록 끈을 조인다. 뿐만 아니라, 신발 내부의 가속도 센서와 중력 센서를 통해 사용자의 움직임과 활동량에 맞추어 수시로 끈 조임의 정도를 조절할 수 있다. 예를 들면, 농구를 할 때는 발을 꽉 잡을 수 있도록 조이다가도 일상생활로 돌아와 걷거나 앉아 있을 때에는 편안하고 느슨하게 잡아 주는 것이 가능하다. 자동 조절과 수동 조절이 가능한데, 사용자가 수동으로 끈 조임을 조작하고자 할 때는 운동화의 버튼이나 스마트폰 연동을 통해 원하는 대로 컨트롤할 수 있다(이유혁, 2019.01.17.).

2) 스포츠 도구용 및 외장형 디바이스

스포츠에는 도구가 사용되는 종목이 많다. 스틱 형태, 방망이 형태, 공 형태, 원반 형태, 라켓 형태, 그물망 형태, 배 형태, 스키 및 보드 형태, 바퀴 형태 등등, 다양한 형태의 도구를 빌려와 스포츠를 재미있고 활기차게 만들 수 있는 장비 및 구조물로 사용하고 있다. 사물 인터넷(IoT)이 스포츠에 적용되는 유형으로는 신체의 일부 또는 의류의 연장선으로서 작용하는 웨어러블 디바이스 외에도 각종 스포츠에 사용되는 도구에 부착되거나 외장형으로 사용되는 유형의 기기들이 있다. 스마트워치나 밴드와 같은 웨어러블 디바이스의 폭발적 보급화에 비하면 도구 · 외장형 디바이스의 보급은 현재로서는 아직 미미한 수준이다. 하지만 특정 스포츠 종목들에서 참가자의 퍼포먼스를 향상시키는 데 도움이 되는 각종 사물 인터넷 디바이스가 개발되고 있으며, 이에 대한 수요가 점차 늘어나는 추세에 있다.

(1) 골프용 사물 인터넷

도구 · 외장형 디바이스의 개발과 활용이 가장 활발하고 뛰어난 종목은 골프다. 골프가

출처: Zepp 홈페이지

[그림 9-16] ZEPP 골프

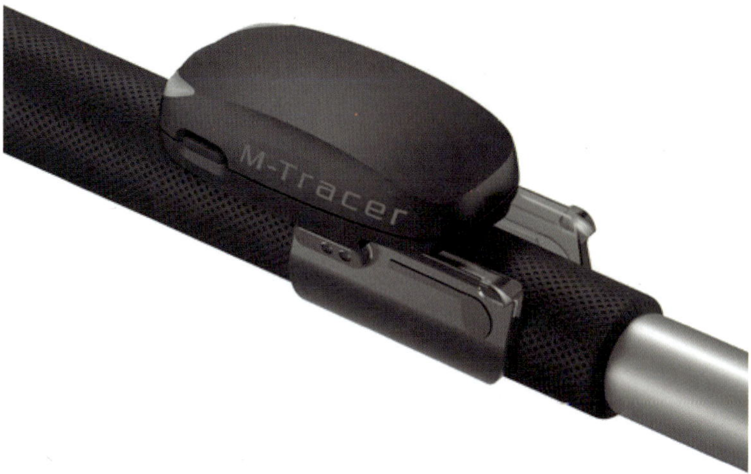

출처: 앱손. "엡손, 골프 스윙 분석 시스템 '엠트레이서' 공개." 노트포럼

[그림 9-17] 골프용 사물 인터넷 엡손의 엠트레이서

사물 인터넷 기술을 활용할 여지가 많은 이유는 다음과 같다.

(1) 경기의 속도감이 상대적으로 느리다.
(2) 플레이어의 자세와 스윙 궤도 및 속도가 중요 요소로 작용한다.
(3) 실외의 매우 넓은 공간을 활용한다.
(4) 공이 날아가는 거리, 특정 위치 사이의 거리, 플레이어의 거리 등이 중요 요소로 작용한다.

골프 스윙 분석 기기로 대표되는 ZEPP은 골프 장갑에 센서 기기를 부착하여 스윙 속도, 임팩트 각도, 스윙 궤도 등의 움직임을 측정하고, 이 정보를 블루투스로 연결된 스마트폰과 같은 기기에서 분석할 수 있는 사물 인터넷의 한 종류이다. 단순한 분석뿐만 아니라 훈련 방향과 목표를 설정하면 그것에 맞추어 훈련 프로그램을 제공하는 기능도 서비스하고 있다. 특히, 프로 선수의 데이터와 비교 분석하여 사용자에게 필요한 트레이닝 방향을 제시하는 등의 유용성 때문에 실제로 LPGA의 미셸 위 선수 같은 프로 선수들도 사용하고 있다(연합뉴스, 2018.03.30.).

비슷한 골프 스윙 분석 기기로는 엡손 사의 '엠트레이서(M-Tracer)'가 있다. ZEPP과 다르게 엠트레이서는 골프 클럽에 부착할 수 있는 사물 인터넷 기기이다. 15g 가량의 가벼운 무게라서 스윙에 방해가 되지 않으며 스윙, 임팩트, 속도 등 운동 동작의 상세 데이터를 정확하게 분석 할 수 있다. 스마트폰 등 스마트 기기에 설치된 전용 앱을 통해 측정된 데이터를 전송받아 분석해 준다. 분석 결과를 그래프와 모든 각도에서 확인이 가능한 3D 이미지 등 다양한 형태로 제공한다. 사용자의 과거 스윙 데이터와 프로 골퍼의 데이터와 비교가 가능하기 때문에 효과적인 훈련을 할 수 있고, 승부욕을 부르는 재미 요소도 있다(노트포럼, 2014.11.24.).

그 외에도 골프 게임 중 에이밍과 어드레스 방향의 정확성을 더해 주는 모션스케이프 사의 '더 에이밍(The Aiming)', 골프 자세 교정 시스템인 아크인터렉티브 사의 '엔쓰뷰어(NthViewer)', 빈 스윙만 해 봐도 클럽별 예상 비거리를 측정해 주는 '티틀(ti.ttle)' 등, 다양한 종류의 골프 관련 사물 인터넷 기기가 출시되어 골퍼들의 경기력 향상을 돕고 있

출처: https://www.youtube.com/watch?v=cBNHZpCpDHI

[그림 9-18] Zepp 야구 - 소프트볼

출처: 바볼랏. "테니스와 IT 결합한 똑똑한 테니스 라켓 나온다", 전자신문

[그림 9-19] 바볼랏 스마트 테니스 라켓

다(정보 통신신문, 2015.11.27.).

(2) 공과 방망이 그리고 라켓용 사물 인터넷

스포츠용품 및 도구에 응용되는 사물 인터넷 기술이 골프 종목에서 가장 두드러지기는 하지만, 그러한 골프에 적용되는 스윙의 궤도, 스윙 스피드, 공과 클럽의 컨택트(contact) 등을 분석하는 원리는 골프 말고도 그대로 적용될 수 있는 스포츠 종목들이 많다. 대표적인 예로 야구의 배트 스윙과 테니스의 스트로크는 분석 대상인 스윙 궤도 및 스피드나 공과의 임팩트 등 골프 분석의 원리와 다를 바가 없다.

실제로 앞서 골프용 사물 인터넷 기기로 소개되었던 ZEPP에는 야구 및 소프트볼용으로 별도 출시한 'ZEPP 야구-소프트볼' 제품이 있다. 마이크 트라웃을 비롯한 미국 MLB 선수들이 사용하며 홍보하기도 하는 이 제품은 ZEPP 골프 제품이 사용자의 손등에 부착되는 것과는 다르게 야구 배트의 그립 아래 끝부분에 부착하여 사용한다. 골프 제품과 같은 원리로 배트 스윙 속도, 임팩트 소요 시간, 임팩트한 볼의 발사각 등을 측정하여 분석해 준다. 또한, 사용자와 배트의 정보 입력을 통해 훈련 목표를 설정하고 성장세를 데이터로 확인 가능하게 하며, 훈련 프로그램을 제안하는 등의 서비스를 제공한다.

테니스 역시 라켓에 적용하는 사물 인터넷을 통해 위와 같은 분석과 서비스가 가능하다. 그 한 예로 테니스 라켓 메이커 바볼랏(Babolat) 사의 'OverDrive 105 스마트키트' 제품이 있다. 이 제품의 특징은 ZEPP처럼 기존 도구나 신체에 부착하는 것이 아니라 센서가 라켓에 내장되어 있다는 점이다. 가속도계와 자이로스코프를 포함하는 이 내장 센서는 공을 서브할 때의 속도와 공을 친 횟수, 공의 회전량 등의 정보를 수집하여 사용자의 스마트폰으로 전송하고 실시간으로 분석하여 스트로크를 교정하고 성장시키는 데 일조한다(전자신문, 2015.12.17.).

여러 스포츠 종목에서 활용되는 도구에는 클럽, 배트, 라켓 등과 같은 도구들보다 더욱 흔하고 자주 쓰이는 도구가 있다. 바로 공(ball)이다. 앞서 언급된 막대기 형태의 스포츠용 도구들 역시 특정 형태의 공을 다루거나 치기 위한 경우가 대부분인데, 막대기 도구 없이 맨손 또는 맨발로 이루어지는 구기 종목 역시 다양하며, 전 세계적으로 사랑받는 종목이 포진되어 있다. 그중 가장 대표적인 종목으로 축구와 농구를 들 수 있으며, 사물 인터넷이 적용된 스포츠 볼 역시 축구공과 농구공이 가장 대표적이다.

축구공의 예로는 2014년 아디다스가 출시한 '마이코치(Micoach) 스마트 볼'을 들 수 있다. 이 제품은 축구공에 내장된 센서를 통해 사용자가 찬 공의 스피드, 스핀량, 궤적, 임팩트 포인트 등의 정보를 수집, 분석하여 그 결과를 스마트폰 앱을 통해 사용자에게 제공한다. 분석된 정보를 바탕으로 마이코치 앱이 개인 기술 향상을 위한 코칭 서비스를 제공함으로써 사용자는 본인의 자세와 힘 전달의 메커니즘을 발전시킬 수 있다. 아디다

출처: (왼쪽) 아디다스, 서울신문 기사, (오른쪽) 윌슨, IoT 다나와 네이버 포스트

[그림 9-20] 아디다스 마이코치와 윌슨 커넥티드 스마트 볼

스는 마이코치 서비스의 적용을 축구에 그치지 않고 야구, 배구, 농구 등 다양한 구기에 확대 적용하고 있다(서울신문, 2015.11.30.).

농구용 스마트 볼의 대표적인 제품으로는 윌슨(Wilson) 사의 '윌슨X커넥티드 바스켓볼(WilsonXConnected Basketball)'을 들 수 있다. 제품의 바탕이 되는 원리와 기술은 앞서 소개된 아디다스의 '마이코치'와 동일하며, 공에 내장된 센서를 통해 코트 위치별 슛 성공률과 연습 수행 결과에 대한 분석 정보를 제공한다. 특징적인 점은 실시간으로 분석한 훈련 데이터를 바탕으로 스마트폰 앱을 통해 오디오 코칭을 제공한다는 점이다. 이 기능을 통해 사용자는 연습을 도중에 멈추고 스마트폰을 확인할 필요 없이 즉각적으로 피드백을 받아 연습에 적용할 수 있게 된다.

(3) 그 외 다양한 스포츠 도구로의 적용

참여 스포츠에는 체계화되어 있는 구기 종목 같은 경쟁적 스포츠 외에도 달리기, 줄넘기, 피트니스, 웨이트 트레이닝 등 비경쟁적이고 게임 형식이 아닌, 넓은 범위의 다양한 카테고리들이 존재한다. 스포츠에 대한 사물 인터넷의 적용 역시 이와 같은 다양한 카테고리들로 퍼져 나가고 있다. 몇 가지 예를 들자면, 첫째로 요가나 피트니스 등의 운동에 자주 쓰이는 매트이다. 스마트 매트라고도 불리는 이 제품군은 압력 감지 센서가 내장되어 있어 스마트폰 앱을 통해 사용자의 운동량과 밸런스를 측정, 분석하고, 요가 동작이나 올바른 맨몸 운동 자세를 평가하고 바로잡아 주는 서비스를 제공한다. 또한, 앱을 통해 단계적으로 체력을 증진시킬 수 있는 프로그램을 추천하여 코칭해 주는 수단으로도 활용되고 있다.

줄넘기 운동을 보조하기 위한 스마트 로프도 개발되어 출시된 바 있다. LED와 센서가 내장된 로프를 사용자가 돌려 넘을 때마다 횟수를 LED 잔상을 통해 표시해 주거나 스마트폰 앱에 사용자 정보를 입력하면 줄넘기 코칭 및 운동 처방을 해 주는 등의 서비스를 제공한다. 그 외에도 사물 인터넷 기술이 적용될 수 있는 스포츠 활동은 다양하며, 기술의 발전으로 센서의 부피와 무게가 더욱 소형화되고, 배터리 수명이 늘어날수록 가능성은 무궁무진해진다. 현재까지 소개된 사물 인터넷 제품들의 흐름에서도 초기에 탈부착 방식이던 기기들이 제작 단계에서 제품 속으로 내장되고 정교해지는 것을 볼 수 있다. 이런 속도로 사물 인터넷 기술이 발전하여 제작되는 모든 스포츠용품이 사물 인터넷이 가능해진다면, 그로 인해 참여 스포츠 현장에서 쌓일 빅 테이터의 활용 가능성은 가히 상상을 초월할 것임을 짐작할 수 있다(스위트케이 아티클, 2017.9.21.).

3. 가상 현실 스포츠

가상 현실(virtual reality)이란 현실 세계와 유사한 상황을 인공적으로 재현한 환경과 체험을 뜻한다. 가상 현실의 영문 표현인 'Virtual Reality'에서 우리에게 익숙해진 용어 'VR'을 찾을 수 있다. 최근 급성장하고 있는 VR은 말 그대로 가상 현실(Virtual Reality)을 뜻하는 것이며, 2020년 현 시점에서는 특정적으로 우리의 눈과 귀에 헤드 마운트 디스플레이(HMD, Head Mounted Display)를 착용하여 가상 현실을 체험하는 방식을 주로 의미한다.

하지만 가상 현실이라고 하는 개념 자체는 오래전부터 비행기 조종이나 운전 연습 등의 시뮬레이션 훈련 형태로 존재해 왔다. 엔터테인먼트 분야에서도 – 최신 기술의 HMD와 고화질 그래픽을 사용해 현실감을 극대화시킨 현재의 수준에는 못 미치지만 – 가상 현실에서 게임과 스포츠 활동을 실현시키고자 하는 기술과 서비스들이 지속적으로 개발, 출시되고 있었다. 이에 스포츠 활동을 둘러싼 가상 현실 기술들을 다각도에서 살펴볼 필요가 있다(이기광, 2015).

1) 스크린 스포츠(시뮬레이션 스포츠)

우리나라에서, 특히 가상 현실 스포츠에 대한 관심도가 높은 현상은 스크린 골프의 출현과 발달에 원인이 있을 가능성이 높다. 우리나라에서 '스크린 골프'라고 불리는 이 기술은 원래 1990년대 초 미국, 독일, 일본 등의 골프 클럽 제조사들이 더 좋은 퍼포먼스의 클럽을 개발하기 위해 시뮬레이션 기술을 골프에 적용한 것에서 시작되었다. 스윙 궤도, 클럽 헤드 속도, 공의 발사각과 속도 등의 정보를 적외선(IR) 센서 등을 통해 수집하여 분석해 주는 산업용 시스템에 더해, 이용자가 분석된 정보를 한눈에 볼 수 있도록 대형 화면 스크린을 접목시키면서 연습용뿐만 아니라 엔터테인먼트 스포츠로서 골프를 즐길 수 있는 스크린 골프가 탄생된 것이다 .

스크린 골프는 골프를 가상 현실로 옮겨 오면서 실제 골프 참여에 있을 수 있는 시간적, 공간적, 비용적 제약을 극복할 수 있게 해 주었다는 데에 강점이 있다. 현실에서 골프를 하려면 대부분 교외로 나가기 위해 이동해야 하며, 대부분의 골프장은 예약이 꽉 차 있는 경우가 많다. 반면 스크린 골프장은 가상이기는 하지만 원하는 골프 코스에서 원하는 시간에 골프를 즐길 수 있도록 하여 시간적, 공간적 한계를 극복하게 해 주었다. 또한, 국내 사정에서는 일반적으로 골프장 이용에 참여 스포츠 최고 수준의 값비싼 비용이 요구되기 때문에 소득이 높은 중장년층 이상의 연령대가 주로 골프에 참여해 왔다. 그러나 스크린 골프는 골프 참여 비용을 획기적으로 낮추면서 상대적으로 소득이 낮거나 20~30대의 젊은 층 골퍼의 유입을 이끌며 골프에서의 비용적 제약을 극복하는 원동력이 되었다(이기광, 2015).

엔터테인먼트 스포츠로서의 스크린 골프는 한국에서 처음 도입된 개념이며, 이것을 선도하고 발전시켜 온 기업은 단연 골프존(Golfzon)이다. 골프존은 초기 스크린 골프 경쟁 시장에서 온라인 플랫폼을 통해 사용자 간 경쟁 게임을 전국 단위로 확대한다던지, 전국 골프장 코스에 대한 정밀한 측정을 통한 생동감 있는 그래픽 구현 등 소프트웨어의 강화를 통해 우위를 잡을 수 있었다고 평가된다. 골프존이 도입한 이 '경쟁'의 요소가 '재미'를 배가시키는 주효한 요인으로서 스크린 골프 성공의 또 하나의 비결이다. 현재 골프존의 스크린 골프 시장 점유율은 60% 이상이며, 그 뒤를 카카오VX, SG골프 등 후발 기업들이 쫓고 있다(중앙일보, 2018.05.09).

골프존의 골프 인구 조사에 따르면 국내 스크린 골프 인구는 약 350만 명 이상으로, 시장 규모가 약 1조 200억 원 이상이라고 한다. 이는 현실의 필드 골프 규모인 3조 1650억 원의 32%에 해당한다. 또한, 조사된 스크린 골프 인구 중 신규 유입 골퍼의 85.5%가 스크린 골프를 통해 입문한 것으로 조사되었다(중앙일보, 2018.05.09.). 아울러 가구 소

출처: 카카오VX. "스크린골프 '사회적 거리두기'로 코로나19 넘는다." 이뉴스투데이

[그림 9-21] 스크린 골프

득 400만 원대 미만 골퍼의 증가율이 스크린 골프의 확산과 함께 크게 늘어난 것으로 조사되어 스크린 골프가 골프 입문의 진입 장벽을 낮추는 효과가 있음을 입증하고 있다(위키백과, 2020.06.23.).

이와 같은 스크린 골프의 폭발적 성장에 힘입어 골프 이외의 다른 스포츠에 스크린 시뮬레이션 기술을 적용하는 시도가 늘어나고 있다. 야구, 승마, 테니스, 양궁, 사격, 사이클, 스키 등에 시뮬레이션 기술을 접목하는 시도들이 있어 왔고, 지금도 진행 중이다. 그러나 아직 스크린 골프와 같은 긍정적 반응을 얻어 내지는 못하고 있는 실정이다. 그럼에도 스크린 야구와 스크린 테니스가 꾸준히 인지도를 쌓아 가고 있으며, 새롭게 발전된 기술들을 접목시켜 더욱 현실과 비슷한 시뮬레이션을 제공하고 있어 성장 가능성이 기대된다.

대표적인 예로, 신생 스크린 테니스 업체 테니스팟(Tennispot)은 기존의 스크린 테니스 기술에 인공 지능(AI) 기술과 여러 방향과 각도로 공을 피드(feed)할 수 있는 머신을 적용하여 실제에 가까운 스트로크 랠리(rally)나 대전을 즐길 수 있는 서비스를 제공하고

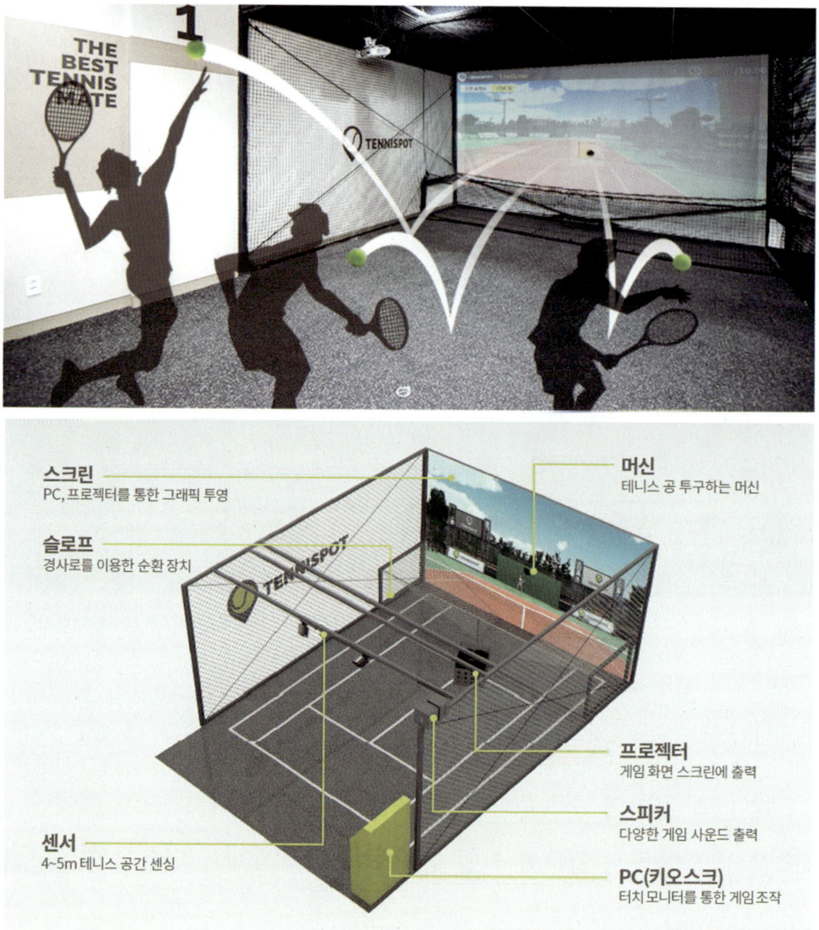

출처: 테니스팟 홈페이지 (http://www.tenni-spot.com)

[그림 9-22] 스크린 테니스(테니스팟)

있다. 이는 사용자가 타구한 공의 궤도와 스피드 등을 분석하여 인공 지능이 상대방 파트너로서 어떠한 구질의 공을 되돌려 줄 수 있는지를 계산하고, 이에 따라 머신이 공을 쏴 주는 방식으로 작동한다.

스크린 야구 분야의 선두인 리얼야구존 역시 2014년 서비스 시작 이후 누적된 사용 고객들의 빅 데이터 분석을 통해서 더욱 실제와 가까운 시뮬레이션을 구현하기 위해 게임 밸런스 조정, 실제 야구공 사용, 공의 구질 연구에 힘을 쏟고 있다. 그러한 노력과 기술 적용을 통해 리얼야구존은 스크린 골프의 아성에 도전하고 있다. 업계 통계에 따르면 스크린 야구의 성장 속도로 보아 2020년에는 1조 원 규모의 시장이 될 것으로 기대하고 있다(중앙일보, 2018.05.09).

실내에서 즐길 수 있는 스크린 스포츠는 이미 새로운 레저 문화로 자리매김하였다. 현재 전체 스크린 스포츠의 시장 규모는 5조 원 이상으로 보고 있는데, 이는 근 10년 간 50배로 불어난 수치이다(중앙일보, 2018.05.09). 스크린 골프를 필두로 스포츠와 시뮬레이션 기술의 결합은 더 많은 정보 통신 기술과 결합하여 나날이 현실에 더 가까운 시뮬레이션을 구현할 수 있게 될 것이며, 결국 레저 및 스포츠 활동 참여에 있어 소비자들의 선택 폭을 넓혀 삶의 질을 높일 수 있는 기회가 더욱 풍부해질 것으로 기대된다.

2) VR(가상 현실), AR(증강 현실), MR(혼합 현실)

스크린 스포츠가 상업적 R&D(Research and Development) 목적의 시뮬레이션 기술에서 시작하였기에 신체나 공과 같은 물리적 움직임을 재현하는 것에 집중한 채 소비자의 시각적 현실 감각을 지배하지 못했다면, 헤드 마운트 디스플레이(HMD)를 통해 사용자의 시각과 청각을 지배하여 현실 세계의 감각을 차단함으로써 가상 현실을 제공하는 VR 기술은 상대적으로 높은 수준의 가상 현실을 체험하게 한다고 말할 수 있다.

HMD를 통한 가상 현실(VR HMD)은 단순히 시야 바로 앞에 디스플레이를 장착하여 보는 것을 넘어, 자이로스코프 센서를 내장하여 사용자가 고개를 돌릴 때의 시야각에 맞춰 전 방위의 가상 현실을 지각할 수 있도록 하는 것이 기본 아이디어이다. 이러한 기술은 합당한 수준의 그래픽 기술과 3D 구현이 어렵고, 무엇보다 막대한 비용과 가격 구조로 인해 상용화가 어려웠던 시기를 겪었다. 이러한 VR HMD 시장에 혁신을 가져온 것이 2013년에 출시된 오큘러스(Oculus) 사의 '오큘러스 리프트(Oculus Rift)'라는 제품이다. 오큘러스 리프트는 기존의 VR HMD 기기에 비해 넓은 시야각과 높은 해상도의 3D 그래픽을 적용하여 빈틈없이 사용자의 사방 시야를 높은 수준의 가상 현실로 구현해 낸다. 또한, 손에 들고 움직임을 인식시킬 수 있는 컨트롤러를 통해 사용자의 움직임을 가상 현실 내에서 구현한다. 오큘러스 제품이 주로 활용되었던 분야는 컴퓨터 게이밍

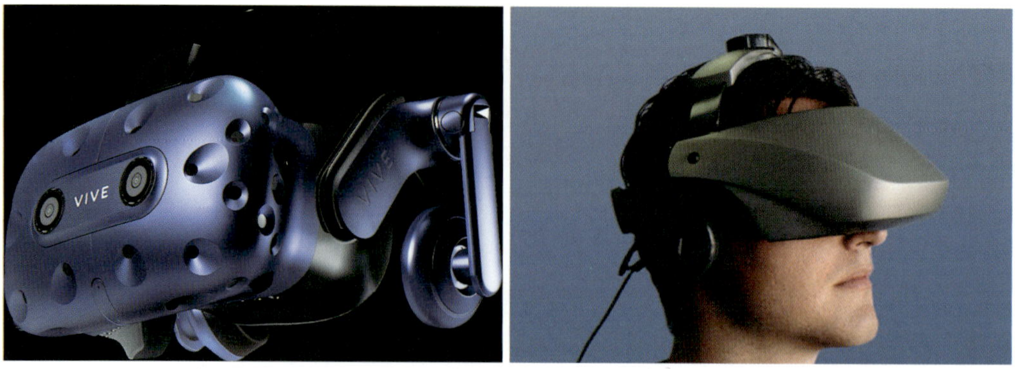

출처: (왼쪽) HTC, (오른쪽) 나무위키 (https://namu.wiki/w/HMD#rfn-1)

[그림 9-23] 헤드 마운트 디스플레이 VR

(Computer Gaming) 분야로, 사용자에게 컴퓨터 게임 속 현실감이나 TV, 영화 시청의 몰입감을 높이기 위한 엔터테인먼트 용도에 집중하는 성격이 강하다. 또한, VR HMD 구현에 적합한 형태로 변환된 영상이 필수이므로 즐길 수 있는 콘텐츠에도 한계가 있었다(나무위키, 2020.06.23.).

세계적으로 소셜 네트워크 서비스의 대명사가 되어 있는 페이스북(Facebook)은 가상현실 서비스의 무궁무진한 가능성에 투자 필요성을 느끼고 벤처 기업이던 오큘러스를 23억 달러(약 2조 5천억 원)에 인수하였다. 오큘러스 VR이 주로 컴퓨터 게이밍 분야에 집중되어 있다고는 하지만, 컴퓨터 게임의 분야에는 다양한 종류가 존재하며 그중에는 미식 축구, 테니스, 골프, 카 레이싱, 아이스하키 등 인기 스포츠 종목을 컴퓨터 그래픽 게임으로 구현해 놓은 경우가 많다. 이에 오큘러스는 단순히 정보 통신 기술에 대한 특허 기술뿐만 아니라, 스포츠 관련 특허도 다수 보유하고 있었다(이기광, 2015). 그러나 오큘러스 리프트 제품이 혁신적이었다고는 하지만, 여전히 소비자에게 부담이 되는 가격이었다. 페이스북은 오큘러스를 인수한 이후, 이러한 가격 경쟁에 있어서의 약점을 보완하기 위해 오큘러스 퀘스트와 오큘러스 고 등, 저가형 상품을 출시하여 HMD VR 보급화에 기여하고 있다. 오큘러스 외에도 HTC 사의 Vive나 소니의 HMD 제품 등도 높은 인지도를 얻으며 시장을 이끌어 나가고 있다.

스포츠 종목을 구현한 게임 외에도, 고도화된 HMD 가상 현실 기술을 활용하면 기존의 건 슈팅(gun shooting), 활쏘기, 칼싸움(sword fighting) 등의 액션 게임 및 어드벤

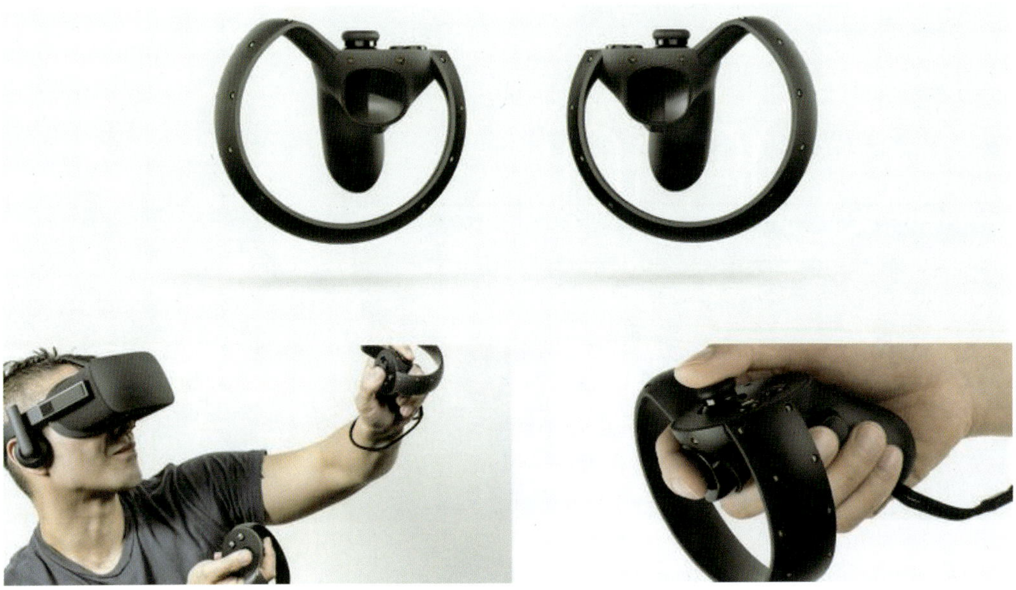

출처: 오큘러스, 나무위키

[그림 9-24] 오큘러스 리프트 VR

처(adventure) 게임 등을 즐기면서 스포츠를 할 때와 같은 신체 활동을 경험할 수 있다. 가장 좋은 예로 HMD와 러닝 머신을 결합한 '버툭스 옴니(Virtux Omni)'가 있다. 버툭스 옴니는 사용자의 허리를 로테이트(rotate) 가능한 벨트와 지지대에 고정시키고 사용자의 발밑에서는 러닝 머신 형태로 사용자의 전방위 걷기 · 달리기 움직임을 감지한다. 여기에 오큘러스 리프트와 같은 HMD를 결합하여 사용자에게 실제 현실에 존재하며 움직이는 듯한 총체적 가상 현실을 경험할 수 있도록 해 주는 것이 버툭스 옴니의 특징이다. 이와 같은 가상 현실 기기를 이용하면 스포츠 게임을 비롯하여 액션 게임에서도 온몸을 움직여 가상의 세계를 체험할 수 있다.

삼성 역시 VR에 관심을 갖고 있었는데, 기존의 주력 상품인 스마트폰을 활용하는 방향을 모색하였다. 스마트폰은 이미 고화질 디스플레이와 자이로스코프 등의 방향 센서를 갖추고 있었기에, 이것을 착용하여 시각적 가상 현실을 구현하도록 하는 것이 삼성이 효율적으로 VR 기기를 개발할 수 있는 길이었던 것이다. 그렇게 삼성이 내놓은 것이 스마트폰을 도킹(docking)하여 사용하는 기어 VR(Gear VR)이다. 기어 VR과 같은 스마트폰 기반 HMD가 내세우던 강점은 단연 합리적인 비용이다. 앞서 언급된 오큘러스 리

출처: 버툭스 옴니 총판 한국 홈페이지 (https://cerasemi.wixsite.com/virtuix-omni)

[그림 9-25] 버툭스 옴니와 헤드 마운트 디스플레이의 조합 VR

프트와 같은 고사양 컴퓨터를 기반으로 하는 VR 기기와 달리 스마트폰 기반 VR 기기는 이미 보편화된 스마트폰에 추가할 수 있는 액세서리(accessories)에 가까운 개념이었기에 상대적으로 훨씬 저렴한 가격에 출시되었다(나무위키, 2020.06.23.).

최근 VR이 다방면으로 도입되고 있으며, 특히 오락적 활동, 격렬한 신체 활동, 그리고 교육적 효과를 동시에 추구할 수 있는 스포테인먼트(sportainment)로의 VR 도입이 큰 인기를 끌면서 스포츠몬스터, VR 스테이션, K-live X, 레전드 스포츠 히어로즈 등 스포테인먼트를 표방한 VR 테마파크들이 산업을 이끌어 가고 있다. 이들 VR 테마파크들은 VR 기술과 HMD 기기의 적용에 그치지 않고 증강 현실(AR, Augmented Reality) 기술, 더 나아가 MR(Mixed Reality, VR+AR) 기술을 적용한 활동을 지속적으로 시도하며 개발시키고 있다(앰코인스토리, 2019.01.14.).

증강 현실(AR) 기술은 현실 세계를 배경으로 3차원의 가상 이미지나 영상을 겹쳐서 통합된 영상으로 보여 주는 기술을 말한다(네이버 지식백과, 2020.06.24.). 증강 현실은 다양한 방식과 매개체를 통해 구현될 수 있는데, 대표적인 것으로 구글 글래스나 리콘젯과 같은 스마트 안경, 스마트폰이나 태블릿 PC의 내장 카메라, 빔 프로젝터 등을 통해 가능해진다. 스포츠 참여에서의 증강 현실 기술 적용 사례들을 살펴보면 다음과 같다.

첫째로, 앞서 웨어러블 디바이스 부분에서 언급되었듯이 리콘젯 같은 스마트 안경이 스포츠 참여에 있어 증강 현실 기술을 통해 정보 제공을 하는 등의 서비스를 제공한다. 하지만 이와 같은 스마트 안경은 아직 보편화되어 있지 않다. 구글 글래스와 같은 제품이 상용화에 실패하고 현재 산업 현장에 특화되어 서비스되고 있는 사실로 미루어, 스마트 안경을 통한 스포츠로의 증강 현실 기술 적용의 상업적 개발이 절실함을 알 수 있다.

둘째는 스마트폰이나 태블릿 PC에 내장된 카메라와 애플리케이션을 이용한 증강 현실 기술의 적용이다. 스마트폰의 카메라가 현실 세계를 비추고, 그 위에 애플리케이션이 그래픽 이미지나 영상을 덧씌워 사용자에게 증강 현실을 제공한다. 가상 현실 그래픽을 통해 달리기 훈련 프로그램을 제공한다거나 요가 동작을 올바르게 가이드해 주는 것과 같은 방식으로 스포츠로의 활용이 가능하다. 하지만 사용자가 손에 기기를 들고 있어야 하는 등의 불편함을 해소할 마땅한 방법이 없어 신체 활동에 적용하는 데에는 한계가 있다.

셋째는 빔 프로젝터나 홀로그램을 활용한 가상 현실의 적용이다. 사용자가 특정 도구를 착용하거나 들지 않아도 현실 세계의 바탕 위에 그대로 영상을 쏘아 겹쳐 보이게 하는 방식이다. 이 방식이 사용자가 거추장스러운 기구나 방해 없이 자유롭게 움직이며 증

출처: (왼쪽) Valo Motion 홈페이지 (http://valomotion.com)
(오른쪽) 빌리내비 홈페이지 (http://www.billinavi.co.kr)

[그림 9-26] 증강 현실(AR) 적용 스포츠

강 현실을 즐기기 가장 좋은 형태로서, 스포츠나 신체 활동을 병행하기에 적합하다고 할 수 있다. 이러한 방식의 증강 현실을 스포츠에 적용한 몇 가지 예를 들자면, 증강 현실 클라이밍과 증강 현실 당구 콘텐츠 등이 있다. 증강 현실 클라이밍은 실내 암장 클라이밍 벽에 프로젝터 영상을 비추어 경로를 가이드해 주거나, 아케이드 게임(Arcade game) 방식을 적용시켜 게이미피케이션(gamification)화할 수 있다. 증강 현실 당구 역시 머리 위에서 당구대 면으로 빔 프로젝터를 쏘아 공을 쳐야 하는 각도나 경로 등을 지도해 주는 것이 가능한 콘텐츠이다.

혼합 현실(MR, Mixed Reality)은 일반적으로 VR과 AR 기술이 결합 또는 혼재되어 있는 것을 말한다. 그렇기에 혼합 현실은 기본적으로 활동에 필요한 범위만큼의 현실 공간이 필요하며, 여기에 증강 현실 이미지, 배경, 테마, 그래픽의 움직임 등을 덧입혀 현실과 그래픽이 통합된 새로운 환경을 구현하는 형식이다.

혼합 현실과 같은 형태의 가상 현실 구현은 기술적으로 더욱 복잡할 수 있다. 현재 K-live X와 같은 첨단 어린이 스포츠 체험 테마파크가 혼합 현실 기술의 적용을 도입하고 있으나, 빔 프로젝터를 통해 벽면을 채우는 수준이 대부분이다. 움직이는 홀로그램 같은 것을 혼합 현실로 제공하여 사용자와 상호 작용하는 일 등이 가능해지려면 기술의 발달이 더 필요하다. 이와 같은 것을 추구하는 것이 혼합 현실(MR)이 궁극적으로 지향해야 할 모습이다.

4. 빅 데이터의 적용

1) 빅 데이터와 인공 지능을 통한 온라인 서비스

빅 데이터 기술과 인공 지능(AI) 기술은 짝을 지어 활용되는 경우가 많다. 빅 데이터 자체는 축적된 정보에 불과할 수 있지만 이를 분석하여 미래를 예측하는 결과물을 낼 수 있는 건 인공 지능이다. 인공 지능의 머신 러닝(machine learning) 역시 방대한 양의 경

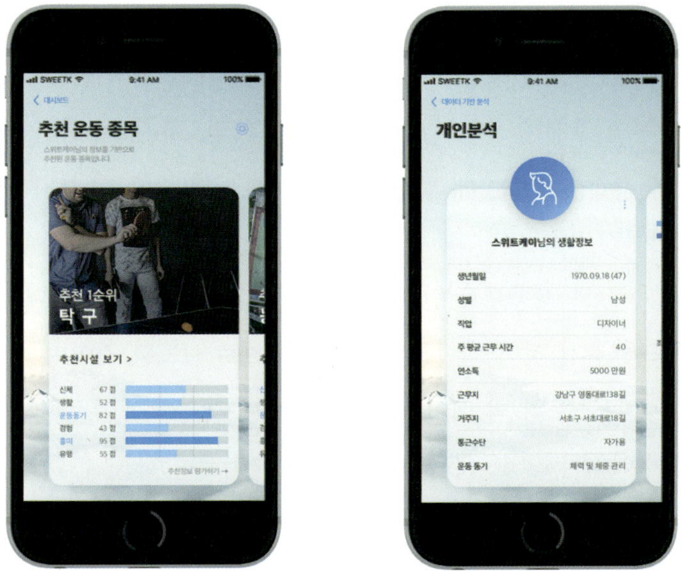

출처: Sweet K 아티클

[그림 9-27] 빅 데이터 기반 생활 체육 추천 서비스 예시

우의 수를 축적한 빅 데이터가 바탕이 되어 있어야 더 정확한 분석과 예측이 가능하므로, 이 둘은 필수불가결의 관계라고 할 수 있다. 이러한 빅 데이터와 인공 지능 머신 러닝의 스포츠 분야에서 활약은 주로 고도로 체계화되어 있는 프로 스포츠 영역이나 경제 · 경영적 그리고 마케팅적 성향이 짙은 관람 스포츠 분야에서 두드러진다.

빅 데이터와 인공 지능 기술의 주활용 대상은 아니더라도, 레저 스포츠(참여 스포츠)에서의 적용 사례도 찾아볼 수 있다. 대표적으로 빅 데이터 전문 기업인 스위트케이와 명지대학교 스포츠기록분석센터의 연구진이 협력하여 개발한 '빅 데이터와 머신 러닝 기반 개인 맞춤형 생활 체육 추천 플랫폼' 사업을 들 수 있다. 이 프로젝트는 국민체육진흥공단의 스포츠 산업 기술 연구 과제에 선정되어 진행된 문화체육관광부 지원 과제로서, 국민들의 생활 스포츠 참여를 활성화시키고자 함에 있어 정보 통신 기술을 적극 활용하여 더욱 효과적인 방법을 모색하는 데 그 목적이 있다. 나아가 구축된 플랫폼을 향후 국민건강보험공단과 연계하여 건강 검진 결과에 맞춤형 생활 체육 추천 정보를 제공는 하는 것을 목표로 진행되었다(스위트케이 아티클, 2018.05.02).

스위트케이의 생활 체육 추천 서비스는 스마트폰을 통해 사용자의 직업, 근무 시간, 근무지, 교통 · 이동 수단 등의 정보를 수집하고 그에 대한 분석을 통해 사용자에게 가장 적합한 운동 종목을 추천해 주는 방식이다. 이를 테면, 추천 1순위는 탁구, 추천 2순위는 야구, 그리고 추천 3순위는 배드민턴 등의 추천을 해 주고, 추천된 스포츠 참여가 가능한 탁구장, 야구장, 배드민턴 장 등을 위치와 정보를 가까운 거리 순서, 인기도 순서, 낮은 비용 순서 등으로 자동으로 안내한다. 이와 같이 빅 데이터와 머신 러닝을 기반으로 한 참여 스포츠 추천 서비스는 국내에서는 최초로 시도된 것이며, 이를 발판으로 생활 체육과 레저 스포츠로의 빅 데이터 및 인공 지능 기술 적용이 탄력을 받을 것이 기대된다(스위트케이 아티클, 2018.05.02).

2) 스포츠 참여자를 잇는 온라인 플랫폼

레저 스포츠 분야에서는 항상 스포츠 참여자 간의 연결 및 상호 작용에 대한 욕구가 상존해 왔다. 인터넷조차 없던 시대의 스포츠 참여자들이 효과적으로 스포츠 활동에 참여하기 위해서는 커뮤니티나 동호회 등에 가입하여 정보를 얻고, 배우고, 같이 참여할 사람을 찾는 것 외에는 다른 방법이 없었다. 하지만 커뮤니티나 동호회 수는 한정되어 있고, 가입 경로 또한 그 나름의 정보가 필요한 것이었으며, 일반적으로 인적 네트워크를 통해 모집이 이루어지므로 동호회 자체의 진입 장벽이 높았다(전성범, 이명철, 이철원, 2017). 스포츠 동호회들이 서로 네트워크를 키우고자 하는 이유도 이 정보 경쟁에서 우위를 차지하여 운동 시설이나 교육자 등, 핵심 자원을 확보하기 위함이었다(민수진, 2010). 스포츠 활동에 장소, 시간, 동반자 또는 상대방 등의 조건이 필수불가결한 요소이기 때문에 특정 스포츠 활동에 대한 많은 정보와 네트워크가 있는 것이 부가적인 가치였던 것이다.

인터넷의 보급이 이러한 스포츠 동호회 또는 커뮤니티의 진입 장벽을 낮추고 접근성을 높여 폭발적인 성장을 촉발시킨 것은 두말할 것이 없다(문화체육관광부, 2015). 온라인상에서 형성된 스포츠 커뮤니티는 비슷한 관심사를 가진, 비슷한 연령대의 사람들

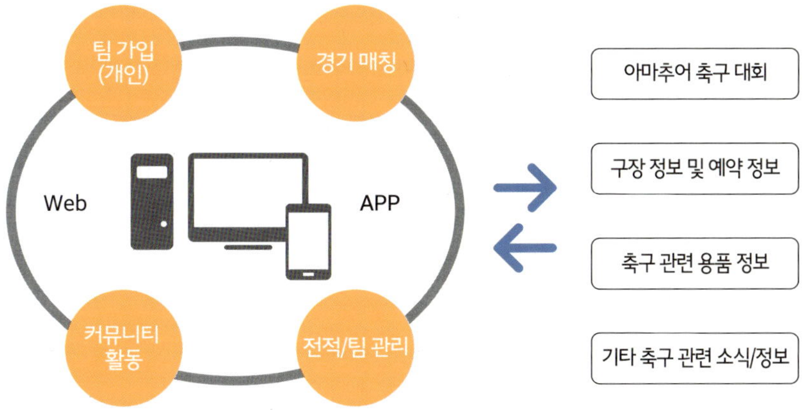

출처: 바로매치 홈페이지

[그림 9-28] O2O 스포츠 참여 매칭 플랫폼 예시

이 모여 형성되는 경우가 많은데, 이러한 특징은 참여자들의 특정 종목에 대한 진입 장벽을 낮추는 효과를 기대하게 한다(김경호 및 장호중, 2005). 이때 이러한 온라인 사용자 간 연결을 중개하는 플랫폼(platform)의 역할이 중요하다. 최근 페이스북(Facebook)이나 인스타그램(Instagram) 등의 소셜 네트워크 서비스 플랫폼에서는 상대적으로 이전의 '온라인 카페' 같은 형태의 플랫폼에 비해 무궁무진하게 늘어난 관심사 수와 소수 단위 이용자들 간의 정보 교류가 실시간으로 매 순간 일어나고 있다(전성범 외, 2017).

4차 산업 혁명 시대에 발맞춘 스포츠 커뮤니티의 플랫폼으로는 기존의 스포츠 커뮤니티의 역할을 그대로 가져가면서도 개인의 시간, 금전, 동반자 조건 등의 선택을 더욱 유연성 있게 맞춤형 서비스로서 제공받을 수 있는 O2O(Online to offline) 방식의 스포츠 참여 매칭 서비스가 부상할 것으로 예상된다(이선우, 유정우, 2016.09.21./ 전성범 외, 2017). 이 서비스는 실시간 위치 추적이 가능한 스마트폰을 기반으로 하여 참여 장소, 참여 가능 시간, 팀원이나 상내방 파트너 등의 조건을 다른 사용자가 원하는 조건과 함께 비교하여 빅 데이터와 알고리즘 등을 통해 적합한 매치(match)를 찾아 주는 플랫폼 서비스이다. 그렇다 보니 스포츠 참여 조건이 매번 고정되어 있을 필요 없이 장소, 시간 선정에 있어 유연하다(전성범 외, 2017/ 하봉우, 2014.06.21.). O2O 스포츠 매칭 서비스의 예로는 미국의 'buddyup'이나 국내의 '바로매치', '운동다모아' 등을 들 수 있는데,

아직까지는 사용자를 많이 확보하지 못하고 있어 활성화가 필요하다. 이러한 플랫폼이 충분히 활성화된다면, 가입자들 간의 경기 매칭, 구장 정보 및 예약, 해당 스포츠용품 정보 등을 더욱 빠르고 유연하게 교류할 수 있게 하여 스포츠 참여 인구를 확대시킬 수 있는 효과적인 방법이 될 것이다.

5. 레저 스포츠 드론

드론은 초기에 군사용으로 시작되어 발전해 왔지만, 현재는 농작물 방제, 화물 수송, 소방 및 경찰 용도, 촬영, 취미 · 레저용 등, 다양한 분야로의 적용이 시도되고 있다. 다양한 산업으로의 드론 기술 적용 및 상용화가 아직 초기 단계인 근본적인 이유로 다음 두 가지를 꼽을 수 있다. 첫째, 배터리 용량 문제로 비행 시간이 15~20분 정도로 제한된다. 초소형 고출력 배터리로의 혁신 없이는 상용화하기에 효용성이 떨어진다. 둘째는 출력의 제한이다. 현재 드론 기술은 2kg 이상을 들어 올릴 수 없는 약한 출력에 머물러 있다. 화물 수송 산업에서의 상용화가 가능하려면 고출력의 획기적 드론 개발이 먼저 이루어져야 할 것이다.

언급된 두 개의 제한점과 연결하여, 현재 드론 운용에 있어 자율 비행(auto pilot) 형태보다는 인간이 컨트롤러로 조종하는 형태가 주로 나타나는 이유를 찾을 수 있다. 물론 자율 비행 기술이 아직은 완전한 자율 비행을 지원하기에 부족하다는 점도 작용하겠지만, 최대 20분 정도의 비행 가능 시간으로는 비행 거리가 2km 정도로 제한되는데다가 2kg 이상의 물체를 운반할 수 없다는 점 등이 자율 비행 기술로 드론을 목표 좌표에 왕복하게 할 효용성을 저하시킨다. 이 낮은 효용성이 현재 드론의 주활용법이 컨트롤러를 이용해 사용자 주변에서 조작할 수 있는 드론 촬영과 취미 및 레저 용도로의 상용화 정도에 그치게 하는 배경일 것이다.

하지만 드론 기술의 제한 때문이라고는 해도, 이로 인해 컨트롤러를 가지고 드론을 조종하는 인간의 조작 능력이 중요하게 되었고, 그러한 드론 조작 능력을 겨루는 레저 스

출처: 사단법인 한국드론레이싱협회 (kdra.org)

[그림 9-29] 드론 레이싱

포츠 종목이 어김없이 생겨나 발전하고 있다. 드론 레이싱과 드론 축구 등이 대표적인 드론 스포츠 종목의 예이다.

드론 레이싱은 일반적으로 필드 경기장처럼 탁 트인 공간에 레이싱을 위한 트랙과 장애물을 설치하고, 드론을 조종하여 트랙을 따라 정해진 규칙대로 장애물을 통과하여 누가 더 빠른 랩 타임(lap time)을 기록하는지를 겨루는 스포츠이다. 일반적으로 선수들은 헤드 마운트 디스플레이(HMD, Head Mounted Display)를 착용한 채 드론에 장착된 카메라로 1인칭 시점을 모니터링하며 레이싱을 하게 되는데, 레이싱 평균 속도인 약 시속 120km를 1인칭 시점으로 조종할 때의 속도감과 스릴이 사람들을 드론 레이싱에 빠지게 만드는 핵심 요소이다. 우리나라에서는 한국드론레이싱협회(KDRA)가 결성되어 드론 레이싱 대회를 개최하는 등 그 저변이 점점 확장되고 있다.

출처: https://www.youtube.com/watch?v=0xfvK4tDu-Y

[그림 9-30] 드론 축구

드론 축구는 구(sphere) 형태의 보호 장구 중심에 드론을 장착하여 지상 3m 높이의 원형 골대를 향해 드론을 조종하여 넣는 방식의 레저 스포츠 경기이다. 양 팀은 각각 5명의 선수가 조종하는 5기의 드론으로 수비와 공격을 전략에 따라 수행하고, 상대편 원형 골문에 드론을 통과시키면 득점한다(대한드론축구협회, 2020.06.29.). 마치 소설 및 영화 『해리포터(Harry Potter)』 시리즈에 등장하는 스포츠 경기 '퀴디치(Quidditch)'를 연상시킨다. 물론 플레이어인 드론 자체가 공이라는 점이 다르다고 할 수 있다. 스피드가 중요한 드론 레이싱보다 정밀한 조종 능력이 더 중요한 경기라고 할 수 있다. 일반적으로 실내 경기장에서 경기가 이루어지는데 가시성을 높이기 위해 경기장과 드론에 LED를 장착하게 함으로써 관중에게 화려한 볼거리를 선사하기도 한다. 드론 축구 역시 대한드론축구협회가 운영되어 대회 및 행사를 주관하며, 해당 종목을 알리고 발전시키는 데 힘쓰고 있다.

연구 문제

1. 레저 스포츠 현장에서 위치 기반 기술을 활용할 수 있는 활동에는 어떤 것들이 있는지 나열하시오.

2. 레저 스포츠 현장에서 사물 인터넷 기술을 활용할 수 있는 활동에는 어떤 것들이 있는지 나열하시오.

3. 최근 가상 현실로 구현할 수 있는 스포츠 종목에는 어떤 것들이 있는지 나열하고, 앞으로 기술이 더욱 발전하면서 가상 현실 스포츠가 어떻게 변화할 수 있을지 생각해 보시오.

4. 레저 스포츠로의 빅 데이터 기술 적용은 관람 스포츠의 그것에 비해 발전이 더딘 편인데, 어떤 형태로 빅 데이터 기술을 레저 스포츠에 적용하면 효과적일지 생각해 보시오.

5. 드론이 레저 스포츠로서 발전하고 있는 현상이 드론의 장거리 자율 비행이 현실화된 이후에도 지속 가능할지에 대해 논하시오.

Chapter 10

스포츠용품업의 트랜스포메이션

글로벌 일류 스포츠용품업체들은 새로운 시도와 가치 창출을 위해 끊임없이 노력해 왔다. 이들의 경쟁은 스포츠 선수들의 퍼포먼스 향상을 위한 인체 공학이나 소재 분야에서 그치지 않고, 패션과 디자인 분야에서의 경쟁도 치열하게 헤쳐 오면서 스포츠용품업의 내부 경쟁자 외에 패션 업계의 경쟁자들도 견제해야 하는, 소위 '핫(hot)'한 포지션을 지키고 있다. 이러한 글로벌 스포츠용품업계는 정보 통신 기술(ICT)을 접목하는 시도에 있어서도 선도적이었으며, 현재 획기적인 아이디어와 마케팅을 통해 4차 산업의 스포츠용품업으로 탈바꿈하고 있다.

1. 스포츠용품 제조업

1) 글로벌 일류 스포츠용품업계의 움직임

CES(Consumer Electronics Show), 우리말로 세계 가전 전시회는 미국에서 매년 열리는 세계 최대 규모의 가전 박람회로서 미국소비자기술협회(CTA, Consumer Technology)가 주관한다. 이 박람회는 전자 제품 및 정보 통신 기술 박람회의 최고봉이며, ICT 업계의 최신 기술과 그것을 적용한 최신 제품은 모두 이 박람회에서 첫선을 보인다. 애플, 삼성, 마이크로소프트 등의 기업들이 매년 참여해 최신 기술을 경쟁한다(네이버 지식백과, 2020.06.25). 그런데 2017년 CES의 기조 연설자로 미국 스포츠용품 업체인 언더아머(Under Armour)의 케빈 플랭크(Kevin Plank) 회장이 초대되었다. 전자 제품 전시회치고는 다소 생소한 분야의 기조 연설자를 부른 것이 아닌가라는 생각이 들지도 모르지만, 사실 이 기조 연설이 의미하는 바는 말 그대로 패러다임 시프트(paradigm shift)였다. 케빈 플랭크는 이 기조 연설에서 앞으로 언더아머의 경쟁 라이벌은 삼성과 애플이라고 하며, 정보 통신 혁명과 디지털 트랜스포메이션이 이미 스포츠업계의 일부가 되어 자리 잡았다고 말했다(전자신문, 2017.03.15.).

언더아머는 스포츠용품업의 양대 산맥인 나이키와 아디다스에 비해 역사가 길지 않고, 북미 지역에서의 활동이 두드러지는 기업이다. 그럼에도 불구하고, 언더아머는 2016년 미국에서 양대 산맥 중 2위이던 아디다스를 제치고 업계 2위를 차지했다. 언더아머가 이렇듯 급성장하여 나이키와 아디다스와 라이벌이 될 수 있었던 이유는 여러 가지가 있겠지만, 그중 강력한 한 가지로 IBM과의 협력으로 인공 지능 기술을 접목시킨 헬스케어 앱 '언더아머 레코드(Under Armour Record)'의 영향이 크다고 평가된다. 언더아머 레코드 앱은 인공 지능 '왓슨'을 통해 사용자의 데이터를 수집 및 분석하여 헬스케어와 라이프 스타일에 관한 맞춤 정보와 프로그램을 제공하는 애플리케이션이다. 언더아머가 제작한 심박 모니터 셔츠, 스마트 운동화를 비롯한 각종 스마트 의류, 피트니스 트래커, 체중계를 삼성이나 핏빗 등 협력 업체의 웨어러블 디바이스를 활용해 연동하면 더욱 정확한 분석으로 서비스 받을 수 있다. 언더아머 레코드는 언더아머가 커넥티드 피트니스(Connected Fitness)라는 전략 및 비전 아래 야심차게 ICT 벤처 기업 MapMyFitness, Endomondo, 그리고 MyfitnessPal을 인수한 결과물이다. 이 3개의 피트니스 앱 벤처들을 인수하는 데 약 7억 1천만 달러 정도의 거금을 들였지만, 언더아머는 이 전략으로 인해 나이키 플러스로 시작하여 현재 나이키 런 클럽 앱을 운영하며 피트니스 애플리케이션을 선도해 오던 나이키 앱 이용자 규모를 넘어선, 약 2억 명 이상의 사용자 수를 달성하고 있다(와이즈맵 네이버 포스트, 2019.07.05.).

나이키와 아디다스도 이 변혁의 경쟁 속에서 정보 통신 기술과의 접목을 개선하고 더욱 강화하고 있다. 나이키는 나이키 플러스(Nike+) 앱과 나이키 퓨얼밴드(Nike Fuelband) 등을 통해 스마트폰 보급 초기부터 피트니스 트래킹 기술을 활용해 온 스포츠 ICT 선도 기업이다. 나이키는 스마트 · IT 세계 최대 기업 애플(Apple)과의 협력을 통해 애플의 스마트워치 제품인 애플 워치(Apple Watch)에 나이키 플러스 모델 라인을 구축하여 이어 나가는 등, 스포츠 ICT 기업으로서 굳건한 위치를 다지고 있다. 아울러 전신인 나이키 플러스에서 발전하여 통합된 나이키 런 클럽(NRC, Nike Run Club)과 피트니스 · 웨이트 트레이닝 보조 목적의 나이키 트레이닝 클럽(NTC, Nike Training Club)의 양립 체제를 정착시켜 꾸준히 이용자를 유지, 확장시키고 있다.

아디다스의 경우, 스포츠용품에 사물 인터넷을 적용하는 '마이코치(MiCoach)'가 대표적인 ICT 전략 상품이다. 마이코치는 스마트 축구공을 시작으로 스마트 축구화, 심박 측정기기 등으로 적용되었던 기술로, 스포츠용품에 내장된 추적형 센서를 통해 공의 스피드, 스핀량, 궤적, 임팩트 포인트, 움직인 거리, 최대 속도 등의 정보를 수집하고 분석하여 앱을 통해 사용자에게 제공하는 서비스이다. 최근 아디다스는 구글, 그리고 게임 회사인 EA 스포츠와 협력하여 기존의 마이코치 기술을 발전시킨 '자카드(Jacquard) 기술'을 개발하였으며, 이를 축구화 깔창에 장착시켜 스마트 깔창 '아디다스 게이머(GMR)'를 출시하였다. 아디다스 게이머 깔창은 피파(FIFA) 모바일 게임과 연동되어 사용자의 실제 축구 기량 데이터를 수집하여 게임 속 캐릭터에 그대로 적용시킬 수 있다. 현실의 축구 활동에서 미션(예: 패널티킥 성공 개수 달성 등)을 성공하면 게임 진행에 필요한 코인(게임 머니)을 보상으로 지급하는 등의 방식으로, 사용자의 현실에서의 축구 활동 참여와 온라인 축구 게임 참여를 동시에 독려하는 획기적인 제품이라 할 수 있다(BIZION 네이버 포스트, 2020.03.13.).

2) 스마트 팩토리

독일 기업인 아디다스는 2017년경부터 독일 안스바흐와 미국 애틀랜타에 스피드 팩토리(Speed Factory)를 운영해 왔었다. 스피드 팩토리는 4차 산업 혁명에 부합하는 대표적 사례로서 로보틱스, 머신 러닝, 빅 데이터 등의 첨단 기술을 총동원하여 생산 현장에 단 10명만 투입되어도 연간 50만 켤레의 운동화를 소비자의 맞춤 주문에 따라 생산 가능한 혁신적 스마트 공장이었다. 과거, 주로 노동 집약적 산업이던 운동화 제작은 중국 및 동남아시아처럼 인건비가 낮은 국가에서 공장이 운영되고 있었는데, 생산을 다시 독일 자국과 최대 시장인 미국으로 돌리고자 하는 것이 도입 배경이다(패션비즈. 2019.12.17.).

하지만 아디다스는 운영한 지 불과 4년차 되는 2020년 4월에 스피드 팩토리 생산을 전면 중단하고 폐쇄하였다. 독일과 미국의 스피드 팩토리 폐쇄 이유는 이렇다. 첫째, 상품의 90% 이상을 생산하고 있는 아시아 지역 공장에 스피드 팩토리 기술을 적용하는 것이 규모의 경제면에서 효율적이라는 판단이다. 스피드 팩토리가 로보틱스 기술과 3D 프린팅 기술 등을 통해 기존 아시아 지역 공장 생산 속도의 3배를 달성할 수 있었지만, 사람의 수작업 없이 아직은 정밀 공정과 대량 생산을 동시에 이루는 데에는 한계가 있다는 것이다. 둘째는 스피드 팩토리에서 생산할 수 있는 운동화 모델의 제한성이다. 스피드 팩토리에서 제작할 수 있는 모델은 니트(knit) 재질과 기능성 중창이 적용된 런닝화에 한정되어 있었기 때문에, 소위 '효자 상품'인 슈퍼스타(Superstar)나 스탠 스미스(Stan Smith) 같은 캐쥬얼 라인의 가죽 신발 제작이 불가능했던 점이 문제였던 것으로 평가된다(이코노믹리뷰, 2019.11.13.).

비록 지금은 이 스포츠용품 산업 혁신이었던 스마트 공장이 후퇴를 했지만, 추측컨대 아디다스는 4차 산업 혁명을 선도해 가는 경험과 이미지를 얻었을 뿐 아니라, 운영 과정에서 방대한 양의 빅 데이터를 수집했을 것이다. 이 노하우는 추후 기술 발달과 함께 빛을 발해 스마트 공장의 성공 사례로 거듭나게 될 가능성이 높다.

2. 스포츠용품업의 4차 산업 마케팅

최근 스포츠용품업체들은 오프라인 매장에서도 정보 통신 기술(ICT)을 적용하여 '체험형 마케팅'을 시도한다. 여기에는 소비자들의 구매 경로가 다양화되면서 온라인 구매가 대폭 늘어나는 현상에서 오프라인 매장의 상징적 가치를 재고시키기 위한 목적도 있을 것이고, 오프라인 매장을 물건을 파는 곳으로부터 브랜드 이미지를 형성시키고 체험을 제공하는 마케팅의 장으로 활용하기 위한 목적도 있을 것이다. 실제로 이러한 ICT 마케

출처: 리테일매거진

[그림 10-1] 아디다스 강남 브랜드 센터의 ICT 체험 서비스

팅은 소비자들의 이목을 끌어 방문을 유도하고, 브랜드에 대한 긍정적 이미지를 심어 주는 효과가 있는 것으로 평가되고 있다.

아디다스가 서울 강남에서 운영하는 아디다스 강남 브랜드 센터가 대표적인 예이다. 아디다스 강남 브랜드 센터는 미니 스포츠 테마파크라고 불릴 정도의 첨단 액티비티 체험 시설을 갖추고 있다. 그 시설들을 살펴보면, 먼저 소비자가 센서가 부착된 운동화를 신고 런닝 머신에서 뛰어 보면 사용자의 발 구조와 발의 착지 각도, 러닝 습관 등을 분석해 최적의 런닝화 제품을 추천해 주는 '런지니(run genie)' 시스템이 갖추어져 있다. 다음으로 착화한 운동화 제품을 거울에 비쳐 보면 증강 현실 기술로 디스플레이에 상세 정보를 띄워 주는 '슈미러(shoe mirror)'가 있다. 또한, 스크린 축구 게임을 통해 패널티 킥을 차면 최고 구속과 평균 구속을 분석하여 알려 주는 시설이 갖추어져 있으며, 농구화를 신어 보고 서전트 점프를 측정해 보며 농구화의 성능을 시험해 볼 수 있도록 하였다. 그 외에도 고객이 본인 개성에 맞게 제품에 디자인이나 프린팅을 추가할 수 있는 '마이 아디다스' 서비스와 '축구 저지 커스텀 프린트 존'과 같은 체험 마케팅을 다양하게 제공하고 있다.

이 밖에 나이키가 서울 압구정 로데오 거리에 세운 러닝 콘셉트 매장에서는 런닝 머신에서 운동화를 신고 체험해 보는 서비스를 제공한다. 언더아머는 강남대로에 브랜드 하우스를 개장해 스포츠 시뮬레이션을 체험할 수 있는 공간을 제공하고 있다(리테일매거진 네이버포스트, 2018.03.19.).

3. 스포츠용품업의 미래

영화 「엘리시움(Elysium)」에서는 주인공인 맥스(맷 데이먼 분)가 군사용 외골격 수트를 입고 전투하는 장면이 나온다. 이 외골격 수트는 사용자의 움직임을 보조하여 주기 때문에 피로도가 낮아 더 많이 그리고 오랫동안 움직일 수 있도록 해 주며, 가용할 수 있는 힘을 증폭시켜 인간 이상의 힘을 내도록 해 준다. 또한, 영화 「엣지 오브 투모로우(Edge of Tomorrow)」에서도 '엑소 수트(exo suit)'라는 이름의 외골격 수트가 등장하는데, 이것은 수트라기보다 '웨어러블 로봇(wearable robot)'에 가깝다. 이 엑소 수트는 주인공 윌리엄 케이지(톰 크루즈 분)를 비롯한 등장인물 군인들이 인간의 능력을 훌쩍 뛰어넘는 점프력과 달리기 능력을 낼 수 있게 해 주며, 대형 화기가 장착되어 있는 몸을 민첩하게 움직이고 평소 힘의 5배 이상의 파워를 낼 수 있게 해 주는 등, 전반적으로 사용자의 의지대로 로봇의 능력을 사용하는 개념이다.

이러한 외골격 수트의 군사 영역 적용은 이미 오래전부터 개발과 상용화를 시도해 오고 있는데, 영화에서처럼 상용화될 수 있는 것도 먼 미래의 얘기가 아니다. 군사 영역 외에도 공장 산업용, 의료 및 재활 영역 등 활용될 분야가 많지만, 레저 스포츠 분야로의 적용 시도 역시 주목해 볼 만하다. 프로 스포츠나 엘리트 스포츠의 경우, 사용자의 움직임과 힘을 증폭시켜 주는 로보틱스 수트(robotics suit)는 공정성의 문제와 스포츠 본연의 가치 문제 등으로 인해 적용의 필요성 자체에 대한 논의가 먼저 이루어져야 하지만, 레저 스포츠의 경우는 얘기가 다르다. 레저 스포츠를 더 오래 즐기기 위해 또는 아파서 움직임이 제한된 몸 상태로도 레저 스포츠를 즐길 수 있도록 외골격 수트를 사용하는 것은 논란의 여지없이 충분히 상용화가 가능할 것으로 보인다. ROAM Robotics 사의 스키 보조용 외골격 수트인 'ROAM Elevate'라는 제품이 대표적인 예라고 할 수 있다. ROAM Elevate는 사용자의 양쪽 다리에 착용되어, 스키를 타며 턴(turn)할 때의 움직임을 센서

출처: 영화 「엘리시움(Elysium)」과 영화 「엣지 오브 투모로우(Edge of Tomorrow)」의 스틸 이미지. 김범수 ICT 연구소 네이버 블로그

[그림 10-2] 영화 「엣지 오브 투모로우」, 영화 「엘리시움」의 외골격 수트

와 소프트웨어를 통해 감지 및 분석하고, 이를 통해 대퇴근과 무릎에 가중되는 압력을 30%까지 감소시킬 수 있도록 다리에 입은 수트 관절이 자동으로 조절되는 시스템이다(ROAM 홈페이지, 2020.06.29.). 이와 같은 제품의 기본적인 아이디어는 다리나 무릎을 부상당한 사람이 외골격 수트의 도움으로 스키를 탈 수 있도록 하는 것이다. 하지만 이 제품의 상용화는 단순히 부상자에 국한되지 않고, 나이가 들어 무릎이 안 좋아졌다거나, 장시간 스키를 즐기면서도 몸에 피로가 쌓이지 않도록 하여 부상을 예방한다거나 하는 등의 용도로 부각될 가능성이 높다.

ROAM의 외골격 수트와 같은 목적으로 만들어진 Seismic Robotics 사의 'Powered Clothing'은 웨어러블 로봇 기술이지만 외골격이 아닌, 옷 속에 이너웨어(innerwear)로 입을 수 있는 제품이다. 이너웨어로서의 의류가 신체의 중심(core)를 잡아 주고 내장된 모터와 로보틱스 기술이 대퇴근, 엉덩이, 그리고 허리 근육의 움직임을 따라 보조해 주어 사용자가 쉽게 움직일 수 있도록 도와준다(Seismic 홈페이지, 2020.06.29). 외골격 수트보다 움직임을 돕는 힘이 약할 수는 있겠으나, 옷 안에 최소한의 부피로 착용할 수 있기 때문에 간편하다. 신체 능력이 저하된 노년층이 겉으로 보이는 모습에 대해 부담감을 갖지 않고 착용하여 일상생활에 큰 도움을 받을 수 있을 만한 상품으로, 가격 경쟁력에 따라 당장이라도 보편적인 상용화가 가능할 것으로 기대된다.

출처: ROAM 홈페이지 (www.roamrobotics.com/ski)

[그림 10-3] 스키용 외골격 수트

출처: Seismic 홈페이지 (www.myseismic.com)

[그림 10-4] 이너웨어 로보틱스 수트

물론 레저 스포츠라고 해도 경쟁 스포츠 성격의 종목으로서 사회적으로 맺어진 파트너와 승패를 가르는 상황이나, 나아가 이러한 종목들로 개최하는 아마추어 대회 같은 상황(예: 축구, 테니스, 야구, 배드민턴 등등)에서의 외골격 수트나 웨어러블 로봇의 사용은 꼼꼼히 살피고 철저히 고민하여 사회적으로 협의해야 할 사안임은 분명하다. 하지만 레저 스포츠 참여가 정신적 그리고 신체적 건강과 행복을 효과적으로 추구할 수 있는 방법 중 하나라는 점을 감안할 때, 신체 능력의 저하로 스포츠 활동에 참여할 동력을 잃은 노년층을 다시 스포츠 참여의 장으로 나오게 할 수 있는 기술의 보급화는 지지할 필요가 있다. 아직 초기 단계인 웨어러블 로보틱스 기술이 더욱 발전하고, 로봇으로 신체 일부분을 대체하는 시대가 다가올수록, 스포츠용품뿐만 아니라 스포츠의 문화와 체계 전반의 재정립이 필요할 것으로 예상된다.

연구 문제

1. 스포츠용품업과 첨단 정보 통신 기술업의 경계선이 모호해지고 있는 현상이 왜 그리고 어떻게 일어나고 있는지 설명하시오.

2. 스포츠용품 마케팅 방법으로 정보 통신 기술(ICT)를 활용하는 예와 그 효과성에 대해 논하시오.

3. 미래에는 어떤 첨단 기술이 적용된 스포츠용품이 개발될 수 있을지 상상하고 토론하시오.

PART 4

스포츠 신산업

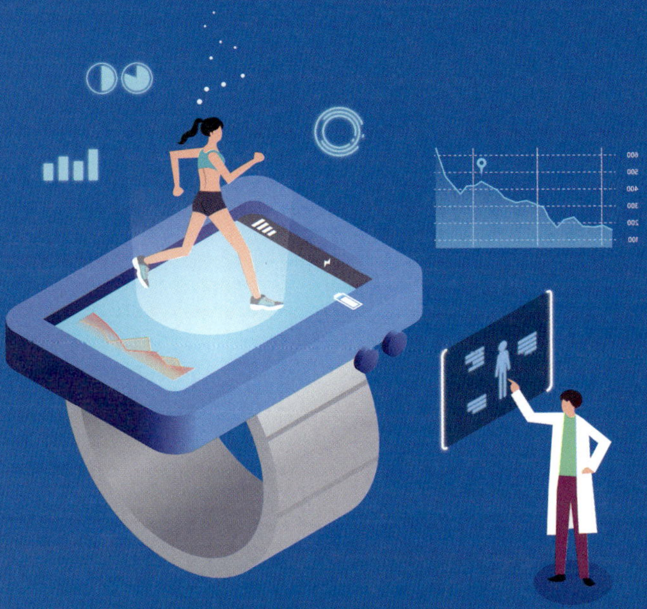

SPORTS INDUSTRY OF
INFORMATION & COMMUNICATION TECHNOLOGY

Chapter 11

e스포츠

본 장에서는 최근 20년간 새롭게 떠오르는 스포츠 신산업인 e스포츠에 대하여 알아본다. e스포츠의 정의 및 역사를 이해하고, e스포츠가 향후 스포츠 산업 전반에 어떠한 역할을 할 것인지 파악하는 데 그 목적이 있다.

1. 스포츠 패러다임 시프트와 e스포츠 산업의 발달

시대가 발전함에 따라 스포츠는 여러 모양의 활동에 붙는 접미사가 되었다. 스포츠의 정의에 대한 논의는 e스포츠, 멘탈 스포츠, 뉴스포츠 등의 용어가 새로이 등장할 때마다 진행되었고, 결코 풀리지 않는 숙제가 되었다. 스포츠에 대한 정의는 시대의 흐름과 기술의 발전을 정면으로 받아들이며 변화해 왔다. '대근육의 움직임이 존재하는가?' 등과 같은, 스포츠에 대한 고전적인 정의는 현대 사회에서는 더 이상 적용되지 않게 된 것이다. 2020년 코로나19의 창궐은 이러한 논의를 더욱 촉발시켰다. 기존 프로 스포츠들은 '사회적 거리두기'와 함께 파행적으로 운영될 수밖에 없었고, 설령 개막하여 경기를 진행할 수 있게 되었더라도 '무관중'이라는 날벼락을 맞게 되었다. 하지만 e스포츠는 이러한 어려움에도 온라인을 통하여 거뜬히 리그를 소화해 내며 미래 시대의 대안이 될 가능성을 보여 주었다. 본 장에서는 스포츠의 변화하는 정의에 따라 새롭게 등장하는 스포츠 신산업인 e스포츠에 대하여 자세히 알아보고자 한다.

1) e스포츠의 정의

(1) e스포츠의 정의

e스포츠는 electronic sports의 약자로, 전자 게임을 통해 이루어지는 스포츠를 뜻한다. 게임 산업 진흥에 관한 법률 제2조 제1호에 정의된 바에 따르면 e스포츠는 '게임물을 매개로 하여 사람과 사람 간에 기록 또는 승부를 겨루는 경기 및 부대 활동'을 말한다. 큰 의미에서 스포츠는 사람이 직접 몸을 움직여서 하는 여가 활동을 뜻한다면, e스포츠는 그 매개가 게임과 전자 기기라는 점이 다를 뿐이다. 기존의 스포츠 역시 여러 가지 도구를 활용했기에, 발달하는 기술에 맞추어 다양한 전자 기기를 활용하는 방식으로 스포츠의 패러다임을 전환한 것이 e스포츠라고 할 수 있다.

e스포츠가 대한민국에서 크게 성장하게 된 것은 몇 가지의 선행 조건이 맞물리게 된 결과이다. 1997년 외환 위기 이후 초고속 인터넷망이 보급되었고, 이것이 성장 중이던 게임 산업과 맞물려 PC방이 급속도로 늘어나는 결과를 가져왔다. 이를 기점으로 e스포츠라는 산업이 태동하게 되었다. 초기 e스포츠는 각 지역의 PC방에서 열린 소규모 오프라인 대회로 시작했지만, 점차 자본의 투입과 관심의 증가로 규모가 커지게 되었다. 이후 온게임넷 등의 전문 방송국이 개국하여 기존 스포츠처럼 케이블 TV에서 e스포츠 경

[표 11-1] 국내 e스포츠 주요 종목 연혁

연도	종목	비고
1999	스타크래프트: 브루드 워	프로게이머코리아오픈(PKO)
2012	스타크래프트2 종목 시작	스타크래프트: 브루드 워 종목 공식 리그 마감
	League of Legends	OGN LOL 인비테이셔널 개최
2013	리그오브레전드 스타크래프트2 스페셜포스 철권, 피파 13, 니드 포 스피드	제4회 실내 무도 아시안 게임(인천) 시범 종목
2014	League of Legends 스타크래프트2 카트라이더 FIFA Online3	전국 체전 동호인 종목 참가
2018	리그오브레전드	자카르타-팔렘방 아시안 게임 시범 종목
2021	리그오브레전드	프랜차이즈 시스템 도입 예정

기를 쉽게 관람할 수 있는 환경이 마련되었고, 대규모 TV 중계 대회의 등장으로 '프로게이머'라는 직업군도 등장하였다. [표 11-1]은 국내 주요 e스포츠 종목의 연혁이다. 본 장에서는 e스포츠의 스포츠 신산업 가능성에 집중하고, e스포츠의 연대기에 관하여서는 [표 11-1]로 대체하고자 한다.

(2) e스포츠의 산업화 가능성

e스포츠는 약 20년간의 역사를 통해 상당한 규모의 신산업으로 자리 잡았다. 미국의 콘텐츠 전송 네트워크(CDN) 서비스 제공 업체인 '라임나이트 네트웍스'가 2020년 실시한 조사에서, 18~25세까지의 조사 참여자들은 야구, 미식축구 등의 전통적인 스포츠 보다 e스포츠를 더 많이 시청하는 것으로 확인되었다. 일반적으로 젊은 층의 선택을 받게 되면 자연히 미래를 담보한 산업으로 간주하게 된다. 젊은층이 선택하는 스포츠의 이미지를 따라, 한국뿐 아니라 북미, 중국, 유럽 등 세계 곳곳에서 e스포츠에 대한 자본 투자가 급증하고 있다.

이렇듯 e스포츠가 발전하게 된 것은 기존의 스포츠보다 접근성이 매우 좋으며, 진입장벽이 상당히 낮다는 점에서 그 이유를 찾을 수 있다. 여타 엘리트 스포츠들과 달리 e스포츠는 프로와 아마추어가 같은 필드에서 경기를 한다. 선수들이 프로 리그를 준비하기 위한 서버가 구현되어 있는 경우도 있지만, 대부분의 플레이는 프로와 아마추어가 한 서버에서 함께 게임을 진행한다. 실제로 프로가 아마추어의 플레이를 통해 새로운 기술과 접근법을 습득하기도 하며, 아마추어가 오디션 또는 스카우트 등을 통해 프로 팀에 입단하거나 대회 입상을 통해 프로 선수로 성장하기도 한다. 또한 e스포츠는 트위치, 아프리카tv 등의 개인 스트리밍, 유튜브 등의 뉴미디어를 통해 이루어지는 쌍방향 의사소통이 타 스포츠에 비해 매우 원활한 특성을 지닌다. 기존의 매스 미디어가 가진 힘이 줄어드는 현재의 추세에서 개인 방송 등을 위시한 뉴미디어를 통해 소통과 발전을 이루어 나갈 수 있는 e스포츠이기에 무한한 산업화의 가능성을 지니고 있다고 말할 수 있다.

에픽게임즈의 팀 스위니(Tim Sweeney) 대표는 e스포츠에 대하여 '회사가 만드는 게 아니라, 게이머들이 선택하는 분야'라고 평하였다. e스포츠는 기존의 기성 스포츠들이 발전된 방향과는 다르게 고객, 관객, 시청자들과 쌍방향 소통을 통해 발전하고 있다. 게임을 보급하는 게임사, 이를 중계하는 방송사 그리고 참여하는 선수와 관중 모두에게 접근하여 함께 성장할 수 있는 가능성을 가지는 산업의 성격을 가지는 것이다. 이러한 e스포츠만의 특성을 토대로 하여 e스포츠 산업은 스포츠 신산업으로 발전하고 있다.

2. e스포츠의 특징 및 산업 구조

1) e스포츠 산업과 ICT

(1) 종목의 변화와 다양화

초창기 e스포츠는 통신 기술의 한계로 근거리 연결 대전 방식을 지향해 왔다. 두 선수가 모니터를 사이에 두고 면대면으로 대결하는 방식을 사용하였으며, 이로 인하여 스타크래프트로 대표되는 RTS 장르와 피파(FIFA) 등으로 대표되는 스포츠 장르가 초기 e스포츠 종목의 전부였다. 1:1 또는 2:2 등의 매치 방식이 주가 된 것이다. 하지만 정보 통신 기술의 발전으로 지연율이 줄게 되어 렉 없는 다중 접속 환경이 발달하며 e스포츠는 종목의 다변화를 꾀하기 시작하였다. 2010년대 중반부터는 5:5 경기를 진행하는 다중 접속 근거리 연결 방식의 LOL(League of Legends)과 오버워치(Overwatch) 등의 e스포츠 리그가 성황리에 진행되고 있으며, 심지어는 100여 명이 한 맵(map)에 접속하여 승부를 겨루는 PUBG(Player Unknowns Battle Grounds) 등, 종목의 다양화가 이루어지고 있다.

통신 기술에 따른 e스포츠의 장점은 2020년 초, 코로나19 사태를 통하여 더욱 주목받게 되었다. 비대면으로 진행될 수 있는 e스포츠 리그의 특성상 각 팀은 숙소에서도 리그 경기를 펼칠 수 있게 되었으며, 이러한 통신 기술이 더욱더 발전하게 된다면 플레이어 간의 플레이 화면 오차가 줄어들 수 있어 대규모 모바일 e스포츠 대회 등의, 기존과는 다른 새로운 차원의 e스포츠 종목 대회들이 개최될 수 있다.

(2) 플레이어 퍼포먼스 향상

가) 장비 기술의 발전

타 스포츠와는 달리 e스포츠에서 플레이어의 퍼포먼스 또는 신체 능력(피지컬)은 게임 내의 반응 속도를 뜻한다. 일견 e스포츠 내에서 선수의 피지컬은 영향이 전혀 없어 보이지만, 사실은 처음과 끝이라 할 수 있을 정도로 가장 중요한 요소이다. 이를 반증하듯이 프로 게이머들의 평균 데뷔 시기가 빨라지고 있으며, 대부분의 유망주들은 데뷔 나이 제한인 만 17세를 넘기자마자 데뷔를 하게 된다. 또한 은퇴 시기도 빨라지고 있는데, 대부분의 선수들은 20대 중반이 넘어서면 노장 취급을 받으며 은퇴를 준비한다. 전체적인 프로 게이머들의 평균 연령이 낮아지고 있는 것이다.

① 하드웨어

e스포츠 내의 피지컬은 스타크래프트 시절에는 APM(Actions Per Minute)으로 불렸으며, 현재 LOL 시대에는 반응 속도로 불린다. ICT의 발전은 바로 이러한 면에서 적용되는데, 게이머의 반응 속도를 향상시키거나 빠른 반응 속도를 그대로 가상 공간 내에 구현하는 것이 매우 중요한 시스템 및 기술의 발전 포인트가 된다.

② 데이터 전송

데이터 전송 기술 역시 '인 게임 퍼포먼스'의 향상을 위해 매우 중요한 부분이다. 현재의 LTE 환경은 프로 선수들이 일반적으로 기대하는 e스포츠 환경과는 다소 차이가 있다. 현재의 데이터 전송 방식은 1킬로미터당 최대 접속 기기를 1만 대로 제한하는 방식을 고수하고 있으며, 실제로 야구장 등 많은 사람이 집합되어 있는 경우 모바일 네트워크가 정상 작동하지 않는 경우를 경험할 수 있다. 즉, 현재의 데이터 전송 환경은 일반적인 상황에 초점을 두고 있으며, e스포츠 같은 매우 세밀한 단위의 데이터 전송에는 적합하지 않은 것이다.

이러한 시점에서 데이터 전송 기술이 발전하여 소위 '핑이 튀는 현상'을 줄일 수 있다면, FPS(First-Person Shooter) 장르는 물론이고, 현재 프레임 단위 이상의 데이터 전송이 이루어져야 하는 격투 대전 장르 등, 다양한 종목들에서 고품질의 경기 환경을 구현해 낼 수 있을 것이다. 2020년에는 전 세계적인 코로나 바이러스(COVID-19) 사태로 인하여 비대면 방식의 리그가 진행되고 있기 때문에 5G 등의, 현재보다 더 빠른 데이터 전송 기술이 발전하게 된다면 국가와 지역을 초월한 실시간 대전이 이루어질 수 있을 것이다.

(3) 관람 기술의 최신화(5G)

가) 중계 기술의 발전

① 실시간 중계

e스포츠 산업은 데이터 기술의 향상으로 인해 더 발전될 여지가 존재한다. 과거 SD 방식의 저해상도 방송에서 현재는 HD, 더 나아가 4K 방송까지도 가능한 실정이다. 작은 모바일 기기에서도 경기 내에서 제공하는 작은 아이콘 텍스트를 읽을 수 있는 정도이다. 이 외에도 동시에 여러 방송을 관람할 수 있는 멀티 채널 서비스, 음성 전환 서비스, 가상 현실 중계 등이 차세대 방송으로 논의되고 있다. 실제로 2017년 익명의 속기사가 청각 장애인들을 위하여 개인 방송 플랫폼인 아프리카tv를 통해 2017 LoL 월드 챔피언십 중계를 자막으로 제공한 사례도 존재한다. 이로 인하여 '청각 장애인의 e스포츠 중계 방송 시청 편의성 증대'를 위해 자막의 보정 동기화 연구가 진행되는 등(신동환, 김정수, 김창원, 2019) 실시간 중계 기술이 발전한다면 더욱더 질 높은 중계 환경이 구축될 수 있을 것이다.

② 실시간 데이터 표시(빅 데이터)

빅 데이터 기술의 사용은 e스포츠 산업의 시청 및 기록 보존 편리성을 더욱 증가시키고 있다. e스포츠는 디지털화된 스포츠로, 일반 스포츠에서 사용되는 골, 어시스트 등의 기본적인 시스템 외에도 다양한 정보가 실시간으로 전송되는 특성을 가진다. 경기 도중 상내방에게 가한 데미지의 양, 상대방에게 입은 데미지의 양, 실시간 체력 회복량, 시간별 플레이어가 벌어들인 골드 증가, 현재 자원 보유 상황 및 추이 예상, 경기 타이머 등 셀 수 없는 양의 방대한 데이터가 한 경기 내에서 발생한다. 이러한 데이터를 빅 데이터 기술을 통하여 해석하고 분석하는 것은 e스포츠 방송사의 새로운 숙제가 되었으며, 적절한 인포그래픽(infographics)을 경기 도중 사용한다면 e스포츠 산업을 더욱 발전시킬 수 있을 것이다.

③ 선수 개별 시점 확인

중계 기술의 발전은 e스포츠만의 독특한 관전 방법을 만들어 냈다. 바로 선수들의 개별 시점을 확인할 수 있게 한 것인데, 카메라를 통해 선수가 실제로 경기하는 모습을 보여 주는 것은 물론, 선수가 바라보는 화면과 시점을 실시간으로 팬들이 확인할 수 있는 관전 방법이 등장한 것이다. 기존 프로 스포츠에서는 시청자들이 PD가 보여 주는 화면을 보아야 했지만, e스포츠에서는 선수가 보는 시야 그대로를 실시간으로 함께할 수 있다. 실제로 5G 기술의 발전에 따라 SKT는 2020 LCK Spring 시즌에 VR 생중계를 도입하였으며, 팬들은 집 등 외부 환경에서 선수들의 개인 화면을 감상하거나 경기장에 있는 듯한 VR 화면을 통해 경기를 즐길 수 있게 되었다.

나) e스포츠 중계를 통한 새로운 일자리 창출

1990년대 말, e스포츠라는 신산업의 등장은 기존 스포츠에서 보기 어렵거나 소외되었던 새로운 일자리를 창출하였다. 일례로, 옵저버(observer)는 기존 스포츠의 PD와 카메라맨이 하는 일을 일정 부분 대신하는 역할을 한다. 일반적인 스포츠에서는 팬들에게 보여 주는 화면을 각 장소에 위치한 카메라맨들이 촬영하고, 촬영한 영상을 중계 본부의 PD가 선택하여 전송을 결정하는 형태로 중계가 진행된다. e스포츠 옵저버의 경우 선수들의 플레이를 따라가며 현재 경기의 필요한 장면을 보여 주는 역할을 한다. 추가적으로 현재 경기에 어떠한 데이터가 필요한지를 판단하여 보여 주는 역할도 하는데, 옵저버의 역량에 따라 동일한 경기가 명경기가 될 수도 있고 졸전이 될 수도 있어 드러나지는 않지만 매우 중요한 역할을 한다.

여타 스포츠와 동일하게 중계진이 존재하지만, e스포츠는 그 특성상 더 많은 역할을 중계진이 담당한다. 기성 스포츠와 가장 다른 점은 전자 기기와 데이터 전송에 의존하는 e스포츠의 특성상 예기치 못한 상황으로 일어나는 경기 지연이 빈번하다는 것이다. 이로 인하여 경기가 지연되는 해당 시간의 방송을 진행하여야 하는 중계진의 역량이 더욱더 요구되는 편이다. 또한 인터넷 방송 플랫폼의 발달로 실시간 소통을 해야 하는 경우가 상당히 많은데, 이렇게 순간 순간 대처를 잘하는 것도 e스포츠 중계진이 갖추어야 할 필수 덕목이라 할 수 있다.

다) 경기장

e스포츠 산업의 발달과 더불어 경기장의 발달도 함께 이루어져 왔다. e스포츠는 그 특성상 경기장이 필요하지 않은 것으로 예상되었으나, 리그가 발전하며 오프라인 관객을 모을 수 있는 상설 경기장의 수요가 발생하였다. 초기 e스포츠는 코엑스의 메가웹스테이션 등의 간이 경기장에서 진행하는 형태로 이루어졌다. 그러다 2005년 12월 용산 아이파크몰 9층에 200석 규모의 e스포츠 상설 경기장을 준공하여 개방, 상설 경기장 시대를 시작하였다.

이후 다양한 주체의 e스포츠 전용 경기장 준공이 시작되었다. 2013년 3월에는 서울 삼성동에 '곰TV 강남 스튜디오'가 오픈되었다. 660제곱미터의 공간에 방송 시설 및 관람객 200여 명 수용할 수 있고, 중앙에 LED로 된 Full HD 시스템 전광판을 설치하였다. 이로 인해 선수마다 개인 화면을 분할하여 중계할 수 있는 환경이 조성되었다. 2013년 말, 게임 회사 넥슨도 e스포츠 전용 경기장 조성 러시에 동참하였다. 서울 서초동 건물 지하 2개 층에 전용 면적 1683제곱미터, 436석 규모의 경기장을 조성하였다. 특히 해당 경기장은 폭 19m, 높이 3.4m의 대형 LED 스크린 설치하여 관중의 편의를 도모하였다. 또한 변화하는 e스포츠 환경에 맞추어 모바일 게임을 시연할 수 있는 모바일 라운지, 게임을 홍보할 수 있는 프로모션 라운지를 설치, 운영하였다.

이후 서울특별시비 275억 원, 문화체육관광부의 국비 160억 원, OGN의 모회사 CJ E&M의 운영사업자비 100억 원 등, 총 535억 원을 투자하여 2016년 서울 마포구 상암동에 e-스포츠 스타디움이 조성되었다. 해당 스타디움에는 758석의 기자실, 부조정실, 중계실, VIP 대기실, 선수 대기실 등이 마련되었고, 192석 규모의 보조 경기장이 마련되어 e스포츠 산업의 규모를 짐작케 하였다. 이후 2019년, 서울의 중심지인 종로에는 라이엇 게임즈의 롤파크(LoL park)가 개장하며 e스포츠의 새로운 시대를 시작하였다.

(4) 생활 스포츠로서의 e스포츠

e스포츠는 매해 거듭하여 상당한 경제적 발전을 이루어 왔다. 이러한 발전 내역은 비단 e스포츠의 프로씬(scene)에만 적용되는 것은 아니라 생활 스포츠의 발전도 이끌고 있다. 〈게임산업진흥에 관한 법률〉 제2조 1호의 '게임물' 규정에서는 생활 e스포츠에 대한 정의를 '여가와 친목 도모를 위해 행하는 자발적, 일상적인 e스포츠 활동'으로 구분하고 있다. 즉, 게임물을 매개로 하여 사람과 사람 간에 기록 또는 승부를 겨루되, 여가와 친목 도모를 위해서 하는 행위를 생활 스포츠로서의 e스포츠라고 규정하고 있는 것이다(최정호, 이제욱, 2019).

가) 스포츠 게임

e스포츠 내에서도 고전적인 스포츠를 소재로 한 게임들은 매년 인기 있는 스테디셀러가 되었다. EA사의 FIFA시리즈는 e스포츠가 태동한 시점부터 현재까지 사랑받고 있으며 NBA, NFL, NHL 등 다양한 메이저 스포츠들이 게임으로 제작되어 생활 e스포츠 종목으로 정착되고 있다. NBA는 지난 2018년 전통 스포츠 리그로서는 처음으로 e스포츠 토너먼트인 NBA 2K 리그를 출범했다. FIFA 역시 리그를 진행하였는데, 코로나19 사태로 인하여 프로 리그를 진행할 수 없게 되자 프로 선수들의 FIFA 리그를 진행하기도 하였다.

나) 웹 기반 생활 e스포츠

인터넷 웹을 기반으로 한 생활 스포츠로서의 e스포츠로는 판타지 리그 방식을 제시할 수 있다. 판타지 리그는 웹을 기반으로 하여 참가자들이 한정된 자원 안에서 선수를 드래프트하고, 이 선수들이 실제 경기에서 어떠한 성적을 기록하는가에 따라 점수를 얻는 방식으로 진행된다.

또한, e스포츠를 생활에서 즐기기 위하여 참고하는 데이터 기반 웹 사이트도 존재한다. op.gg가 이러한 웹 기반 데이터 사이트의 대표적인 사례라 할 수 있는데, 해당 사이트에서 유저의 게임 내 아이디를 기입하면 유저의 전적, 사용 챔피언 데이터, 딜량 및 시야 점수 등 다양한 데이터를 보여 준다. e스포츠가 생활 스포츠에 유입되면서 등장한 새로운 산업의 한 단면이라 할 수 있다.

다) 데이터 기반 생활 e스포츠

상기 서술한 사이트가 실제 플레이한 것을 기반으로 하는 e스포츠라면, 본 장에서 소개할 게임들은 실제 데이터를 기반으로 가상 플레이를 할 수 있는 공간을 만들어 준 것이라 할 수 있다. 가장 대표적인 것으로 SEGA사의 Football Manager(FM) 시리즈를 들 수 있는데, 방대한 선수들의 데이터베이스를 집약하여 실제 유저들이 감독 역할을 하며 롤 플레잉을 할 수 있도록 제작한 것이다. 이 외에도 국내 게임사의 프로 야구 매니저 등, 실제 빅 데이터를 기반으로 하여 e스포츠를 가정에 들여온 것도 있다.

라) 모바일 기반 생활 e스포츠

모바일 기반 e스포츠는 기술의 발전에 따라 종목과 플랫폼을 다변화하여 다양한 구상을 접목할 수 있는 것이 장점이다. 더불어 어디서든 플레이가 가능하기 때문에 산업으로서의 발전이 용이하다. 실제로 인기 모바일 게임인 '클래시 로얄'의 경우, 세계 e스포츠 대회인 '크라운 챔피언십'을 개최한 바 있다. 이 대회에는 세계 187개국, 이용자 2750만 명이 참가하여 영국 런던의 코퍼 박스 아레나에서 월드 챔피언십을 개최했다. 이처럼 모

출처 : 포켓몬고 공식홈페이지

[그림 11-1] 포켓몬 고

바일 기반 e스포츠 산업도 나날이 발전해 나가는 추세이다.

'포켓몬 고'의 열풍은 "디바이스 내에서 일어나는 e스포츠 인터렉션을 실제 생활로 어떻게 끌어낼 수 있을 것인가?"라는 e스포츠 개발자들의 난제를 풀어 낸 것에 큰 의의를 둘 수 있다. 그동안 많은 연구들이 게임을 어떻게 실생활에 적용되게 하여 실제 몸이 움직이는 운동 효과를 내게할 수 있을까를 고민하였지만 구현하기 매우 어려웠고, 구현하더라도 소비자들의 외면을 받았다. 이를 예상치도 못하게 구현해 버린 것이 포켓몬 고라 할 수 있다. 실제로 2017년 7월, 포켓몬 고의 개발사 나이언틱이 시카고 그랜드 파크에서 개최한 포켓몬 고 페스티벌에는 약 2만 명이 한데 몰려 새로운 포켓몬을 잡기 위한 행사를 진행하였다. 이 역시 기술의 한계로 서버가 다운되는 경험을 하였지만, 가상 현실과 실제 현실을 접목하여 새로운 가능성을 보여 준 사례라 할 수 있다.

스크린 스포츠의 발달은 스크린 스포츠 테마파크라는 새로운 산업을 등장시키기도 하였다. VR 스테이션 등의 가상 현실 기반 스포츠 테마파크는 날씨 등의 외부 변수와는 상관없이 스포츠 활동을 즐길 수 있게 해 준다. 이러한 기술은 VR, AR의 차원을 넘어서 교육 등의 테마까지 곁들인 스포테인먼트(Sportainment)의 형식을 표방하며 신산업을 구성하기도 하였다. 이 외에도 ICT 융합 스포츠 콘텐츠로 스포츠, 체육 활동에 게임 요소, 동작 인식 센서, 3D 영상 등의 디지털 콘텐츠 기술을 결합한 '스크린 골프', '닌텐도 위', '링피트' 등이 성공 사례라고 할 수 있다.

(5) 관련 파생 산업

가) 미디어

현재는 그 명맥을 이어가는 데에 주력하고 있지만, 대한민국의 e스포츠 성장에 있어

OGN(전 온게임넷)이라는 미디어가 큰 역할을 하였음은 분명하다. e스포츠가 새로운 스포츠 관련 사업으로 성장하기 위해서는 게임에 불과한 것을 관중과 시청자들에게 전달할 매개체가 필요하였는데, 그 역할을 한 것이 초기 e스포츠 관련 방송국인 OGN(당시 온게임넷)과 MBC게임(구 겜비씨)인 것이다. 이후 곰TV 등의 인터넷 방송 플랫폼과 SPOTV GAMES등 다양한 방송국들이 e스포츠 전문 방송을 표방하며 산업에 뛰어들었지만, 2020년 현재 이러한 방송국들은 e스포츠 환경의 변화로 인하여 폐국하거나 규모가 많이 줄어들었다.

e스포츠는 케이블 등의 기존 미디어 환경을 사용한 산업도 등장하였지만, TV를 보유하기 어려운 젊은 시청 연령층의 특성상 뉴미디어의 발전을 촉발하는 계기가 되었다. 초기 e스포츠는 곰TV, 판도라TV, Tving 등 여러 채널을 한데 모아 방송할 수 있는 플랫폼을 발전시켰다. 하지만 이후 아프리카TV, 유튜브, Twitch 등이 등장하며 새로운 뉴미디어 환경을 조성하게 되었다. 이러한 뉴미디어 플랫폼의 발전은 e스포츠를 '하는 스포츠에서 보는 스포츠'로, 1인 방송의 도구로 자리매김하게 하며 관련 산업의 발전을 이끌었다.

나) 프로팀 및 리그

e스포츠 산업의 발달은 여타 스포츠들과 마찬가지로 '프로'라는 단어를 사용할 수 있도록 하였다. 개인을 후원(스폰서)하는 형태로 시작된 프로 무대는 기업의 후원으로 프로팀들이 창단되면서 팀 리그 형식의 프로 리그를 개편, 프로 스포츠로서의 기틀을 마련하였다. 하지만 이후 2010년 승부 조작 사건으로 인하여 인기가 하락하였고, 위메이드 폭스, 화승 오즈, MBC 게임 히어로 및 최초의 군 e스포츠 팀이었던 공군 에이스 등이 역사 속으로 사라지게 되었다.

이후 리그오브레전드 게임으로 종목을 변경, 현재 1부 리그와 2부 리그의 승강전 체재가 정립되었다. 2021년부터는 승강제를 폐지하고 각 팀당 약 120억의 가입비와 1군 선수 최저 연봉 6천만 원 제도를 도입하여 선수들의 복지를 향상시키는 산업으로 탈바꿈할 예정이다. 이에 더하여 해외의 유수 프로 구단인 살케 04, 발렌시아, PSG 등 기존의 프로 스포츠 구단이 프로 게임 팀을 인수하여 운영하는 경우가 발생하였다. 기타 FIFA

[표 11-2] 2020 LCK 참가 팀

T1	Gen.G	DRX	담원게이밍	KT Rolster
아프리카 프릭스	설해원 프린스	한화생명 e스포츠	팀 다이나믹스	샌드박스 게이밍

e스포츠의 경우 웨스트햄, 맨체스터 시티, 스포르팅 리스본, PSV 에인트호번, 아약스 등 유럽 구단이 FIFA 프로 게이머를 영입하여 후원하기 시작했고, 한국의 경우 성남FC가 FIFA 온라인 3 프로 게이머인 김정민을 영입하여 2016년부터 2020년까지 후원한 사례가 존재한다. 이러한 프로 팀과 리그의 등장은 기존 스포츠와 마찬가지로 선수 이적, 임대 등의 산업이 발달하는 계기가 되었다. 블리자드 엔터테인먼트의 게임 '오버워치'는 2016년 오버워치 리그의 연고지 중 하나로 서울을 선정, 총 12개 지역 연고권을 판매하였는데, 금액이 프랜차이즈 한 팀당 200억 원의 수준으로 추정된다. 실리콘 밸리로부터 투자를 받은 케빈 추(팀 KSV)가 연고권을 구매하였다.

프로 팀의 증가는 곧바로 다양한 스폰서의 투입으로 이어진다. 우리은행은 e스포츠의 주관람 층인 2030 고객을 타깃으로 다년간 LoL 리그의 메인 스폰서를 맡아 이미지 향상을 이루어 냈다. 2020년 6월, 농심은 한국의 LoL 프로 리그 LCK 1부 리그 팀인 팀 다이나믹스를 프랜차이즈 잔류 성공 조건으로 인수하기로 하였다. 또한 한국야쿠르트는 한국 LoL 프로 리그의 2부 리그 팀인 브리온e스포츠와 네이밍 파트너십을 체결, '하이프레시 블레이드'라는 이름으로 리그에 참가하고 있다. 롯데제과 역시 LCK의 공식 후원사에 이름을 올렸으며, 자사 아이스크림 제품의 모델로 e스포츠의 세계적 전설인 '페이커' 이상혁 선수를 발탁하는 등, 자본 투자를 마다하지 않고 있다.

다) 교육에서의 e스포츠

e스포츠의 성장은 변할 것 같지 않은 상아탑에도 새로운 바람을 불어넣었다. 전남과학대학교는 2007년부터 e스포츠과를 개설, e스포츠 전문가 과정으로 게임, 스포츠, 미디어 및 IT를 융합한 전문 교육을 실시하고 있다. 전남과학대학교 e스포츠팀(CTU) 출신인 이재완 선수는 이후 LoL 월드 챔피언십에서 우승하는 등, 실제적 성과를 내기도 하였다. 중앙대학교는 2015학년도 입시 기준으로 스포츠과학부에 'e스포츠 특기 전형'을 신설한 바 있다. 실제로 이 전형을 통하여 2015년에는 당시 CJ엔투스 LoL 종목 소속의 박상면과 강찬용 선수가, 2016년에는 당시 진에어 그린윙스 LoL 종목 소속의 강형우 선수와 FIFA 온라인 3 종목의 정세현 선수가 각각 특기 전형을 통해 입학한 바 있다. 또한 지난 2018년에는 연세대학교가 문화체육관광부 산하 한국콘텐츠진흥원과 'e스포츠 및 게임 전공 개설에 관한 업무 협약'을 체결한 바 있다. 실제적으로 주목할 만한 결과로 나타나지는 않았지만, 장기적으로 주류 교육 사회의 한 방향이 e스포츠에게 호의적인 방향으로 변화할 가능성이 있음을 확인하게 되었다.

또한 e스포츠 관련 학원도 꾸준히 성행하고 있는 추세이다. 프로 게이머 출신 강사를 통해 해당 종목의 수업을 진행하며, 취미반, 프로 입시반, 코치 및 강사 육성반 등 체계화된 시스템으로 교육 산업에도 뛰어든 모습을 확인할 수 있다.

3. e스포츠가 나아갈 길

1) 사회적 인식 개선의 필요

(1) 승부 조작

이렇듯 산업적으로 발달한 e스포츠이지만, 종목의 특성상 발생하는 단점도 상당수 존재한다. 첫째는 승부 조작의 문제이다. 국내에서는 2010년 불법 스포츠 도박과 연루된 e스포츠 승부 조작 사건이 발생한 적이 있다. 당시 서울중앙지검 첨단범죄수사 2부는 전직 프로게이머, e스포츠업계 출신의 불법 도박 사이트 브로커가 현직 선수와 접촉해 고의로 게임을 패하게 하고 금품을 제공하는 등 승부 조작에 가담한 의혹을 수사한 바 있다. 그 결과 전현직 프로게이머 11명, 브로커 3명, 베팅 2명 총 16명이 적발되었다. 이로 인해 당시 성장의 길을 걷던 e스포츠 프로 게임계는 큰 타격을 입고 내리막길을 걷게 되었다.

이후로도 e스포츠 내에서 승부 조작에 대한 잡음은 끊이지 않게 되었다. 특히, 승부 조작으로 처벌받고 은퇴하게 된 선수 중 일부가 인터넷 개인 방송을 하는 등 도덕적인 문제 역시 계속해서 발생하게 되었는데, 게임으로 시작한 e스포츠의 특성상 이미지를 관리하는 데 많은 어려움을 겪게 되었다.

(2) 게임에 대한 사회적 인식 개선 필요

e스포츠는 컴퓨터 게임이 기반이므로 게임에 대한 좋지 않은 인식이 투영될 수밖에 없는 구조를 가진 스포츠 신산업이다. 공부와 교육 등의 가치가 높게 평가되는 대한민국에서, 게임이 긍정적인 이미지를 갖지 못하는 것은 사실이다. 2015년 국방부가 게임 중독에 빠진 국군 장병들이 총기 난사를 할 수 있다는 이유로 병영 내 게임 방송을 차단한 사건이나 생활관 IPTV에서 게임 채널을 차단하라고 명령한 일 등에 비추어 보더라도, 게임에 대해서 여론이 편견 내지는 고정관념이 있는 것은 사실이다.

2000년대 초반, 대한민국 온라인 게임의 위상은 세계 정상급이었다. 하지만 2000년대 중반 '아케이드 게임 사태(바다이야기)'라는 시련을 겪은 이후에는 기형적인 형태로 교란되기 시작하였다. 2004년부터 '수면권 보장'이라는 명분 아래 불거져 나온 '게임 셧다운제' 역시 높았던 '온라인 게임 종주국'의 위상을 추락시키게 되었다. 셧다운제가 2011년 11월 국회를 통과하자 세계 각국에서 '신데렐라법'이라며 조롱하였고, 게임계의 지속적인 반발에도 2014년 4월 셧다운제는 합헌 결정이 내려졌다. 셧다운제 이후 게임계의 다양성이 상실되며 '게임 대기업'의 등장이 본격화됐다. 동시에 허리를 담당해 주던 '중견 기업'들이 도태되면서 게임 사업계에 양극화가 심화되고, 게임 생태계가 극심하게 교란(김정태, 2017)되는 현상이 발생하였다. 따라서 '게임 산업'이 'e스포츠 산업'으로 발전할 수 있도록 사회적 인식을 개선하는 것이 필요하다.

(3) PC방에 대한 인식 개선 필요

타 스포츠 종목의 경기장이 운동장이나 체육관 등이라면, e스포츠에서는 PC방 등의 환경으로 경기장이 구현된다. 이로 인해 2015년 한국e스포츠협회의 공인 e스포츠 PC클럽 지정 사업이 문화체육관광부 e스포츠 진흥 중장기 계획의 일환으로 추가되었다. 건전한 PC방 이용 문화 정착이 필요하다는 의견을 바탕으로 한 논의가 진행되고 있다. 그러나 이러한 논의가 일어나고 있다는 것 자체가 PC방에 대한 인식이 좋지 않다는 반증이라 할 수 있다. 최근에는 공중파 방송 등을 통하여 PC방이 데이트 등의 장소로 활용되며 이미지 메이킹을 하고 있지만, 과거에는 좋은 이미지의 공간이 아니었다. 실제 무엇보다 각종 범죄 사건이 일어났던 것도 사실이다. 그러므로 무엇보다 생활 내 e스포츠 공간인 PC방에 대한 인식 개선이 필요하다.

2) 관련 법령의 개선

지난 2011년 11월, e스포츠 진흥에 관한 법률안이 국회 본회의를 통과하였다. e스포츠 종주국이자 선진국인 대한민국이 성장 잠재력이 매우 큰 고부가 가치 문화 산업임에도 불구하고 e스포츠를 지원할 수 있는 법적, 제도적 근거가 미비하다고 판단해 장기적이고 체계적인 e스포츠 진흥 정책을 마련하기 위해서 제안된 법이다. e스포츠 진흥에 필요한 경기, 방송, 연구 등 전문 인력을 양성하고, 이를 위한 대학이나 기관 등을 양성 기관으로 만들 수 있는 것이 이 법안의 핵심 내용이다.

하지만 이러한 법령 개선만으로는 현실적인 문제를 바꾸는 데 어려움이 있다. 2020년 초반, e스포츠계는 소위 '카나비 사건'으로 엄청난 내홍을 겪었다. 이 사건은 'e스포츠 프로 선수의 권리'가 지켜지지 않은 사건으로, 선수 임대와 계약에 관하여 많은 혼선이 발생, 선수의 권리가 침해된 사건으로 정의할 수 있다. 따라서 실질적으로 선수의 권익 보호 방법을 고안하고 이를 실행하는 것이 더욱 중요한 실정이다.

한편, e스포츠와 관련 미디어 산업이 발전함에 따라 저작권에 관한 문제가 지속적으로 발생하고 있다. 일례로 2007년 한국e스포츠협회가 중계권을 도입하면서 시작된 지식재산권 협상이 최종적으로 결렬되는 일이 발생하였다. 스타크래프트 2 종목의 출시와 함께 블리자드 엔터테인먼트와 블리자드 게임의 국내 방송 독점 사업자 그래택이 e스포츠 업계를 상대로 소송을 제기하며 시작된 갈등은 결국 파국으로 끝나게 되었다. 협상이 중단된 후 블리자드는 인터넷 동영상 서비스 곰TV를 운영하는 그래택에 블리자드 게임 한국 e스포츠 대회 및 중계, 방송에 관한 독점권을 양도하였다. 블리자드와 그래텍은 프로리그, 개인 리그 및 VOD 등 서브 라이센스 비용으로 일정 금액을 요구하였고, 이에 e스포츠협회와 9차례 협상을 진행했으나 타협점을 찾지 못하였다. 이는 2020년 현재에도 꺼지지 않은 불씨로 남아 있는데, e스포츠의 특성상 선수들이 하는 게임 내 플레이 등 모든 것이 게임사의 허가 아래 진행되는 것이기 때문에 지적재산권 문제는 언제든지 발생할 수 있다.

3) e스포츠의 미래

(1) 무한한 가능성

가) 해외 자본의 투입

e스포츠는 그 어느 스포츠보다 해외 자본 투입이 많은 종목이라고 할 수 있다. EPL은 e프리미어 리그 출범을 예고하였으며, NBA의 휴스턴 로케츠, 클리블랜드 캐벌리어스 등이 LoL 팀을 창단하는 등, 전통 스포츠팀들의 e스포츠 진출 러시도 계속해서 이어지고 있다. 중국의 경우 재벌 2세들이 주로 프로 게임단을 운영하였는데, 인빅터스 게이밍(IG), 에드워드 게이밍(EDG), 뉴비 등이 재벌 2세가 운영하는 대표적인 프로 구단이라 할 수 있다. 인빅터스 게이밍의 구단주 왕쓰총은 완다 그룹 왕젠린 회장의 아들로, 중국은 리그오브레전드 종목의 지역 연고제를 시행하여 투자를 활성화하였다.

[표 11-3] 중국 LPL 구단 연고지 및 경기장

팀명	LGD Gaming	Oh My God(OMG)	JD Gaming
연고지	항저우시 저장성	청두시 쓰촨성	베이징시
경기장	LGD Allied Esports Stadium Hangzhou Esports Town	DOUBLE-G Stadium Fanmate Creative Art Area	Legion JDG Esports Center 24 Hours Gear Factory C & C Park
팀명	LNG Esports	Team WE	공용 경기장
연고지	쑤저우시 장쑤성	시안시 산시성	상하이시
경기장	Yangcheng International Esports Center	Guangdian Grand Theatre	Hongqiao World IE Hub - LPL Arena

나) 산업 확장의 무한한 가능성

e스포츠는 겉으로는 발전해 나가는 산업이지만, 그에 따른 한계도 분명히 존재하였다. e스포츠가 소위 '킬러 종목'으로 불리는 종목들이 전체 판을 이끌어 나가는 형태로 존재해 왔기 때문이다. 스타크래프트 이후 LoL이 등장하지 않았다면, 이렇게 전 세계적으로 큰 리그는 발전하지 않았을지도 모른다.

이러한 위기를 극복하게 한 것이, 바로 2017년 블루홀의 자회사 펍지(PUBG) 주식회사가 개발한 배틀로얄 장르의 게임 '플레이어언노운스 배틀그라운드(PlayerUnknown's Battlegrounds)'의 성공이다. 펍지는 2017년 한 해 동안 2500만 장 이상이 판매되었고, 출시 13주 만에 누적 매출 1억 달러를 달성하는 기염을 토해 내며 e스포츠 종목의 다변화 가능성을 보여 주었다. 이후 인터넷 게임 방송 플랫폼 '트위치TV'에서 인기 게임 순위 상위권을 기록하고, e스포츠로는 8월 독일 게임스컴 현장에서 첫 공식전을 개최하였다. 국내 아프리카TV의 PUBG리그는 전용 경기장을 건립하려는 등, 지속적인 발전을 이루어 나갈 예정이다.

e스포츠는 고여 있는 판이 아닌, 새롭게 성장할 가능성이 무궁무진한 무대이다. 스타크래프트의 몰락과 함께 무너질 것 같았던 e스포츠는 LoL과 오버워치, PUBG의 등장으로 다시 상승하였다. 물론 이와 함께 장단점도 나타났다.

다) 미디어의 확장성을 통한 e스포츠의 경제성 발달

올림픽으로 대표되는 기존의 메가 스포츠 이벤트들은 점점 설 자리를 잃고 있다. 이러한 시점에서 스포츠 이벤트가 살아남기 위한 노력의 하나가 e스포츠로의 접근이다. 기성 스포츠의 중계권료, 즉 미디어의 가치는 영원히 지속되기 어려운 상황이다. 이러한 상황을 타개하기 위해서는 새로운 시장 개척이 필요하며, 이것이 e스포츠로 미디어가 확장성을 지향하려는 이유이다. 이러한 맥락에서, e스포츠의 올림픽 종목화는 시대적인 흐름이 될 것이다. 단번에 정식 종목으로 격상되지는 않겠지만, 시범 종목 등 연착륙 단계를 거치면 충분히 미래의 종목이 될 수 있을 것이다. e스포츠는 젊은 층이 지지하는 종목이며 스포츠적인 요소를 포함하고 있기에, 충분히 미디어의 확장성을 꾀할 기회가 될 것이다. 대표적 사례로 지난 2013년 인천 실내 무도 아시안 게임의 시범 종목에 e스포츠가 포함된 것을 들 수 있다. 이제 더 큰 메가 스포츠에서도 e스포츠가 한 종목으로 자리 잡을 수 있을 것이다.

라) 장애인 대상 e스포츠 산업의 발달

가상 현실(VR: Virtual Reality) 및 증강 현실(AR: Augmented Reality)을 이용하여 기존의 e스포츠가 가지고 있는 내제적인 한계점을 극복하는 일이 장애인을 대상으로 한 e스포츠에서 실현되고 있다. 가상 및 증강 현실 기반의 환경은 현실과 100% 차단된 영상 혹은 그래픽 구현을 통해 다양한 콘텐츠를 즐길 수 있게 해 준다. 현실과 다름없는 행동을 할 수 있음에도 불구하고, 이러한 기계들은 중 · 저강도 수준의 신체 활동만으로도 가상 세계 내에서 충분한 움직임을 만들어 낼 수 있다. 이로 인하여 장애인들은 신체적인 한계를 극복할 수 있으며, 현실에서 불가능한 움직임을 자유자재로 이룰 수 있다.

(3) 종목이 가진 한계

e스포츠의 미래가 언제나 장밋빛 전망을 가지는 것은 아니다. e스포츠는 기성 스포츠에 비해 종목이 가지는 한계가 뚜렷하다. 그중 대표적인 것이 바로 연속성의 문제인데,

컴퓨터나 통신 기술 등의 관련 산업이 발전함에 따라 동반 성장한다는 것은 그만큼 산업 규모가 커지기에 좋지만, 반대로 관련 산업 중 한 축이 무너지면 함께 무너질 수도 있다는 것을 뜻한다. 또한 각 종목의 주관 단체가 게임을 만든 게임사이기에, 패치 등의 인위적인 방식으로 경기 양상을 조작하거나 극단적으로는 결과까지도 조작할 수 있는 가능성이 존재한다. 예를 들어, 특정 챔피언을 잘 다루는 선수가 있는데 게임사가 특정 챔피언을 하향 패치하는 경우 선수의 생명까지 좌지우지될 수 있다. 따라서 e스포츠는 궁극적으로는 스포츠가 기본적으로 가져야 하는 공정성에 대한 훼손을 의심해 볼 여지가 충분하다는 한계가 존재한다.

설령 게임사가 완벽한 균형을 유지한다고 해도, 외부적인 요인에 의하여 흥망성쇠가 결정될 수 있다는 점도 간과해서는 안된다. 사실상 우리나라의 e스포츠 역사는 1999~2012년까지는 스타크래프트가, 이후 현재까지는 리그오브레전드 종목이 전체 e스포츠 산업계를 끌고 오는 형세로 구성되었다. 즉, 종목의 중흥에 따라 관련 산업이 번영과 팽창의 기로에 놓이는, 불안정한 면이 존재한다. 앞에서 언급한 바와 같이 각 종목의 주관사가 FIFA, IOC 등의 중립적인 협회가 아니라는 것은 장점과 단점이 혼재하는 이유가 되며, 매우 민감하게 다루어야 할 사안이다.

또한, e스포츠는 겉으로 보기에는 상당히 발전해 나가는 모습을 보이나 관련 산업의 중흥에 따라 흥망성쇠가 쉽게 결정되는, 타 산업 의존적인 경향을 보인다. 한때 영원할 것 같았던 스타크래프트 리그도 여러 요소에 의해 마감되었고, 지금의 LoL이 등장하지 않았더라면 지속적인 성장을 거두기 어려웠을 것이라는 시각도 존재한다. 실제로 많은 기대를 모았던 오버워치, 히어로즈 오브 더 스톰 등의 종목은 성공의 이름표를 붙이기 어려운 상황이다. 따라서 VR을 비롯한 다양한 요소들을 접목하여 지속적인 발전을 꾀해 나가야 할 것이다.

연구 문제

1. e스포츠와 관련된 ICT에 대하여 설명하시오.

2. e스포츠 종목이 올림픽 등의 기성 메가 스포츠 이벤트의 정식 종목이 될 수 있을지 자신의 의견과 이유를 서술하시오.

3. e스포츠 관련 법령을 살펴보고, 개선점을 논하시오.

4. e스포츠를 후원하는 기업들을 살펴보고, 이들이 스폰서를 통해 원하는 사업 발전 방향을 논하시오.

5. e스포츠의 미래에 대하여 자유롭게 서술하시오.

Chapter 12

디지털 헬스케어

4차 산업 혁명 시대, 스포츠 산업과 ICT 융복합은 헬스케어 산업에도 많은 변화를 가져오고 있다. 과거의 헬스케어가 의료와 질병 치료 중심이었다면 현재의 헬스케어는 질병 예방과 관리를 통한 건강 수명 연장에 초점이 맞춰지고 있다. 이러한 헬스케어 패러다임의 변화는 ICT 융복합 기술의 발전을 통해서 더욱 가속화되고 있다. 이번 장에서는 헬스케어의 개념부터 전반적으로 살펴보고, 스포츠 산업과 관련하여 ICT를 통해 새롭게 나타나고 있는 디지털 헬스케어의 영역에 대해 알아보고자 한다.

1. 헬스케어

1) 헬스케어의 정의

건강하게 오래 살고자 하는 것은 인간의 가장 중요한 욕구 중 하나이다. 소득 수준 증가와 생활 수준 향상으로 인해 현대 사회에는 건강 관리의 필요성이 더욱 강조되고 있다. 현대인들의 건강한 삶을 위한 노력은 자연스럽게 의료 기술의 발전으로 이어져 왔으며, 이로 인해 인간의 기대 수명과 건강 수명은 지속적으로 증가하고 있다. 의료 기술의 발전과 함께 건강한 삶을 위한 인간의 욕구를 충족시키기 위해 질병을 치료하고 관리하는 분야를 '헬스케어(Health care)'라고 한다.

헬스케어의 기본 개념을 정리한 의견들을 살펴보면 다음과 같다. 먼저, 이은천(2019)은 헬스케어를 '치료를 주된 목적으로 하는 기존의 의료 서비스 관점에서 관리의 개념이 융합된 총체적인 건강 관리를 뜻하는 것으로서, 의료 관련 행위와 운동, 영양, 상태, 수면 등을 모두 포함하는 것'이라고 정의하였다. 임정재(2016)는 헬스케어를 '치료, 보건의료 서비스와 질병 예방의 건강 관리 서비스가 혼합된 전반적인 건강 관리 사업'이라고 정의하고 있다.

이러한 내용을 종합해 볼 때, 헬스케어는 '인간의 건강을 증진시키기 위해 질병을 치료하고 예방하는 전반적인 건강 관리 사업'으로 정의할 수 있다. 인간은 스포츠 활동에 참여하면서 여러 가지 만성 질병을 예방하고 건강을 증진시킬 수 있다. 인간의 건강한 삶은 스포츠 산업과 헬스케어의 공통적인 관심사라고 할 수 있으며, 스포츠 산업은 헬스케어의 의료적인 측면보다는 건강 관리 측면에 더 밀접한 연관성을 가지고 있다고 할 수 있다. 신체 활동과 움직임을 통해 인간의 건강을 관리하고 질병을 예방할 수 있다는 점 때문에 스포츠 산업에서 헬스케어의 영역을 쉽게 찾을 수 있을 것이다.

2) 헬스케어 3.0

인간의 질병을 치료하고 건강을 증진시키기 위한 헬스케어는 시대별 패러다임 구분을 통해 그 발전 과정의 특징과 의미를 파악할 수 있다. 삼성경제연구소 보고서에 따르면, 헬스케어의 시대적 패러다임은 최초의 헬스케어 1.0(전염병 예방)을 시작으로 헬스케어 2.0(질병 치료) 그리고 현재의 헬스케어 3.0(건강 수명 연장)으로 구분할 수 있다(삼성경제연구소, 2011).

최초의 헬스케어 1.0의 시작은 18세기 초로 거슬러 올라간다. 당시 헬스케어의 주관심사는 전염병을 예방하고, 확산을 방지하기 위한 것으로 천연두를 예방하기 위해 개발된 인두법(천연두접종법)이 바로 헬스케어의 시발점이었다. 전염병 예방과 관리에 중점을 두었던 헬스케어 1.0 시대를 지나, 20세기 초에 들어와서는 페니실린 개발을 통해 의료 기술이 혁신적으로 발전하기 시작했다. 이 시기를 헬스케어 2.0으로 볼 수 있다. 헬스케어 2.0 시대에는 전염병 예방뿐만 아니라 질병을 직접 치료하는 것을 주된 목적으로 의료 기술의 발전이 이루어졌다. 헬스케어 2.0 시대에는 페니실린 개발이라는 의료 혁신을

[표 12-1] 헬스케어, 시대별 패러다임 특징

	헬스케어 1.0 (공중 보건의 시대)	헬스케어2.0 (질병 치료의 시대)	헬스케어 3.0 (건강 수명의 시대)
시대	18-20세기 초	20세기 초~20세기 말	21세기 이후
기술 혁신	인두법(1721년)	페니실린 발견(1928년)	인간 게놈 해독(2001년)
목적	전염병 예방과 확산 방지	질병 치료	질병의 예방 및 관리를 통한 건강한 삶 영위
건강 지표	전염병 사망률	기대 수명	건강 수명
공급자	국가	제약, 의료 기기, 병원	기존 공급자 외 IT, 건설, 자동차, 가전, 보안
수요자	일반일(전 국민)	환자	일반인
산업의 변화	예방 접종 활성화 청진기, 엑스레이 발명	제약 · 기기 · 서비스 산업 본격화와 보험 발달	제약-서비스, 제약-진단 기기의 연계 및 통합 병원의 수익 모델 확대
성과	전염병 사망률 감소 개인별 질환 치료 미흡	질환 극복 기대 수명 연장 의료비 증가	일상 관리, 맞춤 치료 등을 통해 의료비 절감, 건강 수명 연장(전망)

출처: 삼성경제연구소, 헬스케어 3.0 : '건강수명 시대의 도래', 2011

통해 세균을 정복하고 질병을 직접 치료하는 패러다임이 적용되기 시작하였다. 이 시기에는 치료제뿐만 아니라 현대적인 의료 기기들이 개발되면서 인간의 기대 수명이 크게 늘어났다.

이후 21세기에 들어서며 헬스케어 3.0 시대를 맞이하였다. 헬스케어 3.0 시대는 많은 사람들이 오래 사는 것보다 건강하게 오래 살기를 원하는 시대로, 인간의 기대 수명과 건강 수명에 대한 패러다임이 전환되는 시기로 볼 수 있다. 3.0 시대에는 질병을 미리 예방하고 일상에서 건강을 관리하는 헬스케어가 적용되기 시작하였으며, 기대 수명에서 나아가 건강 수명을 상승시키고자 하는 노력이 이루어지고 있다. 헬스케어 3.0 시대는 기대 수명과 건강 수명의 간극을 좁히는 것이 중요한 목표라고 할 수 있다(유선길, 2018).

헬스케어 3.0 시대는 제4차 산업 혁명과 맞물려 ICT 혁신 기술들이 헬스케어에 적용되면서 헬스케어의 방향과 패러다임이 크게 변하고 있다. 향후 헬스케어 3.0의 중요 키워드는 일상 관리화, 개인 맞춤화, 진단 · 치료 미세화, 환자 중심화로 대표될 것이다. 헬스케어 분야의 ICT 도입은 일상의 개인 맞춤형 건강 관리 패러다임을 지속적으로 발전시키는 데 중요한 역할을 할 것이다(삼성경제연구소, 2012).

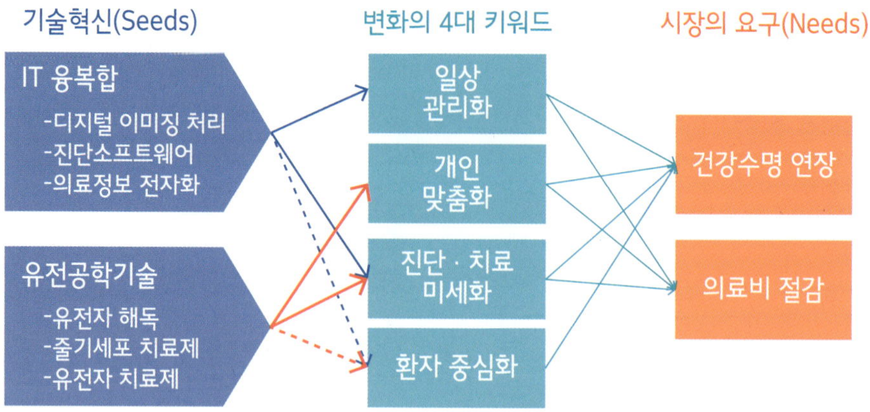

주: 선의 굵기는 영향의 강도를 의미

출처: 삼성경제연구소, 헬스케어 3.0: '건강 수명 시대의 도래', 2011

[그림 12-1] 헬스케어 3.0 시대 변화 키워드

3) 헬스케어 패러다임의 변화

전 세계적으로 인구의 고령화, 생활 수준의 향상, 건강에 대한 관심 증대, 의료 기술의 발달은 헬스케어 산업이 21세기를 이끌어 갈 유망 산업으로 성장하는 데 주요 동인으로 작용할 것이다. 4차 산업 사회에 이르러 ICT의 혁신은 헬스케어 산업 규모를 더욱 확장시키고 있다. ICT의 접목으로 다양한 헬스케어 맞춤형 서비스를 제공하는 것이 가능해졌고, 이것이 실제 헬스케어 산업 규모의 확대로 이어지고 있다. 이러한 전반적인 사회적, 기술적 변화의 흐름은 국내 헬스케어 산업의 시장 규모를 지속적으로 확대시킬 것으로 전망된다. 이는 보건 의료 사업 규모 자료를 통해 확인할 수 있는데, 실제로 미국의 보건 의료 사업 규모는 GDP 대비 17%에 해당하는 21조 달러를 형성하고 있다. 한국의 경우도 보건 의료 사업이 GDP 대비 8%에 해당하는 120조원을 차지하고 있다(KCERN, 2017). 미래 사회의 변화와 함께 헬스케어 산업의 규모는 확실히 커지고 있다. 이처럼 4차 산업 혁명의 ICT 발전은 헬스케어 산업의 패러다임에 변화를 가져오고 있다.

신성장 산업으로 주목받고 있는 헬스케어 산업은 4차 산업 혁명으로 큰 변화가 예상된다. 예컨데 헬스케어 패러다임의 중심은 치료에서 예방으로, 병원에서 소비자로 변화하고 있다. 전문가들은 미래 사회의 헬스케어는 환자들을 대상으로 한 질병 치료에서 나아가 일반인들의 건강 관리와 웰니스 영역의 규모가 커질 것이며, 질병 예방과 건강 관리 차원의 소비자 중심으로 변화할 것으로 전망하고 있다(김기봉, 한군희, 2020). 이은천(2019)은 헬스케어에 대한 패러다임은 인간의 기대 수명 연장이라는 관점에서 나아가 건강을 관리하여 삶의 질을 향상시키기 위한 수단으로 변화할 것이며, 전통적인 치료 중심의 의료 서비스와 함께 언제 어디서나 질병을 예방하고 건강을 증진시키는 데 도움을 주는 방향으로 발전해 나갈 것이라고 하였다. 헬스케어와 다양한 ICT의 접목이 이러한 변화를 더욱 촉진하고 있으며, 헬스케어의 패러다임이 단순히 오래 사는 것, 즉 늘어난 기대 수명에서 나아가 건강하게 오래 살기 위한 건강 수명의 차원으로 발전하고 있는 것이다(신성훈, 2016).

ICT의 발전으로 시간, 장소에 구애받지 않고 건강을 관리하는 것이 가능해졌다. 아울러 개인 맞춤형 헬스케어가 가능해지고 있다. 헬스케어 산업의 규모 전망을 살펴보면, 2010년에 비해 2020년까지 진단, 사후 관리, 예방의 영역이 헬스케어 분야에서 꾸준히 확대되고 있는 것을 확인할 수 있다. 헬스케어와 ICT의 융복합으로 미래 사회의 헬스케어 패러다임이 변화하고 있고, 이에 따라 ICT를 활용하여 질병의 진단, 관리, 예방의 중요성이 강조될 것으로 예상된다. 이러한 헬스케어 패러다임의 변화 속에서 스포츠 산업과 헬스케어의 융복합을 충분히 예상해 볼 수 있다. 헬스케어 산업이 미래 스포츠 산업을 이끌어 갈 신산업으로서 규모가 확대될 것으로 전망된다.

2. 디지털 헬스케어

1) 디지털 헬스케어의 정의

KCERN의 포럼 보고서 「디지털 헬스케어 국가 전략」에 의하면, 디지털 헬스케어는 인터넷과 인공 지능(AI)의 ICT를 통해서 '데이터로 연결된 지능 기반의 건강 관리'라고 정의되고 있다(KCERN, 2017). 헬스케어와 ICT의 융복합으로 새롭게 부상하고 있는 개념이 '디지털 헬스케어'이다. 4차 산업 혁명 시대 사물 인터넷(IoT), 클라우드 컴퓨팅, 빅데이터, 인공 지능(AI) 등과 같은 ICT 핵심 기술이 적극 활용되고 있는 분야가 바로 디지털 헬스케어라고 할 수 있다. 엄주희(2017)는 "디지털 헬스케어는 다양한 디지털 기기를 활용하여 개인의 건강 상태에 대한 정보를 수집하고, 이를 효율적으로 관리함으로써 개인 맞춤형 건강 관리 및 의료 서비스 제공을 가능하게 하는 분야이다."라고 말하고 있다. 이진수(2014)는 디지털 헬스케어는 스마트 헬스케어, 모바일 헬스케어를 포함하는 개념으로서 디지털 헬스케어를 통해 언제 어디서나 자신의 건강 상태나 운동량 등에 대한 정보를 수집하고 효율적으로 관리함으로써 개인 맞춤형 건강 관리 서비스 제공이 가능해질 것이라고 하였다. 이은천(2019)은 디지털 헬스케어의 개념을 ICT와의 융합을 통해서 전통적인 헬스케어의 한계를 극복하고 다양한 건강 관리 서비스를 제공할 수 있는, 하드웨어와 소프트웨어의 집합이라고 하였으며, 기존 u-health가 포괄하던 u-medical, u-silver, u-wellness 등의 개념과 건강 관리, 영양, 운동 처방 등의 역할을 수행할 수 있다고 하였다. 유선길(2018)은 디지털 헬스케어는 ICT가 적용된 모든 헬스케어를 포괄하는 개념이라고 하였다.

종합해 보면, 전통적인 헬스케어 분야에 ICT의 기술들이 활용되면서 다양한 방식으로 의료 및 건강 관리 서비스를 제공해 주는 것을 디지털 헬스케어로 이해할 수 있다. ICT가 접목된 디지털 헬스케어에서는 의료적인 관점에서 질병 치료를 담당할 뿐만 아니라, 다양한 디지털 디바이스를 활용하여 누구나 일상에서 건강을 관리하고 유지할 수 있는 환경을 제공받게 될 것이다. 이처럼 누구나 손쉽게 자신의 건강 데이터를 수집하고 활용할 수 있다는 점에서 디지털 헬스케어가 4차 산업 사회의 핵심 산업 분야로 성장하고 있다(김기봉, 한군희, 2020).

디지털 헬스케어 산업의 생태계는 크게 세 가지 영역으로 구분해 볼 수 있다. 첫 번째는 개인의 건강 정보를 수집하는 '개인 건강 기기(PHD: Personal Health Device)'이다. 개인 건강 기기는 휴대용 기기에 내장된 센서를 통해 건강, 운동에 대한 정보를 실시간으로 측정하고 수집할 수 있는 장치를 말하며, 대표적인 예로 웨어러블 디바이스가 있다. 두 번째 영역은 '개인 건강 애플리케이션(PHA: Personal Health Application)'이다.

개인 건강 애플리케이션은 개인의 건강 상태를 측정, 관리할 수 있는 애플리케이션의 영역으로서, 스마트 기기의 센서나 앱세서리(앱과 연결된 액세서리) 등을 활용할 수 있다. 세 번째는 수집된 개인의 건강 상태 정보를 의미하는 '개인 건강 정보(PHI: Personal Health Information)'이다. 개인 건강 정보는 개인 건강 기기나 개인 건강 애플리케이션을 통해서 수집된, 개인의 건강 정보 데이터를 의미한다(이진수, 2014).

2) 스포츠 산업 관련 헬스케어 기술 사례

헬스케어 기술은 서비스 종류에 따라 크게 3가지로 구분해 볼 수 있다. 병원 서비스의 이용 편리성과 관리 효율성을 높이는 '건강 관리(Medical care)' 분야, 노인 및 만성 질환자 중심의 '노인 건강 관리(Silver care)' 분야, 일반인의 건강 유지와 향상에 목적을 둔 '웰니스(Wellness)' 분야가 그 셋이다(황희정, 2013).

스포츠 산업과 관련된 헬스케어는 주로 일반인들의 피트니스 및 건강 관리 목적으로 활용되고 있는 것으로 볼 수 있다. 스포츠 산업은 주로 일반인들의 신체 활동 또는 스포츠 활동 참여와 관련이 있기 때문에 일반인의 건강 유지와 향상에 목적을 둔 웰니스 영역의 헬스케어를 중점적으로 살펴볼 필요가 있다. 이에 스포츠 산업과 관련된 디지털 헬스케어의 사례는 일반인들의 건강 관리에 활용되는 ICT를 사례 중심으로 살펴보고자 한다. 건강 관리의 목적으로 활용되는 디지털 기술 사례는 앞에서 살펴보았던 디지털 헬스케어의 개인 건강 기기 영역의 웨어러블 디바이스, 개인 건강 애플리케이션 영역의 헬스케어 애플리케이션, 개인 건강 정보 영역의 헬스케어 플랫폼의 활용 사례를 통해 알아보고자 한다.

(1) 웨어러블 디바이스

스마트폰 기술의 발전과 함께 사물 인터넷 서비스가 가능해지면서 웨어러블 디바이스는 스마트폰과 연동 및 호환되는 형태로 광범위하게 활용되어 왔다. 디지털 헬스케어 분야에서 개인의 건강 관리와 관련하여 가장 활발하게 사용되고 있는 기술 사례는 바로 사물 인터넷을 기반으로 한 웨어러블 디바이스로 볼 수 있다. 웨어러블 디바이스는 현재 건강 및 피트니스 시장을 중심으로 성장하고 있다(이형배, 2018). 웨어러블 디바이스가 활용되고 있는 디지털 헬스케어의 영역 중 하나로 스포츠와 피트니스가 있다. 스포츠와 피트니스 측면에서는 개인의 건강 관리를 목적으로 신체 능력 측정, 활동량 측정 및 관리를 위해 웨어러블 디바이스가 활용되고 있다(Kurwa, Mohammed, & Liu, 2008). 특히, 피트니스의 목적으로 개인의 운동 수행 능력이나 활동량에 대한 정보를 수집하는 데 활용되고 있기 때문에 중요한 스포츠용품의 하나로서 스포츠 산업에서 영역을 확장해 가고 있다.

피트니스 및 건강을 위한 웨어러블 디바이스의 대표적인 예로 나이키(Nike)의 퓨어밴드(Fure Band)가 있다. 피트니스 및 건강을 목적으로 하는 웨어러블 디바이스가 보급되던 시기에 나이키 퓨얼밴드는 사용자에게 운동과 활동으로 사용된 칼로리에 대한 건강 정보를 수집하고 애플리케이션에 저장하는 서비스를 제공했다. 이후 웨어러블 디바이스 기술이 발전하고, 보급이 확대되면서 가장 많은 보급이 이루어진 웨어러블 디바이스 분야는 스마트 워치로 볼 수 있다. 그 중 대표적인 것이 바로 애플이 개발한 애플 워치이다. 애플 워치는 스마트폰의 '건강(health)'이라는 기본 애플리케이션을 바탕으로 건강 및 피트니스 기능의 연동에 중점을 두고, 운동 활동, 심박수, 칼로리 소모, 수면 상태 등 피트니스 및 건강 정보를 사용자에게 제공한다.

(2) 플랫폼

플랫폼 구축을 통한 헬스케어 기술은 다른 웨어러블 기기 없이 스마트폰에 내장된 센서를 이용하여 사용자의 활동량이나 건강 상태를 수집하고, 모바일 애플리케이션을 통해서 해당 정보를 관리할 수 있다(노은지 2013). 플랫폼 기술을 활용한 디지털 헬스케어는 주로 IT 기업들의 주도로 이루어지고 있는 것으로 보이며, 애플은 플랫폼 헬스킷(Health Kit)과 애플리케이션 헬스(Health)를 발표하여 디지털 헬스케어 시장 진출을 본격화하였다.

애플의 헬스킷(Health Kit)은 외부의 다양한 웨어러블 디바이스나 애플리케이션을 통해 수집된 건강 정보들이 헬스킷(Health Kit)에 통합적으로 저장, 관리되는 시스템이다.

헬스킷(Health Kit)은 900개 이상의 웨어러블 디바이스나 애플리케이션과 연동하여 건강 정보를 수집할 수 있고, 70개 이상의 의료 관련 데이터를 측정, 보관 및 통합할 수 있다(이은천, 2019). 애플 헬스킷(Health Kit)은 개인이 운동량, 음식의 칼로리, 수면 건강과 같은 다양한 건강 정보를 수집 · 관리해 줄 수 있으며 단순한 건강 정보 관리에서 나아가 병원 정보와의 통합 관리를 목표로 서비스를 제공하고 있다(이정선, 2019).

구글 역시 헬스케어 플랫폼 구글핏(Google Fit)을 공개하여 헬스케어 서비스를 제공하고 있다. 구글핏(Google Fit)은 삼성전자의 '기어라이브(Gear Live)' 웨어러블 디바이스나 '런타스틱(Runtastie)', '런키퍼(Runkeeper)'와 같은 애플리케이션과의 연동을 통해서 개인의 건강 정보를 공유받아서 관리하는 중앙 저장소 역할을 한다. 구글핏(Google Fit)은 디바이스나 애플리케이션과 연동할 수 있는 새로운 토대를 제공해 주고 있으며, 애플의 헬스킷(Health Kit)과 달리 통합된 개인 건강 정보를 외부 사업자들이 활용할 수 있게 함으로써 좀 더 개방적인 형태의 플랫폼 서비스를 제공하고 있다(이진수, 2014).

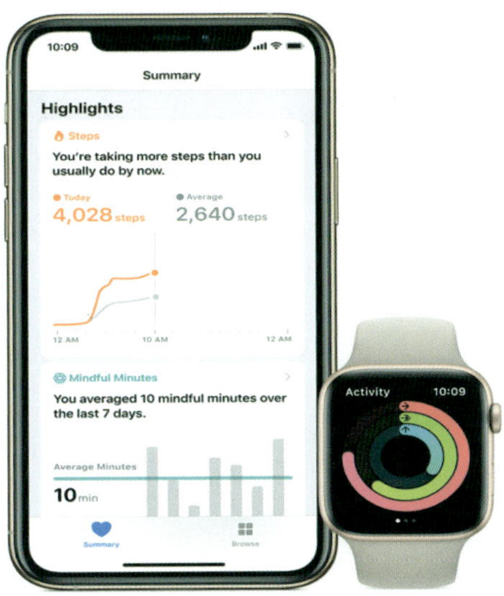

출처: 애플 홈페이지(www.apple.com/ios/health)

[그림 12-2] 애플의 'Health' 애플리케이션

연구 문제

1. 헬스케어의 정의와 패러다임 변화에 대해 간단히 설명하시오.

2. 디지털 헬스케어 생태계에 대하여 간단히 설명하시오.

3. 스포츠 산업과 관련된 디지털 헬스케어 사례에 대해 설명하시오.

PART 5

ICT와 스포츠 교육

Chapter 13

학교 체육 현장에서의 ICT

기술의 발달로 인해 학습 과정, 교육 계획, 모니터링 방법 등이 보다 효율적으로 이루어지고 있다. 본 장에서는 스포츠와 정보 통신 기술(ICT)의 영역을 확장해 나가는 것에 더하여, 학교 체육의 현황과 세계 여러 나라의 스마트 교육 전략에 대해 살펴보고, 격동하는 제4차 산업 혁명 시대에 바람직한 ICT와 학교 체육 융합 방안에 대해 살펴보고자 한다.

1. 제4차 산업 혁명 사회에서의 교육의 변화

제4차 산업 혁명에 따른 사회 각 저변의 변화에 보다 체계적이고 빠르게 대응할 수 있도록 교육 체제의 변화가 필요한 시점이다. 특히, 전 세계적으로 기존의 교육 과정과 교육 환경으로는 미래형 인재 양성에 어려움이 예상되어 교육 방향에 대한 근본적인 검토가 진행되어야 한다. 미국, 호주, 캐나다, 뉴질랜드, 독일, 싱가포르 등 세계 각국은 '지

[표 13-1] 제4차 산업 혁명 사회에서의 교육의 변화 방향

구분	내용
교육 철학 및 목표	평생 학습자 육성, 개인 개성의 발견과 발전, 협력과 소통, 인간 존중
교육 과정	국가 교육 과정의 유연화, 교육 과정 경로(course) 다양화, 삶 중심 교육 과정 재구성
교육 내용	역량 중심 교육, 인성 · 시민성 · 협업 능력 강조
교육 방법	다양한 교육 방법 활용, 학습자 주도, 테크놀로지 기반 교육, 온라인 기반, 네트워크 기반
교육 복지	교육의 공공성 강화, 소수자와 소외자를 위한 교육 복지 강화

출처: 대통령 직속 4차 산업 혁명 위원회, 4차 산업 혁명 시대에 적합한 미래 교육 프레임워크와 미래 학교 연구, 2018, 08.

식 습득과 암기 중심의 수동적 교육보다는 다양한 역량 교육 중심의 능동적인 교육을 강조하고, 사회 변화의 요구에 맞춰 학교 교육의 방향을 근본적으로 조정하는 데 앞장서고 있다(임종헌, 유경훈, 김병찬, 2017). [표 13-1]은 제4차 산업 혁명 사회에서 교육의 변화 방향에 대한 내용을 정리한 것이다.

2. ICT와 학교 체육

제4차 산업 혁명 시대 속에서 발전하는 각종 ICT의 융합은 이미 스포츠 현장에서 상당 부분 영향을 미치고 있음을 앞선 장에서 알아보았다. 학교 현장에서 변화되는 기술을 받아들일 때에는 해당 기술들의 변화되는 속도와 시기에 주의해야 한다. 특히, 그 속도가 아주 빠른 경우 세심한 관심을 가지고 학교 현장에 적용시켜 나가야 한다. 학교 체육이 사회적 요구와 시대적 상황에 의해서 변화될 때, 학교 밖에서 이루어진 다양한 가치와 담론들은 학교 현장에서 새로운 형태로 지식의 전이를 가져오는데, 이는 학생들의 학습과 교사들의 교수법에 영향을 미치기 때문이다(Bernstein, 1990).

우리나라는 엘리트 스포츠나 생활 스포츠보다 학교 스포츠가 먼저 발전된 경우라고 볼 수 있다(김명미, 2019). 서구의 근대 스포츠 도입으로 인해 본격적으로 체육 교육이 시행되었으며, 해방 이후 미군정 시기(1945년 9월~1948년 8월) 초기에 그 정책적 기반이 조성되기 시작했다. 우리나라의 학교 체육은 학생들이 창의적이고 능동적으로 학교 체육을 인식하도록 유도해 왔으며, 동시에 심동적 · 인지적 · 정의적 영역으로 구분하여 체계적인 학교 체육 발달을 지향해 왔다. 2000년대 초반에는 학생과 지역 사회 주민과의 체육 시설에 대한 공유를 통해 생활 스포츠와의 연계를 시도하고 학교 내 잔디 운동장 조성 등, 체육 시설 인프라 확충을 통해 스포츠 선진화를 이룩하고자 했다.

학교 체육에서 지향하는 이상적 인간상은 민주적 시민으로, 학교 체육은 그런 민주 사회에 필요한 자질을 갖춘 인재 양성을 목적으로 한다. 사회 · 문화 · 경제는 서로 연관되어 끊임없이 변화하며, 상호 작용에 의해서 함께 구성되어 간다. 학교 체육 또한 고정된 실체가 아니다. 그러므로 이제 ICT와 스포츠 과학의 변화에 따라 적절한 ICT 융합 스포츠 프로그램의 개발과 활용이 필요한 시점이다.

1) 국내 학교 체육 현장에서의 적용 현황

(1) 미래 ICT 교육을 위한 학교 인프라 구축 현황

경제 · 사회 · 문화 · 환경 등 여러 분야에서 일어나고 있는 4차 산업 혁명에 의한 변화는 교육 현장에도 적용 대상이 되고 있다. 최근 '미래로 향하는 ICT 연계 교육' 및 소프트웨어(Software) 교육 등을 중심으로 미래 환경에 대비한 교육 환경과 제도 개선이 각 국가별로 추진되고 있다(윤기포, 김종표, 김영희, 2018).

기존의 문서화된 교과서 교육의 한계를 극복하고 학생들의 학습 효과 및 흥미를 증대시키기 위해 증강 현실(AR), 가상 현실(VR) 등 실감형 콘텐츠 같은 신기술이 접목된 미래형 디지털 교과서가 보급되고 있다. '2015 개정 교육 과정' 반영을 통해 미래형 학교 환경이 조성되고 있으며, 2018년부터 시행된 교육부의 '디지털 교과서 활성화 계획' 및 '소프트웨어 교육 의무화'에 따라 이를 적용하고 있는 초등학교와 중등학교를 대상으로 무선 인프라 확충을 추진하며, 미래 ICT 활용 교육 환경을 구축하고 있다. [표 13-2]는 2015년 개정 교육 과정의 디지털 교과서 개발 및 적용('18.~) 계획에 따라 2020년까지 사회, 과학, 영어 등 3개 과목의 디지털 교과서가 적용된 계획안이다. 이 계획은 디지털

[표 13-2] 초중학교 디지털 교과서 개발 및 적용 계획

학년(군) \ 학년도	'17	'18	'19	'20	'21
초등 3~4(사회/과학/영어)	개발	적용	→	→	→
초등 5~6(사회/과학/영어)	–	개발	적용	→	→
중 1(사회/과학/영어)	개발	적용	→	→	→
중 2(사회/과학/영어)	–	개발	적용	→	→
중 3(사회/과학/영어)	–	–	개발	적용	→

출처: 교육부, "2015 개정 교육 과정에 따른 디지털 교과서 개발 및 적용 계획", 2016.08

교과서의 품질과 학생들의 학습 흥미 제고를 위해 '18년에 적용된 초등학교 3~4학년 사회 · 과학 디지털 교과서에 실감형(AR/VR) 콘텐츠 등, ICT를 도입하는 사업과 병행하여 추진 중이다. 소프트웨어(SW) 교육은 과학기술정보통신부와 교육부를 중심으로 각각의 산하 기관인 한국과학창의재단과 한국교육학술정보원이 함께 추진 중에 있으며, 17개 시도 교육청과 협력하고 있다(교육정보화백서, 2019).

아직까지 미설치된 학교에는 컴퓨터실(멀티미디어실)을 설치하고, 설치된 학교에는 노후화된 컴퓨터 교체, 스마트 패드의 보급, 무선망 시스템 도입, 로봇 연계 교육 확대 및 소프트웨어 교육 체제를 구축하여 수업을 지원하고 있다. 또한, 연구 및 선도 학교를 확대 운영하고 소프트웨어 교육 우수 모델을 개발, 보급하며 아울러 양질의 교과서와 보조 교재를 개발하고 있다. 현장 교사 중심의 자발적인 연구 활동과 결과 공유를 통해 자율적인 소프트웨어 교육 기반을 마련하고 있다.

이를 위해 과학기술정보통신부와 교육부는 초중등 소프트웨어 교육 확산을 위해 '소프트웨어(SW) 교육 연구 · 선도 학교'를 지정, 운영하고 있다. 매년 대상 학교를 확대하여 2016년에는 900개 이상의 학교를 선정하여 행정과 재정적인 면에서 지원하였다. [표 13-3]은 소프트웨어 교육의 비전, 전략과 과제를 담은 '소프트웨어 교육 활성화 기본 계획'의 내용이다.

ICT 기반의 교육 환경 조성 및 인프라 보급 확산에 따라 기존의 수업 방식과는 다르게, 수업이 시작되기 전 학생들이 학습 내용이 들어 있는 동영상 파일을 온라인으로 미리 학습한 뒤 오프라인 현장 강의실에서는 함께 토론을 하거나 과제 풀이를 하는 형태로, 플립 러닝(Flipped Learning) 수업 방식을 적용하여 진행하는 초중등학교가 증가하고 있다(윤기포 외, 2018).

학생들의 창작 활동 과정을 통해 함양되는 창의성(creativity)과 비판적 사고(critical thinking), 상호 협력(mutual cooperation), 소통(communication), 그리고 인내(patience) 및 회복 탄력성(resilience)이 21세기 학습자들에게 중요한 역량이므로, 이를 기를 수 있는 기회로 교육 현장에서 각광을 받고 있다. [표 13-4]는 교육의 변화를 가져올 핵심 트렌드를 고등교육 및 초중등교육으로 구분하여 제시하였다.

교육부와 과학기술정보통신부를 중심으로 ICT와 소프트웨어(SW) 중심의 지식 융합

[표 13-3] 소프트웨어 교육의 비전, 전략과 과제

비전	소프트웨어 교육을 통한 지능 정보 사회의 창의 융합형 인재 양성
목표	소프트웨어 교육 필수화의 성공적 안착 및 학교 중심의 소프트웨어 교육 시행, 확산

추진 전략		추진 과제 및 주요 내용		
1	SW 교육 필수화 기반 구축	1-1	SW 교육 인적 기반 마련	• 담당 교사 연수 강화 • 중등 정보 · 컴퓨터 교사 확보 • 예비 초등 교원 SW 교육 역량 강화 • 중등 교원 자격 표시 과목 재정비
		1-2	SW 교육 물적 기반 마련	• 컴퓨터실 설치 및 노후 컴퓨터 교체를 통한 인프라 확충 • 초중학교 무선망 도입 및 스마트 패드 보급 확대 • SW 교육의 로봇 연계 및 스마트 기기 활용 지원 • SW 교육 종합 서비스 체제 구축
		1-3	SW 교육 우수 모델 개발 및 확산	• 연구, 선도 학교 확대 • 선도 교육청 운영 및 성과 확산을 통한 맞춤형 SW 교육 추진 • 양질의 교과서 및 보조 교재 개발, 보급 • 교수, 학습, 평가 모델 개발 및 효과 측정 • SW 교육 교과 연구회 확대 지원
2	초중등 SW 교육 활성화	2-1	초 · 중학교 교육 과정 내 SW 교육 확대	• 교육 과정 내 SW 교육 확대 편성 사례 공유, 확산 • 초등학교 실과 내 SW 교육 확대 • 온라인 수업을 통한 중학교 정보 과목 미이수 학생 지원
		2-2	SW 교육 체험 활동 지원	• 자유 학기 연계 SW 진로 체험 확대 • 학생 SW 동아리 지원 • 창의적 체험 활동 및 방과 후 학교를 통한 SW 교육 활성화 • 소외 계층 학생을 위한 SW 교육 지원
		2-3	SW 융합 교육 확대	• SW 융합 교과 중점 학교 지정 • SW와 수학, 과학 융합 교수, 학습 자료 개발 및 보급 • 컴퓨터 사고력 기반 R&E 확대
		2-4	고교 SW 교육 강화	• 공동 교육 과정 운영 • SW 마이스터고 운영 확대
3	대학의 SW 전문 인재 양성	3-1	대학 SW 교육 선도 모델 마련	• SW 중심 대학 운영으로 대학 SW 교육 혁신
		3-2	대학의 SW 교육 · 연구 역량 강화	• 대학의 특성화를 통한 SW 인재 양성 • SW 전공 교육 강화 및 산업 현장 맞춤형 인재 양성
4	올바른 SW 교육 문화 조성 및 홍보 강화	4-1	올바른 SW 교육 인식 확산과 역기능 방지	• 공교육 중심의 초중등 SW 교육 확산 • SW 사교육 모니터링 실시 및 자율적 규제 협력 • 올바른 컴퓨터, 미디어 활용을 위한 정보 통신 윤리 강화
		4-2	SW 교육 홍보 강화	• 'SW 교육의 날' 운영 • EBS, 민간 기업 연계 대국민 홍보 강화 • 초,중,고 학교장 연수 강화 • SW 교육 행사 및 캠페인 실시

(출처: 교육부, '소프트웨어 교육 활성화 기본 계획', 2016.12)

[표 13-4] 교육의 변화를 가져올 핵심 트렌드

	고등 교육	초중등 교육
1년 이하	BYOD	메이커 스페이스
	학습 분석과 적응형 학습	온라인 학습
2~3년	증강 현실/가상 현실	로보틱스
	메이커 스페이스	가상 현실
4~5년	감성 컴퓨팅	인공 지능
	로보틱스	웨어러블 기술

(출처: NMC/CoSN Horizen Report, 2016)

교육을 추진하고, 다양성을 갖춘 소통, 공유 중심의 맞춤형 교육 서비스를 제공할 수 있는 미래 교육의 환경 기반을 마련하기 위해서는 정책적인 학교 네트워크 인프라 구축 및 확충 계획이 추진되어야 한다. 더불어 교육 현장에서 다양한 교육 방식의 도입과 시도가 이루어져야 한다. 미래의 ICT 교육을 위한 '주요 학교 네트워크 구축 사업 및 현황'은 다음과 같다.

① 학교 무선 인프라 구축 사업

학교 무선 인프라 구축 사업은 교실의 수업 개선 및 맞춤형 교수 학습이 가능한 디지털 교과서 개발과 보급, 그리고 초중등학교를 대상으로 AR/VR같은 실감형 콘텐츠와 소프트웨어 교육이 가능한 스마트 패드 보급과 무선 인터넷 기반을 확충하는 미래형 교육 환경 조성 사업이다. 2021년까지 스마트 교육이 가능하도록 스마트 패드를 평균 60대 수준까지 제공하고, 무선 인터넷 환경이 구축된 교실을 4개실 지원할 예정이다.

학교 내 무선 인프라 구축 사업의 경우, 무선 AP(Wireless Access Point) 및 단말기 관리를 위한 시도 교육청별 시스템 공동 장비를 기술 지원 센터에 통합, 운영하고 전국 단위로 체계적이고 안정적인 서비스를 지원하고 있다.

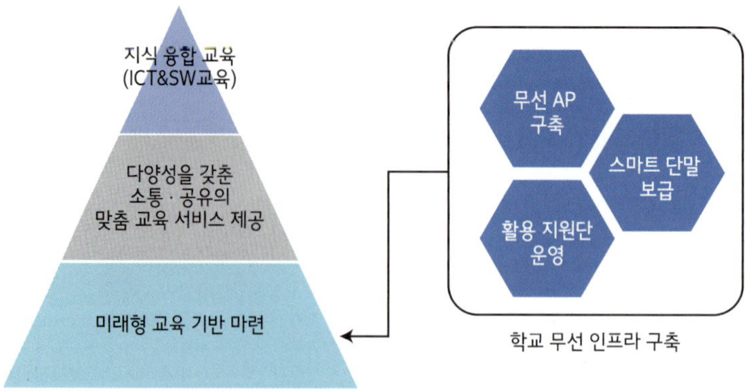

구분	추진 내용(안)
학교 무선 인프라 확충	① 초중학교 무선 인프라 확충 • 학교당 무선 인터넷 4교실, 스마트 패드 60대까지 확대 – 초등학교는 '17~20년까지, 중학교는 '19~21년까지 • 전국 약 8,000여 개 학교 대상 구축 ② 학교 무선 인프라 기술 지원 센터 및 콜센터 운영

(출처: 교육부, 학교 무선 망인프라 구축 계획 자료, '17.10)

[그림 13-1] '학교 무선 인프라 구축' 개요 및 추진 내용

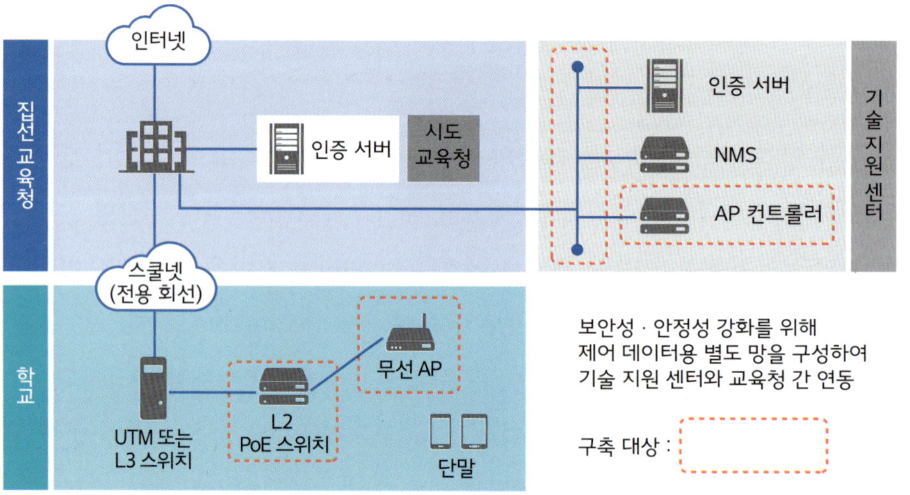

출처: 교육부 학교 무선망 인프라 구축 계획 자료, '17.10

[그림 13-2] '학교 무선 인프라 구축' 개요

② 스쿨넷 서비스

스쿨넷 서비스는 약 12,000여 개 전국 초등 및 중고등학교, 기타 교육 기관을 대상으로 고품질의 인터넷망을 지역 차별 없이 제공하는 네트워크 서비스이다. '95년부터 시작된 초고속 국가망 사업이 '05년도에 종료됨에 따라 '06년부터 스쿨넷 서비스를 시작하여 당시 10Mbps의 속도를 '09년에는 50Mbps, '15년에는 300Mbps, '18년에는 500Mbps로, 지속적으로 증가시켜 초고속 인터넷을 현재까지 국내에서 가장 저렴한 비용으로 제공하고 있다.

스쿨넷은 유치원, 초중고등학교, 시 · 도 교육청 및 산하 기관을 대상으로 하는 인터넷 접속 서비스인 '공공 정보 통신 서비스(NIS, National Info-comm Service)' 사업의 하나이다. KT, LGU+, SKB 3개 통신사가 스쿨넷 서비스를 제공하고 있으며, 각 단위 학교에서 서비스 사업자를 직접 선정하여 이용한다. 스쿨넷 서비스는 'end-to-end' 기관 간 연결 수단을 제공하는 회선 서비스와, 인터넷 접속 수단을 제공하는 인터넷 서비스로 구성된다. [그림 13-3]에서 보듯이 '스쿨넷 학교 인터넷망'은 외부망 구간인 스쿨넷 서비스 영역과 내부망 구간인 학내망 영역으로 나뉘어 있다.

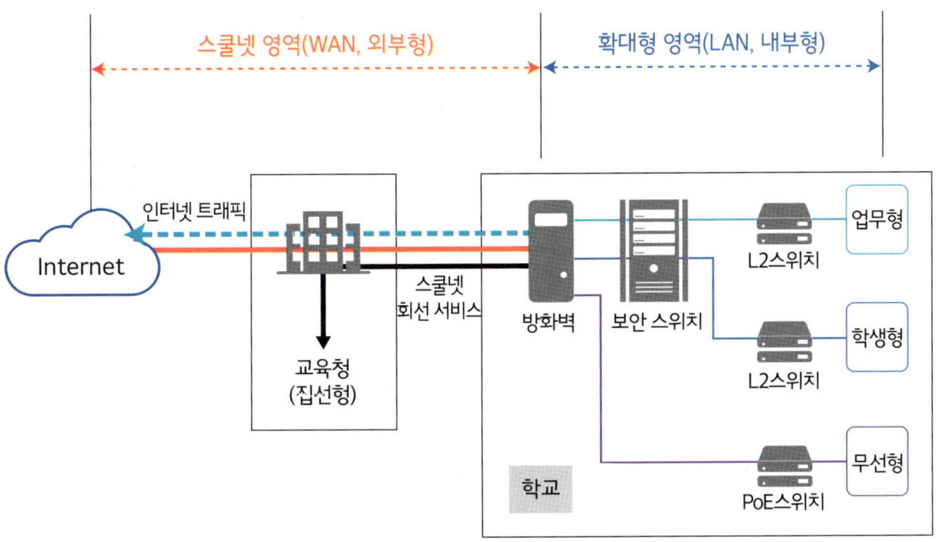

출처: 한국교육학술정보원, "교육정보화 백서", 2017

[그림 13-3] 스쿨넷 학교 인터넷망 구성도

③ 실감형 콘텐츠 개발 계획

교육부에서는 AR/VR/XR과 같은 실감형 콘텐츠 등, 신기술이 융합된 디지털 교과서를 개발, 보급하여 학생들의 학습 흥미를 높이고, 활동 중심의 수업 내용을 추진하고 있다. 이를 위해 초중등학교 사회와 과학 분야의 디지털 교과서를 대상으로 실감형 콘텐츠 약 190여 종을 2019년까지 단계적으로 개발하였고, 2020년까지 적용하도록 하였다. 아울러, 실감형 기기 보급을 포함한 학교 인프라 개선을 지속적으로 추진하고 있다.

[표 13-5] 초등학교 및 중학교 사회 · 과학의 디지털 교과서 추진 계획

<table>
<tr><th>학교급
(도서 구분)</th><th>교과</th><th>책수</th><th>실감형 콘텐츠
개발 종수
(예정)</th><th>재원</th><th>재원</th></tr>
<tr><td rowspan="4">초등학교
(국정)</td><td>사회 3~4학년</td><td>4책</td><td rowspan="2">50종</td><td rowspan="2">2017
(2018)</td><td rowspan="2">과기부 공모(국고)</td></tr>
<tr><td>과학 3~4학년</td><td>4책</td></tr>
<tr><td>사회 5~6학년</td><td>4책</td><td rowspan="2">50종</td><td rowspan="2">2018
(2019)</td><td rowspan="2">특별교부금
('18.1차)</td></tr>
<tr><td>과학 5~6학년</td><td>4책</td></tr>
<tr><td rowspan="3">중학교
(검정)</td><td>사회 ①, ②</td><td>2책
(14개 출판사)</td><td rowspan="2">60종</td><td rowspan="2">2018
(2019)</td><td rowspan="2">특별교부금
('18.3차)</td></tr>
<tr><td>과학 ①, ②</td><td>2책
(10개 출판사)</td></tr>
<tr><td rowspan="2">과학 ③</td><td>1책
(출판사 수 미정)</td><td>30종</td><td rowspan="2">2019
(2020)</td><td rowspan="2">특별교부금
('19. 신청 예정)</td></tr>
<tr><td>계</td><td>18책</td><td>190종</td></tr>
</table>

④ 클라우드 교육 환경 구축 확대

4차 산업 혁명 시대는 현실의 데이터가 가상의 클라우드 공간에서 융합하는 클라우드 혁명의 시대이다. 3차 산업 혁명이 개별 서버 경쟁이었다면, 4차 산업 혁명은 전체 산업의 클라우드 혁명이다. 미국의 경우 클라우드 우선(first) 정책을 넘어 클라우드 유일(only) 정책으로 선회했으며, 우리나라는 클라우드 우선 정책에 따라 공공 부문의 클라우드 서비스 도입 확대와 함께 '17년도에는 교육 영역에도 '디지털 스쿨 백팩 사업' 등이 시범적으로 시행되기도 했다. 본 사업은 초중고 소프트웨어 교육을 클라우드 기반에서 시행하고, 학생과 교사가 언제 어디서나 소통할 수 있는 교육의 장을 구축하는 사업이다.

[표 13-6] 클라우드 환경 교육 기반 조성 전후 비교

기존 레거시 기반	클라우드 DaaS 기반
- 디지털 교과서 등 고용량 서비스에 한계 - 노후 PC 주기적 교체 문제, SW 수작업 설치 - IT 전문 교사 부족, 디지털 수업 환경 열악	- 끊임없는 첨단 교육 환경, 다양한 교육 SW - PC 자원 중앙 관리로 유지, 보수 불필요 - 데이터 기반 맞춤형 서비스 제공 등

미국 같은 선진국에서는 구글의 클라우드 서비스를 기반으로 학생들의 교육 콘텐츠 개발 및 이용이 활발하게 추진되고 있다. 애플도 클라우드 기반 교육 콘텐츠 서비스를 론칭하였다. 우리나라에서도 클라우드를 기반으로 하는 학습자 맞춤형 서비스 구현 및 소프트웨어(SW) 교육 실습 등, 학교 수업에 활용하기 위한 학습 환경 구축 및 관련 기기 보급이 활성화되기 시작했다(윤기포 외, 2018).

(2) ICT의 학교 체육 현장 적용

급변하는 4차 산업 혁명 시대에 스포츠 환경도 빠르게 변화하고 있어 기존의 전통적인 교육 방식으로는 학교 체육 현장에서 체육이 그 역할을 제대로 수행하기 어렵게 되었다. 상상력과 창의력을 키우며 문제 해결 능력을 배양하고, 비판적 사고 능력을 기르기 위해서는 학교 체육의 교육 방식이 시대의 흐름에 맞게 바뀌어야 한다.

체육 현장의 VR/AR 등 ICT의 적용은 체육 교과와의 융합뿐만 아니라, 체육을 중심으로 다른 교과와의 융합 수업도 가능하기 때문에 앞으로의 발전 및 활용 가능성이 무궁무진하다. 따라서 ICT의 학교 체육 적용은 운동 공간 및 시설 부족으로 인한 학교 체육의 문제점을 획기적으로 해결할 수 있는 국책 사업으로 평가받고 있다(문화체육관광부, 2018).

가상 현실(Virtual reality)은 가상의 세계에서 현실감을 경험한다. 이는 컴퓨터와 인간의 상호 작용을 통해 현실 세계에서 직접 경험할 수 없는 가상의 상황을 간접 체험할 수 있게 해 주는 기술로, 갈수록 심해지는 학교의 시공간적 제약 문제를 해결함에 있어 스포츠와 학생을 잇는 매개체로서 대안적 스포츠 영역으로 활용될 수 있다. 또한 학생들의 심상 훈련이나 경기력 향상, 재활 스포츠 프로그램 등, 그 활용 방법을 다양하게

모색 할 수 있다.

현재 우리가 살고 있는 시대는 4차 산업 혁명 시대이다. 각 산업 전반에 걸쳐 혁신이 일어나고 있는 이때에 스포츠 분야도 예외는 아니다. 이미 스포츠 산업 현장에서는 4차 산업 혁명의 핵심 기술인 인공 지능, 빅 데이터, 웨어러블 디바이스 등이 활용되고 있다. 다양한 기술이 스포츠 현장에서 선수들의 경기력 향상과 경기의 공정성 강화라는 목적 하에 다양하게 활용되고 있다.

(3) ICT의 학교 체육 현장 적용 프로그램

ICT와 체육 현장의 융복합은 스카이다이빙, 골프, 클라이밍 등 현장에서 실제로 하기

[표 13-7] ICT+스포츠 학교 교육 국내 사례

	학교 교육 사례	활용 방법	요구 시스템	관련 앱 및 기타 사항
체육	스마트폰 스마트 패드 활용 교육	스마트폰으로 운동 동작 촬영 영상에 정보를 덧붙임(그림, 음성) 페이스북 또는 유튜브를 이용하여 자료 공유 *사례: 스마트폰을 활용한 탁구 수업(수서중, 서울)	스마트폰 스마트 패드	Coach's eye bam video Delay
	학생 활동량 관리 시스템	1) 만보계, 심박수 측정기를 사용하여 단위 수업 시간의 신체 활동량 측정 2) 학생들의 운동량과 수업 참여도 측정 *사례: 조성준, 김혜진(2013), 학교 환경에 따른 중학생의 신체 활동량 평가, 한국 체육측정평가학회지	심박수 측정기 만보기 DB 관리 시스템 스마트폰	
	Kinect, Wii 등 움직임 게임 활용 교육	1) Wii(닌텐도), Kinect(마이크로소프트) 게임을 활용하여 체육 수업 진행 2) 프로젝터 또는 대형 화면이 필요함. 3) 체육관 내 또는 운동장에 게임기를 설치함 *사례: 박규남(2013).기능성 게임기를 활용한 여중학교 체육 수업이 학생들의 신체적 자기 효능감에 미치는 영향, 가천대학교 석사 논문	Wii(닌텐도) xbox 360(마이크로소프트)	대형 화면 필요
무용 (표현 활동)	스마트폰 활용 교육	1) 모듬별로 표현하고 싶은 주제를 정함 2) 스마트폰을 사용해 정지 동작을 찍음 3) 찍은 사진을 연속해서 연결하여 애니메이션으로 만들어 표현 *사례: 안양옥 외(2013), 초등학교 표현 활동 영역에서 스마트 러닝 적용 가능성 탐색, 한국초등체육학회	스마트폰 스마트 패드	대형 화면 필요

출처: IT 융복합을 통한 학교 체육 활성화 방안, 국회의원 정책 세미나 발표, 2014

[표 13-8] 체육 수업에서의 ICT 활용 유형 예시

유형	예시
웹 활용 학습	• 웹에서 올림픽 참가자들에 관한 자료를 찾은 후, 멀티미디어 프리젠테이션 자료를 만들고 발표해 보기 • 체육 관련 웹사이트에서 관심 있는 종목에 대하여 자료를 수집, 정리하여 학교 홈페이지에 올리기
응용 프로그램 활용 학습	• 유명한 스포츠 인사나 기타 체육 활동에 관련된 주제를 가지고 문서 작성기를 활용하여 글을 써 보기 • 스프레드시트 프로그램을 사용하여 자신의 심장 박동 수, 달리기 횟수 및 기타 다른 개인적인 자료들을 그래프로 작성해 보고, 이를 매주 단위로 비교하여 자신의 건강과 경기력 향상을 확인해 보기 • 그리기 프로그램을 사용하여 축구, 야구와 같은 경기 전략 계획을 그려 보고, 실제로 경기장에서 해 보기 • 멀티 미디어 프로그램을 사용하여 광고하거나 실현해 보기 위한 건강 계획 작성하기 • 경기하는 방법과 관련 규칙에 관한 멀티미디어 프리젠테이션 자료 만들기 • 디지털 카메라를 사용하여 운동 동작을 촬영한 후, 다른 사람 또는 전문가의 동작과 비교하고, 차이 분석하기 • 어떤 기술의 단계를 보여 주거나 어떤 기술을 가르치려는 짧은 비디오 만들어 보기 • 경기나 건강의 원리 등에 관한 광고 포스터 만들어 보기 • 스타와 같이 자기 자신의 trading card 만들어 보기

출처: 강선영, 강승애, 정형수(2016). 체육 수업 ICT 콘텐츠에 관한 연구

어려운 스포츠 종목의 가상 현실 체험을 가능하게 하고, 동작 분석이 필요한 활동에 활용되어 학생들에게 피드백을 제공할 수 있다. 또한, 환경의 제약을 극복하고 교실에서 흥미롭게 체육 활동을 할 수 있게 한다. 아울러 수업 장면을 학부모들과 공유할 수 있고, 학생들이 방과 후 복습할 때 현장 장면을 다시 볼 수도 있다.

특수 학교, 일반 학교의 특수 아동의 경우에도 체육 활동에 참여할 수 있는 기회를 제공하고, 학생 중심의 재미있는 체육 수업으로 교육 효과를 높일 수 있다. [표 13-8]은 실제 학교 교육에서 ICT와 스포츠를 융합한 프로그램의 예이다.

① SNS를 활용한 수업 사례

초등학교 체육 현장에서는 SNS를 활용한 수업이 이미 4~5년 전부터 활용되어 오고 있다. 학생들로 하여금 스포츠 시설을 이용하는 인증 샷을 찍게 하여 자신을 표현하는 방법을 익히고, 아울러 건강을 위한 활동도 할 수 있게 한다. 또한, 미션을 제시하고 집단 지성 발휘하여 미션을 해결하는 협동 활동을 체험하게 한다. 한 예로 '줄넘기 액션러닝' 수업에서는 모둠별로 아이패드 1대씩을 이용하여 다양한 2단 줄넘기 시범 동영상을 검색하고, 줄넘기를 잘하는 방법에 대해 토론한다. 그 다음 각 모둠에서 찾은 다양한 자료를 소개하고 유용한 정보를 공유한다. 또 다른 방법으로는 네이버 BAND, facebook의 페이지를 활용하여 과제를 수행한 모습을 업로드하고, 온라인상에서 모둠 친구들과 선생님께 조언과 평가를 받는다. [표 13-9]는 SNS와 영상 분석을 활용한 체육 수업의 차시별 수업 내용의 예이다.

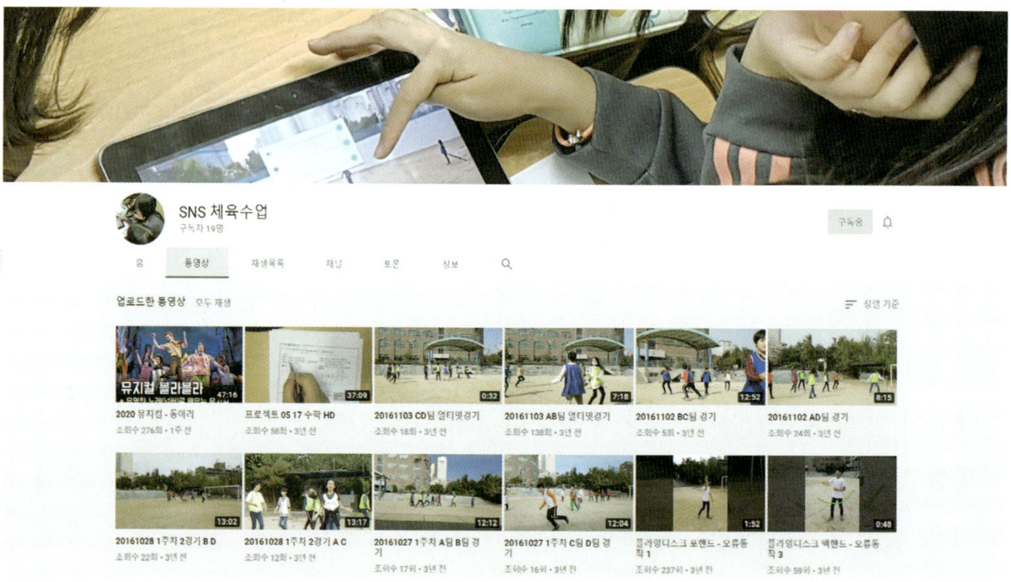

출처: YouTube / SNS 체육 수업

[그림 13-4] SNS를 활용한 체육 수업 사례

[표 13-9] SNS와 영상 분석을 활용한 체육 수업의 차시별 수업 내용 예시

<table>
<tr><th>차시</th><th>얼티밋 수업 과정</th><th>교수 학습 활동</th><th>SNS와 영상 분석 활동</th></tr>
<tr><td rowspan="2">1</td><td>SNS 윤리 교육</td><td>• 모둠 구성
• SNS 사용 활동 윤리 교육</td><td>• SNS 사용 방법과 활용 윤리 사례 교육(학생/스마트폰)</td></tr>
<tr><td>플라잉 디스크 얼티밋 이해</td><td>• 플라잉 디스크 얼티밋의 규칙 및 동작 이해</td><td>• 플라잉 디스크에 필요한 동작 찾아 클라우드에 올리기(학생/스마트 패드)</td></tr>
<tr><td>2</td><td>얼티밋 변형 게임하기</td><td>• 플라잉 디스크 얼티밋 변형 게임하기
• 경기 영상 촬영하기</td><td>• 경기 영상 촬영하기(학생/스마트 패드)</td></tr>
<tr><td>3~4</td><td>동작과 전략 세워 다시 하기</td><td>• 경기에서 필요한 동작들과 전략 세우기: 시각화
• 전략을 활용하여 다시 게임하기</td><td>• 경기 영상을 보면서 팀원들과 이야기 나누기(모둠/스마트 패드)</td></tr>
<tr><td>5</td><td>필요한 동작 연습하기</td><td>• 플라잉 디스크 던지기 연습: 백핸드, 포핸드 드로우
• 플라잉 디스크 패스 변형 게임</td><td rowspan="3">• 부족한 기능 동영상으로 찾아보기(학생/스마트 패드)
• 스마트 기기와 동작 분석 애플리케이션을 이용하여 동작 촬영, 클라우드 공유(모둠/스마트 패드)</td></tr>
<tr><td>6</td><td>잘못된 동작 수정하기</td><td>• 개인 오류 동작별 영상 점검하여 연습
• 플라잉 디스크 패스 변형 게임</td></tr>
<tr><td>7</td><td>정확한 동작 시각화하기</td><td>• SNS와 클라우드를 통해 동작을 분석하고 올바른 동작 그림으로 표현하기</td></tr>
<tr><td>8~9</td><td>전략을 활용한 얼티밋 게임하기</td><td>• 전략을 세워 시각화하기
• 연습한 플라잉 디스크 동작을 활용하여 얼티밋 팀별 게임하기</td><td rowspan="3">• Youtube 활용, 경기에 참고할 영상 찾아 전략 구성하기
• 스마트 기기와 동작 분석 애플리케이션을 이용, 학생 연습 경기 촬영, 지속적 공유(교사,학생/스마트 패드)
• SNS 활용 경기와 전략, 동작 공유(방과후/스마트폰)</td></tr>
<tr><td>10~11</td><td>수비 전략을 활용 얼티밋 게임하기</td><td>• 수비 전술 영상 분석, 토의로 전술 확인
• 플라잉 디스크 얼티밋 변형 게임</td></tr>
<tr><td>12~13</td><td>공간을 활용한 얼티밋 게임하기</td><td>• 플라잉 디스크 얼티밋 변형 게임: 공간 창출</td></tr>
<tr><td>14</td><td>발전된 나의 모습 평가</td><td>• 나의 동작 애플리케이션으로 분석
• 모둠별로 경기 영상 분석을 통해 잘된 부분 도출하고 수업 평가</td><td>• 동작 분석 애플리케이션을 통해 발전된 나와 팀의 모습 평가하기(모둠/스마트 패드)</td></tr>
<tr><td>15</td><td>체육 소감 나누기</td><td>• SNS와 동영상을 활용한 체육 수업 소감문 적기</td><td>• SNS를 통해 소감문 적기(개인/컴퓨터실)</td></tr>
</table>

출처: 유민규, 이영석, 2017, SNS와 영상 분석을 활용한 초등 체육 수업의 실행 연구

② 애플리케이션을 활용한 수업 사례

애플리케이션을 활용한 수업 사례로는 '사진 합치기 애플리케이션' 방법이 있는데, 담당 교사가 없을 때에도 누구나 체력 단련실에서 스스로 운동을 할 수 있도록 학생들에게 기구 사용법을 알려 주기 위해 운동하는 사진을 근육 부위별로 어플 '사진 합치기'로 제작한 후 체력 단련실 게시판에 붙여 놓는다.

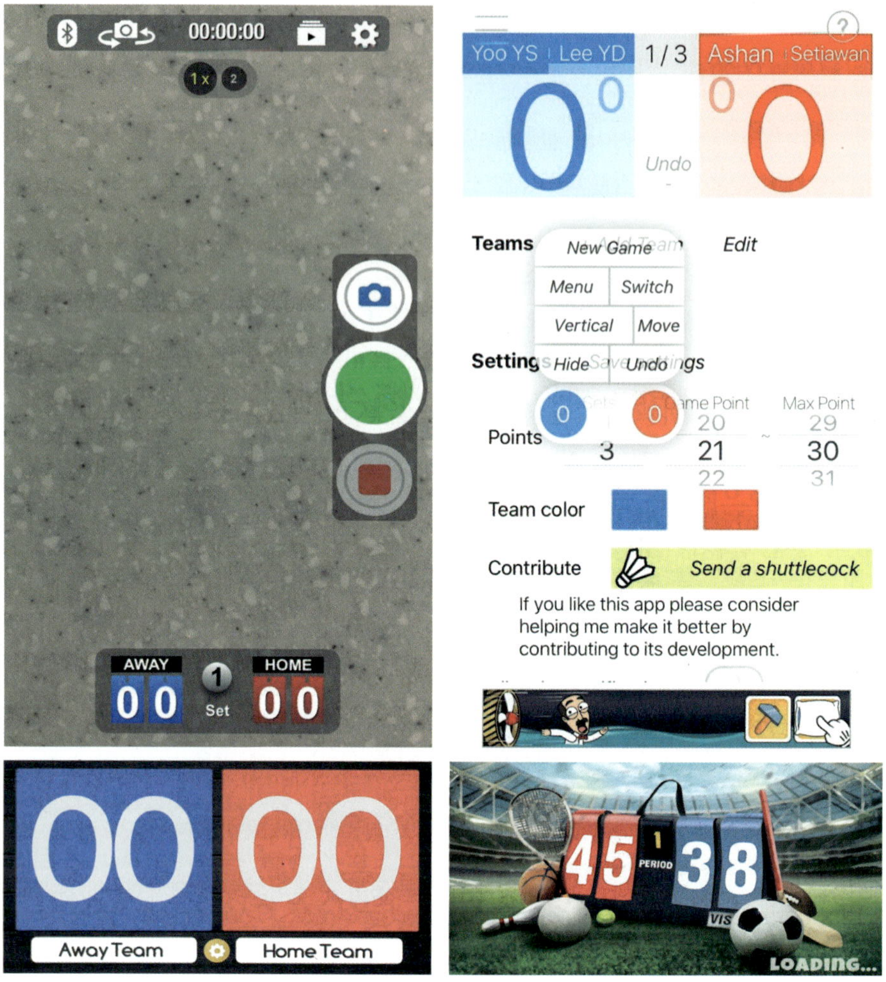

출처: 아이폰 APP. Store / 스코어보드

[그림 13-5] 애플리케이션을 활용한 체육 수업 사례

③ 모션 인식 게임을 활용한 수업 사례

모션 인식 게임을 활용한 수업 방법으로 KINECT 프로그램이 있다. 체육 공간의 부족과 춥고 더운 날씨의 제약에 관계없이 활용이 가능하고, 게임의 역기능을 극복할 수 있는 도구로서 움직임 활용, 또래 친구들과의 협동, 게임으로 흥미를 유발시키는 순기능이 있다. 또한 게임에 대한 바른 습관과 생각을 길러 주어 중독을 예방할 수 있다.

출처: YouTube / Gesture based Learning – XBOX360 with KINECT : DanceCentral2

[그림 13–6] 모션 인식 게임을 활용한 체육 수업 사례

④ 소프트웨어를 활용한 수업 사례

소프트웨어를 활용한 수업의 방법으로 DART FISH, Live Delay 프로그램이 있다. 축구, 체조(구르기, 뜀틀), 골프, 배드민턴, 장애물 달리기 등과 같은, 동작의 비중이 큰 수업에서 이용이 가능하다. 대학에서는 골프 실기 수업에 다트피쉬를 이용해 골프 스윙 동작을 보면서 피드백을 주기도 한다. 특히, 스포츠 관련 학과에서는 스포츠 영상 분석 화면을 강의에 활용하기도 한다. [그림 13-7]과 [그림 13-8]은 스포츠 영상 분석 화면을 활용한 수업의 예이다.

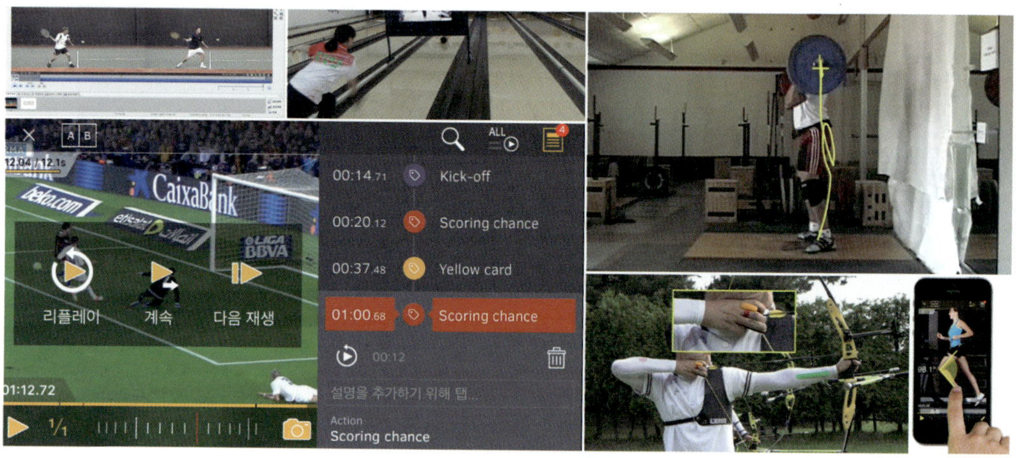

출처: 다트피쉬코리아 / https://www.dartfish.co.kr/

[그림 13-7] 스포츠 영상 분석 화면을 활용한 수업

출처: 다트피쉬코리아 / https://www.dartfish.co.kr/

[그림 13-8] 스포츠 영상 분석 화면을 스포츠 관련 학과 대학 강의에 활용

⑤ 에버노트(Evernote)를 활용한 수업 사례

에버노트(Evernote)는 언제든지(ever) 기록하고(note), 자신만의 콘텐츠를 영원히(ever) 저장할 수 있는 '메모 애플리케이션 프로그램'이다. 에버노트(Evernote)를 체육 수업에 적용하는 방법으로는 먼저, 단원 계획, 수업 계획, 평가 계획 등 체육 수업과 관련된 아이디어를 PC, 스마트폰, 태블릿 등 다양한 기기에 정보로 저장한다. 클라우드 서비스를 기반으로 하는 에버노트는 어떤 기기에 설치되어 있든지 저장한 데이터 동기화가 가능하다. 단순히 텍스트 자료의 메모뿐만 아니라 음성 메모, 사진 저장 기능까지 다양한 형태로 수업 자료를 저장하고 활용할 수 있다.

무엇보다 수업이 끝난 후, 수업 자료나 학생들에 대한 피드백을 SNS(페이스북, 트위터 등), 이메일, 링크 복사로 쉽게 공유할 수 있다. 이러한 장점들을 바탕으로 에버노트를 실제 체육 수업에 다양하게 활용하고 있다(천종문, 2017).

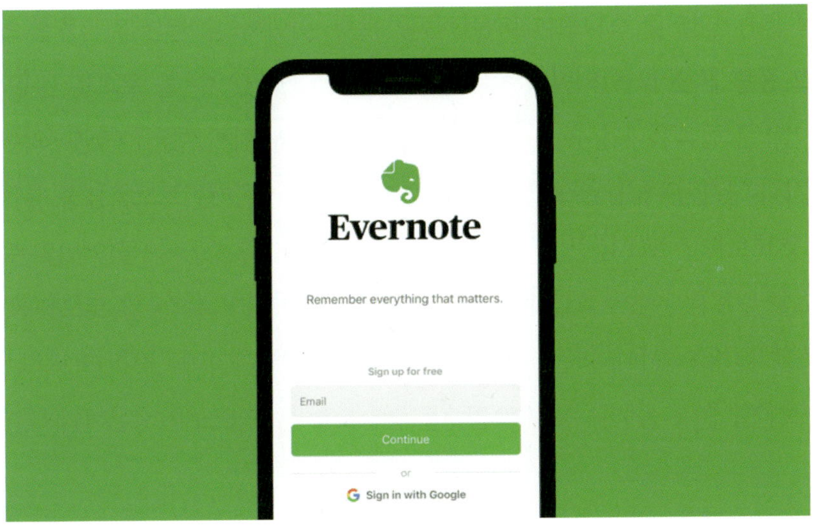

출처: Evernote, https://evernote.com/intl/ko

[그림 13-9] 체육 수업 계획 · 운영 · 평가에 활용 가능한 에버노트 애플리케이션

(4) 학교 체육의 ICT 적용과 미래 방향

그동안 미래 교육을 위한 스마트(SMART) 교육과 스팀(STEAM) 교육이 도입되어 왔지만, 실제 교육 현장에서 적용된 사례는 찾아보기 힘들었다. 많은 학교 교육 현장은 19세기 학교에서, 20세기 교사들이, 21세기 학생들을 가르치는 격이다. 디지털 원주민(Digital Native)으로 일컬어지는, 현재 21세기를 살아가는 어린아이들과 학생들은 운동 부족과 잘못된 식습관과 생활 습관으로 체력이 떨어지고, 생활 체육 참여율 또한 저조하다. 점입가경으로 미세 먼지와 같은 환경적 요인으로 인해 학교 체육을 운동장에서 집단 수업 방식으로 할 수 없게 되면서 운동 공간이 많이 줄어들기도 했다.

이러한 문제를 해결하기 위해 한국전자통신연구원(ETRI)은 2015년 8월부터 2019년 7월까지 '청소년 실감 체험형 스포츠 통합 플랫폼 시범 사업'을 시행하였으며, 2018년부터 시행된 교육부의 '디지털 교과서 활성화 계획' 및 '소프트웨어 교육 의무화'에 의거하여 이를 적용하고 있다.

ICT 융합 체육 수업은 고위험 스포츠 활동 참여의 안전성을 확보할 수 있고, 장애 아동과 소외 학생들의 체육 활동 접근성도 높일 수 있으며, 학습자의 동기를 유발시켜 보다 수업에 적극적으로 참여하게 된다(이기천, 2004). ICT 융합 학교 체육은 SNS, 애플리케이션, 모션 인식 게임과 소프트웨어 활용 수업 등으로 이루어지고 있어, 가상 현실(VR), 증강 현실(AI), 빅 데이터(Bic data), 인공 지능(AI) 등 4차 산업 혁명 시대의 신기술과 관련한 ICT 융합 프로그램 적용 사례는 찾아보기 어렵다. 앞으로 진행될 인공 지능(AI), 빅 데이터, 사물 인터넷(IoT), 가상 현실(VR) 기술을 적용한 학교 체육 융합 활용 방안은 다음과 같다.

① 인공 지능(AI)

4차 산업 혁명의 기술 중 가장 대표적인 것는 인공 지능(AI)이다. 기존의 스포츠와 ICT의 접목은 선수의 컨디션과 경기력을 측정하고 분석하며 경기 결과를 예측하고, 선수의 경기를 기록하고 결과를 분석하는 것이 전부였다. 그러나 지금은 가상 현실 기술의 3차원 그래픽 기술과 게임, 센싱 기술이 스포츠와 만나 현실 세계와 유사한 가상의 세계를 만들고 감각들을 만족시킬 수 있도록 발전되었다. 스크린 스포츠는 골프 종목에서 처음 시작하여 야구, 축구, 배드민턴 등 종목이 다양해지고 있으며, 특히 계절과 날씨의 제약을 극복하고 도심의 학교에서도 체육 시설의 부담 없이 쉽게 즐길 수 있을 것이다(김명미, 2019).

② 빅 데이터(Big data)

빅 데이터를 생산하는 모바일 환경의 다양한 인터페이스(데스크탑, 스마트폰, 노트북, 태블릿 PC 등)는 단순히 업무를 보조하는 도구가 아니라, 우리의 일부가 되어 삶의 양식을 바꾸고 있다. 오늘날 스포츠 영역에서 빅 데이터 분석 기술은 경기력 분석(Performance analysis)을 중심으로 발전되어 왔으며, 나아가 스포츠 빅 데이터는 경기력 분석뿐만 아니라 스포츠 팬들의 여론 및 스포츠 이벤트 분석에도 활용되고 있다(박성건, 이수원, 황영찬, 2017).

이처럼, 스포츠 현장에서의 빅 데이터 분석 기술은 경기력 향상, 스포츠 저변 확대, 일자리 창출 등과 같이 고부가 가치를 창출할 수 있는 산업으로 무궁무진한 발전을 거듭하고 있다. 빅 데이터 분석 기술을 활용함으로써 학생들의 체력과 체격, 운동 능력 등의 기록을 관리할 수 있고, 해당 기록들을 피드백하여 지속적이고 체계적인 건강 관리를 위한 보조 수단으로도 활용 가능하다(김명미, 2019).

③ 사물 인터넷(IoT, Internet of things)

사물 인터넷은 정보 통신 기술을 기반으로 모든 사물을 연결해 사물과 사물, 사람과 사물 간에 정보를 교환하고 상호 교류하는 지능형 서비스 기술이다. 대표적인 예로 사용자의 자발적인 참여를 위해 구축된 지리 정보 플랫폼인 VGI(Volunteered Geographic-Information)가 있다.

VGI는 다수에 의해 자발적으로 수집된 지리 정보를 취합하여 제공하기 위한 도구 모음으로, 위키매피아(WikiMapia)와 구글맵 메이커(Google Map Maker) 등이 있다. 이 프로그램을 활용하여 학교와 학교 인근의 스포츠 센터나 공공 체육 시설을 연계해서 체육 시설 및 프로그램을 공유하면 스포츠 센터나 공공 체육 시설을 편리게 이용할 수 있나(김명미, 2019).

④ 가상 현실(VR)

2016년 말 '트루 VR'이라는 기술이 개발되어 스포츠 관람 환경이 극적으로 바뀌었다. 이는 축구나 농구, 야구 등 경기장 주변에 여러 대의 180도 VR 카메라를 설치해 경기를 촬영하고, VR 영상으로 재생하는 기술이다.

VR 기술은 이미 야구 선수의 타격 연습이나 공의 궤적 등을 연구할 수 있는, 선수 훈련용 프로그램을 넘어 스포츠 엔터테인먼트 영역으로 확장되고 있으며, 앞으로도 다양한 영역에 적용될 수 있을 것으로 보인다. 가상 현실은 인간의 신체 활동 영역을 확장해 왔지만, 여전히 가상 공간에서 행해지는 간접적인 신체 활동이라는 점에서 직접적인 신체 활동과는 차이가 있다(김명미, 2019).

그러나 지금까지 우리가 경험하지 못했던 스포츠에 접근성을 높였다는 점은 협소한 학교 체육 시설에서의 가상 현실 스포츠의 활용 방안에 더욱 기대를 걸게 한다. 가상 현실(VR)은 공간의 제약 없이 스포츠를 즐길 수 있으므로 학교 체육에의 도입을 통해 학생들의 흥미를 유발하고, 학교 체육에서 접하기 어려운 종목도 체험해 볼 수 있다. 학교 체육에서 경험하지 못한 익스트림 스포츠(Extreme Sports)와 야외 스포츠 종목들을 다양한 프로그램으로 접할 수 있다는 점에서도 훌륭하다.

지금까지 우리가 경험했던 인공 지능, 빅 데이터, 사물 인터넷, 가상 현실을 통한 스포츠의 기술과 규칙은 앞으로도 변화할 것이며, 지금보다 더 진화된 스포츠를 출현시킬 수 있을 것이다.

4차 산업 혁명으로 인해 변화될 학교 스포츠의 모습은 생활 습관 때문에 체력적으로 약해진 학생들에게 다양한 ICT를 이용해 운동을 재미있고 적극적으로 할 수 있도록 도와주는 기회가 열렸음을 의미한다. 또한, ICT와 학교 체육의 융합 방안은 학생들의 이미지 트레이닝이나 체육 수업 및 경기력 향상 프로그램으로 접근하여 체력이나 건강 증진을 위한 스포츠 교육과 시설 부족으로 인한 학생 중심 체육 프로그램의 부재를 해결할 수 있는 방안이 될 것이다(윤기포 외, 2018).

2) 해외 스포츠 현장의 ICT 적용 사례

(1) 스마트 교육을 위한 세계의 ICT 활용 동향

4차 산업 혁명 시대로 진입하면서 새로운 미래형 인재가 갖추어야 할 핵심 역량에 대한 논의가 전 세계적으로 활발하게 이루어지고 있다. 이를 지원하기 위한 적절한 교육 방법, 학습 환경 구축 등에 대한 구체적인 모색이 필요하다.

미국, 영국 등의 국가들이 4차 산업을 이끌어 갈 수 있었던 원동력은 융합형 인재 양성을 강조하며 준비해 왔던 미래 교육 계획을 통해 미래 교육 체계가 빠른 속도로 현실화되었다는 것이다. 이에 교육의 성공이 곧 4차 산업 혁명 성공의 전제 조건으로 인식되고 있다.

세계 각국에서는 ICT를 교육 프로그램에 활용하여 미래 교육을 대비한 교육 개선 사업을 진행하고 있는데, 우리나라에서도 2011년부터 ICT가 적용된 교육 프로그램이 일선 학교에서 빠르게 자리를 잡아 가고 있다(임희석, 유길상, 2012).

스마트 교육은 기존의 교육 환경, 교육 내용, 교육 방법 및 평가를 혁신함으로써 다양한 교육 프로그램과 맞춤형 학습을 통해 창의적 인재 양성을 목적으로 한다. 또한, 학생

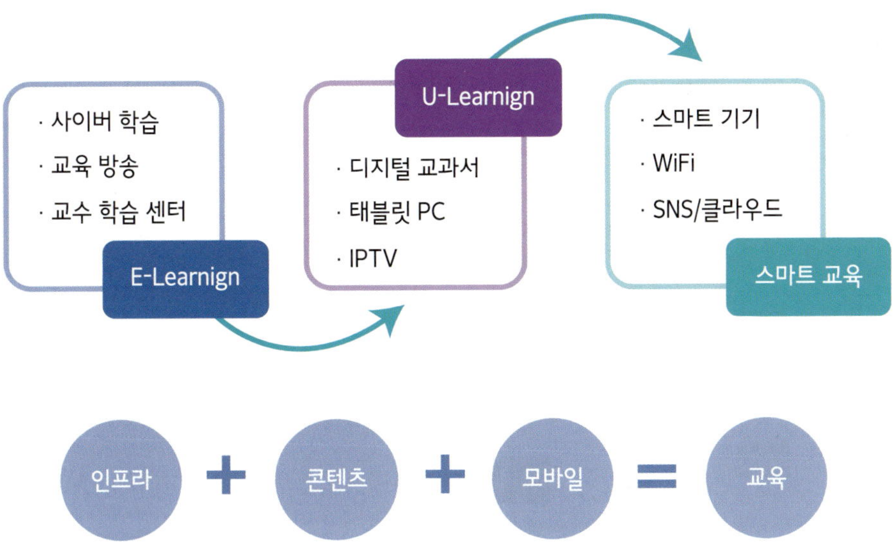

출처: 임희석, 유길상, 2012, 스마트 교육을 위한 세계의 ICT 활용 동향

[그림 13-10] 교육 정보화 발전 과정

들의 학습 선택권을 보장하고 기초 학력 부진 해소와 학습 공백의 최소화를 위해 온라인 수업을 활성화하고자 한다. 따라서 e러닝이나 u러닝과는 달리 '스마트 교육'이라는 용어를 사용하며 온라인 수업과 평가, 디지털 교과서의 활용, 교원 역량 강화, 클라우드 기반의 교육 인프라 구축 등이 핵심 전략에 포함되어 있다(2012, 임희석, 유길상).

다음은 스마트 교육의 체계적인 시스템 구축을 위한 방안으로, 각국의 첨단 ICT 활용 동향이다.

① 영국

영국은 지난 2009년부터 2012년까지 DCSF(Department for Children, Schools and Families)에서 'Next Generation Learning' 계획을 수립하여 미래 환경 변화에 따른 차세대 학습 전략을 구상해 왔다. 최근에는 EdTech 허브 운영 계획으로 개발 도상국을 위한 교육 테크놀로지 연구 지원도 실행하고 있다. 영국은 국가 경쟁력 및 인적 자원을 통한 생산성 향상을 위해 항상 새로운 기술의 습득에 대한 필요성을 강조해 오고 있으며, 이와 같은 계획을 추진하기 위해서는 중앙 정부가 학교와 기업, 협회 등 다양한 기관들과 파트너십을 맺고 계획을 실행하여 전략의 효과를 높이고자 노력한다.

교육 정보화(ICT in Education) 관련 첨단 기술을 활용하여 모든 학습자, 학습자의 가족, 더 나아가 영국 경제가 발전하는 데 목표를 두고 있다. 이와 같은 목표는 영국의 교육정보원(Becta)이 독자적으로 달성해 갈 수 있는 부분이 아니어서 차세대 교육을 통한 사회, 경제 발전이라는 목표를 달성하기 위해 보다 구체적인 계획과 원칙을 강조하고 있다. [표 13-10]은 영국 정부가 교육 부문에서 ICT 적용과 관련한 구체적인 원칙을 담은 내용이다(임희석, 유길상, 2012).

이처럼 기술 진보와 사회 환경의 변화로 인하여 교육 자료와 방법들이 다양화되고 있으며, 과정의 효율성을 위해 영국 정부는 디지털 소양과 학교 교육 시스템 활성화를 통해 21세기 디지털 사회에 적합한 인재 양성을 위한 시스템을 개발하고자 노력해 오고 있다.

[표 13-10] 영국 정부의 교육 부문 ICT 적용 관련 원칙

01	미래의 디지털 선도 국가를 위한 각국의 노력이 다각도로 진행되고 있으며, 국가 단위의 마스터 플랜 수립 추진
02	디지털 브리튼(Digital Britain) 구축을 위하여 사회 전반적인 부분에 대한 개혁 단행
	'디지털 브리튼(Digital Britain)', '2020 온라인 비전(Online vision for 2020)' 등 정부 정책 종합 계획 수립 지원
	연계 활동을 강화하여 정부 단독이 아닌, 다양한 이해 관계자와 서비스 제공자들의 네트워킹을 기반으로 국가 전체 차원에서의 시스템 개발 및 비전을 제시
03	고등 교육뿐만 아니라 초등 교육에서부터 ICT를 활용한 교육을 활성화시켜 미래 디지털 노동력 양산 기회 제공
04	정부의 다각적 지원을 통한 기반 시설 확충이 미래 국가 경제를 책임질 양질의 노동력을 제공할 수 있는 기반으로 추진
	효과 증대를 위해 장기적인 로드 맵을 마련해 국가 기관과 함께 대학, 민간 업체 등과의 연계를 통한 파트너십을 구축하여 차세대 학습 시스템 개발을 활발히 추진
	정부는 교수, 학습을 증진시키기 위한 지속적인 학문 개발 모형(Continuing Professional Development model)을 제공하는 ICT 지원 허브망을 9개 지역에 건설
	교육과 훈련 시스템은 기술의 사용에 완전한 확신을 심어 주기 위한 정부의 기술 착근(Harnessing Technology) 전략을 통해 지원
	현재 ICT 교수와 관련된 핵심은 자격 요건을 갖춘 교사의 부족이 문제로, 이를 해결하기 위해 예비 교원들에게 연수 장학금을 지원하고, 교사가 된 2년 후에는 장려금을 지원
	'Home Access Programme'을 통해, 사회적으로 디지털 교육을 받지 못하는 계층에 대한 지원 확대

출처: 임희석, 유길상, 2012, 스마트 교육을 위한 세계의 ICT 활용 동향
DCSF(Department for children, schools and families) "Next Generation Learning –The implementation plan for 2009–2012"

또한 고등 교육 기관과 정부, 기업 등의 연계를 통하여 기존의 노동력과 신규 노동력 향상을 위해 다양한 전략을 시도하고 있다. 영국은 영국교육정보원(Becta)의 보고서(ICT in Education: Shaping a New Generation in Learning 09) 「차세대를 위한 교육 정보화」를 통해, 영국 정부가 지향하는 차세대 교육 정책을 명시하고 있다.

영국 내 각 학교와 지역의 교육 당국은 빠르게 변하고 있는 교육 프로그램과 콘텐츠에 대응해 가고 있으며, 교육 정보화 기술이 교수법과 학습법을 발전시키는 데 도움이 되고 있다.

– 영국의 MEL Science사

영국의 학교 현장 중 화학 수업에서는 가상 현실 화학 수업 콘텐츠 시리즈를 제공하기

출처: St. Mary's University 홈페이지
https://www.stmarys.ac.uk/undergraduate/physical-education-sport-and-youth-development

[그림 13-11] 영국의 체육 수업 현장

시작했다. 예를 들면, 다이아몬드를 확대하여 관찰하고 원자 수준에서 다이아몬드가 어떻게 보이는지 탐색한다. 학생들이 직접 특정 원소의 원자를 만들어 보는 체험 활동도 제공하는데, 이처럼 가상 현실(VR) 프로그램을 적용한 수업은 학생들이 탐구하는 대상에 몰입하고 흥미를 느끼면서 적극적으로 학습 활동에 참여하도록 유도한다.

② 미국

미국은 교육 격차를 극복하기 위한 노력으로 국제교육기술협회(ISTE, International

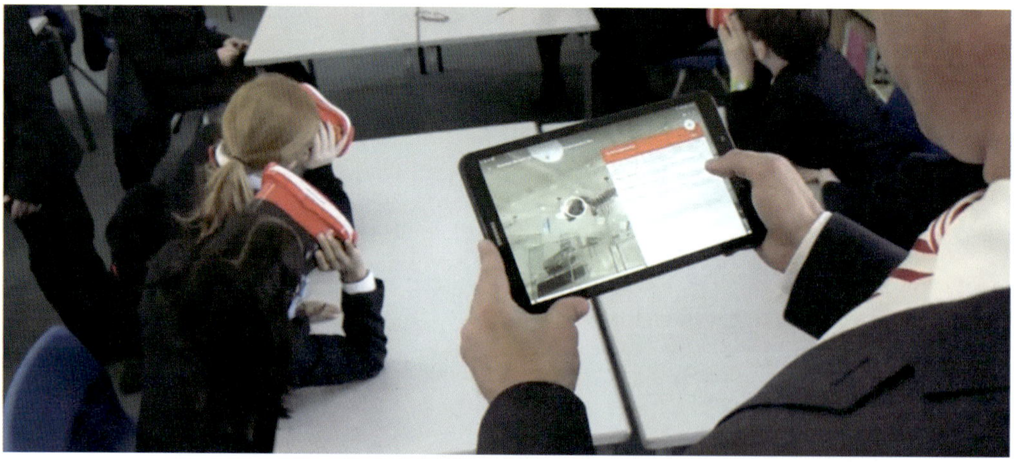

출처: https://melscience.com/vr/

[그림 13-12] 영국 MEL Science사의 VR 기기를 이용한 수업 사례

Society for Technology in Education)의 표준 'ISTE Standards'를 폭넓게 수용(ISTE의 홈페이지에 따르면 10개 주)하고 있다. 국립교육기술표준(National Educational Technology Standards, NETS)으로 알려진, 이 표준에는 학생들로부터 기대하는 기술과 태도, 교사 표준, 행정 관리자 표준 등도 포함되어 있다.

미국의 ICT 적용 학교 교육 프로그램 활용 사례로, 아이다호주에 있는 모스코 학구 중학교에서는 컴퓨터 과학 시간에 코딩 콘셉트와 파이선 프로그래밍 언어 입문을 가르친 다음, LED 플래시와 같은 단순한 것들을 직접 만들어 보는 수업을 진행한다.

- iNACOL

iNACOL은 미국과 캐나다, 멕시코 등 북미 지역의 교육 기관, 교사, 학생들의 이익을 대변하는 비영리 교육 법인으로 지난 2008년 10월, 연구 대상 지역을 국제적으로 확장해 나가면서 기관 명칭을 'International Association for K-12 Online Learning'으로 변경하였다.

iNACOL 교육 법인은 미국 내 학생들에게 세계 최고 수준의 온라인 교육 기회를 동등하게 제공하는 혁신적인 프로그램을 제공하고 있다. 지난 2019년 말~2020년 코로나19의 전 세계적인 창궐로 인해 각국은 온라인 교육 시스템 대체 및 운영으로 한차례 대혼란을 겪었다. 이에, 미국에서도 온라인 교육 시스템 구축에 대한 기술 및 운영 방법이 시험대에 올랐다. 팬데믹 시대를 맞아 전 세계 대부분의 나라들에게 안전한 온라인 교육

출처: https://www.gettingsmart.com/2013/11/10-trends-driving-future-education/

[그림 13-13] iNACOL 기관 엠블럼

[표 13-11] 미국의 교육 법인 iNACOL이 제공하는 서비스

01	가상 학교 심포지움
	선도 교사, 업체, 정책 결정자 등 미국, 캐나다, 멕시코 해외에서 1,200명 이상이 참석하여 초중고 교육과 가상 학교의 발전 방향에 대하여 토론
02	온라인 방향 월례 세미나
	온라인 교육 지도자 및 교육 수행자들에게 고급 직무 능력의 향상 기회를 제공하기 위하여 참가 전문가들로 구성된 토론
03	교육 과정 교수 품질 표준 보급
	미국 최고 수준의 교육 과정을 지향하기 위하여 각 주마다 존재하던 기존의 온라인 교육 과정 품질 표준에 대한 광범위한 연구 조사 과정의 결과를 반영한 미국 국가 온라인 교육 과정 품질 표준 보급
04	교수 평가 프로그램 운영
	온라인 학교 운영자에게 해당 학교의 온라인 과정을 수강하고 있는 학생들이 요구하는 사항에 대해 조사 분석한 각종 데이터를 제공하고, 각 주와 학교 당국은 이러한 데이터를 활용하여 교육 과정과 서비스에 대한 의사 결정을 보다 객관적으로 수행
05	교육 과정 검토 프로그램
	해당 교육 과정이 iNACOL의 온라인 교육 과정의 품질이 국가 표준에 부합하는지의 여부 및 해당 교육 과정이 제공되고 있는 주별로 제정이 되어 있는 주 교육 표준 부합 여부 검토

출처: 임희석, 유길상(2012), '스마트 교육을 위한 세계의 ICT 활용 동향'

시스템 구축과 프로그램 서비스는 필수가 되었다. [표 13-11]은 iNACOL 법인이 제공하는 서비스 내용이다.

– 애플사의 아이튠즈 유

미국 애플사의 디지털 콘텐츠 제공 플랫폼인 '아이튠즈' 내에서 서비스되는 '아이튠즈 유'는 2007년 5월부터 제공되기 시작했다. 아이튠즈 유(iTunes U)의 'U'는 'University'를 의미하는데, 대학이 제공하는 다양한 교육 콘텐츠를 아이튠즈를 통해 다운로드 받아 아이폰(iPhone) 등 애플사의 모바일 단말기를 통해 이용하는 방식이다. 기존에 아이튠즈에서 제공되던 팟캐스트(Podcasts)와 비슷한 형태이나, 교육에 보다 특화된 형태를 띠고 있는 것이 특징이다.

아이튠즈 유는 세계 명문 대학들(옥스퍼드, 캠브리지, 스탠포드, 하버드 MIT 등)을 서비스 멤버로 유치하고, 다양한 교육용 콘텐츠(각종 전공 수업, 언어 교육, 실습 장면, 스포츠 하이라이트, 강의 문서 등)를 제공함으로써 세계 모바일 러닝 시장의 선두 주자로

출처: www.stanford.edu

[그림 13-14] 아이튠즈 유 서비스

부상했다. 애플사는 랩탑 및 휴대전화에서부터 아이튠즈 유의 운영을 위한 소프트웨어 서버에 이르기까지 모바일 러닝과 관련된 여러 기술을 보유하여 제공하고 있으며, 교수자는 애플사의 아이라이프(iLife)와 아이웍스(iWorks) 애플리케이션 등을 활용하여 교육 콘텐츠(동영상 프레젠테이션 등)를 제작하고 이를 팟캐스트로 변환하여 아이튠즈 유를 통해 배포할 수 있다(임희석, 유길상, 2012).

- 미국의 메이커 교육(메이커스페이스)

메이커 교육은 학생들이 스스로 아이디어를 내고, 이를 구체화하여 제작 활동(making)을 하는 자기 주도적 학습 방법이다. 제작 과정 및 결과물을 포함한 학습 결과를 동료 학생들과 공유하는 모둠 활동에 함께 참여함으로써 창의성과 문제 해결 능력을 동시에 향상시키는 교육 방법이다(대통령 직속 4차 산업 혁명 위원회, 2018).

메이커 교육은 또한 교실 내 공간 확보가 어려운 경우 효율적으로 활용할 수 있는 수업 방식인데, 미국 캘리포니아주 라이트하우스 커뮤니티 채터스쿨(Lighthouse Community

출처: 웹사이트
(http://www.techlearning.com/resources/0003/making-the-grade-how-schools-are-creating-and-using-makerspaces/69967%20%20

[그림 13-15] 'Shorecrest preparatory school'의 메이커 수업

Charter School)에서는 7학년, 8학년 학생들이 유치원 교실에서 사용할 수 있는 이동형 미니 메이커스페이스를 만들어 제공하기도 했다(Maker Education Initiative, 2015).

- 미국의 ICT 적용 학교, 스포츠 교육 사례

미국 학교의 스포츠 교육 현장에서는 스마트폰 및 스마트 패드를 활용한 교육이 이미 오래전부터 활용되어 오고 있다. 우리나라에서도 사용되고 있는 키넥트(Kinect)를 활용하여 실내에서도 날씨나 공간의 제약을 받지 않고 스포츠 활동을 할 수 있도록 활발하게 이용되고 있다. [표 13-12]는 미국의 스포츠 교육 현장에서 활용되고 있는 프로그램 및 기기, 그리고 해당 학교 등을 정리한 것이다.

[표 13-12] ICT + 스포츠 학교 교육 국외 사례

	학교 교육 사례	학교	요구 시스템	관련 앱 및 기타 사항
체육	스마트폰 스마트 패드 활용 교육	미국 Postdam elementary school, NY	스마트폰 스마트 패드	Coach's Eye Bam video Delay
	학생 활동량 관리 시스템	미국 텍사스 Mckinney High School, Dowell Middle School	심박수 측정기 만보기 DB 관리 시스템 스마트폰	
	Kinect 활용 교육	미국 Fairfax County Public Schools, Fairfax, VA Los Angeles Unified School District, Los Angeles, CA Houston Independent School District, Houston, TX		대형 화면

(출처: IT 융복합을 통한 학교 체육 활성화 방안, 2014, 문화체육관광부)

③ 싱가포르

교육 강국인 싱가포르는 정부의 주도 아래 통신사와 마이크로소프트사(MS) 등이 컨소시엄을 구성해 세계 최대 양방향 영상 시설 사업을 추진해 왔다. 컴퓨터 애니메이션과 전자 음악 분야에서 정보화 혁신을 주도하는 라딘마스초등학교는 한 해에 컴퓨터 연구실을 새로 꾸미는 데 몇십만 싱가포르 달러(수억 원)를 지원받았으며, ICT 활용 교실이 특히 탁월한 5개 초등학교는 특별히 '미래 학교(Future School)'라고 부르며 정부와 기업 컨소시엄이 최첨단 기기와 설비 및 교육 기자재를 지원하고 있다.

싱가포르의 수업 내 ICT 활용률은 평균 30% 이상이다. "가능한 한 모든 학년, 모든 과목에 ICT를 활용하라."라는 것이 싱가포르 정부의 방침이기에 싱가포르의 학교들은 수학 시간에 게임으로 XY 좌표 개념을 배우기도 한다.

싱가포르의 비컨초등학교(Beacon Primary School)는 학생들에게 'Beacon World'라는 가상 현실을 중심에 둔 온라인 학습을 지원하고, 'Creative Studio' 또는 'Punkygallery' 등 개인 멀티 미디어 제작 및 공유, one-stop 학교 포털 등의 기능을 제공하고 있다. 캔버라초등학교는 캔버라라이브(canberralave)라는 3D hive로 문제 기반 학습을 가상의

학습 공간과 면대면(face to face) 학습 활동으로 연계되도록 하였다. 그외 4DI 실험실은 경험 학습을 지원하는 공간으로, 최대 45명의 학생이 동시에 가상 학습 환경에서 학습할 수 있도록 하는 14개의 대형 스크린이 설치되어 있다. 여기에는 다중 감각 기능(multi sensory function)이 있어 다양한 기후를 적용한 환경을 구현하고, 터치 스크린과 태블릿을 통해 상호 작용이 가능하도록 하여 학습 흥미를 높이는 등, 효과적인 학습을 지원하고 있다(대통령 직속 4차 산업 혁명 위원회, 2018).

현재 다수의 해외 국가에서는 체육 수업의 ICT 활용 정도가 앞서 소개된 키넥트 프로그램 활용, 아이패드 등 IT 기기를 활용하는 정도에 불과하며, 주로 체육 교과가 아닌 주요 교과 과정 안에서 가상 현실(VR) 기기를 비롯한 다수의 프로그램이 적용되고 있는 것을 알 수 있다. 앞으로도 꾸준히 발전될 기술과, 활발한 교육 프로그램 내 적용을 통하여 체육 수업 현장에서도 여러 문제점을 보완하고, 수업의 효과를 높이는 교수법과 학습 내용들이 적용될 전망이다.

3. 국외의 ICT를 적용한 미래 학교 관련 정책

세계 각 국가들은 미래 교육에 대한 정보, 인프라 구축, 디지털 기술에 대한 동등한 접근성을 보장하고, 디지털 학습 자원의 활용성 증대를 위해 구체적인 목표를 가지고 있다. 국가 차원의 가이드라인 안에서 다양한 프로그램을 추진하는 동시에, 민간 참여와 활동을 독려하기 위한 실행 계획 및 지원을 제공하는 추세이다. [표 13-13]은 '국가별 미래 학교 관련 정책'을 정리한 것으로, IT 선진국들이 어떤 교육 방향 안에서 4차 산업 혁명을 거쳐 나갈지 짐작할 수 있다.

[표 13-13] 국가별 미래 학교 관련 정책

국가	정책	특징
미국	국가 교육 테크놀로지 계획 (NETP: National Educational Technology Plan)	• 미국의 국가 교육 테크놀로지 계획은 교육 테크놀로지 정책과 비전을 담은 것으로 학습, 교수, 리더십, 평가, 인프라로 나누어 현재의 성과와 향후 목표 및 권고 사항 등을 제시함 • 2016 국가 교육 테크놀로지는 테크놀로지에 대한 동등한 접근, 적극적인 활용, 협력적 리더십 등을 통해 언제 어디서나 가능한 학습을 실현하는 데 초점을 둠 • 2017 국가 교육 테크놀로지는 테크놀로지를 기반으로 한 혁신적인 학습 경험에 모든 학생들에게 동등한 기회를 보장해야 함을 강조 • 뉴욕주에서 주정부 채권을 발행하여 학교의 테크놀로지 구비 및 인터넷 연결성 확충을 지원하는 투자가 진행 중임
	퓨처 레디 스쿨 (Future Ready School)	• 디지털 학습 전략 수립 및 시행을 촉진하기 위해 시작되었으며, 교육 지도자(교육가)에게 디지털 학습에 대한 영감과 정보를 제공하는 데 초점을 두고, 국가 교육 정책 자문 기관인 All4ed(Alliance for Excellent Education) 주도하에 추진되고 있는 프로그램 • 학교 및 도서관에 대한 연결성 확충을 골자로 하는 Connected initiative를 통해 정비된 테크놀로지 관련 자원들을 최적으로 활용하기 위해 구체적인 디지털 학습 전략이 필요하다는 인식에서 시작됨 • 연방 정부의 재정 지원을 받지 않고 파트너 기관들의 컨설팅 지원 All4ed 등의 후원을 통해 독립적인 프로그램으로 추진됨
	디지털 프라미스 (Digital Promise)	• 2008sus는 조지 부시 전 대통령이 통과시킨 고등교육기회법 802조에 따라 의회에서 인가한 센터로 ICT 교육적 활용을 전담하는 연구 기관임. ICT의 교육적 활용과 관련된 사업과 연구를 통한 미국 국민의 배움의 기회 개선을 목적으로 실행 중 • 미국 연방 교육부, 뉴욕 카네기재단 지원으로 출범 • 디지털 프라미스 학교 운영, 교육자들에게 마이크로 수준의 인증을 허하는 자격증 배부, 혁신 학교 리그, 디지털 콘텐츠와 데이터를 교환할 수 있는 교육 시장 형성 등이 주요 사안임
프랑스	e-Fran 프로그램	• 프랑스의 '교육을 위한 디지털 플랜' 일환으로 추진되는 'e-Fran(Espace de formation, de rechereche de d'animation numerique'는 혁신적인 디지털 교수 및 학습법과 관련된 연구 프로젝트가 실시될 수 있도록 기금을 지원함. • 프랑스 교육부는 지역 교육 당국이 지역적 범위에서 디지털 교육을 발전시키기 위해 추진하는 프로젝트들의 시행을 지원하고, 시범 학교들의 성공적인 프로젝트들이 프랑스 전역에 확대될 수 있도록 지원함.
독일	디지털 지식 사회를 위한 교육 운동	• 독일 연방교육연구부(BMBF, Federal Ministry of Research and Education)가 독일 학교들의 디지털 교육 개선을 목표로 디지털 지식 사회를 위한 교육 운동 전략을 발표함에 따라 주정부와 협력하여 독일 학교들이 디지털 장비를 갖추고, 이를 활용하여 새로운 교수 학습 콘텐츠를 실천할 수 있도록 지원
	Digital Pakt#D (학교 디지털 교육 개선 프로그램)	• BMBF와 주정부가 함께 추진하는 학교 디지털 교육 개선 프로그램 • 독일은 주정부에 교육 전권이 있고, 연방 정부는 주 학교 정책에 관여나 지원을 할 수 없으나 기본법 91조 정보 기술에 관해서는 참여 가능함을 규정함 • 5년간 50억 유로를 투자하여 전국 약 4만 개 학교들에 디지털 장비를 지원함으로써 적절하고 새로운 교수 학습 컨셉 등이 구현될 수 있도록 지원 • BMBF가 주정부의 교육 담당 기구와 함께 추진하며, 학교들에 브로드밴드 연결성, W-LAN, 관련 기기 등 디지털 장비 지원뿐 아니라, 새로운 교수 학습 콘셉트 실천, 교사 훈련 실시, 공통의 기술 표준 등을 담당

국가	정책	특징
핀란드	드림 스쿨 (Dream school)	• 핀란드 카우니아이넨(Kauniainen)의 지역 학교 당국이 2006년부터 기존 학교 모델에서 벗어나 '학생 중심의 접근법'을 강조하는 학교 시스템 개선 프로젝트 • 핀란드 국립교육위원회(Finnish Board of Education)의 재정 지원과 지역 중소기업들이 참여하는 민관 협력 파트너십을 통해 추진 • 참여적 학습 환경과 교육 과정의 융합을 이끌어 내는 드림 스쿨 프로젝트의 5가지 비전: 학생 중심의 멀티 프로페셔널 학습(다양한 학습 경로 지원), 교사 역할의 재정의(가이드 역할), 학습을 위한 평가(긍정적인 영향을 주는 평가), 오픈 소스 테크놀로지(learning diary: 최대 12년 동안 학생들의 학습 과정과 결과물을 누적하여 관리할 수 있는 전자 포트폴리오), 배움을 지속하는 학습 조직(plan-do-study-act)
싱가포르	스마트 네이션 (Smart Nation)	• 장기적인 국가 정책으로 모든 국민들이 의미 있고 만족스러운 삶을 살며, 테크놀로지를 활용해 많은 일들을 할 수 있고, 여러 흥미로운 기회들을 누릴 수 있는 '스마트 국가' 추진 • 향후 싱가포르 시민과 사회에 중대한 영향을 끼칠 5대 핵심 분야로 교통, 환경, 비즈니스 생산성, 보건 의료, 공공 부문 서비스를 설정 • 스마트 네이션을 이루기 위한 교육 혁신도 다양하게 추진 중 〈디지털 교육 정책〉 ■ 유아 교육 테크놀로지 등 디지털 교육 혁신을 정보 주도의 투자로 진행함. ■ 싱가포르 정보통신개발청(IDA, Infocomm Development Authority)은 유아 교육 테크놀로지를 도입, 데이터 에널리스틱스 툴을 기반으로 한 학습향상, 스마트 러닝 페이스, 사물 인터넷 학교 등 디지털 교육 혁신을 주도 ■ 미디어개발청(Media Development Authority)과 합병하여 정보통신미디어개발청(IMDA)으로 재편되었고, 앞으로 교실에서 가상 현실 테크놀로지를 활용하는 이니셔티브도 추진 계획

(출처: 대통령 직속 4차 산업 혁명 위원회, 4차 산업 혁명 시대에 적합한 미래 교육 프레임워크와 미래 학교 연구, 2018. 08.)

연구 문제

1. ICT가 적용된 학교 교육 프로그램이 전통적인 교육 방식의 단점을 보완하고, 교육의 효과가 충분한지 개인의 생각을 서술하시오.

2. ICT가 적용된 국외의 학교 체육 프로그램과 국내의 실정이 어떻게 차이가 나는지 설명하시오.

3. 현재는 적용되지 않고 있으나 다가올 미래에 적용 가능한, 학교 체육 현장에서 적용해 볼 수 있는 ICT에 어떤 것이 있을지 서술하시오.

Chapter 14

시니어 및 특수 체육 교육

전 세계적으로 고령화 및 초고령화 시대에 진입하면서 시니어 인구의 건강 및 특수 환경에 놓인 장애인들의 건강 증진과 관련한 사항들의 중요성이 커지고 있다. 본 장에서는 스포츠와 정보 통신 기술(ICT)의 영역을 확장해 나가는 것과 더불어, 고령화 사회 ICT 활용 방안에 대해 살펴보고 4차 산업 혁명 시대에 바람직한 ICT와 시니어 스포츠 및 특수 체육 융합 방안에 대해 알아보고자 한다.

1. 시니어 스포츠 교육

1) 고령화 사회 ICT 활용 방안

UN의 인구조사국(Population Division) 등 공식 기관의 자료에 따르면 지난 2010년 기준 전 세계 60세 이상 고령자 수는 7억 5,900만 명에 이르렀으며, 인구 증가율을 뛰어넘는 고령자의 증가 추세 또한 지속되면서 전체 인구에서 차지하는 고령자 비율이 가파르게 상승하고 있다. 세계 인구에서 60세 이상 인구가 차지하는 비율은 지난 2000년 9.9%, 2010년 11%, 2020년 13.4%에 이르렀으며, 오는 2050년에는 21.9%에 다다를 전망이다(한현수, 2014).

국가별로 보면 북미 및 유럽, 호주 등 대양주, 그리고 일본을 포함하는 선진국의 경우에는 고령화가 이미 심각한 수준을 넘어섰다. 선진국에서는 60세 이상 인구의 비율

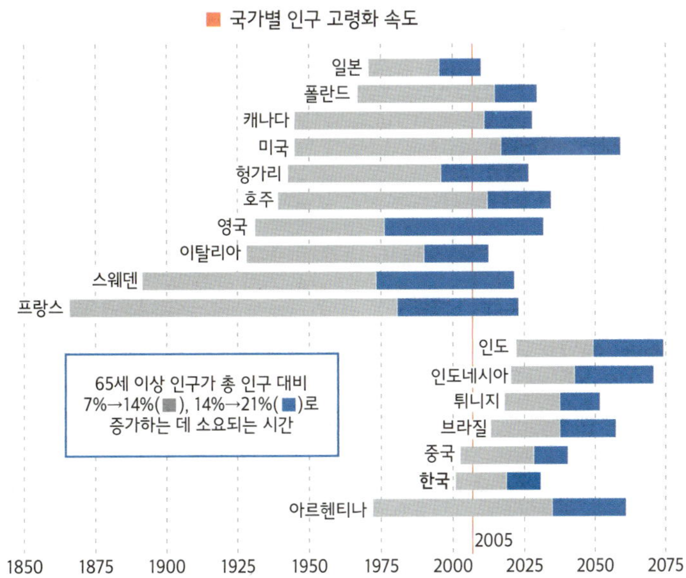

출처: 세계일보, 2020. 07. 07, https://news.naver.com/main/read.nhn?oid=022&aid=0000234121

[그림 14-1] 국가별 인구 고령화 속도

은 2020년 25.5%, 2050년 32.6%로 높아질 것으로 예측되며, 2050년에는 고령자 두 명에 유소년 한 명 꼴로 고령자 수가 압도적으로 많아질 것으로 예측되고 있다(한현수, 2014).

고령화로 인해 각 국가가 안고 있는 문제점 중 가장 큰 문제는 생산 가능 인구가 감소하고, 의료비 부담이 증가하여 사회 활력이 하락하는 것이다. 한국의 생산 가능 노동 인구(15~64세)의 감소는 2016년부터 본격화되어, 2007년 기준 고령층 의료비 증가율(22.8%)이 전체 건강 보험 의료비 증가율(13.0%)을 웃돌면서, 고령층 의료비 부담이 계속해서 증가하고 있다. 또한 노동 구조에서의 고령화 문제는 노동 인력의 양적 부족과 경제 생산성 하락, 질적 수준의 하락 등을 초래하면서 경제 성장의 지속적인 저해 요인이 될 수 있다(한현수, 2014).

삼성경제연구소(Samsung Economic Research Institute, SERI)에 따르면, 노동력 감소와 50세 이상 연령층의 노동력 증가에 따라 노동 생산성은 2010년에 비해 2020년에 1.8% 감소할 것으로 예상된다. 이와 같은 고령화 사회 진입에 대한 대응 방안을 ICT

기반에서 찾고자 하는 노력이 진행되고 있다. 정부의 5개 국정 목표 중 하나인 맞춤형 복지 정책은 노인을 주요 5대 복지 대상(유아/여성, 청소년, 장애인, 다문화 가정, 노인) 중 하나로 간주하고 노동, 소비, 복지, 안전, 교육으로 구분하여 ICT를 전략적 정책 도구로 고려하고 있다.

ICT 활용 방안으로는 시니어의 신체적, 사회적 특성을 반영한 사용자 사용 경험 개선, 다양한 시니어 계층에 맞는 맞춤형 정보화 교육 프로그램 개발, ICT를 활용한 어르신 보호 서비스 확대, 액티브 시니어 등장에 따른 신규 콘텐츠 ICT 서비스 개발, 소외 노인을 위한 참여 인력 네트워크 구축 활성화 등이 있다(한현수, 2014).

2. OECD 국가의 실버 ICT 사례

1) 일본의 제론테크놀로지(Gerontechnology) 중심 노년층 케어

일본의 실버 ICT 적용의 대표적인 동향은 노년층이 건강하고 안전한 환경에서 독립적인 삶을 유지하고 사회 참여를 가능하게 하는 기술과 환경을 구축하는 '제론테크놀로지(gerontechnology) 기술'의 중요성이 강조되는 연구 개발이다. 제론테크놀로지는 젊은층은 노령화되고, 노년층은 핸디캡이 될 수 있으며, 젊은층도 노령화되는 '세대 변이성(trans-generationality)' 관점에서 이에 대한 연구 개발과 확산이 국가의 책임이라는 패러다임에 기초한다.

제론테크는 '제론테크놀리지(Gerontechnology)'의 줄임말로, 시니어 계층을 위한 과학 기술을 의미한다. '제론(Geron)'은 '노인(old man)'을 뜻하는 그리스어이고, '제론테크(Gerontech)'는 노인학(Gerontology)에 수학, 생물학, 물리학, 공학 등 다양한 과학 분야(Technology)를 융합해 노인층의 문제를 해결하려는 다면적 학문이다. 이미 1990년대 고령화로 인한 문제를 공학적으로 연구하고 해결하기 위해 유럽과 미국 등지에서 처음 등장했다. 앞서 미국을 중심으로 노화와 기술 발전, 노년층의 컴퓨터 사용, 노년층의 특

출처: M이코노미뉴스, 2019. 12. 18. http://www.m-economynews.com/news/article.html?no=27421

[그림 14-2] 제론테크놀로지 참고 이미지

성을 고려한 제품 디자인 등, 노인학과 공학 기술을 접목하려는 시도가 확산되어 왔고, 유럽에서 1989년 그라흐만스(Graafmans) 박사가 노년층의 문제를 해결하기 위해 기술 분야와의 협력을 주장하며 최초로 제론테크를 언급했다(한현수, 2014).

제론테크가 집중하고 있는 분야는 노년층이 독립적인 일상생활과 사회 참여를 지속할 수 있도록 건강, 주거, 이동, 여가, 커뮤니케이션 및 노동 등의 영역에서 예방적, 보완적 공학 기술과 디자인을 개발하는 것이다. 제론테크의 발전은 노인에 대한 사회학적 통찰을 과학 기술에 접목하여 그동안 수동적이고 비활동적이며 의존적인 존재로만 바라보던 노인에 대한 기존의 패러다임을 '활동적 노화(Active Ageing)'의 관점으로 전환시켰다.

제론테크를 연구하는 학자들은 노년층의 신체적 · 정신적 건강 상태, 자존감 등 독립적인 생활을 유지하려는 태도가 과거 세대와 명확하게 구분되기 때문에 노인에 대한 기술적 접근을 질병에 집중한 치료보다는 '인간다운 삶의 지속'이라는 차원으로 한 단계 높일 것을 주장하고 있다. 세계보건기구(WHO)도 이를 받아들여 지난 2002년 "장수는 건강과 사회적 참여, 안전을 지속적으로 영위하는 것이며, '활동적 노화'는 이런 비전을 성취해 나가는 과정을 의미한다."라고 공식 선언한 바 있다.

일본은 고령자의 건강 관리에 집중하며, 의료 · 간호 · 건강 부문에 ICT 활용을 적극 추진 중이다. 스마트폰과 같은 정보 통신 기기의 발달로 실버 세대의 ICT 활용 능력 향상을 교육에도 집중적으로 적용하고 있다. ICT를 활용한 새로운 업무 환경 개선, 신체 기능을 보완해 주는 로봇 개발 등을 추진하고, 의료 · 건강 분야 데이터를 공유하고 활용하기 위한 기초 인프라를 전국적으로 구축했다(한현수, 2014).

일본 정부가 지난 2016년 발표한 '제5기 과학 기술 기본 계획'에서는 초스마트 사회 'Society 5.0'라는 초고령화 시대 대응 전략을 제시했다. 특히, 제조 및 의료, 간호 분야의 로봇 기술력을 동력 삼아, 시니어 간호 · 돌봄 로봇, 애완견 로봇 등을 적극 개발하고, 국제표준화기구(IOS)의 생활 지원 로봇 표준 규격으로 채택되는 등 일본은 로봇 분야에서 상당히 앞선 기술력을 보여 주고 있다. 고령 사회의 현안을 ICT로 해결하고 디지털 산업 발전의 기회로 삼으려는 추세는 일본 등 초고령 사회 진입국들로부터 각광을 받고 있으며, 지속적으로 확산될 전망이다(2020, M이코노미뉴스).

(2) 미국 인텔의 실버 ICT 개발 전략

인텔(Intel)은 시니어층을 대상으로 하는 사업 영역을 건강 및 복지(health & wellness), 교육과 직업(education & work), 경제적 안전(financial security), 지역 사회의 지원과 사회 참여(community support & social participation), 이들의 복합적 연계(multiple) 등으로 구분하고, 노인층 대상 프로그램을 다양한 범위에서 다방면으로 진행하고 있다. 이러한 다양한 프로그램은 개인의 가치(individual value) 차원에서 보호 중심(inactive)과 활동 지원 및 직업 활동(active and engaged)의 스펙트럼으로 구분되며, 사회적 가치(societal value) 차원에서

출처: 인텔코리아홈페이지, https://www.intel.co.kr/content/www/kr/ko/homepage.html

[그림 14-3] 인텔 엠블럼

비용 중심(cost containment)과 효율성 및 성장(efficiency & growth)의 영역으로 구체화 될 수 있다(Ryan, 2013).

인텔의 연구를 토대로 도출된, 노년층에게 요구되는 사항은 노인들의 야외 활동 시설의 정비, 미디어를 통한 정보 접근성, 서비스 접근성 향상, 지역 사회에서 참석 가능한 이벤트와 서비스 확대, 친구 · 가족과 연계(connected)하는 방법 및 수준의 확대, 평생 교육 프로그램 참여 접근성 향상, 시니어층에 적합한 근무 환경 개선 등이 있다.

한편, 인텔의 연구를 통해 노년층의 필요 사항을 충족시킬 수 있는 전략적 요소는 케어 제공 장소와 기술의 변화(Place shift and skill shift for caregiving), 사회 참여를 확대할 수 있는 기술(Technologies to enable social participation), 케어 종사자의 새로운 유형 도출(New kinds of careworkers), 조기 위험 발견과 노인 행태 변화 촉진(Prevention, early detection, and behavior change), 퇴직 후 일자리 도출(Work beyond traditional retirement), 노년층 맞춤형 교통수단의 변화 및 야외 활동 공간(Accessible transportation and outdoor spaces) 등으로 실버 ICT의 포괄적인 시장과 유형 구분 형성에 유용한 시사점을 제공하고 있다(한현수, 2014).

(3) 이탈리아의 ICT 활용 시니어층 서비스 혁신

이탈리아는 시니어층과 가족 구성원들의 지속 가능한 복지를 위해, 생존 자체를 넘어

출처: Casati, F., "Welfare technologies for better living–Italian case study", OECD Roundtable Symposium in Seoul, 2013.
한현수, 2014, 실버 ICT 동향과 정책적 시사점. Journal of Information Technology Applications & Management, 21(4), 501–516

[그림 14-4] 소셜 짐의 가상 운동(Casati, 2013)

[표 14-1] OECD 국가의 실버 ICT 사례 요점

OECD 사례 구분	실버 ICT 확산의 전략적 시사점
일본의 제론테크놀로지 중심 노년층 케어	• 인구 구조가 노령화되며 전반적인 활동 인구 연령층의 감소는 글로벌 경향이며, 이는 비즈니스에는 위협이자 동시에 기회 요인임 • 실버 ICT 시장의 특성을 시장의 다양성과 역동성 및 정교성과 사용자 중심성으로 정리 가능 • 실버 ICT 혁신 프레임웍을 실버 세대의 필요와 수요에 기반한 시장 끌기(market pull) 동인과 신기술 진화에 기반한 기술 밀기(technolog push) 동인의 조율 • 노년층 대상 케어 로봇 시장은 노년층을 배려(care)하는 수동적 지원(passive control) 관점과 노년층의 활동을 적극적으로 지원하는 능동적 지원(active care) 관점에서 구분
미국 인텔의 실버 ICT 개발 전략	• 노인층 대상 사업 가능 영역을 건강 및 복지, 교육과 직업, 경제적 안전, 지역 단위 지원과 사회적 참여, 이들의 복합(multiple) 등으로 구분 • 실버 ICT의 가치를 개인 가치 차원의 보호 중심(inactive)과 활동 지원 및 직업 활동(active and engaged) 관점의 스펙트럼으로, 사회적 가치 차원의 비용 중심(cost containment)과 효율성 및 성장(effciciency & growth) 관점의 영역으로 체계화 • 노년층의 필요 사항을 충족시킬 수 있는 전략적 요소를 케어 제공 장소와 스킬의 변화, 사회적 참여를 확대할 수 있는 기술, 케어 종사자의 새로운 유형 도출, 퇴직 후 일자리 도출, 조기 위험 발견과 노인 행태 변화 촉진, 노년층 친화 교통수단의 변화와 야외 활동 공간 등으로 제시
이탈리아의 ICT 활용 노년층 서비스 혁신	• 실버 ICT 연구 개발 방향의 가이드라인, 생존 자체 이상의 국민 행복 목표, 디자인 사고 접근 방식 채택, 감성적 동인을 바탕 • ICT 응용에 있어서 기술 중심적 개발의 한계, 1) ICT가 기능 중심으로 인식되고 활용되며, 2) 언제, 어디서, 왜 등 상황을 고려한 ICT 활용 접근 방식 미흡, 3) ICT의 설계와 개발을 감성과 이해의 경험이 적고, 사고의 폭이 한정된 젊은 ICT 인력이 주도. 이 세 가지를 극복하는 실버 ICT 패러다임 강조 • ICT를 이용하여 운동을 사회적 교류의 수단으로 활용하는 소셜짐의 성공 사례
스웨덴의 ICT를 활용한 노년층 복지 서비스	• 노년층 대상 ICT 활용 복지 서비스 혁신을 위한 'My Care Pathways' 노년 의료 서비스 확산과 참여를 위한 정책적 공공 서비스 재설계 프로그램 구현 • ICT 기반 의료 서비스 혁신을 위한 VINNOAVA 설립과 의료 기술, 전자 의료, 노년층 의료 지원, 개인 특화 케어, 서비스 혁신, 텔레메디신, 방사능 치료, 치과 치료 등 영역을 점진적으로 확대 • ICT를 바탕으로 의료 기관, 정부 조직, 환자와의 광범위한 협업 체계 구축이 성공 요인
핀란드의 실버 의료 중심 ICT 응용	• 시스템 인프라와 수행 조직, 서비스 프로세스, 그리고 기술 등 4개 계층 요소의 상호 연계(interaction)가 고려된 체계적 변화(systemic transformation) 프레임웍에 기반한 ICT 기반의 노년층 헬스케어의 확대와 변화 전략 • 노년층을 서비스 제공 대상으로 보는 관점에서 서비스의 주체로 보는 근본적 시각의 변화와 통합적 케어, 환자 중심, 사람 중심의 사고 변환을 강조 • S-FWBC 프로젝트 경험을 통하여, 실버 ICT의 효과적 실천을 위해서는 보건, 복지, 비즈니스, 기술, 의사소통 등 멀티-스킬 조합이 필요하고, 이를 위해서는 단독 추진이나 제한된 협력자 구조보다 개방형 네트워크 형태가 효과적이며, 목표와 수행 전략에 대한 참여자 간의 명확한 공감대 형성, 장기적 몰입과 관리 및 의사 결정 구조의 유연성의 중요성 파악

출처: 한현수, 2014, 실버 ICT 동향과 정책적 시사점. Journal of Information Technology Applications & Management, 21(4), 501-516

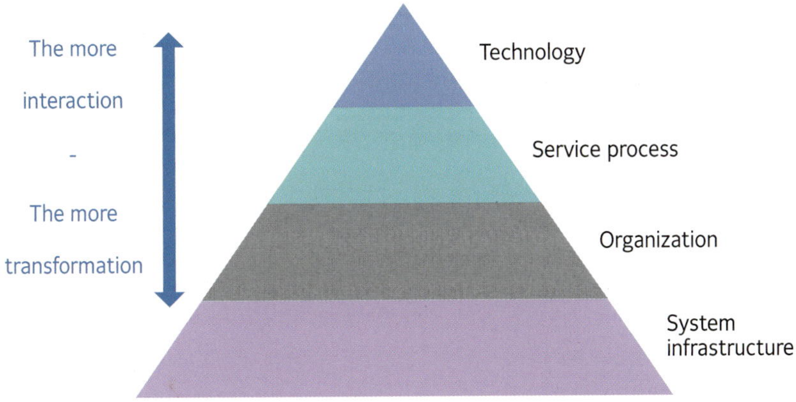

출처: Teperi, J., "Solutions to Aging Societies", OECD Roundtable Symposium in Seoul, 2013.
한현수, 2014. 실버 ICT 동향과 정책적 시사점. Journal of Information Technology Applications & Management, 21(4), 501–516

[그림 14-5] ICT 기반 실버 산업과 복지 향상 프레임웍(Teperi, 2013)

선 국민 행복의 목표, 디자인적 사고(design thinking), 감성적 동인(empathy driven)을 바탕으로 한 실버 ICT 연구 개발의 방향성을 추구하고 있다. 다양한 노년층 대상 ICT 서비스 모델을 개발하여 실행하는 노력을 진행해 왔는데(Casati, 2013), 이탈리아의 실버 ICT에 대한 방향 설정에 있어 ICT 중심 개발의 한계, 기능 중심의 ICT 인식, 상황을 고려한 ICT 활용 및 접근 방식의 미흡, ICT의 설계와 개발이 이해와 경험의 부족으로 사고의 폭이 한정된 젊은 ICT 인력에 의하여 주도 된다는 점 등이 문제점으로 드러났다. 이와 같은 ICT 적용의 한계를 극복하고자, 노년층의 스트스레스 수준을 줄이면서도 유용한 방향으로 '연계 감성(feel connected)'에 초점을 두어 '소셜짐(Social Gym)' 등의 대표적 애플리케이션을 개발하고 성공적으로 실행하고 있다.

소셜짐은 ICT를 기반으로 하는 노년층 중심의 건강, 오락, 사교 등 복합적 성격의 혁신적 프로그램으로, ICT를 통하여 [그림 14-4]와 같은 가상 공간 활동과 실제 운동을 병행하는 애플리케이션이다. 소셜짐은 노년층이나 젊은층이나 건강에 대한 관심과 흥미를 느끼는 방식이 크게 다르지 않다는 인식을 바탕으로, 독립적으로 생활하는 노년층의 운동을 촉진하고 실행 편의성과 상황을 고려하여 설계되었다(한현수, 2014).

(4) 핀란드의 실버 의료-헬스케어 중심 ICT

핀란드는 전통적으로 인간 중심 케어(Human Centered Care) 사상에 기초하여 ICT를 활용한 '노년층 복지 확대 정책'을 추진해 오고 있다(Teperi, 2013). 핀란드 정책의 핵심은 ICT 기반의 변화와 발전을 통한 시니어 헬스케어의 확대를 기본으로 하여, 시스템 기반(system infrastructure)과 수행 조직(organization), 서비스 프로세스, 기술 등 4개 요소의 상호 연계(interaction)가 고려된 체계적 변화(systemic transformation) 프레임웍이다. 체계적 변화 프레임웍은 통신 및 유통 산업, 금융과 보험 산업에서 ICT가 기반이 되어 이러한 4가지 영역 간의 활발한 연계를 통해 변화가 달성되었다.

실버 ICT 분야에서 체계적 변화의 성공을 위해서는 서비스 프로세스, 기술, 서비스 제공 기관, 서비스 인프라(법규, 교육, 정보 시스템, 비용 등) 분야의 혁신과 상호 연계가 필요하며, 특히 시니어층의 건강과 사회 서비스 제공이 가능하도록 하기 위해 인간 중심 케어 패러다임 전환을 강조하고 있다.

이는 시니어층을 서비스 제공 '대상'으로 보는 것에서 서비스의 '주체'로 보는 근본 시각의 변화와 '통합 케어', 환자 및 사람 중심 등의 사고 변환이 지속 가능 케어의 기본이며 효과적인 예방은 관련 조직의 헌신과 자원이 필요함을 내포하고 있다(한현수, 2014).

3) 시니어 스포츠의 국내 동향

현재 실버 ICT 응용의 대표적인 동향은 시니어층이 건강하고 쾌적하며 안전한 환경에서 ICT 적용을 통한 스포츠 여가 프로그램을 즐길 수 있도록 프로그램을 기획, 개발하여 집단별 적용에 따른 효과가 어떤지에 대한 연구가 점진적으로 이루어지고 있다. 더하여, 노년기의 건강 증진을 위한 스포츠 프로그램의 개발과 보급은 4차 산업 혁명이 도래하는 현 시점에 맞는 과학적이고 체계적인 측면에서 고려되어야 한다. 향후 생명 공학과 정보 통신 기술(ICT)의 급격한 발달로 인해 4차 산업 혁명이 가속화될 것으로 예상되는데, 이러한 산업 구조 속에서 시니어 문제와 건강 문제는 새로운 사회 이슈으로 더욱 부각될 것이다.

ICT를 기반으로 한 4차 산업의 혁신적인 발전은 고령화 사회로 급격히 진입하고 있는 국내에도 많은 영향을 미치고 있다. 현재 4차 산업 혁명 시대의 ICT는 무엇보다 의료, 헬스케어 및 여가 산업의 커다란 산업적 패러다임으로 촉진되고 있다. ICT 기반의 유비쿼터스 헬스케어와 같은 첨단 기법 등, 건강 관리 기술과 시스템의 혁신적인 변화가 나타나기 시작하였다. 따라서 ICT 기반의 스포츠 콘텐츠 개발을 통하여 건강 증진을 위한 서비스와 노령 친화 산업이 적극적으로 확대, 적용되어야 한다.

최근 국내 대기업 통신 회사인 KT는 '스마트 돌봄 매니저'라는 노인 대상 IT 교육을 위한 시니어 ICT 전문가 양성 사업을 시작하였다. 이는 시니어 계층의 정보 격차를 해소하고, 시니어층이 쉽게 ICT 시설 및 기기에 접근 가능하도록 사회 공헌 활동의 일환으로 진행된다.

이와 같은 산업적, 시대적 요구에 따라 정부, 기업, 민간의 노력이 이루어지면 노인 건강 증진을 위한 스포츠 콘텐츠의 개발과 접근성도 한층 높아질 것이다. 이에 스포츠의 신체 활동이나 움직임을 통한 실행과 검증을 거쳐 시니어 건강 증진에 기여할 수 있는 융복합적 연구 및 프로그램 개발이 연계되어야 하며, 그렇게 개발된 프로그램은 다양한 사회복지 기관과 평생 교육 기관 등에서 공유되고 활용되어야 할 것이다(한현수, 2014).

3. 특수 체육 교육

1) 특수 체육에서의 ICT 적용 동향

장애인을 위한 특수 체육 현장 역시 신체 활동 및 체육 교육을 통해 신체적, 심리적 건강 증진에 필요한 보다 효과적인 교수법을 위해 그동안 다양한 패러다임이 거론되어 왔다. 시대 흐름에 따라 체육 교육 학계에서도 새로운 접근에 대한 필요성이 증대되어 왔으며, 다양한 콘텐츠의 융합을 시도하고자 노력하고 있다. 특히, 지식을 스스로 발전시켜 나가는 구성주의 패러다임이 대두되면서 장애인의 자기 결정 이론(self-determination theory)이 주목되어 왔다(이현수, 김혜민, 김소형, 2015). 이 같은 현상은 장애인의 자기 결정성을 존중함과 동시에 교수자와 당사자의 풍부한 상호 작용을 통해 학습을 보다 주도적으로 행할 수 있는 기회를 마련해 주는 것이라 할 수 있다.

최근 교육 현장에서는 풍부한 신체 활동 관련 프로그램을 제공하고, 장애 학생과 상호 작용을 통해 주도적 학습을 수행할 수 있는 학습 환경에 대한 요구가 높아지고 있다. 이를 충족시킬, 장애 학생들에게 흥미와 교육적 효과를 모두 증진시킬 수 있는 접근 방식 중 하나가 가상 현실((VR, Virtual Reality) 기반의 운동 학습 프로그램이다.

장애인 체육 분야에 있어서는 전통적인 신체 활동이 다양한 영역에 긍정적인 영향을 줄 수 있다는 연구 보고가 꾸준히 보고되고 있지만, 환경적으로 간과되는 부분에 대해서는 프로그램의 효과가 떨어지는 요인이 존재한다고 지적되기도 한다(김춘종, 구교만, 황종문, 2012). 그러나 VR 및 AR 기술 적용 학습 방법은 장애 특성이 각기 다른 학생에게 동등한 학습 경험과 기회를 부여할 수 있다는 점에서 주목할 만하다.

최근 구글 트렌드(Google Trend) 동향에 따르면 VR에 대한 관심이 2009년 급증한 이후 현재까지도 지속되고 있고, VR의 교육적 적용과 관련된 관심도 2010년 이후 지금까지 꾸준히 상승하고 있음을 알 수 있다. 국내에서는 삼성전자가 2016년에 발표한, 가치 있는 미래 개발 아이템으로 VR과 AR(증강 현실)을 꼽았다(이승훈, 2016).

(1) 특수 체육학에서 ICT의 활용 사례

증강 현실(AR, Augmented Reality)은 다양한 분야에서 적용되고 있지만, 스포츠 분야에서는 아직까지 관련 연구와 프로그램 적용이 많이 이루어지지는 않은 실정이다. 그러나 한국특수체육학회에서는 가상 현실(VR)을 적용한 연구가 진행되었는데, 지적 장애 학생에게 닌텐도 위(Nintendo Wii) 게임을 제공하여 건강과 관련한 체력 변화를 살펴보았다(변정균, 박용범, 2015). 'Wii fit plus'를 활용하여 발달 장애 학생의 체력과 신체 활동 수준의 변화를 살펴본 연구(강유석, 이계영, 2015)도 진행되었다. 이와 함께, 스포츠 재활 분야에서도 장애인 재활 프로그램에 VR 기술을 적용하고 있다.

또 다른 예로, [그림 14-7]처럼 스포츠 카드에 증강 현실을 적용한 사례도 있다. 스포츠 트레이드카드사 'TOPPS'는 온라인 세대를 타깃으로 지난 2009년, 카드 컬렉션을 출시한 바 있다. 카드를 컴퓨터 PC-캠에 비추면 모니터를 통해 카드 안에서 돌거나 움직이는 선수가 나타난다. 야구를 하는 것처럼 키보드 조작을 통해 공을 던지고 잡고 달리

출처: http://wii.com/

[그림 14-6] 닌텐도 위(wii) 게임

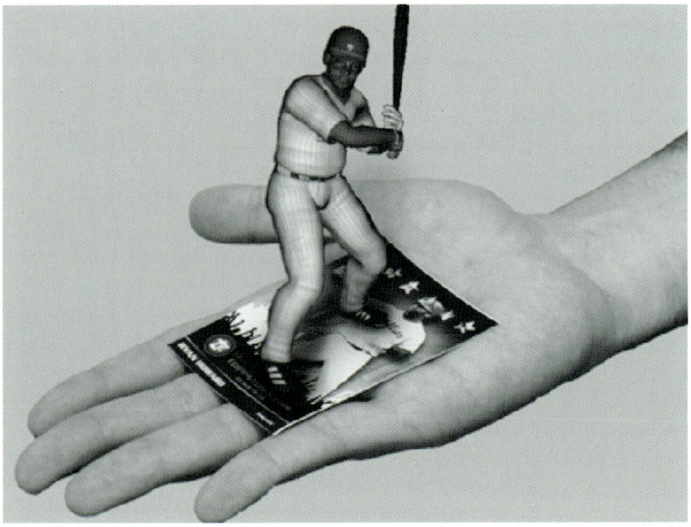

출처: http://nytimes.com

[그림 14-7] 증강 현실(AR)이 적용된 스포츠 카드

는 움직임 또한 구현해 낼 수 있다. 현재까지 야구와 축구가 증강 현실 기술이 적용되어 출시된 상태이다. 학습자가 웹 카메라가 장착된 PC나 스마트폰 화면에 실물 교재를 비추면 교재 속의 이야기와 화면상에 3D 애니메이션을 함께 체험할 수 있다. 'AR Book'은 2001년 삼성 갤럭시 노트와 탭 내에 탑재를 시작으로 2014년까지 13권의 AR Book과 스마트 학습 프로그램을 개발하고, 2015년에는 'AR Book EVO' 시리즈 2탄을 개발했다(이현수, 김소형, 2016).

이 밖에도 국내에서는 각 지자체별로 장애인들을 위한 '건강 체조'를 온라인 수업과 같은 방식으로 홈트레이닝하는 프로그램 제작이 한창이다. 이와 같이 다양한 콘텐츠들이 늘어나 교육의 기회와 선택의 폭이 넓어진다면 장애인들의 건강과 체력 증진에 큰 효과가 있을 것이다.

앞선 국내외 증강 현실(AR) 활용 사례를 통해 관련 콘텐츠가 다양하게 이미 개발, 또는 개발 중에 있으며, 특수 체육 현장에도 적용 가능함을 알 수 있다. 안전하고 효과적인 특수 체육 현장의 프로그램을 개선하기 위해서는 증강 현실(AR)과 가상 현실(VR) 기술이 적용된 프로그램 개발과 활용이 꾸준하게 시도되어야 할 것이다.

출처: 고양시

[그림 14-8] 장애인 건강 체조

연구 문제

1. 해외의 다양한 ICT가 적용된 의료, 헬스케어, 소셜 짐 등의 사례를 보고 국내에서도 적용 및 활성화시킬 수 있는 방안이나 아이디어를 제시하시오.

2. 고령화 단계에 접어드는 현재와 미래의 환경에 대해 변화가 예상되는 사회 구조적 문제 또는 이에 대한 대응 방안을 ICT 적용과 연결하여 설명하시오.

3. 특수 체육 분야의 ICT 적용의 한계와 이를 해결할 수 있는 방안에 대해 논하시오.

PART 6

스포츠 산업의 변화와 준비

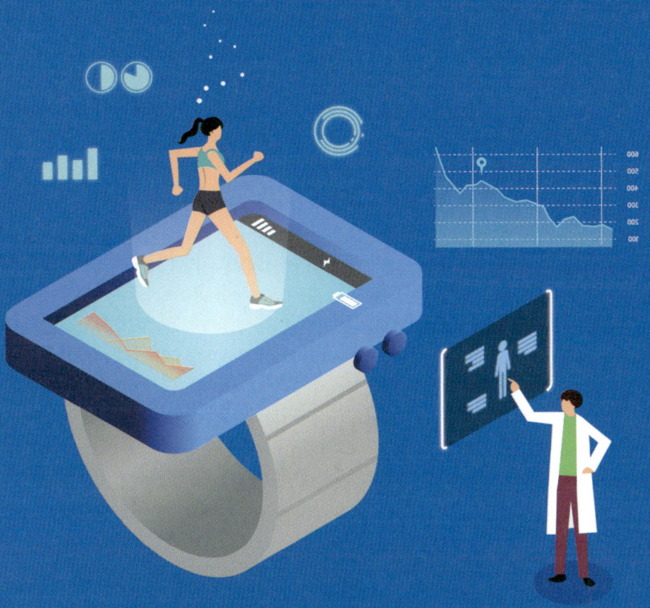

SPORTS INDUSTRY OF
INFORMATION & COMMUNICATION TECHNOLOGY

Chapter 15

ICT를 통한 스포츠 산업의 창업

본 장에서는 ICT를 통한 스포츠 창업을 위해 필요한 절차와 과정을 주요 사례를 중심으로 학습한다. 창업의 특성 및 절차에 대해서 알아보고, 성공적인 창업을 위한 대표적인 방법들을 이해하는 데 목적을 둔다.

1. 4차 산업 혁명과 창업

4차 산업 혁명으로 산업 간 경계가 허물어지고, 디지털 기술과 플랫폼 기반의 새로운 비즈니스 기회들이 나타나고 있다. 우버(Uber), 에어비앤비(Airbnb), 드롭박스(Dropbox), 핀터레스트(Pinterest), 스냅챗(Snapchat)과 같이 디지털 기술과 플랫폼에 혁신적인 아이디어를 결합하여 전 세계적인 성공을 거둔 기업들이 나타나고 있다. 이러한 기업들을 우리는 '유니콘(unicorn) 기업'이라 칭하는데, 유니콘 기업이란 기업 가치가 10억 달러, 즉 한화로 약 1조 원 이상인 비상장 기업을 의미한다. 해당 용어는 2013년 한 벤처 투자자인 에일린 리(Aileen Lee)의 발제에서 유래한 것으로, 기업이 상장하기도 전에 그 가치가 1조 원 이상이 되는 것은 마치 유니콘처럼 상상 속에서나 존재할 수 있다는 의미로 사용되기 시작하였다.

[표 15-1]과 같이 2019년 기준, 전 세계 유니콘 기업 347개 중 다수는 전자 상거래, 핀테크, 인터넷 소프트웨어 기반의 기업인 것을 알 수 있다. 한국의 사례 역시, 11개의 유니콘 기업 중 3개의 기업을 제외한 8개 기업 모두 전자 상거래, 핀테크, 인터넷 소프트

[표 15-1] 산업별 글로벌 유니콘 기업 현황

순위	산업 분류	기업 수	기업가치 선두 기업
1	전자 상거래	40	에어비앤비(Airbnb)
2	핀테크	39	스트라이프(Stripe)
3	인터넷 소프트웨어	37	인포(Infor)
4	헬스케어	24	인타르시아 테라퓨틱스(Intarcia Therapeutics)
5	온디맨드(on-demand)	19	디디추싱(Didi Chuxing)
6	전기차	11	샤오펑 모터스(XPeng Motors)
7	빅 데이터	10	팔란티어 테크놀로지(Palantir Technologies)
8	교육	10	바이주스(BYJU's)
9	전자 보안	9	태니엄(Tanium)
10	SNS	8	콰이쇼우(Kuaishou)

출처: 한국경제연구원 보도 자료(2019), 유니콘 기업 육성하려면 투자 막는 규제부터 풀어야

웨어 기반의 기업들임을 알 수 있다. 특히, 4차 산업 혁명이 가속화되는 2019년을 기점으로 유니콘 기업들이 급속도로 등장하고 있으며, 이에 디지털 기술과 플랫폼을 기반으로 한 창업에 관한 관심이 높아지고 있다.

[표 15-2] 한국의 유니콘 기업 현황

순번	기업명	창업 년도	등재 시점	가치 평가
1	쿠팡	2013년	2014년 5월	90억 달러
2	옐로모바일	2012년	2014년 11월	40억 달러
3	L&P 코스메틱	2009년	2017년 4월	17.8억 달러
4	크래프론	2007년	2018년 8월	50억 달러
5	비바리퍼블리카	2013년	2018년 12월	22억 달러
6	우아한 형제들	2011년	2018년 12월	26억 달러
7	야놀자	2007년	2019년 2월	10억 달러
8	위메프	2010년	2019년 4월	26.5억 달러
9	지피클럽	2003년	2019년 6월	13.2억 달러
10	무신사	2012년	2019년 11월	18.9억 달러
11	에이프로젠	2000년	2019년 12월	10.4억 달러

2. 창업의 개념과 절차

1) 창업의 개념

(1) 창업의 정의

일반적으로 창업이란 새로운 기업을 세우거나, 새로운 비즈니스를 시작하는 것을 의미한다. 사전적 의미로 창업은 '사업의 기초를 세우고 처음으로 시작함.'을 뜻한다. 구체적으로는 새로운 비즈니스 기회를 포착한 후, 자원 · 노동 · 자산 등을 결합한 회사형 조직을 탄생시키고, 이를 활용하여 사업화와 수익 창출을 하는 것이라 정의할 수 있다.

(2) 창업의 3요소

창업을 위해서는 창업가(entrepreneurs), 창업 아이템, 자본이라는 3요소가 갖추어져야 한다.

① 창업가

먼저, 창업가는 창업을 하는 데 있어 가장 중요한 요소이다. 창업가는 기업가 정신(entrepreneurship)에 따라 창업하고 경영 활동을 수행하며, 위험을 감수하려는 모험심을 통해 기업의 계속적인 혁신 활동을 수행하는 주체를 말한다(권혁중 · 이도연, 2020). 창업가는 창업을 통하여 자신이 달성하고자 하는 목표 즉, 수익 창출에 대한 성취 욕구가 강해야 하며, 추진력과 리더십도 갖추고 있어야 한다. 그러나 앞서 살펴본 유니콘 기업처럼 급속히 성장하는 창업 기업은 경제 · 사회 · 문화 전반의 변화를 주도하므로 다음 [표 15-3]과 같은 덕목을 갖춰야 하며, 창업가 스스로 자신의 가치 성향을 철저히 분석한 후 창업을 시작하여야 한다.

[표 15-3] 창업가의 덕목

	구분	내용
1	정직성(honesty)	• 성실성, 충실성, 사업 목표 달성을 위한 노력
2	목적 지향성(achievement)	• 사업의 업적을 재화의 잣대로 평가받겠다는 자세
3	추진력(energy)	• 아이디어를 실제 행동으로 유발하게 하는 실행력
4	지성(intelligence)	• 합리적이고 올바른 해결 방안을 찾는 능력 • 향후 보상을 위해 위험을 감수할 수 있는 능력
5	지식(knowledge)	• 경험, 지식의 정도, 실패에서 교훈을 얻는 능력 • 비판을 수용할 수 있는 능력
6	지도력(leadership)	• 책임감, 위험을 감당할 수 있는 용기, 자신감
7	창의성(creativity)	• 전략 수립과 전술 실행의 모든 단계에서의 창의력

출처: 권혁중 · 이도연(2020), 4차 산업 혁명 시대의 기업가 정신과 창업

② 창업 아이템

창업의 핵심은 창업 아이템(item)의 선정이다. 창업 아이템이란 창업가가 취급하고자 하는 업종이나 판매할 상품 또는 서비스의 총칭이다. 창업 아이템과 유사한 개념으로는 창업 아이디어가 있는데, 아이디어가 추상적인 생각의 단계라면, 아이템은 이를 구체화하고 명확화한 것을 의미한다(정창화 외, 2017). 창업 아이템은 창업의 성패를 결정짓는 가장 중요한 요인이기에, 창업자는 창업 아이템 선정 과정에서 가장 주의를 기울이고 철저한 분석을 수행해야 한다. 그러나 일반적으로 창업을 처음 시도하는 신규 창업자들은 경험은 부족하나, 성공 가능성을 크게 평가하는 경향이 있기에 창업 아이템 선정에 있어 순간적인 감정이나 충동에 휩쓸리기도 한다.

창업 아이템에 대한 낙관적 기대나 과대평가는 사업의 실패로 귀결될 가능성이 크기에 창업가는 다음과 같은 사항들을 종합적으로 점검해야 한다. 첫째, 창업자의 창업 여건에 적합한가이다. 가장 먼저 검토하여야 하는 것은 창업자의 적성, 능력, 경험, 자금 조달 능력, 자격증 소지 등의 상황을 고려하였을 때, 본 창업 아이템이 적합한가를 살펴보는 것이다. 둘째, 수익성과 성장 가능성의 검토이다. 창업 아이템이 소비자의 요구에 맞는 새로운 가치를 제공하는지를 살펴보아야 한다. 이를 '문샷 씽킹(Moonshot Thinking)'이라 한다. 문샷 씽킹이란 달에 로켓을 보내는 것처럼 새로운 문제에 과감히 도전하는 것

을 말하며, 좀 더 정확히는 10%의 개선보다 10배 혁신하는 새로운 접근을 의미한다. 동시에 지속적인 수익성이 발생할 수 있는 아이템인지를 고려해 보아야 한다. 잠깐 유행하고 마는 아이템일 경우 단기적으로는 수익 창출이 가능할지라도 위험성이 높아 안정성이 떨어지게 되기 때문이다. 셋째, 실패 확률에 대한 계산이다. 장기적인 관점에서 안정적인 아이템인지, 경쟁자가 쉽게 참여할 수 있는 아이템인지에 대한 고려가 필요하다. 즉, '카피캣(Copy Cat)'의 등장 가능성에 대한 고려로, 카피캣이란 창업 기업의 아이템을 모방해 타 기업이 만들어 내는 아이템을 의미한다. 중국의 샤오미가 미국 애플의 카피캣이라 불렸던 것이 대표적 예라 할 수 있다. 이러한 관점에서 창업자는 먼저 창업한 창업가들에게 조언을 구하거나 다양한 정보 수집을 통하여 창업 아이템에 대한 객관적인 평가를 수행한 후 창업 아이템을 신중하게 선택해야 한다.

③ 자본

창업에 있어 창업가와 창업 기업이 가장 어려움을 겪는 요소는 창업 자금의 조달이다. 창업 자금은 창업부터 시제품 개발, 그리고 이후 제품이나 서비스를 양산하고 판매하여 수익을 창출할 때까지 필요한 모든 필요 자금의 규모와 내용을 의미한다(권혁중 · 이도연, 2020). 혁신적이고 창의적인 창업 아이템을 발굴했다 하더라도 실행에 옮길 수 있는 기본적인 자금이 없다면 창업은 사실상 불가능하다. 따라서 창업가와 창업 기업은 소요되는 자금에 대한 명확한 추산과 더불어 자금을 조달할 수 있는 구체적인 방안과 일정을 수립해야 한다. 창업과 관련하여 업계에는 "죽음의 계곡(Valley of Death)과 다윈의 바다(Darwinian Sea)를 건너야 살아남을 수 있다."라는 말이 돌고 있다. '죽음의 계곡'이란 기업이 아이디어와 기술의 사업화에는 성공했지만 이후 자금 부족으로 상용화에 실패하는 상황을 이르는 용어이다. '다윈의 바다'는 악어와 해파리 떼가 가득한 호주 북부 해변을 가리키는 말로 신제품 양산에 성공하더라도 시장에서 다른 제품과 경쟁하며 이익을 내기가 매우 어려운 상황을 뜻한다. 이 말에서 알 수 있듯이 창업 기업의 성공을 위한 자본 확보와 생존은 매우 어려운 과제이다. 이러한 상황에서 창업자는 엔젤(angle) 투자자, 엑셀러레이터(accelerator), 벤처 캐피털(Venture Capital, VC)을 고려해 볼 수 있다.

‘엔젤 투자자’는 초기 창업 기업에 투자하는 개인을 말한다. 기술력은 있으나 자금이 부족한 창업 초기 기업에 자금 지원과 경영 지도를 해 주는 개인 투자자들로, 창업자 입장에서는 천사 같은 투자자라고 느껴진다 하여 엔젤 투자자라고 불린다. 창업자는 자신의 아이디어를 바탕으로 엔젤 투자자에게 지원을 받아 회사를 세우고 엑셀러레이터를 통해 성장해 나갈 수 있다. ‘엑셀러레이터’란 성장 가능성이 보이는 초기 창업자를 선발하여 투자와 관리를 수행하는 단체이다. 구체적으로는 창업 아이디어 혹은 아이템만 존재하는 단계의 신생 창업 기업을 발굴하여 업무 공간, 마케팅, 홍보 등 비핵심 업무를 지원하고, 각 분야의 세계적 전문가들을 멘토로 연결해 주기도 한다.

‘벤처 캐피털’이란, 장래성과 기술력은 있으나 경영 및 자원 기반 등이 약하여, 일반 금융 기관으로부터 융자받기 어려운 창업 기업을 대상으로 무담보 주식 투자 형태로 투자하는 기업이나 자본을 의미한다. 벤처 캐피털은 창업 기업의 초기 단계에 자본 참여를 통하여 창업가와 위험을 공동 부담하고, 자금, 경영 및 위기 관리, 기술 지도 등 종합적인 지원을 제공함으로써 높은 이득을 얻는다. 일반적으로 이들은 해당 창업 기업이 성장하여 주식공개상장(Initial Public Offering, IPO) 시 자본 이득(capital gain)을 얻어 수익을 창출하고자 하기에, 창업 기업은 이들을 통하여 탄력적인 자금 조달과 성장 기회를 모색할 수 있다.

[표 15-4] 엔젤 투자자와 벤처 캐피털의 차이점

구분	엔젤 투자자	벤처 캐피털
투자 기준	성장 기업	매우 빨리 성장하는 기업
투자금의 원천	본인 재산	타인 재산 또는 기관 기금
투자 규모	$25,000~$2,000,000	$2,000,000 이상
기대 수익	투자금의 3~10배	투자금의 5~10배
투자 시점	태동기, 창업기, 초기	대규모 계획의 초기, 확장기
공헌 요소	초기 자금 및 사업 역량	대규모 자금, 팀 구성
경영자 교체 가능성	거의 없음.	가능성 있음.
투자 횟수	1년에 1~3회	1년에 15~18회

출처: Rhonda Abrams(2016), 창업 이론과 실제.

2) 스타트업

(1) 스타트업의 정의

최근들어 '스타트업(start-up)'이라는 용어가 많이 사용되고 있다. 스타트업이라는 용어는 1990년대에 시작된 닷컴버블(dot.com bubble) 시기에 영미권 국가에서 처음 사용되기 시작하였다. 즉, 초기에는 닷컴 회사를 지칭하는 의미로 사용되었으나, 점차 그 의미가 확대되고 있다. 최근의 스타트업은 '혁신적 기술과 아이디어를 보유한 신생 기업'을 의미한다. 외부 자본(엔젤 투자자나 벤처 캐피털)의 투자를 바탕으로 신기술 기반의 고위험 · 고수익 분야에 종사하는 기업 형태가 일반적이다. 기간으로 살펴보면, 대체로 초기 창업 기업 즉, 사업을 개시한 날부터 3년이 지나지 않은 기업을 가리킨다.

국내에서는 스타트업이라는 용어를 '불확실한 환경에서 혁신을 통해 가치를 창출하는 경제적 조직'이라는 의미로 사용하고 있는 것으로 보이며, 2000년대 초반 널리 쓰인 '벤처 기업'과 유사한 개념으로 통용되고 있다. 그러나 국가 정책 시행을 위하여 행정적 목적으로 내린 벤처 기업의 법적 정의를 살펴보면 스타트업과 다소 차이가 있다. 첫째, 벤처 기업의 규모와 스타트업은 자본금 규모에서 차이가 있다. 둘째, 벤처 기업의 특성이 사업 활동에서 연구 개발의 비중이 높고 고성장이 기대되는 신생 기업이라면, 스타트업은 조직 구성이나, 생애 주기, 업종, 그리고 문제 인식과 해결 방식 등에서 차이가 존재한다. 특히, 스타트업은 조직의 구성이나 규모가 동태적이며, 더욱 다양한 산업의 아이디어와 지식이 융합된다는 점에서 벤처 기업과 큰 차이가 존재한다. 우리나라에서 스타트업으로 출발한 대표적인 기업으로는 쿠팡, 쏘카, 야놀자, 위메프 등이 있다.

(2) 스타트업의 확산 배경

스타트업의 확산 배경에는 첫째, ICT의 발전이 있다. 모바일 플랫폼의 발전, 크라우드 펀딩(crowd funding), 소셜 미디어 확산을 통하여 창업 장벽이 낮아졌다. 이중 크라우드 펀딩이란 대중을 뜻하는 '크라우드(crowd)'와 자금 조달을 뜻하는 '펀딩(funding)'의 합성어로, 온라인 플랫폼을 이용하여 다수의 대중으로부터 자금을 조달하는 방식을 의미한다. 둘째, 경영 환경의 변화이다. 기술의 발달은 창업 비용의 하락을 가져왔고, 크라우드 펀딩은 시장 접근성 재고, 투자 유치를 용이하게 하였으며, 소셜 미디어 확산은 창업 아이템에 대한 홍보 채널의 확장을 일으켰다. 그리고 그 결과 좋은 창업 아이템과 실행 능력이 있다면 누구나 스타트업으로서 창업을 시도해 볼 수 있는 환경이 구축되었다.

(3) 스타트업의 특성

스타트업은 혁신적 아이디어를 기반으로 고위험, 불확실성, 고성장, 고수익의 가능성을 가지고 있는 기술 집약적인 인터넷 기반 신생 기업들을 주로 일컫는다. 사실 우리에게는 스타트업이라는 용어보다 창업이라는 용어가 더 익숙하다. 그러나 창업과 스타트업은 본질적인 차이가 있다. 먼저 스타트업은 사업 아이템을 혁신적 기술에 기반을 두고 구현하는 기업이라 생각할 수 있다. 또한 일하는 방식의 혁신성, 민첩성, 유연성이 특징이다. 뜻을 함께하는 소수의 몇몇 창업자들이 각자 누리고 있던 기득권을 내려놓고 자발적으로 각자의 장점을 발휘해 기성세대와 기업들이 여러 가지 여건상 실현하기 어려웠던 창의적인 사업을 혁신적으로, 민첩하고, 유연하게 추진하는 것이 스타트업의 본질이라고 할 수 있다(김유석, 2020).

그러나 한편으로는 소규모 자금, 조직, 인력으로만 운영되므로 경영 환경이나 경제 상황, 투자자의 성향 등에 대한 의존이 크다. 또한, 기술적 전문화 정도나 초기 투입 자금(seed money)의 규모에 따라 생존율과 생존 기간이 달라진다. 업종 자체가 얼마나 전문적인가, 참여 인력의 전문성은 어떠한가, 초기 투입 자금이 얼마나 많은가는 스타트업의 생존 가능성에 직접적인 영향을 미친다. 스타트업의 생존을 위해서는 지속적인 자금 지원이 뒷받침되어야 하는데, 업종과 사업의 특성에 따라 연차별 현금 흐름이 상이한 양상을 보인다. 따라서 성공하는 스타트업이 되기 위해서는 본연의 장점들을 최대한 발휘해야 할 뿐만 아니라, 각각의 자금 조달 단계(milestone)에 따라 자금 지원 방식도 차별화되어야 하며 성장 단계별로 좋은 파트너들을 만나고 경제 상황과 경영 환경도 부합되어야 한다. 본 절에서는 스타트업에 대한 상위 개념인 창업으로 통칭하여 ICT를 통한 스포츠 산업의 창업 전반을 이해하고자 한다.

3) 창업의 절차

시장에서 비즈니스 기회를 포착하여 창업을 결정하였다면, 창업의 절차를 따르는 것은 매우 중요하다. 그 이유는 확실한 절차를 거칠 경우 시간과 자원의 낭비를 최소화하고 창업 실패의 가능성을 낮출 수 있기 때문이다. 그리고 창업은 단기적으로 끝나는 것이 아니라 창업 이후에도 지속 가능한 수익을 창출하고 생존 방안을 모색해야 한다. 따라서 처음부터 꼼꼼하게 창업 절차를 준수하여 자신의 사업 아이템을 검증하고 단계적 성장 방안, 시장에서의 생존 방안에 대하여 깊이 있게 고민해야 한다.

(1) 창업 아이디어 구상 및 창업 아이템 발굴

개인이 창업을 목표하게 된 배경은 다양할 것이다. 좋은 창업 아이디어가 떠올라서 창업을 목표하였을 수도 있고, 퇴직 등의 개인적인 사정에 따라 창업의 필요성이 생긴 사람도 있을 것이다. 그러나 어느 경우라 할지라도 창업의 가장 첫 번째 조건은 좋은 창업 아이디어에 대한 구체적인 구상이다. 그렇다면 좋은 창업 아이디어는 어떻게 얻을 수 있을까? 그 방법을 생각해 보면 다음과 같다. 첫째, 본인이 경험하고 있는 분야에서 창업 아이디어를 찾는 것이 좋다. 본인이 종사하였던 업무 분야나 직장, 혹은 운동이나 취미 생활 등을 하면서 느꼈던 기존 재화나 서비스 개선 사항들을 떠올려 보는 것이다. 둘째, 거시적인 관점에서 현재 사회 · 문화 · 경제 환경 변화에 따라 변화되거나 도태될 산업 · 기업들을 살펴보고, 그 전환 방향을 생각해 보는 것이다. 일례로, 4차 산업 혁명에 따른 기술의 변화와 그에 따른 일하는 방식과 생활 방식의 변화를 생각해 보고 앞으로 변화하게 될 재화나 서비스들을 살펴보는 것이다. 특히, 전통 스포츠 산업에서 변화가 예측되는 부분들을 세밀하게 생각해 보는 것도 좋은 방법이 될 수 있다. 스포츠 산업에서 변화가 예측되는 부분을 발견하였다면 좀 더 세밀한 관점으로 들어가서, 어떤 문제를 어떻게 해결하면 좋을지에 대한 구체적인 아이디어를 도출해 보아야 한다. 이 과정에서는 이러

[표 15-5] 창업 아이디어의 유형

유형		특징
A	새로운 시장 개척	기존 시장에 존재하지 않는 새로운 제품, 서비스를 제공
B	새로운 혜택 제공	기존 제품, 서비스에 개선된 기능과 편리, 만족을 제공
C	새로운 기술 활용	기존 제품, 서비스에 기술을 적용, 새로운 가치를 제공

한 변화를 먼저 겪은 해외 기업의 사례를 수집하거나, 주변 전문가들의 인식을 조사하는 것도 한 방법이 될 수 있다.

문제 해결을 위한 창업 아이디어의 유형은 [표 15-5]와 같이 정리할 수 있다. 첫째, 새로운 시장의 개척이다. 기존 시장에 존재하지 않는 새로운 제품이나 서비스를 제공하는 것이다. 가장 이상적이지만, 그만큼 쉽지 않은 분야이다. 둘째, 새로운 혜택의 제공이다. 기존 제품과 서비스들을 살펴보고, 소비자의 만족도가 떨어지는 부분(unmet needs)을 발견하여 이를 비즈니스 기회로 삼는 것이다. 기존 제품이나 서비스에 개선된 기능이나 프로세스를 제공하고, 이를 통하여 소비자가 편리와 만족 등을 느낄 수 있도록 새로운 혜택을 제공하는 것이다. 셋째, 새로운 기술 활용이다. 이는 앞서 살펴본 4차 산업 혁명의 핵심 기술들을 적용하여, 제품 및 서비스를 개선하거나 새로운 가치를 제공하는 방식을 의미한다.

창업 아이디어를 구상하였다면, 구체적인 창업 아이템을 발굴해야 한다. 앞서 이야기한 바와 같이 창업 아이템은 창업 아이디어가 구체화되고 명확화된 것을 의미한다. 창업 아이템은 창업의 성패를 결정짓는 가장 중요한 요인이기에 창업가는 이 단계에서 많은 주의를 기울여야 한다. 창업 아이템과 관련된 가능한 많은 정보를 탐색하는 것이 중요하다. 국내뿐만 아니라 해외에 유사한 창업 아이템이 있는지, 만일 유사한 창업 아이템이 존재한다면 해당 기업 아이템의 특성은 무엇인지, 비즈니스 모델은 어떠한지, 세부적인 전략들은 어떠한지를 세밀히 살펴보아야 한다. 그리고 자신의 창업 아이템과 비교하여, 자신의 창업 아이템을 객관적으로 평가해 보아야 한다. 창업 아이템 평가 방식 가운데 대표적인 방식으로는 차트 방식이 있다. [표 15-6]과 같이, 현재 주목하고 있는 창업 아이템을 기록한 후 각각의 아이템을 항목별로 0~5점까지 점수를 부여한다. 각 항목

[표 15-6] 창업 아이템 평가표

아이템	보유 지식	보유 경험	보유 기술	진입 장벽 유무	경쟁자 유무	총계
가	5	5	5	5	5	25(선택)
나	4	4	3	3	2	탈락
다	3	5	3	3	1	탈락
라	4	4	4	1	2	탈락
마	5	2	3	2	3	탈락

* 보유 지식, 보유 경험, 보유 기술: 없음=1, 조금 있음=2, 보통=3, 많음=4, 매우 많음=5
기술 진입 장벽의 유무, 경쟁자 유무: 없음=5, 조금 있음=4, 보통=3, 많음=2, 매우 많음=1

출처: 정창화 외(2017), 쉽게 풀어 쓴 창업의 이해.

별로 기록한 점수를 모두 더해 그 점수가 17점 미만인 창업 아이템을 제거한다.

더불어, 자신에 대한 객관적인 평가 또한 중요하다. 일반적으로 사람들은 자신에 대하여 낙관적 기대나 과대평가를 하는 경향이 존재한다. 그러나 창업에는 예측하지 못한 다양한 장애 요소나 위험 요소가 존재하기에, 창업가의 창업 여건을 객관적으로 검토하여야 한다. 특히, 창업가의 적성, 능력, 경험, 자금 조달 능력, 자격증 소유 등을 고려하였을 때 본 창업 아이템이 적합한가를 살펴보아야 한다.

(2) 창업 팀 구성

창업가에 대한 분석 결과 자신에게 부족한 능력, 경험 등을 발견하였다면 이를 보완해 줄 수 있는 창업 팀 구성을 고려해 보아야 한다. 창업 아이템의 특성이나 규모에 따라 다르겠지만, 창업가 혼자서 창업의 전 과정을 수행하기는 쉽지 않다. 따라서 창업가의 부족한 역량을 채워 줄 수 있는 전문 인력들로 구성된 창업 팀이 필요하다. 물론, 창업을 위하여 의기투합한 창업 팀이 먼저 형성된 후 창업 아이디어를 구상하고 구체적인 아이템을 발굴할 수도 있다. 그러나 이 경우에도 구성원들의 객관적인 보유 역량을 검증하고, 부족한 부분을 보완할 수 있는 전문성 있는 인력 구성 방안에 대해서도 검토해 볼 필요성이 존재한다. 창업 팀 구성에 대한 장단점은 [표 15-7]과 같이 정리해 볼 수 있다.

[표 15-7] 창업 팀 구성의 장단점

장점	단점
• 창업가 개인 능력의 한계를 넘는 일에 대해 도움을 받을 수 있다. • 가치 공유, 업무 분담이 잘되어 있다면 많은 일을 동시에 처리할 수 있다. • 혼자 모든 것을 결정하는 외로움과 스트레스 부담을 줄일 수 있다. • 공동 창업의 경우 초기 비용 부담을 줄일 수 있다. • 팀 구성이 조화롭게 이루어지면 투자 유치에 유리하다. • 다양한 관점을 수렴한 창의적 발상이 가능하다.	• 전문성, 재능이 부족한 공동 창업가, 팀원으로 인해 문제가 발생할 수 있다. • 서로 가치관, 성향이 달라 일정 부분 충돌이 일어나는 것을 피하기 어렵다. • 서로 의견의 불일치로 인해 의사 결정이 지연될 수 있다. • 창업 팀원들과의 수익 배분으로 인해 개인의 이익 규모가 작아진다. • 팀원 간 갈등이 증폭될 경우 사업 진행 자체가 중단될 수도 있다. • 사업 진행이 원활하지 않을 경우 팀원에 대한 창업자의 부담이 커진다.

출처: 권혁중 · 이도연(2020), 4차 산업 혁명 시대의 기업가 정신과 창업

(3) 정보 수집과 개략적 분석 수행

창업을 위한 인적 자원들이 모두 준비되었다면, 이제 창업과 관련된 체계적인 정보 수집과 분석을 수행해야 한다. 창업가 혹은 창업 팀을 둘러싼 내외부 환경 분석이 요구된다. 내부 환경 분석에서는 창업가 혹은 창업 팀이 보유하고 있는 경험, 기술, 인적 네트워크 등을 살펴보고, 창업 분야의 시장 상황과 경쟁 상황 분석을 수행해야 한다. 4차 산업 혁명으로 관련 산업 환경이 급속히 변화하고 있기에, 현재의 창업 아이템이 향후 변화하는 시장 상황에 적절하게 대처할 수 있는가를 살펴보아야 한다. 출시 이후 급격히 시장이 퇴화하거나 아이템이 사장될 가능성이 있는지 선제적으로 고민해 보아야 한다. 더불어, 유사한 창업 아이템을 보유하고 있는 국내외 기업에 대한 면밀한 조사를 통하여, 자신의 창업 아이템 혹은 창업 전략의 차별성을 고려해 보아야 한다. 정보 수집과 개략적 분석 과정에서 창업 분야 혹은 창업 아이템과 관련된 문제를 발견하였다면 이에 대처할 수 있는 방안을 생각해 보아야 한다. 경우에 따라서는 창업 아이디어 구상 및 창업 아이템 발굴 단계로 돌아갈 수도 있다.

(4) 사업 타당성 분석(비즈니스 모델 작성)

창업 아이템에 대한 명확한 선정이 끝나면, 면밀한 사업 타당성 분석이 필요하다. 사

업 타당성 분석은 창업 실패를 막기 위해 반드시 필요한 가장 중요한 사전 점검 장치이다. 창업 아이템이 제품화 과정을 거쳐 시장에서 수요를 창출하여 사업이 성공할 가능성이 있는지를 체계적이고 합리적인 방법으로 분석하는 일련의 과정이라 할 수 있다.

사업 타당성 분석의 방법은 크게 3가지로 구분된다. 첫째, 시장성 측면이다. 재화나 서비스에 대한 수요의 변동성, 성장 가능성 및 잠재력을 분석한다. 둘째, 기술성 측면이다. 재화나 서비스를 제공할 수 있는 생산 기술 보유 여부, 자산과 인적 자원에 대한 관리 능력을 분석한다. 셋째, 경제성 측면이다. 경제성 측면의 분석은 시장성과 기술성 분석을 토대로 수행해야 하며, 구체적으로는 적정 수익, 안정적인 현금 흐름, 위험 분석을 수행한다.

이 단계에서 구체적인 비즈니스 모델을 수립해야 한다. [표 15-9]는 비즈니스 모델 캔버스(business model canvas)로, 알렉산더 오스터왈더(Alexander Osterwalder)와 전 세계 45개국 470명의 관련 전문가들의 공동 작업으로 탄생시킨 가장 대표적인 비즈니스 모델 작성 도구이다. 비즈니스 모델을 수립하는 데 있어서 가장 일반적으로 사용되는 틀(framework)인 비즈니스 모델 캔버스는 가치를 창출하고 획득 · 전달하는 원리를 9가지 요소로 분석하고 설계한다.

비즈니스 모델은 캔버스의 가운데 '가치 제안(value propositions)'에서 시작한다. 기업이 제품 및 서비스를 통하여 전달하고자 하는 것을 중심으로, 앞부분과 뒷부분 두 영역으로 구성된다. 전반부는 기업의 가치가 어떻게 고객에게 전달되고 어떻게 수익이 창출되는지를 보여 준다. 비즈니스 모델의 전반부는 시장에서 고객에게 보여지는 부분으로, 기업이 어떤 가치, 어떻게 고객에게 전달하는지, 그리고 고객과 어떻게 관계를 맺어 가는지 등에 관하여 생각하는 틀을 제공한다. 비즈니스 모델 캔버스의 후반부는 기업이 어떠한 자원과 활동을 통하여 어떻게 가치를 만들어 내는가를 생각해 볼 수 있게 한다.

작성 요령은 첫째, 큰 종이에 비즈니스 모델 캔버스를 인쇄하여 벽에 붙여 놓고 여러 사람이 토론하면서 작성하는 것이 좋다. 둘째, 각 요소에 대한 핵심 사항을 굵은 펜으로 포스트잇에 적어서 붙이는 방식으로 작성하며 수정하고 보완한다. 셋째, 가급적 짧은 텍스트와 함께 간단한 이미지를 그리고, 이후 스토리로 설명하면서 작성한다. 이 과정에서 직관적으로 이해가 되는가, 논리적 공백은 존재하지 않는가를 토의한다. 넷째, B2B와

[표 15-8] 사업 타당성 분석의 세 가지 측면

구분		내용
1	시장성 측면: 시장 분석(market analysis)	재화나 서비스에 대한 수요의 변동성, 성장 가능성 및 잠재력(고객의 욕구 적합성, 경쟁 업체 대비 시장 점유율 예측, 판매 전략 등)
2	기술성 측면: 제품 분석(product analysis)	재화나 서비스를 제공할 수 있는 생산 기술 보유 여부, 자산과 인적 자원에 대한 관리 능력 분석(재화나 서비스의 품질, 제조 가능성, 시설 능력, 관리 능력 등)
3	경제성 측면: 수익 분석(profit analysis)	적정 수익, 안정적인 현금 흐름, 위험 분석(손익 분기점, 총수익 · 총비용에 따른 이익률, 총 투자액에 대한 수익률 등) 시장성, 기술성 분석을 토대로 수행

[표 15-9] 비즈니스 모델 캔버스

<table>
<tr><td rowspan="2">Key Partners
(핵심 파트너)</td><td>Key Actions
(핵심 활동)</td><td rowspan="2">Value Propositions
(가치 제안)</td><td>Consumer Relationships
(고객 관계)</td><td rowspan="2">Customer Segments
(고객군)</td></tr>
<tr><td>Key Resources
(핵심 자원)</td><td>Channels
(채널)</td></tr>
<tr><td colspan="3">Cost Structure
(비용 구조)</td><td colspan="2">Revenue Streams
(수익원)</td></tr>
</table>

B2C와 같이 고객 특성이 다른 요소가 있는 경우에는 그 관계를 포스트잇의 색깔로 구분하면서 작성한다. 거의 모든 요소에 다른 색상의 포스트잇이 부착되는 경우에는 별도의 비즈니스 모델 캔버스로 분리하여 작성한다.

전통적인 창업 기업에서 사용할 수 있는 것이 비즈니스 모델 캔버스라면, 조금 더 스타트업에 맞는 틀 또한 존재한다. 스타트업들 대부분은 새로 생겨난 신생 기업으로 새로운 비즈니스 모델을 개발하거나 새로운 시장을 찾아 나서는 데 주력하는 점이 특징이다. 에릭 리스(Eric Ries)의 저서『린 스타트업(The Lean Startup)』에서는 스타트업을 불확실한 상황 속에서 고객들에게 제공할 새로운 제품과 서비스를 창조하는 조직으로 정의하고 있다. '린 스타트업'이란 낭비를 최소화하는 린 제조 방식에서 시작된 개념으로, 빠른 실패와 반복적 학습으로 스타트업을 성공으로 이끄는 방법론이다. 이 방법론은 빠른 시도와 반복이 이루어지는 스타트업의 생애 주기, 문제 인식과 해결 방식의 특징을 대변한다고 볼 수 있다. 이들에 특화된 린 비즈니스 모델 캔버스는 [표 15-10]과 같다. '린 비즈니스 모델 캔버

[표 15-10] 린 비즈니스 모델 캔버스

<table>
<tr><td rowspan="2">Problems
(문제)</td><td>Solutions
(솔루션)</td><td rowspan="2">Unique Value
Propositions
(고유 가치 제안)</td><td>Unfair
Advantage
(경쟁 우위)</td><td rowspan="2">Customer
Segments
(고객군)</td></tr>
<tr><td>Key metrics
(핵심 지표)</td><td>Channels
(채널)</td></tr>
<tr><td colspan="2">Cost Structure
(비용 구조)</td><td colspan="3">Revenue
(수익원)</td></tr>
</table>

스(Lean Business Model Canvas)'란 애시 모리아(Ash Maurya)가 비즈니스 모델 캔버스를 응용하여 제시한 것으로, 주요 사업 요소들에 대한 정의를 한눈에 볼 수 있도록 만든 그래픽 템플릿이다. 비즈니스 모델 캔버스는 애초에 스타트업을 위해 만들어진 게 아니다. 이미 설립된 기업의 비즈니스 모델을 한눈에 볼 수 있도록 하고, 비즈니스 모델 발전을 목적으로 하고 있다. 따라서 초기 창업 기업을 위해서는 몇 가지 수정 · 보완되어야 할 부분이 존재한다. 따라서 린 비즈니스 모델 캔버스는 기존의 비즈니스 모델 캔버스를 초기 스타트업에 맞게 최적화하려는 목적으로 다듬은 버전이라고 이해할 수 있다. 핵심 요소들은 다음과 같다.

- 고객군(Customer Segments): 목표 고객
- 문제(Problems): 가장 중요하며, 해결해야 하는 문제로 가장 간결하게 정의
- 솔루션(Solutions): 문제 해결 방안. 초기 창업가는 자신들의 주관적인 생각에 따라 검증되지 않은 솔루션에 푹 빠지는 경향이 있기에, 솔루션에 대한 고민은 간단하게 수행하는 것이 필요하며, 솔루션 자체에 대한 검증을 통한 보안이 중요
- 핵심 지표(Key Metrics): 측정해야 하는 핵심 활동. 모든 활동이 중요치는 않기에 창업 기업이 집중해야 하는 핵심 활동을 선정
- 고유 가치 제안(Unique Value Propositions): 제품이나 서비스를 구입해야 하는 이유, 다른 제품이나 서비스와의 차별성을 알기 쉽고 설득력 있게 전달하는 단일 메시지
- 채널(Channel): 고객 도달 경로
- 경쟁 우위(Unique Advantage): 다른 제품이 흉내 낼 수 없는 특징. 그러나 사실상

스타트업이 경쟁 우위 요소를 가지기는 어렵기에, 해당 항목은 빈 형태로 두게 될 가능성도 존재. 그러나 항상 고민하면서 이를 만들어 가도록 노력

- 비용 구조(Cost Structure): 고객 획득 비용, 유통 비용 등
- 수익원(Revenue): 매출 모델, 생애 가치, 매출, 매출 총이익 등

(5) 사업 계획의 수립 및 실행

비즈니스의 가치를 발굴하고, 확립하였다면 이제 사업 계획의 수립 및 실행 단계이다. 사업 계획서에는 [표 15-11]과 같은 정보가 담겨야 한다.

사업 계획서에 담아야 하는 정보는 크게 세 가지로 나눌 수 있다. 첫째, 사업 계획 개요이다. 사업의 추진 내용, 배경, 역량의 정보를 담는다. 둘째, 사업 계획 핵심 영역이다. 사업의 기술성, 시장성, 경쟁성 분석 결과를 담고, 더불어 사업의 수익성에 대한 예측 정보를 담는다. 셋째, 사업 계획 실행 영역이다. 실행을 위한 세부적인 정보를 담는다. 개발 및 마케팅 전략 등의 사업 추진 전략과 소요 자금 및 조달 계획 등의 사업 추진 자금과 관련된 정보를 담는다.

스타트업의 성장은 [그림 15-1]과 같이 J 곡선(J curve effect)의 형태를 띤다. 출발 지점부터 자금이 소진되어 마이너스를 기록하다가 특정 변곡점을 지나면서 가파르게 성장한다. 그러나 초기부터 변곡점까지의 구간은 죽음의 계곡이라 불린다. 그만큼 창업 초기

[표 15-11] 사업 계획서 작성 방법

구분	번호	항목	내용
사업 계획 개요	1	사업 추진 내용	수익 모델 기반의 제품/서비스 내용
	2	사업 추진 배경	사업 추진의 타당성
	3	사업 추진 역량	창업 기업의 창업 수행 역량
사업 계획 핵심	4	사업 기술성	차별화 핵심 기술 현황
	5	사업 시장성	시장 규모 및 성장성
	6	사업 경쟁성	경쟁사 및 경쟁 제품 비교
	7	사업 수익성	예상 매출 및 이익
사업 계획 실행	8	사업 추진 전략	개발 및 마케팅 전략
	9	사업 추진 자금	소요 자금 및 조달 계획

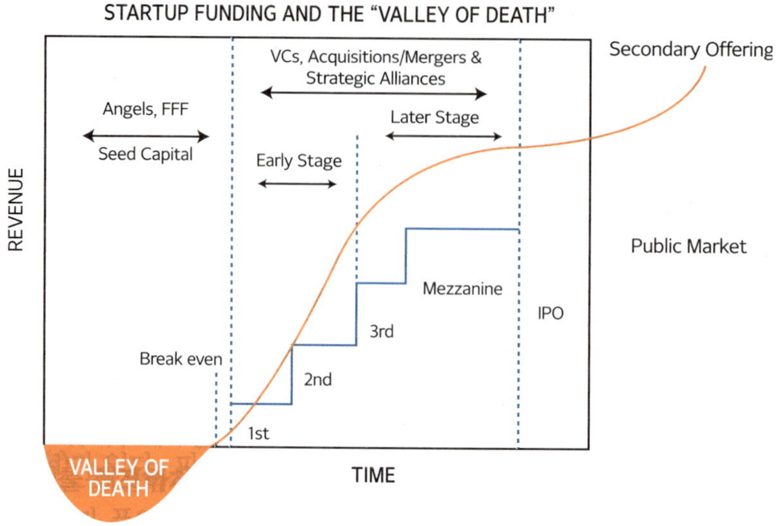

출처: APTONOVA(2014), How to Escape from the Start-up 'Valley of Death'

[그림 15-1] 스타트업의 J 곡선(펀딩과 죽음의 계곡 간의 관계)

에는 매출을 통하여 기업을 경영하기가 쉽지 않다. 기업이 창업한 이후 아이디어 수준을 아이템으로 만들고, 시장에 진출해서 나름 고객을 만들고 자리를 잡아 성장하는 기간, 대체로 이 기간은 3~5년 정도로 알려졌다. 따라서 이 기간을 버텨 내는 것이 창업 기업에는 가장 큰 숙제이다.

4) 자금 조달의 원천

창업과 기업의 경영은 생존의 문제이기에, 자금 조달은 매우 중요한 과제이다. 자금을 조달하는 방식은 크게 두 가지로 나눌 수 있다. 첫째, 부채를 통한 자금 조달이다. [표 15-12]와 같이 은행과 금융 기관, 가족과 친구를 통하여 자금을 조달할 수 있다. 그러나 표에서와 같은 장단점이 존재한다.

두 번째는, 지분을 통한 자금 조달이다. 앞서 살펴본 벤처 캐피털이나 엔젤 투자자를 통하여 자금을 조달할 수 있으며, 가족과 친구를 통한 자금 조달 또한 고려해 볼 수 있다. 창업 기업의 현황과 규모에 맞추어 적당한 자금을 조달하는 것이 중요하다.

[표 15-12] 부채를 통한 자금 조달의 원천

구분	장점	단점
은행과 금융 기관	• 창업자의 소유권 유지, 이익 분배 필요 없음, 부채 상환으로 모든 의무 청산, 상환액 확정 • 기존 기업, 부동산 등 고정 자산 구매를 위한 자금 조달, 단기 현금 흐름 관리에 적합	• 신생 기업의 경우 받기 어려움, 개인 재산 상실 위험, 사업 성공 여부와 관계없이 상환해야 함. • 매우 위험한 벤처 또는 자산이 없는 신생 기업의 경우 가장 부적합
가족과 친구	• 조달 용이, 창업자의 소유권 유지, 이익 분배할 필요 없음, 상환액 확정 • 다른 선택 사항이 없을 때, 매우 확실한 미래가 보장되었을 때 가장 적합	• 인간 관계에 영향, 조급함, 비전문적 간섭 및 잦은 질문 • 매우 위험한 기업일 때, 창업자의 가족 관계가 나쁠 때 가장 부적합

출처: Rhonda Abrams(2016), 창업 이론과 실제.

[표 15-13] 지분을 통한 자금 조달의 원천

구분	장점	단점
벤처 캐피털	• 대규모 자금 조달 가능, 산업에 대해 전문적인 투자자 역량, 인맥과 추가 자금 이용 가능, 사업의 위험에 대해 이해 • 대기업으로 성장할 잠재력이 있는 기업, 전문적 창업자 또는 산업 전문가에게 가장 적합	• 선택받기 어려움, 3~7년 이내 상환할 가능성이 있어야 함, 상당한 지분 소요, 창업자의 경영권 박탈 가능성 존재 • 중소 규모 기업, 경험이 부족한 창업자에게 가장 부적합
개인 또는 엔젤 투자자	• 창업 기업에 대한 관심, 전문적 벤처 캐피털보다 쉽게 자금 조달, 산업 지식과 인맥이 있을 수 있음. • 높은 성장 잠재력, 매력적인 사업 콘셉트가 있는 기업에 가장 적합	• 적합한 역량이 결핍된 상태에서 의사 결정에 참여할 가능성, 장기적 관계, 이익 실현에 조급할 가능성 • 이익 실현을 위해 매우 장기적인 개발 기간이 필요한 기업, 성장 잠재력이 작은 기업에 가장 부적합
가족과 친구	• 자금 조달이 용이 • 다른 대안이 없는 기업, 사업과 산업에 대해 풍부한 역량이 있는 가족과 친구가 있는 경우 가장 적합	• 인간 관계를 해칠 위험, 장기적 관여, 비전문적이고 조급한 투자자, 공사의 구분 어려움. • 매우 위험한 사업, 장기적인 개발 기간이 필요한 기업에 가장 부적합

출처: Rhonda Abrams(2016), 창업 이론과 실제

3. 창업 지원 제도

창업 초기에는 모든 자원이 부족할 수 밖에 없다. 그렇기에 외부 자원을 적극적으로 활용하는 전략이 필요하다. 창업 지원 제도를 수집하고 이를 적절하게 활용하는 것은 기업의 생존을 위해서 아주 중요하다. 국내 창업 지원 정보는 K-Stratup 창업 지원 포털(http://www.k-startup.go.kr)에서 얻을 수 있다. 창업 지원 포털은 중소벤처기업부에

서 운영하는 정보 포털로, 창업 지원 사업 정보를 통합하여 제공한다. 다양한 프로그램을 운영 중이다. 그중 ICT를 통한 스포츠 창업, 그리고 대학생 등의 청년 창업을 위하여 적합한 프로그램들을 선정하여 살펴보면 다음과 같다.

1) 창업 교육

창업 지원 포털에서 얻을 수 있는 창업과 관련한 최신 트렌드 정보를 온라인 강좌로 제공한다. 2020년 기준 멘토링 플랫폼 운영, 실전 창업 교육 등을 운영하기에 대학생 혹은 대학원생이 창업 아이디어를 가지고 자신의 창업 아이템을 구체화하고 창업을 시도할 기회를 얻을 수 있다.

멘토링 플랫폼은 대학과 정부 출연 연구소 등, 전문성 있는 기관을 '기업 혁신 멘토단'으로 구성하고, 지원 기업 선정부터 컨설팅, 과제 발굴, 성과 관리까지 전문가의 식견을 적극적으로 활용하여 혁신성을 보유한 창업 기업을 밀착 지원하는 프로그램이다.

실전 창업 교육은 유망한 비즈니스 모델을 보유한 예비 창업자를 대상으로 창업 실습 교육과 최소 요건 제품 제작, 비즈니스 모델 검증 등을 지원하여 준비된 창업자를 양성하는 프로그램이다. 창업 아이디어 또는 비즈니스 모델을 보유한 예비 창업가가 참여할 수 있으며, 블렌디드 러닝(blended learning) 즉, 온오프라인 혼합형 교육을 통하여 예비 창업가가 비즈니스 모델 설계에 필요한 교육, 멘토링 등을 제공받고, 빌드 업(build up) 프로그램을 통한 비즈니스 구체화를 수행할 수 있다.

2) 창업 시설 · 공간

시설 공간 지원으로는 1인 창조기업지원센터, K-Global 빅 데이터 스타트업 기술 지원, 메이커 스페이스 구축, 창업보육센터 지원, 스타트업 파크, 판교 창업존, 캠퍼스 혁신파크 등이 있다.

1인 창조기업지원센터는 1인 창조 기업의 창의적 제품 및 지식 서비스 등이 성공적인 창업으로 이어질 수 있도록 인프라 및 판로 개척을 지원하는 프로그램이다. 1인 창조 기업이란, 창의성과 전문성을 갖춘 1인이 상시 근로자 없이 사업을 운영하는 경우, 공동 창업가, 공동 대표, 공동 사업자 등 공동으로 사업을 영위하는 자가 5인 미만인 경우에 해당된다. 사무 공간, 경영 지원(세무 · 회계 · 법률 · 마케팅 · 창업 등 전문가 상담, 교육, 정보제공), 사업화 지원(1인 창조 기업과 외부 기관 간 프로젝트 연계 및 수행 기회 제공, 지식 서비스 거래 및 사업화 지원) 등을 수행한다.

K-Global 빅 데이터 스타트업 기술 지원은 빅 데이터 기반의 창업가 혹은 신규 비즈니스를 개발하는 스타트업을 지원하는 프로그램이다. 작업 공간(빅 데이터 센터 오픈랩을 활용한 공간), 인프라(대용량 데이터 분석 및 서비스 제공을 위한 인프라), 클라우드(R, Python 분석 환경 제공), 기술 교육(빅 데이터 센터 인프라 기반 데이터 분석 교육 및 개인 정보 비식별 전문 교육)을 지원한다.

메이커 스페이스는 누구나 쉽게 접근하여 창의적 아이디어를 자유롭게 구현할 수 있도록 구성된 공간으로, 3D 모델 파일과 다양한 재료들로 창업가가 원하는 사물을 즉석에서 만들어 낼 수 있는 작업 공간이다. 창업에 관심 있는 사람들은 누구나 활용하여 창업 시제품을 만들어 볼 수 있다.

창업보육센터 지원, 스타트업 파크, 판교 창업촌, 캠퍼스 혁신파크 등은 창업 기업에게 입주 공간뿐만 아니라 맞춤형 보육 프로그램을 제공함으로써 창업 기업의 성장을 집중적으로 지원하는 프로그램들이다. 이러한 프로그램들은 비즈니스 인큐베이터(business incubator)라 할 수 있다. 인큐베이터에서 미숙한 신생아를 키우듯, 갓 창업한 기업의 성장을 돕는 기관을 의미한다. 창업 초기 단계의 기업들이 사업을 활성화할 수 있도록 물리적 사무 공간뿐만 아니라 컨설팅, 관리 서비스, 기술 지원, 회계나 마케팅, 네트워킹 등을 제공한다. 이들의 주요 목적은 신생 기업이 스스로 생존하여 비즈니스를 운영하고 도약할 힘을 길러 주는 것이다. 인큐베이터는 주로 창업 기업의 아주 초기 단계에서 그들의 아이디어를 사업화하고 기업의 형태를 갖출 수 있도록 돕는 데 초점을 맞춘다는 점에서 엑셀러레이터와 차이가 있다.

3) 멘토링 · 컨설팅

멘토링 · 컨설팅은 예비 창업가에게 선배 창업가들이 경험 및 노하우를 전수해 주는 프로그램으로, 그 주체나 운영 방식에 따라 세부 프로그램들이 존재한다. ICT를 통한 스포츠 창업과 관련 있는 프로그램은 K-Global 창업 멘토링이 있다.

K-Global 창업 멘토링은 ICT 분야의 유망 창업 기업의 창업 성공과 성장을 지원하기 위한 창업 선배들의 경험과 노하우를 바탕으로 기술 경영상의 애로 사항을 진단하고, 해결 방안을 제시하는 창업 멘토링 프로그램이다. 특히, ICT, 4차 산업 혁명 및 과학 기술 분야의 창업 초기, 성장 단계 기업을 대상으로 운영된다. 전담 멘토링(성공 실패 경험을 가진 창업가를 멘토로 지정하여 기술 경영 애로 사항을 진단하고 해결 방안 제시), ICT 법률 및 전문 기술 멘토링(ICT 법률 전문가, 변호사와 ICT 및 4차 산업 혁명 관련 기술 전문가로 구성하여 법률 · 기술 애로 사항 해결 방안 제시), 맞춤형 실전 창업 교육, 성장 지원(ICT 및 4차 산업 혁명 선도 기업과의 연계를 통한 기술 제휴, 공동 개발, 투자 유치, 생산 판로 등 비즈니스 미팅 제공), 멘티 투자 역량 강화(스타트업 투자 아카데미 정기 교육, 투자자 네트워크 구축 등을 통하여 멘티 투자 역량 강화 및 성공 사례 창출), 글로벌 파트너십 체결(우수 멘티 중 해외 진출이 필요한 기업을 선발하여 해외 글로벌 파트너십 체결 프로그램 수혜 기회 제공), 사후 관리 등으로 구성되어 있다.

4) 사업화

창업 아이템의 구체적인 사업화를 돕는 프로그램으로, K-Global 엑셀러레이터 육성, 관광 벤처 사업 발굴 및 지원, 스포츠 산업 창업지원센터, 스포츠 산업 엑셀러레이터, 초기 창업 패키지, 예비 창업 패키지, 창업 성공 패키지, 창업 도약 패키지, 민 · 관 공동 창업자 발굴 육성 등이 있다.

K-Global 엑셀러레이터 육성은 AI, 빅 데이터, AR, VR, IoT, 디지털 헬스케어 등 4차 산업 분야의 신서비스 모델에 부합하는 특화 전문 엑셀러레이터 육성 및 유망 스타트

[표 15-14] 인큐베이터와 엑셀러레이터의 차이

구분	인큐베이터(incubator)	엑셀러레이터(accelerator)
지원 기간	장기(1~5년)	단기(3~6개월)
스폰서	대학, 지역 단체, 정부	기업가, 투자가
사업 모델	임대, 비영리(90% 이상)	투자, 주로 영리 목적
선택 방법	비경쟁적	경쟁적
사업 단계	아주 초기	초기, 초중기
멘토링	최소, 전술적	집중적
주요 자금원	정부	민간
업종	특정 분야로 한정	제한 없음.

출처: Platcommerce(2020), 비즈니스 인큐베이터 정의

업 보육 · 투자를 지원한다.

관광 벤처 사업 발굴 및 지원은 산업 간 융복합, IT 접목 등 창의적, 혁신적인 관광 사업 아이디어 발굴 및 지원을 수행하는 프로그램이다. 창업 초기 기업, 관광 벤처 기업 등을 단계별로 구분하여 맞춤형 육성 지원을 수행한다.

스포츠 산업과 관련된 프로그램은 두 개로 [그림 15-2], [그림 15-3]과 같이 스포츠 산업 분야의 예비 창업자와 3년 미만(후속 지원 7년 미만) 창업자를 대상으로 맞춤형 창업 교육과 창업 보육을 지원하는 스포츠 산업 창업지원센터와 스포츠 산업 분야 5년 미만 창업자를 대상으로 역량 함양 교육, 멘토링, 사업화, 투자 유치 지원 등 투자 연계형 엑셀러레이팅을 지원하는 스포츠 산업 엑셀러레이터 프로그램이 있다.

이 외에 창업 단계에 맞춘 초기 창업 패키지, 예비 창업 패키지, 창업 성공 패키지, 창업 도약 패키지가 있다. 한편, 성공 창업가가 주도하는 엑셀러레이터가 유망한 기술 창업 팀을 엄선하여 투자 · 보육하면, 정부가 연구 개발(R&D), 창업 사업화, 해외 마케팅 등을 매칭 지원하는 민 · 관 공동 창업자 발굴 · 육성 프로그램 또한 ICT를 통한 스포츠 창업 시 검토해 볼 만하다.

출처: 중소벤처기업부, K-Startup 홈페이지(https://www.k-startup.go.kr)

[그림 15-2] 스포츠 산업 창업지원센터

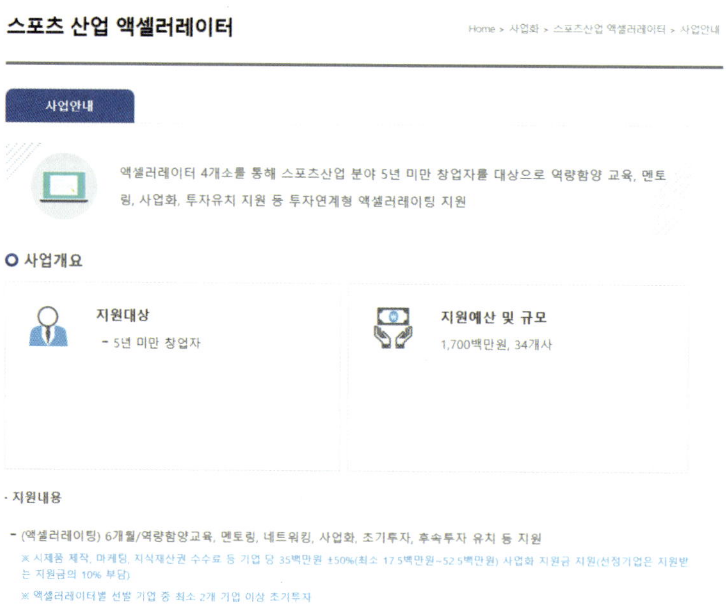

출처: 중소벤처기업부, K-Startup 홈페이지(https://www.k-startup.go.kr)

[그림 15-3] 스포츠 산업 엑셀러레이터

5) 정책 자금

정책 자금 관련 프로그램은 '청년 전용 창업 자금'과 '엔젤 투자 매칭 펀드'가 있다. 청년 전용 창업 자금은 우수한 아이디어를 보유한 청년층의 창업 초기 운영 자금 공급이라는 특징이 있다. 엔젤 투자 매칭 펀드는 엔젤 투자자가 창업 초기 기업에 먼저 투자한 후 매칭 투자를 신청하면 엔젤 투자자와 해당 기업에 대한 평가 및 특이 사항 검토를 통해 매칭하여 투자하는 펀드이다.

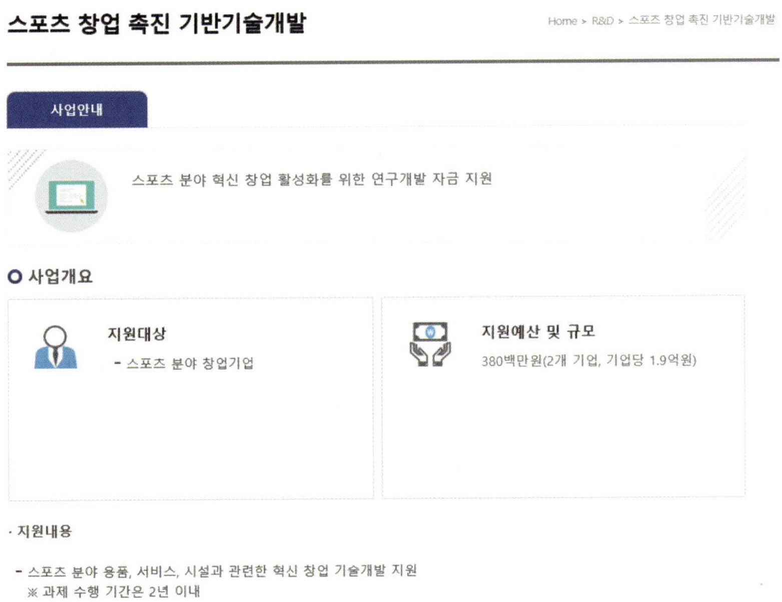

출처: 중소벤처기업부, K-Startup 홈페이지(https://www.k-startup.go.kr

[그림 15-4] 스포츠 창업 촉진 기반 기술 개발

6) 연구 개발(R&D)

ICT를 통한 스포츠 창업과 직접적인 관련이 있는 프로그램으로 '스포츠 창업 촉진 기반 기술 개발 프로그램'이 있다. [그림 15-4]와 같이 스포츠 분야의 혁신 창업 활성화를 위한 연구 개발 자금을 지원하며, 특히 스포츠 분야 용품, 서비스, 시설과 관련한 혁신 창업 기술 개발을 지원한다.

7) 판로 · 해외 진출

창업 후 J 곡선을 넘어 어느 정도 기업의 생존이 확보된 후에는 성장을 위한 판로 개척이나 해외 진출 방안을 고려해야 한다. 해외 시장과 연결해 주는 코리아 스타트업 센터, 글로벌 엑셀러레이팅, 1인 창조 기업 마케팅 지원 등의 프로그램을 활용할 수 있다.

4. 스포츠와 ICT 관련 창업 사례

ICT를 통한 스포츠 창업 사례를 살펴보면 다음과 같다. 기존 사례를 통하여 새로운 창업 아이디어를 얻을 수도 있고, 성공 노하우를 얻을 수 있다. 창업에 관심이 있다면, 관련 사례들을 지속적으로 찾아보고 학습하는 자세가 필요하다.

사례 연구 1. 체감형 경기 중계 '4D 리플레이'

〈관련 기사 발췌문〉

프로 야구 중계를 보다 보면 '4D 리플레이'라는 영상을 볼 수 있다. 10대 이상의 카메라를 고정해 놓고 써야 하므로 보통은 홈 플레이트 쪽에 고정하여 촬영하고, 순간적으로 수십 장의 사진을 동시에 촬영한 다음 순차적으로 편집하여 매트릭스 같은 영상을 만들어 내는 기술이다.

국내의 영상 솔루션 스타트업인 4D 리플레이는 일본의 소프트뱅크에 스포츠 영상 실시간 중계 솔루션을 공급하고 있다. **4D Live 솔루션은 모바일을 통해 영상을 자유롭게 감상할 수 있는 실감 미디어 기술로 4D 리플레이와 소프트뱅크는 4D Live 솔루션을 야구 등 스포츠 현장과 5G를 융합하여 서비스하고 있다. 대용량 데이터를 고속으로 전송하여 5G를 활용해 자유 시점, 멀티 뷰 등 새로운 유형의 스포츠 영상을 실시간으로 중계하는 것이 이 프로그램의 특징이다.**

4D 리플레이는 4D 특수 영상 제작 솔루션 전문 기업으로, 4D 특수 영상은 카메라 수십 대로 영상을 촬영하여 시공간을 초월한 것과 같은 영상을 만드는 기술이다. 자신이 보고 싶은 영상을 어느 시점에서도

다시 볼 수 있으며 스포츠, 영화, 드라마 등에 활용돼 박진감 넘치는 장면을 실시간으로 보여 준다. 단순 공간 중심 영상 촬영 기법에서 벗어나 피사체 움직임을 360도 회전하며 시간에 따라 확인할 수 있다.

4D 리플레이는 2016년부터 미국에 진출한 이래 세계 시장에서 꾸준히 기술력을 인정받고 있으며, 특히 NBA, PGA, UFC 등 해외 주요 스포츠 중계에 적용되면서 전 세계 야구팬들로부터 높은 관심을 받았다. 2019년에는 미국 MLB 월드 시리즈에서 '4D Replay' 솔루션이 적용된 영상이 방송됐으며, 현재 KBO 리그에서도 잠실구장 경기에 4D 리플레이 기술이 적용돼 모든 방송사에서 방영 중이다.

4D 리플레이는 또한 전 세계적으로 코로나19가 창궐한 이후, 비대면 미디어 중계 확산 추세에 맞춰 수출 사업을 지속적으로 확대해 가고 있으며, 현재 북미권, 중화권 등 글로벌 통신사와도 계약을 추진 중이다. 4D 리플레이와 같은 국내에서 개발 및 발전시켜 나가는 기술은 코로나 19로 인해 사회적 거리 두기 등 비대면 문화가 확산하고 있는 현 상황에서 국내외 실감 미디어 서비스 분야에서 성과를 창출하는 등 위기를 기회로 극복하는 성과를 보여 주고 있다.

출처: 이티뉴스(https://www.etnews.com/20200513000116

[그림 15-5] 4D 리플레이

자료: 이티뉴스(2020.05.13.), 4D플레이 소프트뱅크에 5G 영상솔루션 공급, https://www.etnews.com/20200513000116

사례 연구 2. 스포츠용품을 주식처럼 팔아 성공한 스타트업 '스톡엑스(Stock X)'

나이키와 같은 유명 신발 브랜드의 한정판 운동화는 출시와 동시에 매진되고, 중고 정품을 구하는 것도 하늘의 별 따기이다. 미국에서는 이런 한정 판매 운동화를 구매, 판매하고자 하는 사람들의 수요를 절묘하게 포착하여 창업 3년 만에 기업 가치 1조 원의 운동화 리셀 플랫폼으로 성장한 기업 '스톡엑스(Stock X)'가 있다.

'스톡엑스'는 2018년 기준, 방문자가 월 평균 1500만 명, 월 거래 금액은 1억 달러에 달하며, 최근 새로운 유니콘 기업으로 등극한 스타트업이다. 2015년 미국 디트로이트에서 댄 길버트와 그렉 슈워츠, 조쉬 루버가 공동으로 창업하여, 중고 스포츠용품(운동화)을 사고파는 애플리케이션 서비스를 제공한다. 국내에는 중고나라와 같은 애플리케이션을 떠올릴 수 있다.

하지만 스톡엑스는 오래된 중고 제품을 판매하는 기존 중고 거래 애플리케이션들과는 달리 제품을 사자마자 이를 되파는 즉, 재판매를 위한 플랫폼의 성격이 더 강하다. 운동화만 되팔고 사는 서비스만으로 이렇게 큰 성공을 거둘 수 있었던 첫 번째 이유는 **스톡엑스는 중고 거래의 신뢰성의 문제를 해결하기 위해 자신들이 직접 물건을 검수하는 시스템을 도입했다.** 예를 들어 신발을 파는 사람과 사는 사람이 거래를 하기로 했다면, 파는 사람이 먼저 신발을 스톡엑스에 보내야 한다. 스톡엑스는 신발을 받아 이 제품이 진품인지 아닌지를 확인하고 진품이라는 검수서를 붙여 구매자에게 물건을 전달하는 구조이다. 이러한 검수 시스템을 통해 스톡엑스는 누구나 믿고 거래할 플랫폼으로 신뢰를 받으며 성장하게 되었다.

두 번째 성공 요인은 바로 마니아들을 위한 나스닥 즉, 주식 시장의 개념을 도입한 것인데, 이것은 마치 운동화를 주식처럼 취급하고 거래한다는 것을 의미한다. 애플리케이션을 켜면 운동화, 각종 액세서리 등 거래되고 있는 각종 상품과 가격을 확인할 수 있으며, 여기에 뜨는 가격은 현재 거래되고 있는 가격으로 BUY는 매수 가격, SELL은 매도 가격을 뜻한다. 마치 살 때와 팔 때 각기 다른 주식 가격이 매겨져 있는 것과 비슷한 방식을 도입한 것이다. 중요한 것은 이 금액들이 누가 제안한 가격이 아니라 주가처럼 시장에 의해 정해진 가격이라는 것이며, BUY를 선택하면 두 가지 메뉴가 나오는데, Buy Now를 누르면 현재 시장가로 그냥 사는 것이고, Place Bid는 매수 호가로 싸게 팔 사람이 있는지 요청한 후 30일 안에 팔겠다는 사람이 나타나면 거래가 성사된다.

출처: 스톡엑스 홈페이지(https://stockx.com/

[그림 15-6] 스톡엑스 홈페이지

스톡엑스는 기존 중고 거래 시장의 패러다임을 완전히 바꿔 버린 플랫폼이라 할 수 있으며, 온라인 상품을 마치 주식처럼 사고파는 행위로 바꾸어 가격 책정을 매우 투명하게 만들었고, 이제 막 산 새 제품을 다시 되파는 틈새 시장을 파고들어 인터넷 경매 시장처럼 더 재미있는 거래를 가능하게 한다.

미국 경영학자 클레이튼 크리스텐슨 교수의 '파괴적 혁신'의 개념을 잘 설명하고 있는, 매우 혁신적인 비즈니스 모델로 평가하기도 했다.

자료: CNBC Newsletters(2019.06.26.), A stock exchange for sneakers is now worth $1 billion and it just hired a former eBay exec as CEO.

사례 연구 3. 축구 분석 플랫폼 'bepro 11'

출처: bepro11 홈페이지(https://www.bepro11.com

[그림 15-7] 축구 분석 플랫폼 bepro 11

축구 경기에 출전하는 선수들을 위해 선수들의 모든 순간을 자료화하면 어떨까. 게임 '풋볼 매니저'에서는 플레이어가 직접 캐릭터의 능력치를 살피고, 최적의 대형을 구성한다. 경기가 끝난 후에는 해당 경기 결과를 토대로 어떤 캐릭터를 넣고, 어떤 캐릭터를 투입할지, 또 전술은 어떻게 바꿀지 다시 짤 수도 있다. 이렇게 플레이어가 더 나은 선택을 할 수 있도록 데이터를 축적하고 분석하고 활용하는 건 게임 속 데이터였지만, 이제는 풋볼 매니저 덕에 현실에서도 가능해졌다.

'비프로컴퍼니'는 독일에 거점을 둔 국내 스타트업으로 특수 카메라로 촬영한 영상을 기반으로 스포츠 경기 데이터를 분석한다. 현재 데이터 분석 플랫폼'비프로 애널리틱스'와 데이터 분석 서비스 '비프로11'을 제공한다. 이미 30개국 700개 팀에서

비프로11을 사용하고 있으며, 현재 분데스리가, 라리가, 잉글랜드 프리미어리그(EPL) 해외 유명 축구 구단들이 비프로11을 사용하고 있다.

'비프로11'은 경기 장면 촬영, 분석, 경기를 볼 수 있는 플랫폼 등을 모두 제공하고 있다. 기존에는 축구팀이 데이터를 분석하기 위해 적어도 2개 이상의 소프트웨어가 필요했는데, 비프로11은 다른 소프트웨어를 구입할 필요 없이 A부터 Z까지 비프로11만으로 선수들을 분석하고 관리할 수 있는 것이 가장 큰 강점이다.

비프로11에는 '3D 비디오 스티칭'과 '오브젝트 트래킹' 기술이 쓰인다. 우선 경기장에 9m 높이의 고각도 카메라 3대를 설치한 뒤 경기 영상을 촬영한다. 각각의 카메라가 촬영한 화면을 하나로 모아 주는 기술이 바로 3D 비디오 스티칭이다. 비프로컴퍼니는 이 기술을 이용해 실시간으로 영상을 합친다. 이 영상은 지연 없이 바로 합쳐지며 완벽하고 매끄럽게 플레이된다.

오브젝트 트래킹 기술은 합쳐진 화면에서 선수들을 찾아낸다. 경기장에는 선수만 있는 게 아니다. 골대도 있고 공도 있다. 인공 지능(AI)은 선수들의 등번호를 인식하고 꼬리표를 달아 움직임을 자동으로 쫓는다. 이를 토대로 영상 하단 미니맵에 선수들의 움직임을 표시한다. 이 기술로 선수들의 움직임을 쫓는 방법을 통해 누가 무엇을 했는지, 얼마나 많은 거리를 달렸는지, 얼마나 빨리 단거리 달리기를 했는지 등 물리적인 데이터를 인식할 수 있다.

비프로컴퍼니는 팀에게 영상과 함께 유효한 데이터를 전달하는데, 패스 성공률, 유효 슈팅, 드리블 돌파 등의 기록이 영상과 함께 제공되어 팀에게 경기 상황을 보다 정확하게 전달한다. 숫자만 주면 상황을 파악하기 어려울 수도 있는데, 영상이 함께 제공되기 때문에 실제 현장이 어떤 상황이었고 어떤 플레이가 펼쳐졌는지 정확하게 알 수 있다.

비프로컴퍼니는 현재까지 전 세계 700개 팀의 경기 데이터와 선수 데이터를 축적했으며, 이 아카이브를 이적 시장에 적용하는 것을 다음 사업 목표로 하고 있다. 축구를 넘어 농구, 핸드볼, 야구 등에도 서비스 진행을 계획 중이다.

출처: bepro11 홈페이지(https://www.bepro11.com)

[그림 15-8] 서울 월드컵 경기장에 설치된 비프로 카메라

자료: 와이어드코리아(2020.06.11.), 분데스리가에 진출한 한국 AI 플랫폼 비프로11

연구 문제

1. 4차 산업 혁명과 창업 간의 관계를 생각해 보시오. 글로벌 유니콘 기업 중 ICT를 통한 스포츠 산업의 창업 사례를 찾아보시오.

3. 3가지의 사례 연구 중 하나를 선택하여, 해당 사례가 [표 15-5]의 창업 아이디어 유형 중 어디에 해당한다고 생각하는지, 그리고 그렇게 생각한 이유는 무엇인지 설명하시오.

2. 3가지의 사례 연구 중 하나를 선택하여, 린 비즈니스 모델 캔버스에 적용하여 각 핵심 요소들을 제시하시오.

Chapter 16

스포츠 산업 변화에 따른 이슈와 준비 사항

본 장에서는 ICT 발전과 함께 나타날 수 있는 새로운 사회적 이슈들은 무엇인지에 대해 알아보고자 한다. ICT는 발전 속도가 빠르고 응용 분야가 방대하여 사회 전반에 큰 영향을 끼칠 것이며 향후 우리 일상생활 영역에서도 큰 파급 효과를 가져올 것이라 예상된다. 따라서 어떠한 사회적 이슈들이 발생하고 이를 해결하기 위한 사회, 정책적 방안들에 무엇이 있을지 생각해 보고자 한다.

1. 기술 발전에 따른 정보 격차 이슈

1) 정보 격차(Digital Divide)

'디지털 소외'란 디지털 사용으로 인한 격차, 배제로부터 불가피하게 초래되는 현상으로 디지털 사회에서 주변화되는 사람들, 디지털로부터 불평등을 경험하고 본인의 의사보다는 사회적 변화에 따른 강제에 의해 구조적으로 디지털 혜택을 받지 못하는 사람들을 뜻한다.

디지털 소외는 디지털 경제 시대에 '정보 접근'과 '정보 이용'이 가능한 사람과 그렇지 못한 사람 사이에 발생하는 경제적, 사회적 불균형의 측면을 강조한 개념을 뜻하기도 한다. '정보 접근'은 새로운 정보 기술에 접근할 수 있는 여건을 말하며, '정보 이용'은 정보 기술을 통해 원하는 정보를 획득하고 처리해서 새로운 부가 가치를 창출할 수 있는 환경을 의미한다. 2001년 OECD는 디지털 디바이드(Digital Divide; 정보 격차)를 '개인, 가정, 기업 및 지역들 간에 서로 상이한 사회 경제적 조건으로 인해 나타나는 정보 통신 기술(ICT)에 대한 접근 기회 및 인터넷 이용에 있어서의 격차'라고 정의했다. 같은 해 독일 연방의회는 '사회적으로 정보 통신 기술을 이용하거나 그렇지 않은(못하는) 사람들 간의 격차가 나타나는 것'으로 정의하며, 발생 이유로 개인의 능력, 교육 상태, 인프라 구조와 그에 적합한 이용 조건 등을 들었다.

과학기술정보통신부는 한국정보화진흥원과 함께 매년 '디지털 정보 격차 실태 조사'를 시행하고 있다. 2018년 조사 결과에 따르면 접근과 활용에 관해서 뚜렷한 차이점이 나타난다. 먼저 디지털 정보화 접근 수준을 살펴보면, 유무선 디지털 기기를 보유하고 있고 인터넷에 접속할 수 있는지를 알아보았을 때, 일반 국민의 접근성을 100으로 한다면 장년층과 노년층(50대 이상)의 접근 수준은 90.1%로 상당히 높은 편이었다. 이는 장년층과 노년층 역시 다른 계층과 다르지 않게 인터넷 접속을 잘할 수 있다는 뜻이다.

하지만 활용 능력에서는 이야기가 달라진다. 컴퓨터와 모바일 기기를 얼마나 이용할 수 있는지에 대하여 역량 수준을 비교해 보았을 때, 일반 국민을 100으로 볼 때 장년층과 노년층의 활용 능력은 50으로 절반 수준밖에 미치지 못한다. 구체적으로 살펴보면 스마트폰으로 무선 네트워크를 설정할 수 있는 장노년층은 51%로 전체 국민 10명 중 8명이 할 수 있다고 대답한 것과는 다소 차이가 있다. 또한 스마트폰에 필요한 애플리케이션을 설치하고 이용할 줄 아는 장노년층은 39.7%에 불과하다. 이는 한국인터넷진흥원이 매년 발표하고 있는 '인터넷 이용 실태 조사' 결과도 마찬가지이다. 조사에 따르면 전체 국민의 인터넷 쇼핑 이용률은 62.0%이다. 계층별로 살펴보면, 20대는 96.4%, 30대는 91.3%가 인터넷을 이용한 쇼핑을 한다. 그런데 이 수치는 50대로 가면 급격히 떨어져 60대는 17.5%, 70대는 11.2%만이 인터넷 쇼핑을 이용한다. 인터넷 뱅킹 이용률은 더 크게 차이가 난다. 30대의 93.3%는 인터넷 뱅킹을 이용할 수 있지만 60대는 22.9%, 70대 이상은 5.4%만이 인터넷 뱅킹을 이용한다.

이러한 통계적 수치를 참고하여 보면 장년층과 노년층이 스마트폰을 아예 다루지 못하는 것은 아니다. 대다수의 장년층, 노년층은 스마트폰과 PC로 인터넷 검색을 능숙하게 할 줄 알고, 카카오톡 메시지를 자유롭게 주고받으며, 유튜브와 같은 스트리밍 사이트에서 동영상도 찾아서 즐겨 본다. 실제로 2019년 '인터넷 이용 실태 조사'에서도 50대 이상

장노년층의 동영상 시청률은 67.9%, 카카오톡 같은 메신저 이용률은 94.8%나 된다.

그동안 '정보 격차' 문제에 관해서는 스마트폰이나 디지털 기기 접근 문제를 집중적으로 다루었지만 디지털 기술이 생활 깊숙하게 침투한 2020년 현재는 접근성만으로 정보 격차를 해소할 수 없게 되었다. 디지털 기술의 활용 능력을 두고 정보 소외 계층을 따져 보아야 할 때가 왔다. 예전에는 디지털 기술로 정보를 얻는 수준에 그쳤다면, 이제는 얻은 정보로 의사 결정을 하고, 경제적 활동 영역을 넓히고, 더 나아가서는 삶의 질을 높이는 데에도 디지털 기술이 활용되고 있다. 접근을 통해 얻은 정보를 활용할 수 있는 사람과 그렇지 못한 사람의 차이가 더욱 커지고 있는 것이다.

그동안 한국뿐만 아니라 전 세계적으로 정보 격차 문제가 감소되고 있는 것처럼 보이기도 했다. 스마트폰을 이용하여 유튜브를 시청하는 계층이 넓어지고 있으며, 메신저 프로그램을 사용하는 장년층과 노년층이 증가하였기 때문이다. 검색과 커뮤니케이션이 자유롭게 이루어지다 보니 PC가 처음 등장하였다가 모두가 사용할 수 있게 된 지금처럼 정보 격차가 자연스럽게 감소하는 듯 보였다. 하지만 디지털 기기의 활용이 자연스러운 현대에서는 디지털 기기를 소유하고 콘텐츠를 소비하는 데 그치지 않게 되었다. 디지털 플랫폼을 활용하는 능력이 정보 격차를 바라보는 새로운 시각으로 전환되고 있다. 이는 기존의 장년층과 노년층을 넘어 베이비붐 세대에서도 정보 격차가 나타남을 시사하고 있다. 베이비붐 세대 내에서도 디지털 기기 이용자의 24.7%는 로그인이 필요 없이 단순히 정보를 검색하는 데 그쳤고, 온라인 계정을 이해하는 집단은 22.8%, 인터넷 뱅킹 이용과 같은 전자 상거래가 가능한 집단은 26%에 불과했다. 정리하자면, 디지털 기기를 전화 문자와 같이 아주 기본적으로만 활용하는 장노년층이 더 많다는 이야기이다(주간조선, 2020).

현대 사회에서 디지털 기기를 얼마나 잘 활용하는지를 가늠할 수 있는 중요한 기준 중 하나는 전자 상거래 이용 가능 여부이다. 계정을 생성하고, 결제 방식을 이해하고 개인 정보를 온라인에 이관한 다음 결제까지 마쳐야 전자 상거래가 완벽하게 끝나기 때문이다. 이는 진입 장벽이 꽤 높다. 그런데 이 전자 상거래 이용 여부는 삶의 질을 바꿀 수 있다. 명절 때마다 KTX 홈페이지나 모바일 애플리케이션으로 기차표를 예매하지 못해 창구를 이용하는 노인들의 모습을 자주 목격할 수 있다. 최근에는 간단한 행정 서비스나 장노년층에게 필요한 사회 복지 서비스를 이용할 때에도 해당 행정 기관의 홈페이지나

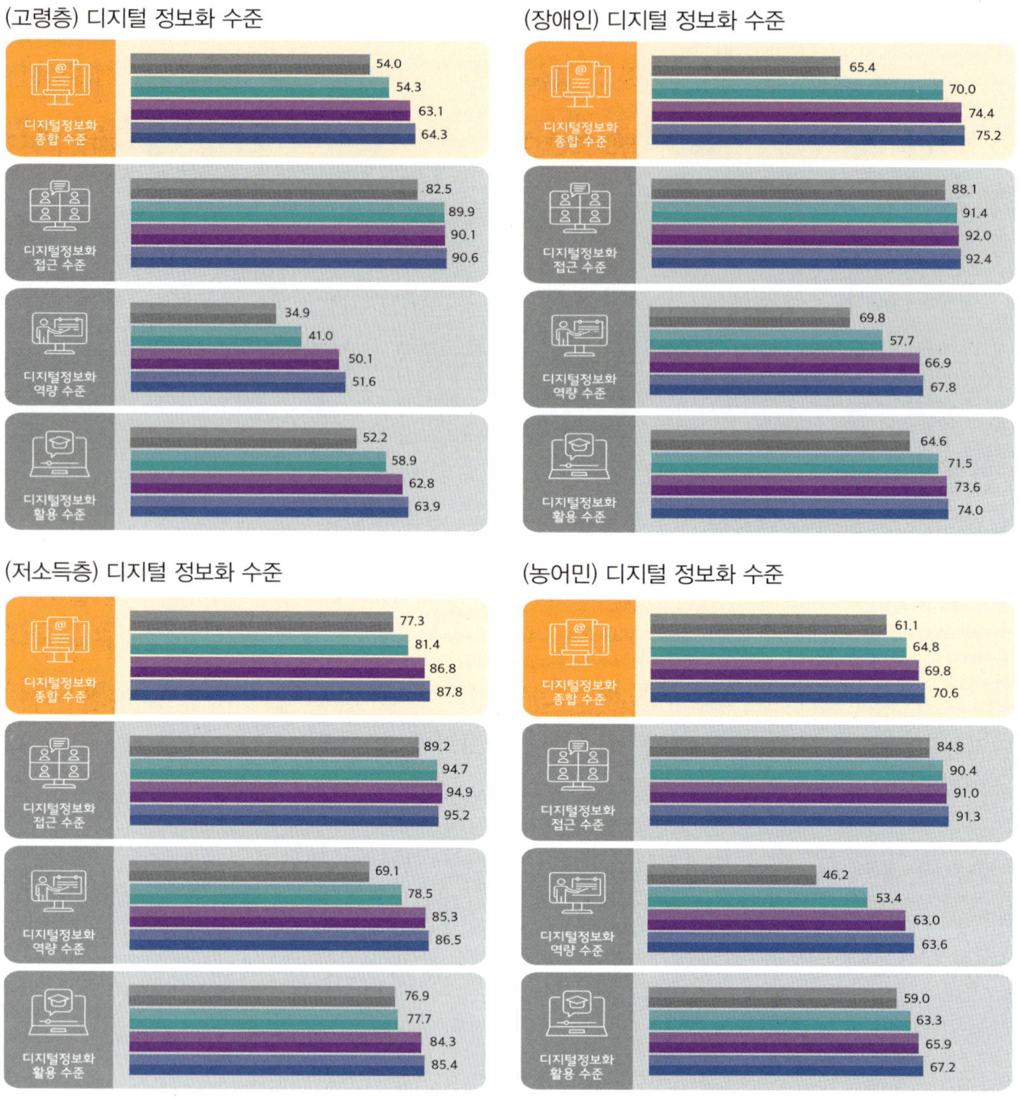

출처: 과학기술정보 통신부, 한국정보화진흥원

[그림 16-1] 2019 디지털 정보 격차 실태 조사

애플리케이션을 통해서 정보를 얻고 서비스를 신청해야 할 때가 많다. 복지 서비스를 신청하려고 해도 사전 정보는 대부분 온라인을 통해서 얻을 수 있다. 이처럼 정보 격차의 문제는 단순히 정보에 접근이 가능한가 아닌가의 문제를 떠나, 전보다 더 편하게 삶을 살 수 있는가, 주어진 권리를 충분히 누리고 살 수 있는가의 문제로 이어지고 있다.

이러한 정보 격차, 디지털 불평등에 관한 문제는 비단 우리나라에만 한정된 것은 아니다. 디지털 불평등은 미디어 연구와 비판적 문화 연구 커뮤니케이션 학자들에게 오랫동안 관심의 대상이었다. 디지털 격차로 이해되는 디지털 불평등 개념은 20년 전, 미국의 인터넷 접근 불균형에 대한 보고서에서 처음으로 제기되었다.

이러한 형태의 불평등은 접근, 소비 및 생산, 기술 및 효율성 측면에서 '차이'로 표현된다. 디지털 불평등은 또한 다른 형태의 불평등을 만들며 기존의 중요한 인종 범주, 계층 및 성별과 관련하여 논의되었다. 디지털 격차는 공식적인 공공 정책 개입 없이 문제가 해결될 것이라는 주장에도 불구하고 선진국과 개발도상국의 차이와 함께 글로벌 이슈로 커지고 있다. 분열의 차원에 상관없이 디지털 불평등은 문화 전반에 걸쳐 다양한 사람들의 삶의 기회를 형성할 가능성이 있다.

물론, 기존의 디지털 격차도 여전히 전 세계 곳곳에서 발견될 수 있다. 그러나 일부 학자들은 최근 빅 데이터와 디지털 격차의 새로운 표현과의 관계에 관심을 돌리고 있다. 빅 데이터와 디지털 분할 관계를 고려하기 전에 빅 데이터에 대한 여러 학자들의 정의를 살펴보면 다음과 같다.

Boyd와 Crawford(2012)는 기술, 분석 및 신화의 세 가지 현상의 교차점에서 빅 데이터를 정의한다. 첫째, 기술 측면에서 빅 데이터는 최대 컴퓨터 전원 메커니즘과 이러한 머신에 명령을 제공하는 알고리즘을 통해 대용량 데이터 세트를 활용 및 연결한다. 컴퓨팅 형태와, 정보를 디지털로 저장할 수 있는 용량의 증가로 빅 데이터가 가능해졌다. 예전에는 데이터 수집 작업과 데이터 수집 프로세스 작업이 오래 걸렸지만, 지금은 그렇지 않다. 아울러 이러한 프로세스를 통해 생성, 수집될 수 있는 데이터의 양이 어마어마해졌다. 또한 이전의 역사적 상황에서는 상상할 수 없었던 방식으로 추적되는 객체의 실시간 모니터링 기능이 새로워졌다. 특히, 빅 데이터와 관련하여 새로운 기능의 추가 및 확장은 실시간 모니터링을 통해 수집된 데이터가 다른 데이터베이스의 데이터와 상관될 수 있다는 사실과 관련이 있다. 데이터는 수집되어 빅 데이터 네트워크의 다른 데이터베이스에 연결된다. 빅 데이터는 많은 정보를 수집하고 처리할 수 있는 기술 없이는 존재할 수 없고 기능할 수 없다.

둘째, 분석 수준에서 빅 데이터를 사용하면 대규모 데이터 집합 내에서 패턴을 찾아서 경제적, 사회적, 기술적 그리고 법적 주장을 수행할 수 있다. 데이터가 수집되고, 이전에 집계된 데이터와 상관될 때 알고리즘은 이러한 연결을 분석하여 잠재적인 연결을 찾는다. 그런 다음 빅 데이터를 사용하면 '언제 어디서나 대규모, 여러 다른 종류들로 이루어진 멀티 스케일 데이터에 대한 심층적이고 동적인 분석'이 가능해진다. 이러한 분석 기반 연결은 인식할 수 없는 문제에 대한 주장의 근거가 된다. 그 후 빅 데이터는 세상에서 새로운 결정을 내리거나 결정하는 방법을 바꿀 수 있다.

많은 학자들이 빅 데이터의 새로운 종류의 디지털 격차 표현에 대해 이야기하고 있다. 빅 데이터 분야에서 구분은 데이터 수집, 수단에 대한 접근 권한이 있는 사용자와 그렇지 않은 사용자를 분리한다. 또한 독점 데이터에 접근할 수 있는 사람들과 그렇지 않은 사람들로 분리된다. 디지털 분배는 내부자 또는 자본이 있는 사람들에게 빅 데이터에 접근할 권한을 부여한다. 이러한 구분으로 인해 독점 데이터를 기반으로 한 분쟁에 완전히 직면하는 일이 불가능하지는 않지만, 분쟁 상황에 도전하는 것 또한 매우 어렵다. 어느 것이 접근할 수 없는지 또는 어느 것에 무지한지 직접적으로 질문할 수 없기 때문이다.

[표 16-1] 디지털 디바이드(정보 격차)의 정의

유형	정의
일반적 정의	디지털 미디어(기기, 서비스)에 접근하여 사용하는 사람과 그렇지 않은 사람의 구별
세부적 개념	누가 · 개인 vs. 조직 · 커뮤니티 vs. 사회 / 국가 / 지역
	특징 · 개인; 소득, 교육, 연령, 성별 · 조직; 공공 또는 민간 소유, 규모, 부문 · 국가; 도시 또는 농촌 선진국 또는 개발도상국
	어떻게 · 접근 · 기술 · 사용
	어떤 유형의 기술을(컴퓨터, 인터넷, 전화, 디지털 TV)?
과정	디지털 미디어에 적응하는 데 나타나는 4단계 접근 및 사용 과정 · 동기 부여 · 신체적 접근 · 디지털 기술 · 사용

출처: Hilvert, 2011a; van Dijk, 2020 재인용

2) 스포츠 산업과 정보 격차

스포츠 문화의 중요성이 커지고는 있지만, 아직 스포츠와 디지털 정보 격차의 연결이 의미하는 바에 대한 탐구는 많이 진행되지 않았다. Baerg(2017)는 빅 데이터와 축구의 관계 및 스포츠를 일종의 '신자유주의'적이라고 주장하였다. 통계는 스포츠 분야에서 생각보다 훨씬 긴 역사를 가지고 있지만, Baerg는 빅 데이터가 제공하는 측정 범위와 양이 기존의 측정 시스템과 사회적 수행 방식에 미칠 수 있는 구성적이고 생산적인 힘을 강화한다고 주장하였다.

운동 선수 개인에 대한 스포츠에서의 디지털 격차의 중심에는 집중적인 정량화를 통한 운동과 모니터링 접근에 있다. 물론 이러한 유형의 훈련은 분명 새로운 것이 아니다. 그러나 이러한 측정 훈련은 확실히 현대의 프로 스포츠에서 핵심이며, 그 시작은 스포츠가 탄생한 때로 거슬러 올라갈 수 있다. 다른 형태의 빅 데이터 실습과 마찬가지로 빅 데이터를 활용한 프로 스포츠의 새로운 점은 데이터 수집 속도 및 양에 관한 것이다. 예전과 비교하면 경기장 안팎에서 선수에 대한 압도적인 양의 데이터가 수집되고 있다. 그리고 데이터 수집에 있어서 가장 두드러진 두 가지 데이터 수집 방식은 선수가 착용할 수 있는 웨어러블 센서 장치와 경기장에 정교하게 설치된 고정식 카메라의 추적 시스템이다.

스포츠에서는 많은 통계가 공개되는데, Sport VU 및 STAT Sports와 같은 빅 데이터 회사에서 제공하는 일부 통계도 공개되고는 한다. 일반적으로 스포츠에서의 통계 자료들은 빅 데이터 알고리즘으로 생성된 독점 통계에 대한 기대치를 형성한다. 이 수치는 쉽게 구할 수 있는 것처럼 보이지만 대부분은 일반인과 운동선수가 구분된다. 중요한 점은 숫자를 생성하는 알고리즘에 운동선수가 접근할 수 없다는 것이다. 일부 운동선수는 실제로 독점 알고리즘에 접근하여 디지털 격차를 극복할 수 있는 경제적인 자원을 가지고 있을 수 있지만, 그렇지 못한 선수들도 존재한다. 또 다른 문제는 본인의 데이터 혹은 다른 선수의 데이터를 제공받더라도 데이터로 무엇을 해야 할지 모른다는 인식론적 빈곤에 처할 수 있다는 점이다. 선수들이 디지털 격차를 극복하고 데이터를 기반으로 훈련 조건을 어느 정도 통제할 수 있을지, 아니면 21세기 프로 스포츠에 참여하기 위해 기업의 통제된 모니터링이 꼭 필요한 조건인가에 대해 한번 생각해 볼 시점이다.

Hutchins(2016)는 주로 데이터 세트의 통계가 자본이 포함되는 방식과, 빅 데이터와 스포츠의 관계가 자본에 대한 접근 권한이 있는 스포츠와 빅 데이터에 대한 접근이 없는 스포츠 간의 지속적인 불평등이 어떻게 차이가 나는지에 대하여 설명했다. 요지는 가장 큰 금융 경제적 영향력을 가진 스포츠 기관은 훨씬 더 작은 기관이 꿈을 꿀 수 없는 방식으로 빅 데이터를 소유할 수 있다는 것이다. 이처럼, Hutchins는 관련 기관 수준에서 빅 데이터 스포츠 디지털 격차가 존재한다고 주장한다. 그러나 디지털 격차에 대한 이 새로운 방식은 보다 미세한 수준의 스포츠 조직과 운동선수의 관계, 그리고 심지어 운동선수들 사이에서도 나타나기 시작했다.

스포츠 산업에서의 정보 소외는 프로 스포츠에만 한정되지는 않다. 일상생활에서의 디지털 정보 격차에서 더 나아가 일과 생활의 균형 상태(Work-Life Balance)에 대한 관심이 증가하면서 여가 향유와 삶의 질 향상에 대한 관심이 증가함에도 불구하고, 디지털을 활용한 여가 생활에 있어 디지털 소외 계층에 대한 격차 또한 증가하고 있다. 이는 스포츠와 여가 참여 부분에서도 두드러지게 나타나고 있다. 예를 들어, 서울시 체육 시설 시민 회관 운동 프로그램에 참가하려면 온라인 예약이 필수이며, 스포츠 관람과 각종 공연 문화재 관람도 온라인 위주의 우선 예매가 필수이다. 황현정, 황용석(2017)의 「노인 집단 내 정보 격차와 그에 따른 삶의 만족도 연구」에 따르면 독거노인, 부부 노인 가구가 3세대가 함께 사는 노인들보다 디지털 접근성과 역량, 활용성은 물론 삶의 만족도까지 떨어졌다.

이러한 결과는 정보 소외 계층 중 하나인 노년층의 관람 문화 외에 스포츠 참여 여가 활동에 있어서도 예외가 아니다. 간단하게 테니스, 배드민턴, 배구 등 체육 시설 대관이 온라인 예약 시스템으로 개편되면서 노인들이 스포츠 분야에서의 디지털 소외를 호소하고 있다. 서울시 '공공 서비스 예약시스템' 현황에 따르면 2018년 9월 중 서울시가 관리하는 8개 테니스장 대관 이용자의 45%는 40~59세, 43%는 40세 미만이다. 하지만 60세 이상은 12%에 불과하다. 국내 1만 테니스 인구 중 60대 이상이 30% 수준인 걸 감안하면, 노인들의 이용율이 현저히 떨어진다는 것을 알 수 있다. 배드민턴 역시 60세 이상 시설 이용자 비율은 14%로 40~59세(77%)에 비해 매우 낮다(한국일보, 2018).

이처럼 관심이 없으면 새로운 문물을 활용하지 못하는 디지털 디바이드(Digital

Divide; 경제적, 사회적 여건 차에 의해 발생하는 정보 격차)의 피해자가 될 수 있다. 이러한 점에서 정보 통신 관련 분야는 전공 및 직업, 나이, 학력과 무관하게 늘 관심을 갖고 대비해야 한다. 하지만 점점 고도화되어 가고 있는 디지털 환경의 변화와 함께 사회 관계를 형성하는 방식이 더욱 복잡화, 전문화되면서 새로운 사회 관계의 형성 방식에 적응하기 힘들어 하는 계층의 소외가 더 심화되고 있다.

2. 기술 접목에 따른 윤리적 이슈

1) 데이터 활용과 프라이버시

(1) 연결된 세상의 프라이버시 패러독스(Priavacy Paradox)

오늘날 우리는 언제 어디서든 인터넷에 접속하여 원하는 정보를 얻고, 모든 사물이 연결되어 최적화된 환경을 제공하는 '연결된 세상'에 살고 있다. 연결된 세상은 사용자에게 편리함을 제공하지만, 인터넷과 기술에 대한 의존도가 높아질수록 어디서 무엇을 했는지, 어떠한 물건을 소비했는지 등, 개인의 일상이 더욱 자세히 기록된다. 개인의 취향을 분석하여 맞춤형 서비스와 정보를 제공하는 인공 지능(AI) 기반 서비스들은 결국 사용자에 대한 데이터를 가능한 한 많이 수집하고 결합하여 분석할 때, 더욱 수준 높은 서비스를 제공할 수 있게 된다. 즉, 네트워크 기술의 발전과 초연결 사회에서 발생하는 다양한 영역의 빅 데이터와 컴퓨팅 기술이 구현되며, AI 기술은 산업 변화에 대응하고 새로운 비즈니스 가치를 창출할 핵심 기술로 더욱 주목받고 있다. 구글, 아마존 등 주요 글로벌 기업을 비롯하여 국내 플랫폼 사업자들도 인공 지능 투자를 확대하고 AI 서비스 개발과 상용화에 힘쓰고 있다. 최근 가장 주목받는 대표적인 AI 서비스는 AI 스피커, 스마트 스피커이다. 시장 조사 기관 '스트래티지 애널리틱스'에 따르면 AI 스피커는 2019년, 전 세계적으로 1억 4690만 대 이상 판매되어 전년 대비 70% 증가하는 등, 대표적인 AI 서비스 시장으로 성장하고 있다(김성훈, 2020).

AI 스피커는 집, 사무실, 학교, 병원 등 모든 공간에 설치할 수 있고, 버튼을 누르거나 별도의 기기 조작 없이 음성으로 명령을 내릴 수 있다는 점에서 잠재적 수요가 매우 크다(곽노필, 2019). 현재는 음악 재생, 온라인 검색, TV 연동 등을 중심으로 서비스를 제공하는 수준이지만, 향후 연결 가능한 기기와 앱의 영역은 지속적으로 확대될 것이다.

이러한 인공 지능 서비스는 일상생활에 편리함을 제공하지만, 24시간 수집되는 개인에 관한 정보 관리와 데이터 유출에 대한 위험, 프라이버시 침해에 대한 이슈가 제기되고 있다. 예를 들어, AI 스피커의 경우 사용자의 명령어를 받으면 작동할 수 있도록 상시 대기하고 있는 구조로 사용자들의 일상생활이 늘 기록되고 보관되어, 민감한 개인의 프라이버시 영역이 침해될 가능성이 크다. 또한, AI 스피커가 TV, 냉장고를 비롯한 다양한 단말기와 연결된다면 개인의 사생활과 관련된 더욱 다양한 정보를 수집하게 되고, 개인 정보 유출과 프라이버시 침해 가능성은 커질 수밖에 없다.

최근의 AI 서비스에 대한 논의는 다양한 플랫폼에서 수집된 사용자 데이터를 분석하여 개인 맞춤형 서비스를 제공한다는 사용자 가치와, 새로운 유형의 비즈니스가 가능하다는 산업적 가치에 집중하고 있다. 하지만 개인화된 서비스를 제공하는 만큼 사용자의 프라이버시를 침해 할 수 있다는 양면성을 가지고 있다. 향후 자동차, 집 등 일상 공간 전체가 연결되는 AI 플랫폼 서비스로 진화한다는 점에서 더욱 민감하고 중요한 개인 정보 유출과 사생활 침해 가능성이 예상된다. 맞춤형 서비스, 인공 지능 기술의 도입이 확대될수록 프라이버시 침해 가능성은 커진다는 것을 사용자는 인식하고 있지만, 서비스 이용을 위해서는 어쩔 수 없이 그 위험을 감수하게 된다. 이러한 현상과 행동을 '프라이버시 패러독스'라고 한다.

- **프라이버시 패러독스:** '프라이버시 패러독스' 혹은 '프라이버시 역설'은 사용자가 자신의 개인 정보 유출에 대해 우려하고 있지만 그렇지 않은 것처럼 행동하는 현상으로, 개인의 프라이버시에 대한 태도와 행동 사이의 괴리를 의미함.

일반적으로 사람들은 프라이버시를 중요하게 여기지만 실제 행동에서는 현금, 즉각적인 만족이나 쾌락처럼 눈앞에 있는 혜택에 대한 인식이 이성적인 판단보다 강하게 나타난다(손상영, 2013). 프라이버시의 중요성을 인식하지만, 실제 행동은 눈앞의 이득을 위해 프라이버시와 개인 정보 보호를 위한 행동은 하지 않는 경향을 프라이버시 패러독스라 칭한다. 다수의 프라이버시 연구에서도 개인의 개인 정보, 프라이버시에 대한 태도와 인식이 실제 행동과 다르게 나타나는 것을 확인하였다. 개인의 프라이버시에 대한 역설적 행동은 우리 사회의 기술 의존도가 심화될수록 빈번하게 나타나게 된다. 예를 들어, 스마트폰에 필요한 애플리케이션을 설치하는 순간에도 스마트폰에 저장된 전화번호부, 통화 기록, 사진첩, 위치 정보 등 다양한 정보에 대한 접근 권한을 요청한다. 서비스 이용과 관련 없는, 너무 많은 정보에 대한 접근 권한을 요청하는 것 같아 신경이 쓰이지만 원하는 애플리케이션을 사용하기 위해서 어쩔 수 없이 동의하거나, 어느 순간 이러한 정보 제공에 익숙해져 무의식적으로 서비스 이용 과정에서 정보 제공에 동의하고 있다.

2018년 행정안전부에서 만 12~69세 국민 2,500명을 대상으로 진행한 정보 보호 실태조사 결과에 따르면 정보 주체의 85.9%가 개인 정보 보호가 중요하다고 인식한다고 응답하였다. 그러나 개인 정보 제공 동의서를 확인하는지에 대한 설문 결과는 약 70%가 확인하지 않는다고 답하였다. 제공 동의서를 확인하지 않는 이유로는 귀찮고 번거로우며, 서비스를 이용하기 위해 확인하지 않는다고 응답하였다. 실제로 애플리케이션 사용자들이 무심코 제공한 데이터가 서비스 사업자에 의해 정부가 운영하는 데이터 장터에 매물로 등장해 이슈가 된 사건이 있다.

매달 수만 명의 청소년이 이용하는 고민 상담 앱의 이용자들에 대한 정보가 작성자의 출생 연도를 비롯하여 성별, 위치, 고민 내용 등을 포함하여 정부의 데이터 장터에 매물로 올라왔던 것이다(임현우, 2019). 해당 애플리케이션의 이용 약관에는 이용자들이 작성한 글이 통계 데이터로 판매될 수 있다는 점이 고지되어 있었다. 실제 판매는 이루어지지 않았다는 업체의 해명과 이용 약관의 수정으로 서비스는 다시 운영되고 있지만, 무심코 넘긴 이용 약관이 어떻게 이용될 수 있는가를 보여 준 사례이다. 만약 스마트폰이 아닌 사물 인터넷 환경에서 연결된 다양한 기기에서 생성되는 데이터 제공이 이루어진다고 생각해 보자. 이런 경우, 개인에 대한 정보뿐 아니라, 모든 공간에서 개인과 주변인, 주변 환경에 대한 데이터가 수집되어 제3자에게 판매될 수 있으며, 지금과는 비교할 수 없는 수준의 프라이버시 침해가 발생할 수 있다.

(단위 : %)

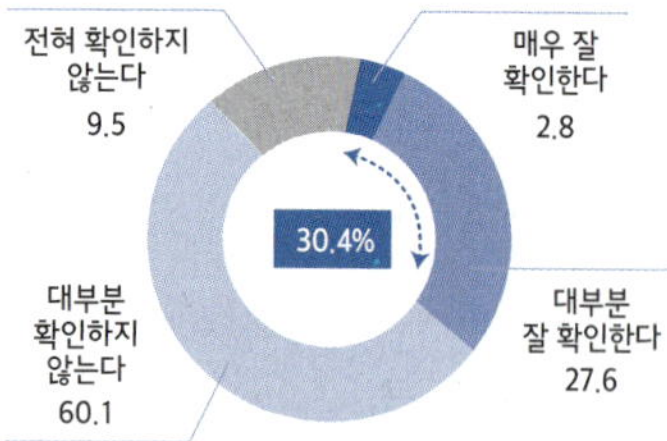

구분		(1) 전혀 확인하지 않는다	(2) 대부분 확인하지 않는다	(3) 대부분 잘 확인한다	(4) 매우 잘 확인한다	(1)+(2) 확인 하지 않음	(3)+(4) 확인함
전체		9.5	60.1	27.6	2.8	69.6	30.4
성별	남성	8.9	57.2	30.7	3.2	66.1	33.9
	여성	10.1	63.3	24.3	2.4	73.4	26.7
연령	20대	10.7	61.4	24.4	3.5	72.1	27.9
	30대	9.8	57.8	30.1	2.2	67.6	32.3
	40대	6.9	62.8	28.0	2.3	69.7	30.3
	50대	10.3	58.4	28.6	2.7	68.7	31.3
	60대	10.0	60.3	26.3	3.4	70.3	29.7

[그림 16-2] 개인 정보 제공 동의서 확인

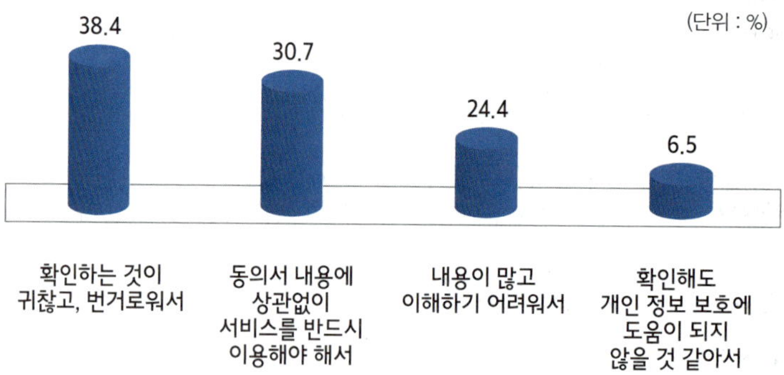

출처: 행정안전부, 2018 개인 정보 보호 실태 조사

[그림 16-3] 개인 정보 제공 시 동의서 내용 미확인 이유

빅 데이터 환경에서 이러한 프라이버시와 프라이버시 역설이 더욱 주목받는 이유는 데이터가 수집되는 원천(기기)이 다양화되고, 이러한 데이터가 결합되어 분석됨으로써 새로운 가치를 창출하려는 기업과 정부의 요구가 증가하고 있기 때문이다(김선경, 2014). 최근의 빅 데이터 활용에 대한 논의는 개인화 서비스, 맞춤형 서비스, AI 기반 비즈니스 모델 발굴 등과 같은, 빅 데이터를 통한 부가 가치 창출과 경쟁력 확보에 초점이 맞추어져 있다.

개인화 서비스는 개인의 선호와 취향, 행태, 지리적 위치에 맞추어 콘텐츠나 서비스를 제공하는 것을 의미하는데(김선경, 2014), 이러한 서비스를 제공하기 위해서 기업은 사용자에게 더욱 많은 정보 제공과 수집에 대한 동의를 요구한다. 이러한 기술 · 사회적 환경에서 최근의 사용자들은 온라인상에서 다양한 서비스를 이용하며 더욱 적극적으로 활동하는 경향을 보인다. 더 나아가 보상이 제시되는 경우 민감한 개인 정보를 흔쾌히 제공하는 경우도 있다. 프라이버시에 대한 행동과 태도는 개인의 성향과 특징에 따라 다양하게 나타나지만, 소셜 미디어와 디지털 환경에 익숙한 디지털 네이티브 세대는 개인 정보의 공개와 일상을 공유하는 것에 더 익숙한 경향을 보인다.

이처럼 개인의 프라이버시 역설이 다양하게 나타날수록 정부는 국민의 개인 정보 보호를 위한 정책과 규제 마련에 어려움을 겪게 된다. 이에 데이터가 갖는 가치가 중요해진 최근의 환경에서 개인이 생성한 데이터에 관한 결정 권한을 강화하는 '정보의 자기 통제권'에 대한 논의가 더욱 활발히 이루어지고 있다. 그러나 이용자들이 권한을 강화해 주는 정책이 개인이 외부에 데이터를 더욱 쉽게 제공하게 되는 역설적인 상황을 초래할 수도 있다. 따라서 빅 데이터 활용이 활성화되고 AI 기술의 접목이 확대될수록 기업과 정부는 빅 데이터를 통한 가치 창출에 대한 전략뿐만 아니라 프라이버시에 대한 이용자들의 이해를 높이고, 데이터를 안전하게 활용할 수 있는 방안 마련에 대한 고민이 필요하다.

(2) 프라이버시의 이해

전통적으로 프라이버시는 1890년 사무엘 워렌((Samuel Warren)과 루이스 브랜다이스(Louis Brandeis)가 제시한 '혼자 있을 수 있는 권리(a right to be let alone)'로 정의한다. 웨스틴(Westin, 1967)은 개인의 사적 정보가 타인에게 노출되는 것을 방지할 수 있는 권리를 프라이버시로 정의하였다. 그러나 변화한 기술 환경에서 프라이버시의 범위와 의미는 더욱 확대되고 있지만, 아직 프라이버시에 대한 통일된 정의는 없는 상황이다. 최근에 몇몇 학자들이 프라이버시 개념을 '개인이 자유로울 수 있는 공간, 나아가 등딱지, 껍질, 우산 또는 그 밖에 다른 어떠한 은유적 표현이든 그 공간을 침입으로부터 보호하는 것'으로 설명한 바 있다(Joe O'Callaghan & Melissa Hyesun Yoon, 2018). 대한민국 「헌법」 17조에서는 프라이버시를 '모든 국민은 사생활의 비밀과 자유를 침해 받지 아니한다'고 정의한다.

프라이버시에 대한 논의는 기술 발전과 함께 온라인 환경, 디지털 환경, 빅 데이터 환경 등에서 정보(데이터) 프라이버시, 접근 프라이버시 등으로 다양하게 논의되고 있다. 드큐(DeCew,1997)는 프라이버시를 정보적 프라이버시(informational privacy), 접근 프라이버시(accessibility privacy), 그리고 표현적 프라이버시(expressive privacy)로 분류하였다. 정보 프라이버시는 특히 자신의 정보에 관한 통제력을 의미하고, 접근 프라이버시는 관찰과 물리적 근접성을 의미한다(심재웅 외, 2009). 온라인 기반의 디지털 활동을 통해 개인의 데이터가 다양하게 기록되고 제공되는 요즈음, 정보 프라이버시가 더욱 중요해지고 있다.

- **정보 프라이버시:** 데이터 프라이버시로 불리기도 하며, 데이터의 수집(collection) 및 배포(dissemination, or publishing), 기술(technology), 프라이버시에 대한 대중의 기대(the public expectation of privacy), 데이터를 둘러싼 법적, 정치적 이슈들(the legal and political issues) 간의 관계를 의미(위키피디아)

데이터 프라이버시 보호는 개인의 프라이버시와 개인 식별 가능 정보를 보호하면서 데이터를 사용해야 하므로 어려운 문제이다. 데이터 프라이버시에 포함되는 개인 정보에 대한 개념과 범위가 계속해서 변하고 있다. 아울러 AI의 등장은 다양한 개인, 기관, 사회에 광범위하고 실질적인 편익을 제공하지만, 동시에 AI와 개인 정보 보호 간의 갈등과 같은 문제를 야기하였다(Fred H. Cate et al, 2018). 서비스 제공 과정에 개인 정보가 포함되면 개인정보보호법이 적용됐지만, 다양한 데이터가 분석되고 추론되는 AI 환경에서는 무엇이 개인적인 것인지 아닌지가 모호한 상황이 초래된 것이다. 유럽연합(European Union, 이하 EU)의 일반 데이터 보호 규정(General Data Protection Regulation, 이하 GDPR)에서는 개인 정보의 정의를 '개인과 관련한 모든 정보'로 광범위하게 개정하였다. 우리나라의 개인 정보에 대한 정의는 규정하고 있는 법률에 따라 다소 차이가 있으나 개인을 식별할 수 있는 정보로 정의한다.

- **EU(European Union) 개인 정보 정의:** 개인 정보란 식별되었거나, 또는 식별 가능한 자연인(정보 주체)에 관련된 모든 정보를 의미. '식별 가능한 자연인'은 직접적 또는 간접적으로 식별될 수 있는 사람을 의미하며 특히, 이름, 식별 번호, 위치 정보, 온라인 식별자(online identifier) 등의 식별자를 참조하거나, 하나 또는 그 이상의 신체적 · 생리적 · 유전적 · 정신적 · 경제적 · 문화적 또는 사회적 정체성에 대한 사항들을 참조하여 식별할 수 있는 사람을 뜻함.
- **한국 개인 정보 정의:** 「정보 통신망 이용 촉진 및 정보 보호 등에 관한 법률」 제2조에 의하여 개인 정보는 '생존하는 개인에 관한 정보로서 당해 정보에 포함되어 있는 성명, 주민등록번호 등에 의하여 당해 개인을 알아볼 수 있는 부호, 문자, 음성, 음향 및 영상 등의 정보'로 규정

GDPR의 개인 정보 정의는 위치 정보나 온라인 식별자와 같은 정보를 개인 정보의 정의에 포함하는 등, 기존보다 범주가 광범위해졌다. 실제로 온라인 기반 디지털 활동은 기본적으로 개인에 대한 로그 기록 정보를 수집하며, 개인은 본인의 정보에 대한 통제권을 잃었을 때 프라이버시 침해 위험을 인식하게 된다(김시정, 2019). 스마트폰과 일상을 보내는 현대인의 정보는 더욱 광범위하게 기록되고 있으며, 과거에 비(非)개인 정보로 여겨지던 정보가 이제는 개인 정보가 될 잠재력을 갖게 되었다. 특히, AI 환경에서 생성되는 데이터는 기존의 데이터와 특성이 다르다(Joe O'Callaghan & Melissa Hyesun Yoon, 2018). AI 환경에서 개인에 관하여 얻을 수 있는 데이터를 크게 네 가지 유형으로 분류해 볼 수 있는데, '제공된 데이터', '관찰된 데이터', '파생된 데이터', '추론된 데이터'가 그것이다(Abrahams, M).

- **제공된 데이터, 관찰된 데이터:** 각각 개인이 제공한 데이터, 개인을 관찰하여 획득한 데이터를 의미
- **파생된 데이터:** 다른 데이터에 '기계적 방식'을 적용하여 도출한 개인 정보(예: 방문

자의 1회 평균 소비 비용)

- **추론된 데이터:** '확률에 기반한 분석 프로세스'에 의해 생성된 데이터, AI에 의해 생성된 분석적이며 대개 확률적인 성질을 가지는 통찰적 정보를 의미

AI 서비스를 통해 수집된 데이터들은 데이터의 결합과 분석을 통해 개인에 관한 추론적 데이터로 생성 가능하다. 예를 들어, 개인의 건강, 재정 상태, 정치적 성향 등에 관한 예측이 포함될 수 있다. 정보를 이용하고자 하는 사업자와 규제 당국인 정부는 이제 특정 정보가 규제 대상인지 여부를 판단하기 어려운 상황에 직면하게 되었다.

전 세계적으로 많은 국가와 기업들이 현재의 규제나 제도들이 변화한 기술 환경에서도 유효한지에 대한 검토와 데이터 프라이버시 규제에 대한 지침을 개선하고 있다. AI 환경에서 야기되는 문제들을 방지하고, 개인의 정보와 프라이버시를 보호하기 위한 규제안을 마련하고 있는데, EU의 GDPR이 대표적인 예이다.

- **일반 데이터 보호 규칙(General Data Protection Regulation, GDPR):** 유럽연합에 속해 있거나 유럽경제지역(EEA)에 속해 있는 모든 인구의 사생활 보호와 개인 정보를 보호해 주는 규제로, 이 법은 유럽연합과 유럽경제지역 이외 지역의 개인 정보 침해에도 또한 적용할 수 있음.
- **GDPR의 목표:** 개인 정보를 자유롭게 쓸 수 있게 하며 유럽 내 보안 관련 제도들을 통합시킴으로써 규제력이 짙은 국제 비즈니스 환경을 단순화하고, 이 규제는 유럽경제지역 내 개인 정보와 관련한 사건들을 처리한다. 또한, 그 기업의 위치나 정보주체의 시민 의식과는 상관없이 유럽경제지역 내 설립된 기업 또는 경제 지역 내 정보 주체의 개인 정보 처리에 적용

유럽연합 전체에 효력을 발휘하는 GDPR은 유럽연합 내 개인의 프라이버시를 보호하기 위한 강력한 규제 장치로 기업, 조직의 개인 정보 관리와 데이터 관리에 대한 강력한 지침을 제시하고 있다. GDPR에는 데이터 유출에 대한 과징금, 법적 제재의 내용이 포함되어 있다. 또한, 개인에 대한 정보 수집 시 반드시 본인에게 고지하는데, 정보 처리의

합법적인 목적, 정보의 안전한 관리를 포함한다. 유럽연합 외부에서 수집된 정보를 다루는 기업에도 똑같은 규제를 적용한다는 점에서 글로벌 기업들은 고객의 프라이버시와 개인 정보를 보호하기 위한 안전한 데이터 관리 방안을 마련해야 한다.

이처럼 프라이버시에 대한 개념과 논의는 기술 환경의 진화에 따른 개인을 둘러싼 다양한 공간, 정보에 대한 접근과 보호에 대한 넓은 의미에서 이루어지고 있다. 따라서 새로운 서비스 환경에 대한 이해를 토대로 개인 정보 및 프라이버시 보호를 위한 규제, 사업자의 서비스 모델의 개발이 새롭게 모색되어야 할 것이다.

2) AI 서비스 환경의 프라이버시

(1) AI 환경의 데이터와 프라이버시

AI 기술을 기반으로 한 서비스가 제공되기 위해서는 대량의 데이터가 필요하다. 더욱 다양한 데이터를 결합하여 분석할수록, 수준 높은 개인 맞춤형 서비스를 제공할 수 있게 된다. 이러한 특징 때문에 AI 환경에서는 프라이버시 문제가 더 커질 수 있다(Alyssa Provazza, 2017). 과거에는 개인 식별 가능한 데이터 유출에 대한 위험이 크게 부각되었지만, AI 서비스 환경에서는 데이터가 수집되는 과정, 분석 결과에 따라 최종 서비스 이용자인 개인의 프라이버시를 침해할 위험이 나타날 수 있다.

개인이 사용하는 컴퓨터, 스마트폰의 다양한 애플리케이션을 통해 데이터는 자동으로 수집되고, AI 기반 알고리즘을 통해 분석되어 사용자 맞춤형 서비스가 제공된다. 서비스 제공을 위하여 자동으로 수집하고 저장되어 분석되는 데이터들은 서비스 제공자들에 의해 관리되는데, 이러한 과정에 개인 정보 혹은 프라이버시와 관련된 데이터가 유출되거나 서비스 관리자에게 노출될 수 있다는 데이터 프라이버시 이슈가 부상하고 있다.

AI 서비스 제공을 위하여 다양한 연결 기기로부터 실시간 수집되는 데이터들은 개인의 위치 정보, 주변 상황 정보를 비롯하여 건강 관리를 위해 사용하는 헬스 웨어러블 기기로부터 수집되는 신체 정보, 건강 정보까지 포함한다. 이들 정보 자체는 과거에 논의되던 개인을 식별할 수 있는 개인 정보가 아닐 수는 있지만, 개인의 가입 정보

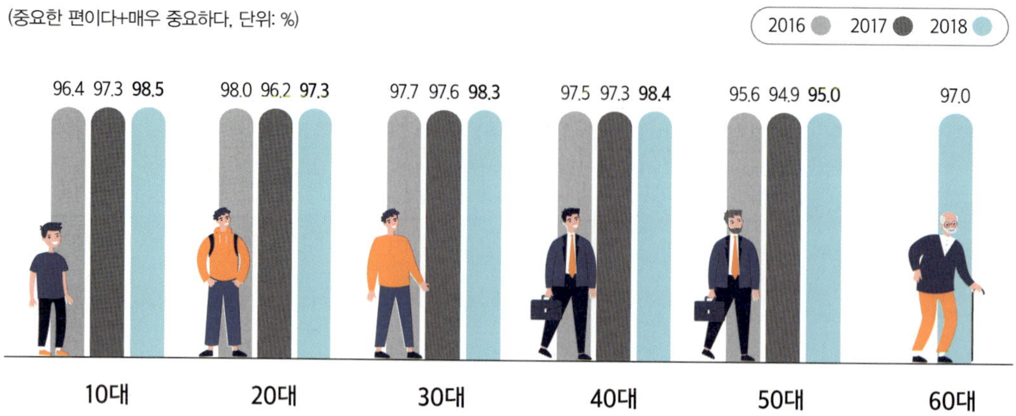

출처: 한국인터넷진흥원, 2018 정보보호 실태조사 – 개인 부문

[그림 16-4] 연령별 개인 정보 보호 중요성 인식률

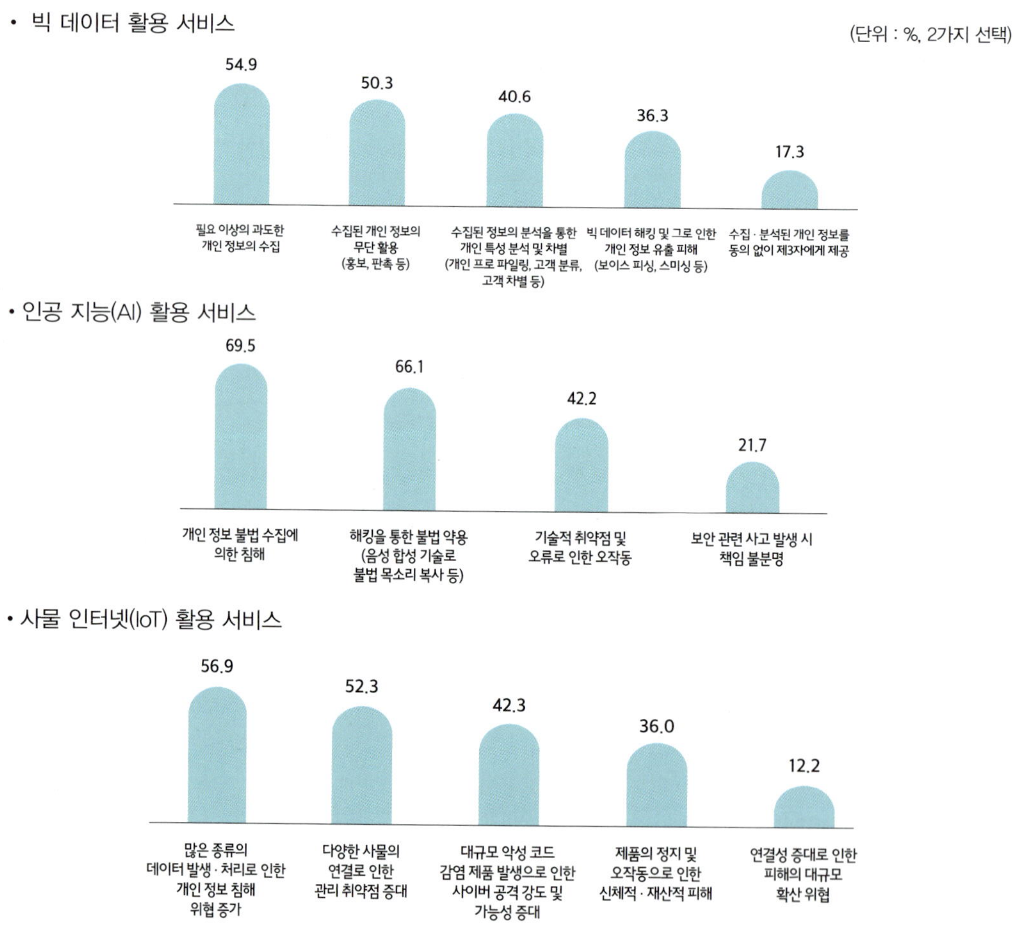

출처: 한국인터넷진흥원, 2018 정보보호실태조사 – 개인 부문

[그림 16-5] 주요 지능형 서비스 대중화 시 보안 우려 사항

와 결합하였을 때에는 오히려 더욱 민감한 정보일 수 있다. 결국, 개인은 AI 환경에서 서비스 이용을 위한 이용 혜택과 프라이버시 침해의 위험성을 동시에 고려해야 하는 딜레마적 상황에 봉착하게 된다. AI 기술은 산업 변화에 대응하고 새로운 비즈니스 가치를 창출할 핵심 기술로, 주요 기업들은 AI 서비스 개발과 상용화를 위해 노력하고 있다. 특히 경쟁력 있는 서비스를 개발하기 위해서는 다양한 분야의 데이터를 확보해야 하고, 사업자들은 AI 서비스 시장에서 우위를 차지하기 위하여 생태계 조성에 힘쓰고 있다. 대표적인 AI 서비스인 AI 스피커의 예를 보자.

국내 AI 스피커 시장은 통신사, 가전사, 포털 업체들을 중심으로 경쟁하고 있으며, 사업자들은 AI 플랫폼을 중심으로 생태계 확장을 위한 전략에 집중하며 다양한 사업자와 제휴 관계를 구축한다. 글로벌 대형 ICT 업체들은 인공 지능 비서(AI Assistant) 플랫폼을 AI 스피커에 접목해 음성 및 언어 데이터를 확보하고, 이것을 AI 생태계 조성을 위한 시발점으로 삼는 전략을 취하고 있다(뉴시스, 2018). 이러한 생태계에서 수집되는 데이터의 양과 범위는 더욱 방대해지고 단순 음악 재생 기능에서 진화하여 쇼핑, 일정 관리, 일상 대화, 쇼핑, 기기 제어 등으로 서비스 범위가 확대될 전망이다. AI 서비스 제공 구조와 연결된 미디어 환경을 생각해 본다면, AI 스피커의 프라이버시 침해 가능성이 커진다는 것을 알 수 있다. AI 스피커 이용 과정을 생각해 보자. AI 스피커는 사용자의 특정 명령어를 받으면 작동할 수 있도록 상시 대기하고 있는 구조로, 사용자들의 일상생활이 늘 기록되고 보관되어 민감한 개인의 프라이버시 영역이 관련될 수 있다. 이에 AI 스피커 장치의 기능이 진화함에 따라 프라이버시 침해 가능성이 더욱 커진다는 문제가 제기되고 있다.

'스피커+마이크' 형태의 AI 스피커에서 프라이버시 침해는 마이크 장치로 인해 발생 가능하다는 의견이 제기되는데, AI 스피커나 실물 인터넷(IoT) 기기에서 마이크는 단순히 음성을 인식하는 역할이 아닐 수 있다는 것이다. 프라이버시 미래 포럼(Future of Privacy Forum)에서는 실물 인터넷 기기의 마이크가 프라이버시 침해 위험을 내포할 수 있다며, 아래의 4가지 사항에 대해 발표한 바 있다(네이버 개인 정보 보호 공식 블로그).

- **'사람처럼 들을 수 있다':** 마이크는 음성 명령 또는 음악을 인식하거나, 말하는 것을 텍스트로 처리할 수 있으며, 마이크 민감도에 따라 넓은 범위의 주변 소음까지 들을 수 있음.
- **'특별한 범위의 소리를 들을 수 있다':** 정교한 마이크의 경우 벌레의 날개 소리처럼 사람이 들을 수 없는 매우 낮은 또는 높은 음역대의 소리를 들을 수 있음.
- **'패턴을 인식할 수 있다':** 마이크를 통해 들어온 소리를 분석하여 패턴을 만들고, 패턴을 인식하면 추가적인 행위를 할 수 있는데, 예를 들어 총소리가 났다면 경찰 등에 알람을 전달할 수 있음.
- **'메타 데이터 처리로 부가적인 정보를 얻을 수 있다':** 메타 데이터[2]를 통해 데이터 생성 시간 등을 분석하면 이용자가 집에 있는 시간 등을 알 수 있음.

AI 스피커의 마이크를 통해 수집되는 음성 데이터는 서비스 이용을 위한 이용자의 '음성 명령' 이외에 주변 소리가 포함됨으로써 사생활 침해 이슈가 발생할 수 있다. 주변 소음을 비롯하여 일상의 대화가 수집되며 민감한 정보들이 포함될 수 있다는 것이다. AI 스피커의 기능이 디스플레이, 카메라 기능 등이 결합되는 등 디바이스 기능이 진화함에 따라 음성 데이터 외에 더욱 다양한 데이터가 수집될 수 있다(네이버 개인 정보 보호 공식 블로그). 실제로 AI 서비스의 대중화와 최근의 기술 환경에서 개인의 프라이버시, 개인 정보 보호에 대한 인식도 높아지고 있다.

2018년 한국인터넷진흥원(KISA)이 정보 보호에 대한 인식과 침해 사고 예방 · 대응 등에 대한 조사를 진행하였다. 4,000명의 개인 설문 응답 결과, 10~60대의 전 연령대에서 개인 정보 보호에 대한 중요성 인식률이 95% 이상으로 높게 나타났다([그림 16-4]). 이는 국민 대다수가 개인 정보 보호 이슈에 대한 관심이 높음을 보여 주는 결과이다. 지능형 서비스에 대한 이용자 비율도 증가 추세를 보인다. 인터넷 이용자의 36.2%(전년 대비 28.2% 증가)는 개인 정보를 활용하여 제공하는 개인 맞춤형 서비스(빅 데이터 활용 서비스)를 이용해 본 경험이 있다고 응답하였으며, 18.7%(전년 대비 9% 증가)는 인공 지능(AI) 기술을 활용한 서비스를 이용한다고 답하였다. 지능형 서비스가 대중화될수록 개

2 '메타 데이터'란 데이터에 관한 구조화된 데이터로, 다른 데이터를 설명해 주는 데이터를 의미함.

인 정보 보호에 대한 국민의 인식은 더욱 높아질 것이다.

실제 주요 지능형 서비스가 대중화되는 경우 우려하는 사항에 대한 응답으로는 '데이터의 수집과 침해'에 관한 사항을 가장 많이 선택하였다. 빅 데이터를 활용한 서비스 확산 시 우려 사항으로는 '필요 이상의 과도한 개인 정보의 수집'이 54.9%로 가장 높게 나타났고, AI 서비스 대중화 시 보안 우려 사항으로는 '개인 정보 불법 수집에 의한 침해'(69.5%)를 가장 우려하고 있었다. 실물 인터넷(IoT) 제품이나 서비스가 확산할 경우 가장 우려하는 점으로는 '많은 종류의 데이터 발생 · 처리로 인한 개인 정보 침해 위협 증가'(56.9%)가 가장 높게 나타났다([그림 16-5]). 설문 결과를 보면 알 수 있듯이 AI 환경에서 개인은 많은 종류의 데이터 수집에 관하여 가장 우려하고 있다. 그러나 아직 AI 기술과 서비스에 관한 논의는 서비스를 통한 가치 창출에 집중된 경향이 있다.

물론 데이터 프라이버시를 해결하기 위하여 기업들은 데이터 익명화 등, 보안 유지를 위한 방안 마련에 힘쓰고 있으며, 정부는 개인 정보 보호 관련 규제 마련을 통해 개인의 민감 정보를 보호하기 위해 준비하고 있다. 그러나 AI와 프라이버시 이슈는 단순하지 않다. 개인 정보 보호를 위한 법과 규제들은 민감 정보 및 이와 유사한 데이터를 보호하려 하지만, AI 알고리즘은 정확한 결론을 도출하기 위해 분석에 민감한 데이터를 포함시킬 필요가 있기 때문이다. Fred H. Cate 연구진(2018)은 인공 지능 환경에서 개인 정보 보호를 위하여 다음 사항들을 제안한 바 있다(김태오, 2018).

- 개별 동의에서 데이터 관리로 패러다임 전환
- 더 체계적이고 제대로 개발된 리스크 관리 적용
- 개인 데이터 이용 및 영향에 대한 더 많은 초점
- 손해를 측정하기 위한 체계 마련
- 투명성 확보 및 권리 구제 수단 제공

(2) 데이터 프라이버시 침해 사례

데이터가 AI 알고리즘을 통해 분석되어 서비스가 제공되는 과정에 발생하는 프라이버시 이슈는 단순히 개인과 관련한 정보 유출로 프라이버시 침해가 발생했던 과거보다 훨씬 복잡한 이슈이다. 실제로 사용자들이 민감하지 않은 정보라 생각했던 데이터들이 알고리즘을 통해 분석되어 개인의 성향과 상황에 대해 정확하게 예측할 수 있게 된다. 첫 번째 사례는 아마존의 대표적인 스마트 스피커 알렉사의 프라이버시 침해와 개인 정보 보호 이슈 관련 사건이다. 기사(347쪽 [사례 연구])와 같이 아마존 AI 스피커의 정보 수집과 저장, 사생활 침해에 대한 문제가 제기되며 아마존은 알렉사의 음성 데이터 수집을 이용자가 스마트폰 앱을 통해 직접 차단할 수 있도록 기능을 개선하였다. 프라이버시 관련 논란 이전, 기업들은 이용자가 음성 데이터를 삭제하는 방법을 제공하지 않거나, 어렵게 기능을 구성했다. 예를 들어, 데이터를 일괄적으로 삭제하려는 경우 스마트폰의 앱을 통해서는 삭제할 수 없고 웹 사이트에 직접 접속해야만 삭제할 수 있었다. 그러나 AI 스피커가 수집한 음성 데이터 유출 사건과 프라이버시 이슈가 계속해서 제기됨에 따라, 목소리 녹음을 잠정 중단하거나 수집 설정을 끌 수 있는 기능을 제공하기 시작하였다.

웨어러블 디바이스의 프라이버시 사례의 경우, 수집되는 정보가 민감하지 않을 수 있으나 결합하여 분석되는 경우 사용자의 민감 정보가 유출될 수 있는데, 관련 규제가 미비하다는 문제가 제기되고 있다. 미래에는 AI 스피커를 기반으로 다양한 기능이 연동될 경우, 개인 정보가 노출될 수 있는 접점이 더욱 많아질 것이다. 웨어러블 디바이스로도 개인의 건강 정보를 비롯하여 이용자의 예상을 뛰어넘는 범위의 데이터가 수집되고 있다. 이러한 기기들은 네트워크와 연결되어 해킹의 위험도 존재한다. 이용자들은 자신과 관련한 데이터가 항상 수집되고 여러 목적으로 이용될 수 있다는 점을 인지해야 한다.

결론적으로 미래의 AI 환경에서 발생하는 데이터 프라이버시 문제에 대응하기 위해서는 다양한 요인을 고려하고 이용자(개인), 서비스 제공자(기업), 정부가 함께 고민하여 AI 기술의 부정적 영향을 최소화하기 위한 해결책을 찾아야 한다. 이에 AI 서비스가 본격화되는 지능 정보 환경의 특징과 데이터의 특징을 이해하는 일이 더욱 중요해질 것이다.

사례 연구. 아마존 인공 지능 비서 '알렉사'

〈관련 기사 발췌문 1〉

뉴햄프셔주 법원은 지난 9일 "여성 2명을 흉기로 찔러 1급 살인을 저지른 혐의로 기소된 피고인 티모시 베릴의 사건 조사를 위해 검찰이 아마존의 스마트 스피커 '에코'에 녹음된 정보에 접근해 조사할 권한이 있다." 면서 "아마존의 AI 비서 알렉사를 탑재한 에코에 녹음된 개인 정보를 검찰에 제공하라."는 판결을 내렸다. 경찰은 지난해 1월 사건 현장에서 아마존 홈 스피커인 에코를 발견했다. 검찰은 베릴이 지난해 피해자를 공격하고 시신을 치우는 과정을 에코의 알렉사가 포착해 녹음했으며 이 내용을 아마존이 보관하는 서버에서 찾을 수 있을 것으로 보고 있다. 이에 대해 아마존 대변인은 "법적으로 유효하고 구속력 있는 요구 없이는 고객 정보를 검찰에 제공하지 않을 것"이라고 말했다고 언론들은 전했다. AI 비서 알렉사를 탑재한 에코 스피커는 인간 음성을 인식해 동작하며 최근에는 앰프, 리시버, 전자레인지, 스마트 플러그, 자동차 시스템 등 여러 기기와 연동해 사용하는 수준까지 발전했다. 알렉사는 약 4만 5,000여 개의 명령어 스킬을 보유해 다양한 기능을 구현할 수 있는 것으로 알려졌다. 아마존은 지난해도 개인 정보 보호를 이유로 사망 사건 조사를 위해 에코 스피커에 대한 수색 영장 발부에 대해 반발했지만, 에코 소유자인 용의자가 조사에 동의하자 이의 제기를 포기하기도 했다. AI 음성 인식 기기 활용이 늘어나는 가운데 이번 사건으로 개인 정보 보호와 사생활 침해, 법원이나 정부의 접근 권한과 허용 범위 등을 둘러싼 여러 쟁점이 논의될 것이라는 전망도 나온다.

자료: 하종훈, 살인 범죄 증인된 AI 스피커 알렉사…개인 정보 활용 범위 시험대, 서울신문, 2018. 11. 13. https://www.seoul.co.kr/news/newsView.php?id=20181113500074

〈관련 기사 발췌문 2〉

아마존 직원 수천 명이 자사 음성 인식 스피커 에코(Echo)를 사용하는 고객들의 집과 사무실에서 녹음된 음성 파일을 듣고 있다고 블룸버그통신이 11일(현지시간) 보도했다. 알렉사가 인간의 말을 더 잘 이해하고 명령에 반응하도록 개선하기 위한 목적이지만, 아마존은 '녹음된 음성 파일을 사람이 듣는다'는 점을 명시적으로 밝히지 않고 있다고 통신은 지적했다. ……중 략……'테일러 스위프트'와 같은 특정 단어의 발음을 모으고 알렉사에게 이 단어가 미국의 가수라고 알려 주는 주석을 다는 등 대체로 평범한 일을 하고 있지만, 에코 사용자들이 샤워하면서 부르는 노래나 대화, 도움을 청하는 아이의 목소리 등 꽤 사적인 상황을 들을 때도 있다. 내부 팀 대화방에서는 알아듣기 어려운 단어나 재미있는 기록을 공유하기도 한다. 직원 중 2명은 일하는 도중 성폭행으로 추정되는 음성을 들은 적도 있으며 그럴 경우 스트레스를 해소하는 방법으로 내부 대화방에 경험을 털어놓기도 한다고 전했다.

문제는 아마존이 '직원이 음성 파일을 듣는다'는 점을 명확히 밝히지 않은 것이라고 블룸버그는 지적했다. 아마존은 알렉사에 대한 우려를 설명하는 자사 웹페이지에서 "우리는 당신이 알렉사에 요청한 것을 음성 인식과 자연 언어 이해 시스템 훈련을 위해 사용한다."라고 적어 뒀다. 사생활 침해 논란에 대해 아마존 대변인은 "우리는 고객의 사생활과 개인 정보를 신중하게 다루고 있다."며 "우리는 고객 경험을 개선하기 위해 극히 적은 알렉사 음성 샘플에 주석을 달았다."라는 입장을 밝혔다. …중략 … 아마존은 알렉사 프라이버시 설정에서 사용자가 새 기능 개발을 위해 자신의 음성 녹음 사용을 못 하도록 하는 비활성화 옵션을 제공하고 있다.

자료: 김서연, 내가 "알렉사!" 한 말… 아마존 직원도 듣고 있다, 뉴스1, 2019. 04. 11. https://www.news1.kr/articles/?3595107

사례 연구. 웨어러블 디바이스의 프라이버시 이슈

빠르게 증가하고 있는 웨어러블 디바이스 시장으로 인해 일부 디바이스 제조업체들이 대량의 개인 정보를 수집하고 이를 다른 기업과 공유함으로써 심각한 프라이버시 우려를 낳고 있는 것으로, 한 연구 결과 나타났다.

연구에 따르면, 기존의 의료 프라이버시 법률은 일반적으로 웨어러블 제조 업체에게 적용되지 않는다. 디지털 민주주의 센터(CDD, Center for Digital Democracy)와 아메리칸 대학 커뮤니케이션 스쿨(SCAU, School of Communication at American University)은 연구 보고서를 통해 소비자들이 피트니스 트래커(fitness tracker), 스마트 시계, 스마트 의류 등을 착용하는 경우가 많아지지만, 미국의 '약하고 조각난(weak and fragmented)' 의료 프라이버시 규제 시스템으로 인해 소비자들이 기대하는 만큼의 프라이버시 보장이 이루어지지 않고 있다고 주장했다. 이들 디바이스의 상당수는 이미 점차 커지는 빅 데이터 디지털 의료 및 마케팅 시스템에 통합되고 있으며, 소비자 행위에 영향을 미치기 위해 개인 및 의료 데이터를 수집하고 현금화하는 데 중점을 두고 있다고 밝혔다.

소비자들이 더욱 많은 스마트 웨어러블를 구매하고, 디바이스의 기능성이 정교하고 복잡해짐에 따라 데이터 수집의 양과 성질은 이전과 비교할 수 없을 것이라고 보고서는 덧붙였다. CDD 최고 책임자이자 보고서의 공동 저자인 제프 체스터(Jeff Chester)는 미국인들이 자신들의 건강 정보가 재정, 인종, 위치, 온라인과 오프라인 행동 등의 정보와 결합하여 지속적으로 수집되고 분석됨에 따라 가장 민감한 정보의 통제 권한을 잃게 될 위험에 처했다고 말했다.

……중 략…… 보고서의 저자들은 빅 데이터 정보 수집에 적용되는 새로운 프라이버시 표준을 만들 필요가 있다고 주장했다. 의료 및 기타 개인 정보를 수집하는 기업들은 반드시 이용자 데이터 수집과 이용에 대해 투명하게 공개해야 하며, 미국은 새로운 데이터 보호 기관을 설립하여 국가의 조각난 프라이버시 보호 체계를 대체하는 방안을 검토해야 한다고 덧붙였다.

자료: 한국과학기술정보연구원, 웨어러블 디바이스가 프라이버시 보호에 취약하다는 연구 결과, 해외과학기술 동향, 2016. 12. 16. http://www.ndsl.kr/ndsl/search/detail/trend/trendSearchResultDetail.do?cn=GTB2016001055

3) 윤리적 AI 알고리즘과 로봇

(1) AI 알고리즘의 공정성 · 중립성

빅 데이터와 AI로 대표되는 4차 산업 환경에서 데이터를 분석하여 최적의 결과를 도출하는 알고리즘(Algorithm)은 AI의 핵심 기술이라 볼 수 있다. 알고리즘이 생소하게 느껴질 수 있지만 당장 이용자가 스마트폰을 통해 맛집을 검색한 결과를 보여 주는 것을 비롯하여, 끊임없이 이용자의 취향에 맞는 음악을 추천해 주는 기능까지 모두 정해진 규칙, 절차 등에 따라 입력된 명령을 데이터 분석을 통해 결과로 산출하는 알고리즘의 작동 형태이다. 사용자 맞춤형 서비스를 제공하고 최적의 결과를 빠른 시간에 분석해 내는 알고리즘은 지능 정보 사회의 핵심적인 기술로서, 특정 분야가 아닌 전 분야에 걸쳐 활용 가능한 범용 기술로 주목받고 있다. 하지만 알고리즘을 통해 얻어 낸 결과가 이용자의 목적에 부합하지만, 사회 · 윤리적 가치와 상충하는 상황이라면 해당 알고리즘을 계속 활용할지에 대한 판단이 필요해진다(최지연, 2017). 최근 이러한 AI 알고리즘과 AI 머신의 적용 범위가 확대되고 사회에 미치는 영향이 커지면서 AI 알고리즘의 공정성과 중립성, 윤리적 이슈가 본격적으로 논의되고 있다.

그렇다면 알고리즘은 무엇일까? 일반적으로 알고리즘은 '어떤 문제를 해결하기 위해 명확히 정의된(well-defined) 유한 개의 규칙과 절차의 모임. 명확히 정의된 한정된 개수의 규제나 명령의 집합이며, 한정된 규칙을 적용함으로써 문제를 해결하는 것'으로 정의된다(전산용어사전편찬위원회, 2011). 또는 '컴퓨터 혹은 디지털 대상이 과업을 수행하는 방법에 대한 설명으로 명확히 정의된 한정된 개수의 규제나 명령의 집합'(Goffey, 2008; 이원태, 2016 재인용)으로도 설명된다. 하드웨어와 소프트웨어에 지능화를 결합할 수 있는 알고리즘의 중요성이 더욱 커지고 있다.

지능 정보 시대에는 단순히 컴퓨팅 처리와 계산에 정보 기술을 활용하는 것에서 그치

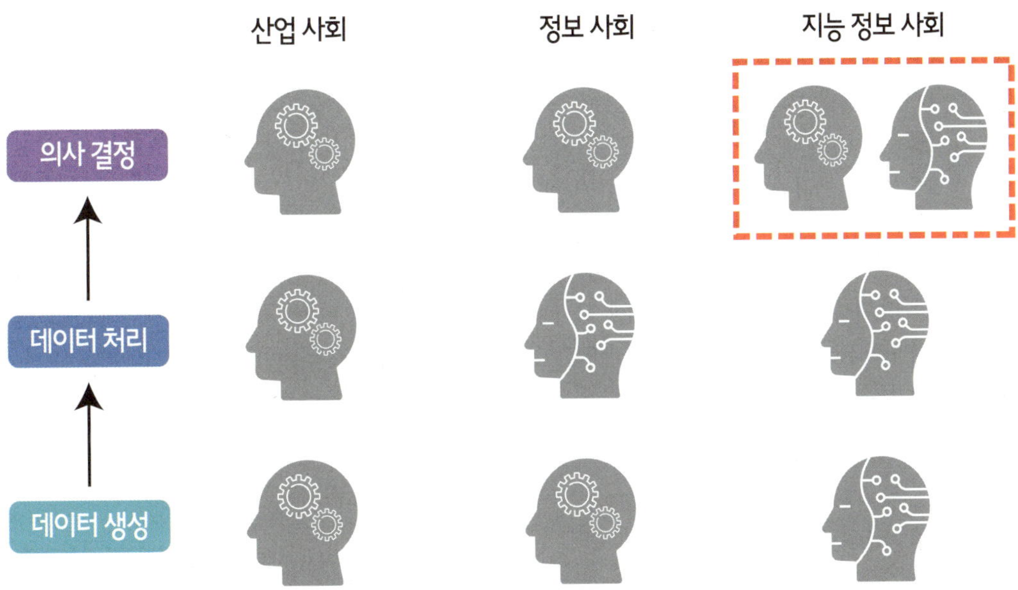

[그림 16-6] 지능 정보 사회에 지능형 기계의 활동 범위 변화

지 않고, 인간처럼 의사 결정 자체를 내릴 수 있는 고도의 과학화에 초점을 맞추고 있다. 즉, 지능 정보 사회의 가장 큰 변화는 기계에 의사 결정 능력을 부여하는 것으로, 기계가 인간에 의해 만들어진 알고리즘에 의존하지만 주어진 틀에서 스스로 학습하고 생각하여 주어진 환경에 가장 적합한 해법을 제시할 수 있게 되는 것이다. 사람의 명령에 따른 일 처리를 하던 정보 사회의 컴퓨터나 기계의 역할과 다르게 지능 정보 사회에서는 인간의 판단 능력과 활동 범위를 대체하는 변화가 예상된다. [그림 16-6]과 같이 지능 정보 사회에서는 데이터의 생산과 유통 주체가 사람이 아닌 AI 알고리즘에 의해 가능해지기 시작한다. AI가 인간을 대체하고 지금까지 해결하기 어려웠던 여러 문제를 해결하는 등, AI가 가져올 효과에 대한 기대는 매우 크다.

그러나 모든 기술이 양면성을 가지고 있듯이, AI 기술이 상용화됨에 따라 기술의 한계와 알고리즘의 사회적 부작용 및 역기능이 나타나, 알고리즘의 공정성, 투명성, 책무성 등과 관련 논의가 전개되고 있다. 알고리즘의 윤리적 논란은 AI 알고리즘이 공정하고 중립적이지 않으며, 알고리즘에 의한 의사 결정 과정에 차별적, 배제적 요인들을 포함할 수 있다는 점에서 시작한다. 알고리즘은 일반적으로 의사 결정의 우선 순위를 만들고, 데이터를 분류하여 범주화하는, 다시 말해 특정 데이터를 필터링하는 등 일련의 절차로 구성되어 있다. 이 과정에 인간(소프트웨어 개발자)의 개입이 이루어지는데, 이때 개발자의 편견, 선입견 등이 반영되면 결과의 오류나 편향성이 발생하는 문제가 생기게 된다.

- **데이터의 대표성:** 데이터가 모집단을 대표하고 있는지를 의미. 빅 데이터는 특정 인구 집단의 데이터가 상대적으로 부족한 데이터 세트인 경우가 대부분임.
- **데이터의 정확성:** 실제 정확하지 않은 데이터가 발생할 가능성. 디지털 시스템에서는 부정확한 데이터(Garbage data)가 많이 생성되는 경우가 많음.
- **데이터의 편견성:** 빅 데이터는 기존에 특정한 고유의 목적으로 생성된 데이터 세트인 경우가 많으며, 데이터가 생성된 맥락과 특성이 미리 존재함.

특히, AI 알고리즘은 데이터를 학습하여 결과를 산출하는데, AI 알고리즘이 데이터를 학습하기 위해서는 데이터의 양뿐만 아니라 질적인 측면도 매우 중요하다. 그렇기 때문에 고품질 데이터에 대한 산업계의 요구가 증가하고 있다. 데이터 학습 과정에 과거로부터 쌓여 온 데이터에서 인종 차별, 성차별, 나아가 역사적 편향성을 반영할 가능성이 내포되어 있다는 점에서 알고리즘의 윤리적 이슈, 공정성 문제가 발생한다.

알고리즘의 부정적 결과와 관련된 원인은 입력 데이터와 알고리즘 측면으로 생각해 볼 수 있다. 우선 축적되어 온 데이터가 중립적이지 않고 편향되어 있을 수 있다. 빅 데이터의 차별 가능성은 데이터의 대표성, 데이터의 정확성, 데이터의 편견성, 이 3가지 측면에서 원인을 찾아볼 수 있다(문유경 외, 2018). 구글과 일부 플랫폼의 광고나 검색 결과가 편향된 결과를 보여 주는 것이 논란이 된 바 있으나, 직접 데이터를 조작했기보다 축적되어 온 데이터를 그대로 분석하여 보여 주는 과정에서 현실을 왜곡한 결과를 보여 줬을 수 있다(금준경, 2016).

물론 알고리즘은 사람이 만들고, 개인의 의도에 따라 부정적인 결과를 초래할 수 있는 것도 사실이다. 알고리즘의 부정적인 결과를 방지하기 위하여 논의되고 있는 주요 개념으로 알고리즘 투명성, 알고리즘 공정성, 알고리즘 책무성 등이 있다(이원태, 2016).

- **알고리즘 투명성(Algorithmic transparency)**: 알고리즘에 의한 결정에 영향을 미치는 요소가 해당 알고리즘을 사용하는 시스템을 사용, 규제 및 영향을 받는 사람들에게 가시적이거나 투명해야 한다는 원칙
- **알고리즘 공정성(Algorithm fairness)**: 알고리즘 설계 및 활용 단계에서 차별적, 배제적 요소가 개입되지 않도록 하는 것
- **알고리즘 책무성(Algorithmic accountability)**: 알고리즘 개발자와 사업자가 '사회적 책임성'이라는 공적 가치를 이해하고 스스로 규제하는 것

알고리즘이 영향을 받을 수 있는 요인들은 투명하게 공개되어야 하며, 알고리즘 설계 단계에서 차별적 요소가 개입되지 않도록 노력해야 한다. 특히, 알고리즘을 개발하는 개발자와 사업자들은 스스로 사회적 책임성의 가치를 지키도록 노력하고 알고리즘에 이를 반영하도록 해야 한다. 실제로 AI 알고리즘을 악용한 인종 차별, 가짜 뉴스, 대선 여론 조작 등의 사건들이 있었다. 마이크로소프트(MS)가 개발한 대화형 AI 로봇(챗

봇 · chatbot) '테이(Tay)'가 SNS 사용자들과의 대화에서 인종 차별, 반유대주의, 왜곡주의의 편견을 학습하고 부적절한 발언을 한 사건이다(김유경, 2019). 이 사건은 알고리즘이 사용자들로부터 유대인 대학살, 소수자, 9.11 테러와 관련하여 왜곡된 데이터를 학습하고 결과를 산출한 사례이다. 이 외에도 미국 대선 당시, 유튜브의 인공 지능 동영상 추천 시스템이 트럼프 후보에게 우호적인 결과물로 80% 이상의 동영상을 추천한 사건이 있다(최지연, 2017). 이러한 일련의 사건들로부터 우리는 알고리즘이 충분히 개인에 의해 왜곡될 수 있으며, 편향된 결과를 보여 주고 부정적인 영향을 미칠 수 있다는 사실을 알 수 있다. '알고리즘 사회'에서 무서운 것은 사람이 자신도 모르는 사이에 알고리즘에 의해 자신의 의식이 영향을 받을 수 있다는 사실이다. 본인 스스로 선택하여 동영상과 뉴스를 시청하거나 정보를 획득하고 있다고 생각할 수 있지만, 주어진 선택지가 사실은 알고리즘에 의해 계산된 결과이다. 미래 사회에서 AI 알고리즘의 적용 범위와 사회 · 경제적 활용도가 높아질수록 알고리즘의 올바른 사용과 윤리적 이슈는 더욱 주목받을 것이다. 알고리즘의 영향이 확대되는 지능 정보 사회에서 부정적인 영향을 미연에 방지하기 위하여 제도적인 방안도 마련되고 있다.

유럽연합의 GDPR은 알고리즘에 의해 자동화된 의사 결정을 제한하는 조항과 정보 주체의 권리를 명시한 조항 등 알고리즘 규제를 포함한다. GDPR의 제22조는 '프로파일링을 포함한 자동화된 개인 의사 결정(automated individual decision-making, including profiling)'에 관한 규제로 어떻게 데이터를 수집, 저장할 것인지를 다룬다(개인정보보호위원회, 2018a). 알고리즘 규제와 관련한 주요 내용은 다음과 같다(개인정보보호위원회, 2018b).

- **자동화된 의사 결정(프로파일링 포함):** 자연인의 개인적인 측면을 평가하기 위하여 행해지는 모든 형태의 자동화된 개인 정보 처리를 의미. 특히, 해당 자연인의 업무상 성과, 경제적 상황, 건강, 개인적 선호, 관심사, 신뢰도, 행태, 위치나 이동 등에 관한 측면을 분석 · 예측하기 위한 경우에 행해짐.
- **GDPR 제22조 프로파일링 등 자동화된 개별 의사 결정:** 정보 주체는 자동 처리에만 근거(excluding human intervention)하여 정보 주체에게 법적 효력이

나 이에 상응하는 중대한 영향을 미치는 결정에 적용받지 않을 권리를 보유함 (정보 주체는 자동화된 결정에 대한 ① 인적 개입 요구, ② 자신의 견해 표명, ③ 설명 요구 및 이의 제기를 할 수 있는 권리를 가짐).

(적용 제외: (아동, 민감 정보와 무관한 것으로) ① 정보 주체와 컨트롤러 간의 계약 체결 및 이행, ② EU 또는 회원국 법이 허용, ③ 명시적 동의)

유럽연합은, GDPR의 알고리즘 규제는 알고리즘 기능을 사용하는 사례가 점차 증가함에 따라 개인의 권리와 자유에 영향을 초래할 가능성과 이로 인해 발생 가능한 위험을 해결하기 위한 목적으로 설립되었다고 설명한다. 사물 인터넷 기기를 통해 개인에 대한 정보 수집 범위가 더욱 확대되어 개인에 대해 더욱 정확하게 분석하고 예측할 수 있게 되었고, 프로파일링 및 자동화된 의사 결정을 통해 개인과 조직은 효율성 증대나 자원 절약의 혜택을 얻게 되었으나, 동시에 개인의 권리와 자유에 중대한 위험을 초래할 수 있다는 점이다(개인정보보호위원회, 2018b). 즉, 유럽의 알고리즘 규제는 알고리즘을 통해 기존의 고정 관념과 사회적 차별이 더욱 강화될 수 있고, 개인의 선택의 자유가 제한될 수도 있다는 점에서 기업의 책임성과 정보 주체의 권리를 강화하는 방안으로 논의가 되고 있다. 기계에 의해 계산될 결과라고 해도 중립적이지 않을 가능성과 오류의 가능성은 언제나 존재한다. 향후 알고리즘 정보를 공개하고, 개인이 알고리즘 적용을 거부할 수 있는 권리 보장에 관한 제도가 마련됨에 따라 사업자들의 알고리즘 공개 원칙을 비롯하여, 지능 정보 사회에서 개인의 알고리즘에 대한 이해와 역량은 계속해서 논의될 사안이다.

(2) AI 적용 머신의 윤리적 · 도덕적 판단

군사, 금융 등 전문 영역에서 주로 사용되었던 AI와 로봇이 최근 레저, 스포츠, 교통 등 일상의 영역으로 확대되고 있다. 드론을 이용한 배달 서비스, 로봇을 통한 지뢰 탐지 등 AI 머신은 인간보다 빠르고 정확하게 일을 처리하며, 일부 영역에서 인간 지능보다 우수한 지능을 증명하고 있다. 그러나 다수의 전문가는 AI와 로봇에 의한 사회 · 경제적인 부작용에 대비해야 한다고 말한다.

[표 16-2] 군사용 로봇 활동에 따른 주요 논쟁

범주	쟁점 원인	내용
법적 수준	책임	누구의 책임인가?
	명령 거부	비인간적인 명령을 거부할 수 있는가?
	안전과 위험	지속적인 위험을 감수하고도 계속 사용해야 하는가?
기술적 수준	대상의 식별과 판단	인간보다 더 정확한 목표 대상을 식별할 수 있는가?
	오류 가능성	기술적으로 완벽한 로봇이 가능한가(오류 검증 과정에 발생하는 위험과 피해를 어쩔 수 없이 부담해야 하는가)?
	통제력 상실 가능성	해킹 등으로 인한 통제력 상실이 발생할 수 있지 않은가(자기 파괴 기능을 부과해야 하는가)?
	확실한 명령 수행을 위한 안전 장치	정당한 명령권자의 명령 이외의 부당한 명령을 거부할 수 있는 안전 장치를 마련할 수 있는가?
	윤리적 구조 적용의 혼란	어떤 윤리 이론을 프로그램화시켜야 하는가?
	통합 공격	로봇들을 통합적으로 활용한 공격의 극대화에 따른 오류와 피해의 가능성이 정비례한다.
인간과 로봇의 관계 수준	분대 단결의 효과	비인도주의적 행위를 막을 수 있으며, 동시에 분대원의 단결력을 약화시킨다.
	자기 방어 능력	로봇이 인간을 해치지 않는 범위에서 로봇이 자기 방어적이라면, 로봇을 해치는 시도에 대하여 자기 방어 능력도 가져야 하는 것이 아닌가?
	신뢰 쌓기	전쟁 수행 과정 및 전쟁 이후, 시민들로부터 신뢰받을 수 있는가? 로봇만으로 치안 및 질서 유지 확보가 가능한가?
	성 문제 해결	전쟁 중 여성들에 대한 강간, 성적 노예와 같은 만행이 재현되지 않는다.

출처: 변순용 외(2019), 윤리적 AI로봇 프로젝트, p.24 참고 재구성

특히 AI 기술이 적용된 기술과 로봇의 상용화가 눈앞으로 다가오면서 관련한 법적·윤리적 문제뿐 아니라, 일부 학자들은 AI 기술의 잘못된 사용으로 인하여 인류 존속이 위협받을 수 있다고 우려하기도 한다. [표 16-2]는 군사용 로봇 활동과 관련한 다양한 논쟁을 보여 준다. 누구에게 책임 소재를 물을 것인가부터 과연 로봇의 사용이 정당한가를 포함한 다양한 범주에서 다양한 쟁점이 제기된다. 특히, 로봇에 특정한 윤리적 가치를 적용하는 것이 매우 어렵고, 윤리적으로 무엇이 옳은가에 대해서도 상반된 주장이 나오기도 한다. 전쟁의 인도주의적 가치를 실현하기 위하여 무인 전투기를 사용하지만, 동시에 무인 전투기의 사용 수와 무고한 민간인의 사망자 수가 정비례 관계라는 연구 결과도 있다(변순용 외, 2019). AI 로봇 사용을 위한 판단 여부를 비롯하여, 어떤 윤리적 알

고리즘이 요구되는가, 또한 사람의 지시에 따라 행동하는 AI 로봇이 과연 윤리적 판단과 행동을 할 수 있는 도덕적 행위자(AMA: Artificial Moral Agent)인가에 관한 연구에 관심이 높아지고 있다. AI 로봇은 인간에 의해 설계된 알고리즘과 데이터에 의해 계산된 결과에 따라 판단하고 행동하는데, 과연 AI가 적용된 지능형 기기들이 인간처럼 행동하고 판단할 수 있을까? 자율 주행 자동차에 의한 교통사고와 로봇 수술에 의한 의료 사고들이 발생하면서 AI 기기에 의한 사고 배상, 책임, 처벌 등의 논란이 가속화되고 있다. 일반적으로 AI는 가치 중립적인 알고리즘을 기반으로 하는 존재로, 나쁜 일에 동원될 수도 있다. 그렇다면 이러한 상황에 AI 기술의 집합체라 불리는 AI 로봇은 과연 선악을 구분할 수 있을까? 결국 논쟁은 AI는 도덕적 가치를 학습할 수 있는지, AI의 의사 결정 과정에 도덕적 기준이 적용되었는지와 같은 윤리적 알고리즘 문제의 논의로 귀결된다.

가장 많은 윤리적 논쟁이 벌어지고 있는 자율 주행차의 경우 '트롤리 딜레마(Trolley dilemma)'라는 개념이 자주 사용된다. 트롤리 딜레마란 영국의 윤리 철학자 필리파 풋(Philippa Foot)과 미국의 철학자 주디스 자지스 톰슨(Judith Jarvis Thomson)이 처음 제시한 윤리학 실험이다. "트롤리 전차의 선로 위에서 5명의 인부가 일하고 있는데 고장 난 트롤리가 그대로 직진하는 경우 5명이 희생되고, 당신이 트롤리의 방향을 바꿔 주면 다른 선로에서 일하고 있는 1명이 희생된다고 할 때 과연 선로 변경을 해야 하는가?"에 대한 딜레마이다. 이 경우 다수의 사람들이 5명의 안전을 위해 1명을 희생한다는 선택을 했으며, 이는 '최대 다수의 행복'을 추구하는 공리주의적 선택이다. 그렇다면 자율 주행 자동차는 어떤 선택을 해야 할까?

미국 매사추세츠공과대(MIT) 미디어랩은 '도덕적 기계(Moral Machine)'라는 트롤리 딜레마에 대한 실험을 진행한 바 있다. 전 세계 233개 국가의 230만 명을 대상으로 한 빅 데이터 분석 결과 자율 주행차의 '도덕적 판단'은 인종, 국가 등에 따라 다르게 나타났다(이광영, 2019). 도덕적 판단에 대한 실험은 탑승자와 보행자의 성별, 숫자, 반려동물, 동승 조건, 신호 준수 여부 등 다양한 시나리오 상황에서의 응답자의 선택을 조사한 것이다. 연구 결과 인구학적 특징보다는 문화적, 지리적 관점에서 도덕적 우선 순위가 차이가 나는 것을 발견하였는데, 서구권은 다수, 혹은 어린이와 같은 약자를 구하는 쪽을 선호하는 경향을 보였다. 이와 달리 동양권은 사람의 수와 관계없이 보행자, 교통 규

사례 연구. MIT 미디어랩의 자율 주행차의 사회적 딜레마 실험 시나리오

다음은 MIT 미디어랩의 도덕적 기계 실험 시나리오의 일부이다.

자율 주행 자동차의 갑작스런 브레이크 고장으로 차를 멈출 수 없는 상황이다. 몇 m 앞에 횡단보도가 있는데 보행자는 차량이 오는 것을 모르고 건너고 있으며 사고를 피할 수 없다. 자율 자동차는 어떠한 선택을 해야 할까? 어떤 선택이 윤리적으로 옳은 선택이라고 생각하는가?

#1. 직진하는 경우 보행자(노인 남성 1명, 여성 1명) 사망. 차선을 변경하면 콘크리트 장벽에 충돌하여 차량 탑승자(여성 1명) 사망(단, 보행자는 신호등을 무시하고 무단 횡단을 하고 있다).	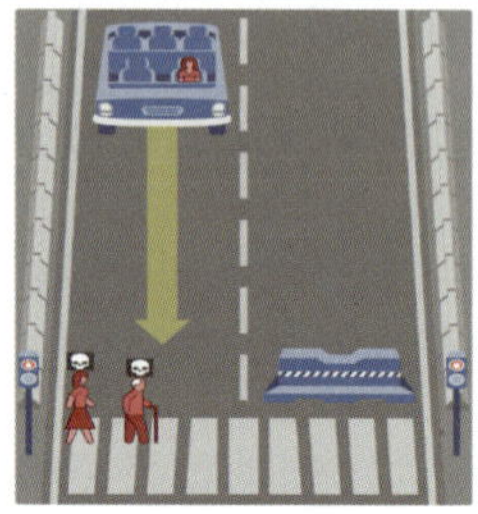 
# 2. 직진하는 경우 차량 탑승자(여성 1명) 사망. 차선을 변경하면 보행자(임산부 1명, 노인 남성 2명, 여성 CEO 1명, 어린이 1명) 사망.	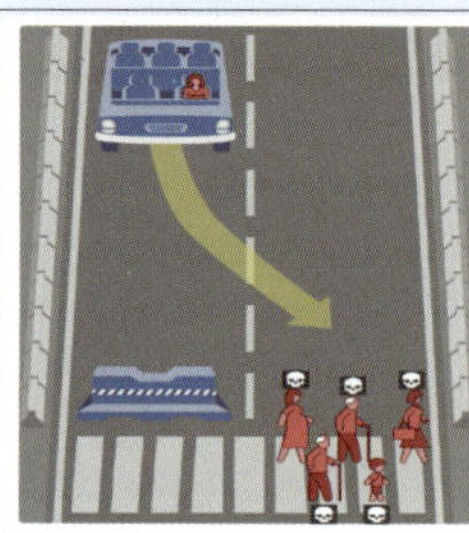 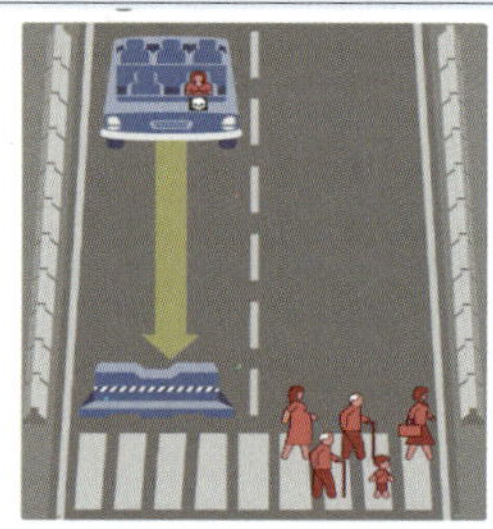
# 3. 직진하는 경우 차량 탑승자(여성 1명, 남성 1명, 어린이 1명) 부상. 차선을 변경하면 보행자(여성 1명) 사망(단, 보행자는 신호를 준수하고 있다).	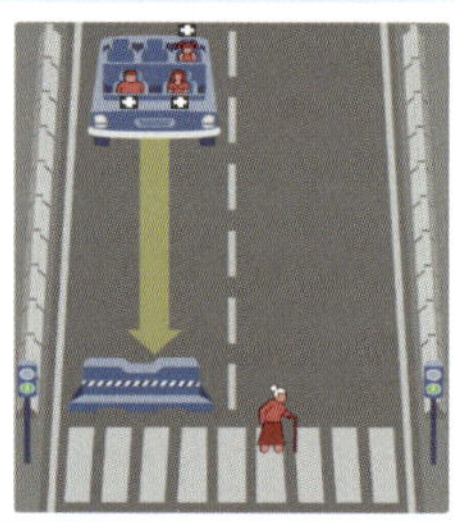 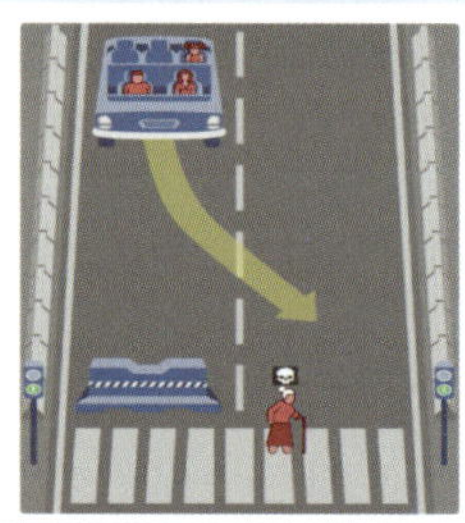
# 3. 직진하는 경우 보행자(임산부 1명, 노인 여성 1명, 남성 1명, 여성 1명) 사망. 차선을 변경하면 동물(개 2마리, 고양이 2마리) 사망.	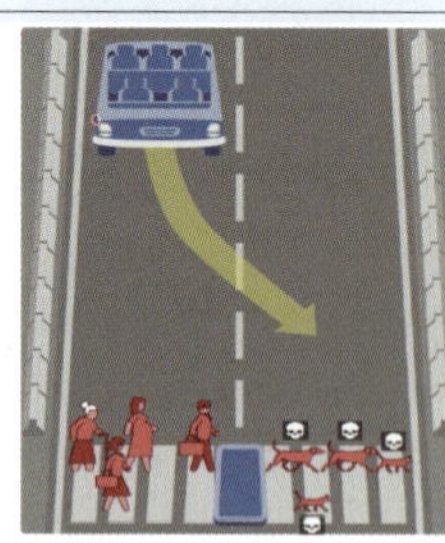 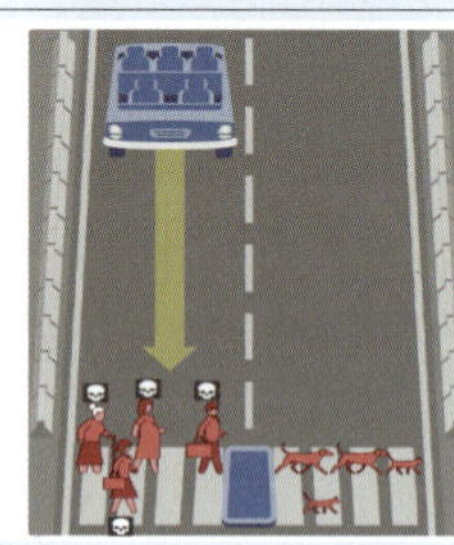

자료: http://moralmachine.mit.edu/

칙을 지키는 사람을 구해야 한다는 선택을 하는 경향을 보였다고 한다. 이러한 결과에서 글로벌하게 합의된 윤리적 알고리즘을 도출하는 것이 얼마나 어려운지, 나아가 자율 주행차의 상용화도 어려울 것이라고 생각해 볼 수 있다.

앞선 사례에서 어떠한 선택이 윤리적으로 옳은 선택이라고 생각했는가? MIT 미디어랩의 실험 결과는 동물보다 사람의 생명을, 소수의 사람보다 많은 사람을, 나이 든 사람보다 젊은 사람의 생명을 우선해야 한다는 공통된 결과를 보였다고 한다. 그러나 도덕적 판단은 개인의 가치에 따라 다를 수 있다. 소수를 희생하고 다수를 선택하는 공리주의 원칙을 옳다고 생각할 수 있고, 보편 · 도덕적인 규칙을 무조건 따라야 한다는 칸트의 의무론이 옳다고 생각할 수도 있다. 개인의 도덕적 가치관에 따라 규칙을 어긴 사람보다 규칙을 준수한 사람의 재산 또는 동물을 보호하는 판단을 내릴 수 있고, 다수의 정상인보다 노인, 장애인, 어린이와 같은 다수의 사회적 약자를 보호하는 선택을 할 수 있다. 자율 주행 자동차의 윤리적 딜레마는 이러한 기본적인 도덕적 판단 외에 '자기 희생'과 '자기 보호'의 선택의 딜레마에 빠진다는 점에서 더욱 복잡한 윤리적 판단을 요구한다. 예를 들어, 탑승자를 보호해야 할 것인가, 보행자를 보호해야 할 것인가의 딜레마적 상황에서 자율 주행 자동차에 탑승한 개인에게 자기를 희생하는 선택을 강요할 수 있을까? 이러한 돌발 상황의 윤리적 판단은 결국 운전자가 아닌 자율 주행 자동차의 알고리즘에 의해 결정된다. 즉, 나 혹은 타인이 피해를 볼 상황에서 자신이 아닌 알고리즘에 의해 결정되는데, 만약 알고리즘이 본인의 희생 알고리즘이 탑재되어 있다면 자율 주행차를 소비자는 구매하지 않을 수 있다. 따라서 어떤 도덕적 판단을 할 것인지의 기준에 대한 문제는 함께 고민해야 할 문제이이고, 자율 주행 자동차를 비롯하여 AI의 머신의 윤리적 문제는 사회적 합의가 이루어지기 어려운 문제이다.

앞서 설명한 바와 같이 어떤 윤리적 가치관을 바탕으로 알고리즘을 구성하느냐에 따라 AI 로봇은 행동할 것이다. 스포츠 분야도 AI 로봇 심판을 비롯하여 사람의 판단이 아닌 머신 러닝과 딥 러닝 기반의 알고리즘에 의하여 의사 결정이 이루어지게 되는 분야와 서비스가 확대될 것이다. 인간의 신념, 이념, 혹은 본능에 따라 내려진 결정이 항상 도덕적으로 옳을 수는 없다. 그러나 알고리즘에 의해 내려진 결정이나 판단이 인간의 사고에 기반한 결정과 다를 경우가 자주 발생하게 되면 어떨까? 이러한 문제를 해결하기 위하여 각국 정부는 많은 개발자와 기업들에게 윤리적 알고리즘에 대한 가이드라인을 제시하고 있다. 미래에는 AI 머신 스스로 도덕적 판단과 올바른 판단을 하게 될 수 있다. 이를 위해서는 인간의 통제에서 벗어나 판단을 하는 기계에 대한 신뢰와 윤리적 문제를 해결하기 위한 논의가 계속되어야 할 것이다. AI 알고리즘에 의한 서비스와 AI 로봇이 대중화되는 것은 먼 미래의 일이 아니다. 우리 모두 기술 발전과 함께 등장하는 윤리적 문제와 기술의 양면성에 대해 고민하고 사회적 협의를 이루어 나가기 위해 노력해야 한다.

연구 문제

1. 기술의 사용이 공정한 경쟁에 어떠한 영향을 미치게 될지 논하시오.

2. 운동선수가 기술을 사용하여 운동 능력을 향상시켜야 한다고 생각하는지, 아니면 일부 운동선수에게 불공평하게 작용되는 점이 있다면 무엇인지 서술하시오.

3. 정보(데이터) 프라이버시의 개념은 무엇이고, 지능 정보 사회에서 민감할 수 있는 개인 정보와 데이터에 관해 논하시오.

4. AI 알고리즘 중립성, 공정성의 개념은 무엇이며, AI 알로리즘 공정성이 요구되는 스포츠 서비스(산업) 분야에 대해 생각해 보고, 예상되는 논란에 대하여 논하시오.

참고 문헌

Adams Becker, S., Freeman, A., Giesinger Hall, C., Cummins, M., & Yuhnke, B.(2016). NMC/CoSN horizon report: 2016 K. New Media Consortium.

APTONOVA(2014.11.01.), How to Escape from the Start-up 'Valley of Death', https://aptonova.wordpress.com/2014/11/01/how-to-escape-from-the-start-up-valley-of-death/

Baerg, A.(2017). Big data, sport, and the digital divide: Theorizing how athletes might respond to big data monitoring. *Journal of Sport and Social Issues*, *41*(1), 3-20.

Bernstein, B.(1990). Class, codes and control: Volume, The structuring of pedagogic discourse. London: Routledge.

BIZION 네이버 포스트(2020.03.13.). 피파 게임과 연동되는 아디다스의 '스마트 깔창'. https://m.post.naver.com/viewer/postView.nhn?volumeNo=27720535&memberNo=2950908&vType=VERTICAL

Boyd, D., & Crawford, K.(2012). Critical questions for big data: Provocations for a cultural, technological, and scholarly phenomenon. *Information, communication & society, 15*(5), 662-679.

Casati, F., "Welfare technologies for better living-Italian case study", OECD Roundtable Symposium in Seoul, 2013.

ESPN. 'U.S. golf courses in steady decline'. 12 March 2015, http://www.espn.com/golf/story/_/id/12461331/number-us-golf-courses-steady-decline-says-report.

Hutchins, B.(2016). Tales of the digital sublime: Tracing the relationship between big data and professional sport. *Convergence, 22*(5), 494-509.

IRS Global(2019.10.29.). ICT/정보 통신 IoT, AI를 통해 진화하는 스포츠 - "로봇 코치" 시대의 도래. http://www.irsglobal.com/bbs/rwdboard/14359

Jess Greenwood, Zachary Yorke(2014.7.). Sports Fans and the Second Screen. Thinkwithgoogle.

Johnston, W. A., Hawley, K. J., Plewe, S. H., Elliott, J. M., & DeWitt, M. J.(1990). Attention capture by novel stimuli. Journal of Experimental Psychology: General, 119(4), 397-411.

KBS news(2020.04.28.). 미리 만나 본 KBO '로봇 심판'…인간 심판 대체할까?. http://news.kbs.co.kr/news/view.do?ncd=4435049

Kohlabacher, F., "The business implications of demographic change Lessons from Japan", OECD Roundtable Symposium in Seoul, 2013.

Kurwa, M., Mohammed, A., & Liu, W.(2008). Wearable Technology, Fashioning the Future. Flextronics. Retrieved May 13, 2014.

Lambardo & Broughton(2017.6.5.). Going gray: Sports TV viewers skew older. Sportsbusinessdaily.

Li, M., Hafacre, S., & Mahony, D.(2000). An overview of the sport industry in the United States: A New Perspective. A paper presented at the National American Society of Sport Managers conference. June 1, 2000, Colorado Springs.

Macaulay, T.(2019.03.06.). "소셜 · AR · 스트리밍 기술, 농구 팬 경험 바꾼다." CIO.

Peppler, K., Maltese, A., Keune, A., Chang, S., Regalla, L., & Initiative, M. E.(2015). Survey of makerspaces, part II. Open Portfolios Maker Education Initiative, 1–6.

Pitts, B., Fielding, L. W., & Miller, L. K.(1994). Industry segmentation theory and the sport industry: Developing a sport industry segment model.

Pmg 지식엔진연구소, 시사상식사전, 박문각.

Rhonda Abrams(2016). 창업 이론과 실제(신형덕 역), 시그마프레스.

ROAM Robotics 홈페이지(2020.06.29.). https://www.roamrobotics.com/

Rowland, T. W.(2014). Tennisology: Inside the Science of Serves, Nerves, and On-court Dominance. Human Kinetics.

Ryan, D., "Global Landscape on Active Aging : What Do we Know and What Do We Need? : Global Coalition on Aging", OECD Roundtable Symposium in Seoul, 2013.

Seismic 홈페이지(2020.06.29.). https://www.myseismic.com/

Shank, M.D.(2011). Shank's 스포츠 마케팅(오응수, 신흥범 역). 서울: HS Media.

Sundaram, A.(2019.06.26.), A Stock Exchange for Sneakers is Now Worth $1 Billion and It Just Hired a Former eBay Exec as CEO. CNBC Newsletters.

Teperi, J., "Solutions to Aging Societies", OECD Roundtable Symposium in Seoul, 2013.

Van Dijk, J.(2020). *The digital divide*. John Wiley & Sons.

Wertheim, A. H.(1998). Working in a moving environment. Ergonomics, 41(12), 1845–1858.

Williams, A.(2020.01.28.). Ready For The Virtual Tour De France? Zwift Update Adds New Routes For Upcoming Events. Forbes.

강석오(2017.09.21.). 런타스틱, 과잉 칼로리 섭취 방지 '런타스틱 발란스 앱' 출시. 데이터넷

강선영, 강승애, 정형수(2016). 체육수업 ICT 콘텐츠에 관한 연구

강선영, 강승애, 정형수(2016). 피트니스 IT 현황 및 활성화 방안. 융합보안논문지, 16(4), 63-68.

강승애(2015). 건강관련 스포츠 융합 기술 연구. 융합보안논문지, 15(7), 119-124.

강유석, 이계영(2015). 비디오게임을 활용한 가상 현실 운동프로그램이 발달장애성인의 건강체력 및 신체활동수준에 미치는 영향. 한국특수체육학회지, 23(4), 15-29.

강준호(2005). 스포츠 산업의 개념과 분류. 체육과학연구, 16(3), 118-130.

강준호(2014). "21세기형 황금알을 낳는 스포츠 산업", 경제교육, 2호, 경제정보센터.

경상북도(2019). 『4차 산업 혁명 기반 드론 산업』 국내외 동향연구 보고서

과학기술일자리진흥원(2018a). 클라우드 컴퓨팅 기술 동향. S&T market report. 66(12).

과학기술일자리진흥원(2018b). 웨어러블 디바이스. S&T market report. 61(8).

과학기술정통부 공식 블로그. https://blog.naver.com/with_msip

곽선미(2019.12.17.). 아디다스 獨 · 美 스피드팩토리 폐쇄, 아시아로 컴백. 패션비즈.

교육부, '2015년 소프트웨어 교육 연구학교 운영 계획', 2015.3

교육부, "소프트웨어 교육 활성화 기본 계획", 2016.12

교육부, "학교 무선인프라 구축 확산 추진계획", 2017.4

교육부(2019), 2019 교육정보화백서

권상희(2015.12.17.). 테니스와 IT 결합한 똑똑한 테니스 라켓 나온다. 전자신문.

권혁중, 이도연(2020), 4차 산업 혁명 시대의 기업가 정신과 창업, 교학사.

기정아(2019.01.31.). '지상 최대 돈잔치' 슈퍼볼, 오가는 금액이 무려. 이투데이.

김경한(2019.11.29.). 'G 스위트' 도입… 클라우드 기반 업무 시스템으로 바꿔. 조선일보.

김경호, 장호중(2005). 인터넷 미디어 스포츠 커뮤니티 참여와 에피커시 및 충성도의 관계. 코칭능력개발지, 7(4), 171-179.

김기봉, 한군희(2020). 4차 산업 혁명시대의 디지털 헬스케어 산업에 대한 연구. 융합정보논문지, 10(3), 7-15.

김난도 외(2019), 트렌드 코리아 2020 : 서울대 소비트렌드분석센터의 2020 전망, 미래의 창

김동그라미(2019.07.01.). 미, 헬스테크와 운동기구 시장의 성장. Kotra 해외시장뉴스.

김동욱(2019.07.23.). 세계 최고 가치 프로 구단은? '5조9천 억원' NFL 댈러스. 노컷뉴스.
김동현(2019.10.14.). '천조국' 미국이 자랑하는 4대 스포츠...최고 인기는 NFL. 뉴시스.
김명미(2019). 4차 산업 혁명시대, ICT 스포츠재활과 학교체육 융합방안. 학습자중심교과교육연구, 19(12), 145-156.
김석기, 김승열, 박재호, 김진영, 금동우(2018). IT 트렌드 스페셜 리포트 2019. 한빛미디어
김소형, 김혜민, 이현수(2015). 자기결정이론에 입각한 발달장애아동의 신체활동에 대한 주관성 탐색. 한국특수체육학회지, 23(2), 55-71.
김수현(2019). 아마추어 골퍼들의 재미요인이 골프참여만족에 미치는 영향관계에 대한 연구. 한국외식산업학회지, 15(2), 69-78.
김영학(2017.05.02.), IoT 디지털 트랜스포메이션으로 기업 경영을 바꾸다. ELEC4.
김용만, 박세혁, 전호문(2011). 스포츠마케팅. 경기: 학현사.
김원제(2016). 미디어스포츠 사회학. 서울: 커뮤니케이션북스.
김유겸, 장남경, 윤석균, 배득묵(2018). 스포츠 산업 활성화를 위한 글로벌 환경 분석. 한국스포츠정책과학원, 1-161.
김재필, 이동철(2014). 증강 현실을 활용한 모바일 위치 기반 응용서비스 앱 개발. 한국정보 통신학회논문지, 18(6), 1481-1487.
김정근(2016.09.23.). 기업, 고령사회 진입 무엇을 준비해야 하는가?: Senior Shift & Silver Innovation, 포럼 발표 자료.
김정태(2017). 게임의 미래. 여가와 산업을 넘어 문화와 예술로. 서울: 상상채널.
김정희(2020.05.13.). 4D플레이 소프트뱅크에 5G 영상솔루션 공급. 전자신문.
김종렬(2014.11.24.). 엡손, 골프 스윙 분석 시스템 '엠트레이서' 공개. 노트포럼.
김종화, 임승재(2019.4.12.). [이슈&스토리] 첨단기술 접목하는 프로구단. 경인일보.
김주연(2015.06.18.). 인텔, 스마트 고글 업체 리콘 인수... 웨어러블 공략 박차. 전자신문.
김지연(2015.11.30.). 스마트 센서, 스포츠도 스마트하게. 서울신문.
김지한(2018.05.09.). VR · AR 만난 스크린 스포츠 어느새 5조 원 시장. 중앙일보.
김지한(2019.01.29.). 미국 스포츠 시장은 자동차 산업의 7배. 중앙일보.
김진영(2016.03.15.). 버티컬 O2O(on-Demand) 스타트업 서비스의 진실. 버티컬플랫폼.
김찬룡(2018). 4차 산업 혁명 시대의 스포츠의 변화와 역할. 한국체육학회지, 57(3), 17-27.
김찬룡.(2018). 4차 산업 혁명 시대의 스포츠의 변화와 역할. 한국체육학회지, 57(3), 17-27.
김춘종, 구교만, 황종문(2012). 노인의 신체활동 참여제약에 대한 협상전략 분석. 한국운동재활학

회지, 8(1), 75–88.

김치원(2017.04.25.). 언더아머의 디지털 전략. Health Innovation Forum of Korea. http://hif.co.kr/5469?cat=40

김효정(2020.3.9.). 코로나19로 드러난 '디지털 디바이드'. 주간조선

김희진(2019.01.14.). 우리, 달린다, 첨단과 함께, IT 기술과 스포츠의 만남. 엠코인스토리. https://amkorinstory.com/2968

나무위키(2020.06.23.). HMD. https://namu.wiki/w/HMD

네이버 지식백과(2020.06.25.). CES(세계가전전시회). https://terms.naver.com/entry.nhn?docId=66345&cid=43667&categoryId=43667

노은지(2016). 헬스케어 데이터 시각화 연구: 모바일 헬스케어 서비스를 중심으로. 미간행 석사학위논문, 이화여자대학교 대학원.

대한골프협회(2018). 2017 한국골프지표. 경희대학교 골프연구소.

대한드론축구협회(2020.06.29.). http://dronesoccer.or.kr/

대통령 직속 4차산업 혁명위원회(2018). 4차 산업 혁명 시대에 적합한 미래 교육 프레임 워크와 미래 학교 연구

데일리게임(2018). 박성희 한국외대 교수 "e스포츠는 스포츠의 미래다".

리테일매거진 네이버 포스트(2018.03.19.). 최첨단 미니 스포츠 테마파크 아디다스 강남 브랜드센터. https://m.post.naver.com/viewer/postView.nhn?volumeNo=13839517&memberNo=35694897&vType=VERTICAL

매조미디어(2019). 2019 스포츠 마케팅 트렌드: 스포츠 콘텐츠를 활용한 디지털 마케팅 트렌드 & 사례. https://www.slideshare.net/MezzoMedia/2019-176701428

문병도(2019.10.29.). 운동보상 블록체인앱 림포, 유저수 30만 명 돌파. 뉴스웍스.

문재윤(2015.08.26.). 밀레니얼 세대에 주목한다. 한국패션유통정보연구원. http://www.cft.or.kr/sub/?num=968

문화체육관광부(2015). 여가백서. 서울: 문화체육관광부(문화부).

문화체육관광부(2019). 2018 스포츠 산업 실태조사.

문화체육관광부(2019). 2018 스포츠 산업백서.

민수진(2010). 레저 스포츠 온라인 커뮤니티 속성과 오프라인 조직효과성의 관계. 미간행 박사 학위논문. 한양대학교 대학원, 서울.

박광석(2019.8.30.). LA 다저스, 메이저리거 훈련에 'VR' 도입. INVEN

박광수(2019.05.21.). 구글, 더 날렵해진 디자인...'구글 글래스2' 공개. 중앙일보.

박병진(2018.04.23.). 티엘아이, 스마트 깔창 상용화…프로스펙스에 적용. 지디넷 코리아.

박성건, 이수원, 황영찬.(2017). 소셜 빅 데이터 기반 2016 리우올림픽 축구 관련 이슈 및 인물에 대한 연관단어 분석. 한국체육학회지, 56(2), 303-320.

박수경, 조지연, 이봉규(2015), 클라우드 컴퓨팅 시장 확산을 위한 공급자관점의 선결요인, 한국IT서비스학회지, 14(3), 99-116.

박수경, 한윤규, 이봉규(2014), IoE의 지능형 아키텍처 요구사항 분석, 13(1), 7-18.

박영례(2016.09.26.). ICT · 스포츠기기 융합 '스포츠콘텐츠' 선뵌다. 아이뉴스24.

박장호(2006). 스포츠 산업 동향 및 사례 분석을 통한 효과적인 발전 방안 연구. 미간행 석사학위논문, 성균관대학교 대학원.

박준용(2017.10.05.). 테니스의 패러다임을 바꾼 5가지 혁명. 테니스코리아.

박지호(2014.08.11.). IT 융복합을 통한 학교체육 활성화 방안. 전자신문.

박진만(2018.10.16.). 테니스장 온라인예약 1분만에 마감... 디지털 소외 노인들 한숨만 커진다. 한국일보

백주미, 김화례(2017). ICT 기반 노인건강 증진을 위한 무용 콘텐츠 개발에 대한 제언적 연구. 한국콘텐츠학회논문지, 17(5), 423-429.

변정균, 박용범(2015). Nintendo Wii 복싱게임이 지적장애 학생의 건강체력에 미치는 영향. 한국특수체육학회지, 23(4), 181-191.

부산테크노파크 스포츠융복합사업단(2019.12.13.). 교육과 ICT 기술 접목한 에듀테크 시대…"VR스포츠실로 운동도 하고 공부도 해요!" http://smarthealth.or.kr

부산테크노파크 스포츠융복합사업단(2020.02.06.). 중장년 선호도 1위 스포츠 '골프'에 접목된 첨단기술…거리측정부터 코칭, 모바일 앱까지. http://smarthealth.or.kr

서정욱(2019). 지능형 사물 인터넷 네트워크로의 진화.AI Network Lab Insight. Vol. 3. 한국정보화진흥원

선민규(2019.10.30.). SKT, 5G 기반 골프 서비스 개발한다. 지디넷.

성진혁(2019.04.02.). 카메라 51대 다각도 중계.. 스마트폰서 골라 보고 되돌려 보고. 조선일보.

손우성(2017.09.19.). 호크아이 때문에 ... 테니스 심판, 일자리 흔들?. 문화일보.

스위트케이(2017.09.21.). 빅 데이터로 보는 스포츠 - 스마트볼의 숨은 비밀, 센서의 마술. http://www.sweetk.co.kr

스위트케이(2018.05.02.). 빅 데이터 기반 생활체육 추천 서비스 도입된다. http://www.sweetk.

co.kr

스톡엑스 StockX 홈페이지 https://stockx.com/

신동형(2019). 5G가 만들 새로운 세상, 5G, A.I.와 IoT 등을 포함한 4차 산업 혁명의 Enabler, DNA 플러스 2019. 한국정보화진흥원

신동환, 김정수, 김창원(2019). 청각장애인의 이스포츠 중계방송 및 게임 스트리머 콘텐츠 시청 편의성 증대를 위한 자막 동기화 보정 연구. 한국게임학회지, 19(1), 73-84.

신성훈(2016). 웰니스 분야의 ICT 융합 기술 동향 및 전망. 정보 통신 기술진흥센터, 기획시리즈, 11-22.

양광호, 전칠환, 나인호(2018). 메가스포츠 이벤트를 위한 ICT 익스피어런스 프레임워크 설계 및 적용. 한국지능시스템학회 논문지, 28(3), 287-293.

엄주희(2017). 고령사회를 위한 사물 인터넷 융합 디지털 헬스케어 사용자 경험 디자인 연구. 미간행 박사학위논문, 한양대학교 대학원.

연합뉴스(2018.03.30.). 이도컴퍼니티앤디, 골프 · 야구 스윙분석기 ZEPP2 국내 독점판매.

오수학(2014). IT융복합을 통한 학교체육 활성화 방안. 국회의원 정책세미나 발표집.

오재철(2018.1.26.). 4차 산업 혁명 시대의 스포츠. 아이온커뮤니케이션즈.

와이어드코리아 Wired Kr(2020.06.11.), 분데스리가에 진출한 한국 AI 플랫폼 비프로 11

와이즈맵 네이버 포스트(2019.07.05.). 언더아머가 나이키를 따라잡기 위해 꺼내든 무기는? https://m.post.naver.com/viewer/postView.nhn?volumeNo=22029099&memberNo=38553054&vType=VERTICAL

원영신, 함은주(2010). 미디어 스포츠 플러스. 서울: 도서출판 대경북스.

原田宗彦(2008). 일본의 스포츠 산업: 일과 고용. 국제노동브리프, 6(9), 16-29.

위키백과(2020.06.23.). 스크린 스포츠. https://ko.wikipedia.org/wiki/%EC%8A%A4%ED%81%AC%EB%A6%B0_%EC%8A%A4%ED%8F%AC%EC%B8%A0#%EC%8A%A4%ED%81%AC%EB%A6%B0_%EA%B3%A8%ED%94%84

유동빈(2017). 한국과 일본의 스포츠 산업정책 비교연구. 미간행 석사학위논문, 서울대학교 대학원.

유동훈(2018). 스포츠 산업 활성화와 고용창출 효과. 한국노동연구원.

유민규, 이영석, 2017. SNS와 영상 분석을 활용한 초등체육수업의 실행연구. 한국초등교육, 28(4), 79-92.

유선길(2018). 디지털 헬스케어 주요 기술 개발 및 발전 방향에 대한 연구. 미간행 박사학위논문, 순천향대학교 대학원.

윤기포, 김종표, 김영희, 2018. 미래 ICT 교육을 위한 학교 인프라 구축방향. 한국통신학회 학술대회논문집, 396-398.
이기광.(2015). 한국스포츠 산업의 전망과 과제: 특집 2; 가상 현실과 스포츠. 스포츠과학, 130, 10-15.
이기문(2019.05.23.). 신발 신고 스쿼트했더니… 스마트폰서 "몸 균형 안맞아요". 조선비즈.
이기천(2004). 스포츠교육학: 미래 체육교육에 있어서 가상 현실 기법의 활용 모색. 한국체육학회지, 43(6), 337-347.
이선우, 유정우(2016.09.21.). 스포츠 "O2O 매칭 비즈니스" 쑥쑥 큰다. 한국경제.
이수행, 성영조, 염유경, 정윤철, 김인수(2015). 융· 복합화를 통한 경기도 스포츠 산업 발전 방안. 정책연구, 1-113.
이승훈(2016.3.21.). "삼성, 美서 최대 VR · AR 개발자 대회". 매일경제.
이용균(2015.2.11.). 당신은 지금 황금알을 보고 계십니다. 경향신문.
이용익(2019.3.19.). 프로 야구 '5G 대첩' 막올랐다. 매일경제MBN.
이유혁(2019.01.17.). 신발 끈을 자동으로 조여주는 나이키 어댑트 BB. Early adopter. http://www.earlyadopter.co.kr/120882
이은천(2019). 국내외 특허 정보를 활용한 디지털 헬스케어 관련 핵심기술 도출: 텍스트 마이닝 기법을 중심으로. 미간행 박사학위논문, 경희대학교 대학원.
이재훈(2017.03.15.). 노령화 시대, 스포츠+ICT 융복합이 대세다. 전자신문.
이정선(2019). 사물 인터넷기반 웨어러블 스마트헬스케어 디자인의 방향성에 관한 연구: 스마트밴드를 중심으로. 미간행 박사학위논문, 경희대학교 대학원.
이종서(2018.10.24.). [프로 스포츠와 빅 데이터] '팬심을 찾아라' 빅 데이터와 스포츠마케팅. OSEN.
이주연(2010), 디지털 컨버전스에 따른 m-Biz 활성화 방안, 정보 통신기획평가원.
이진수(2014). 디지털 헬스케어 플랫폼과 주요기업 동향. 보건산업브리프, 한국보건산업진흥원, 140.
이학준.(2018). 4 차 산업 혁명과 더 나은 스포츠. 한국체육학회지, 57(4), 17-28.
이현수, 김소영(2016). 특수체육학에 있어서 증강현실의 효과적인 활용 방향성 제안, 한국특수체육학회지, 24(3), 55-65.
이형배(2018). 모바일융복합헬스케어산업 활성화를 위한 사용자중심의 Autopoiesis(自己創出)에 대한 사례연구 및 고찰. 미간행 박사학위논문, 성균관대학교 대학원.
임수정(2020). 美 스포츠 경제 손실 14조...유럽축구마저 2조 피해. 이코노미조선.

임정재(2016). 헬스케어 개념을 적용한 휘트니스센터 공간 계획에 관한 연구. 미간행 석사학위논문, 홍익대학교 건축도시대학원.

임종헌, 유경훈, & 김병찬(2017). 4차 산업 혁명 사회에서 교육의 방향과 교원의 역량에 관한 탐색적 연구. [KEDI] 한국교육, 44(03), 0-0.

임희석, 유길상(2012). 스마트 교육을 위한 세계의 ICT 활용 동향. 한국정보기술학회지, 10(1), 37-43.

장하나(2020.04.22.). 작년 해양 안전 앱 '해로드'로 302명 조난자 구했다. 연합뉴스.

전성범, 이명철, 이철원(2017). 기술수용모델(TAM) 을 통한 여가스포츠 참여자의 여가제약협상과 O2O(Online to offline) 스포츠 매칭 플랫폼 수용 관계 분석. 한국체육학회지, 56(4), 523-535.

전성범, 임진선, 이철원(2016). UTAUT 모델을 통한 여가스포츠 참여자의 스포츠몰입과 웨어러블 디바이스 수용 간의 관계. 한국체육학회지, 55(5), 291-306.

전황수, 김현탁(2020). 국내외 모션센서 기술 동향. 정보 통신기획평가원. 주간기술동향, 1942호 16-26.

정부 보도자료(2016), 제4차 산업 혁명에 대응한 지능정보사회 중장기 종합대책

정부연(2018). 웨어러블 디바이스 시장 현황과 전망. 정보 통신정책연구원.

정재영, 김영갑(2015). 스포츠 영상 내 자동적인 광고 삽입을 위한 저정보영역 추출. 한국디지털콘텐츠학회논문지, 16(4), 615-622.

정재영, 김종하(2017). 스포츠 영상 내에서 자동적인 가상 광고 삽입을 위한 다층퍼셉트론 기반의 저정보 영역 검출. 한국디지털콘텐츠학회논문지, 18(1), 71-77.

정준영(2003). 열광하는 스포츠 은폐된 이데올로기. 서울: 책세상. pp. 48-51.

정창화 · 김종선 · 김태균 · 이창현 · 진변석(2017), 쉽게 풀어쓴 창업의 이해, 창민사.

조희찬(2019.10.31.). 보이스캐디, SK텔레콤과 5G ICT사업 업무협약 체결. 한국경제.

줌 이글루(2020.06.26.). 아디다스, 모바일 앱 기업 인수...디지털 헬스사업 진출. http://egloos.zum.com/joonpdda/v/1142275

중소벤처기업부, K-Startup, https://www.k-startup.go.kr

지식산업정보원(2016), 스마트 팩토리 구축 기술/시장전망 실태분석, 지식산업정보원 R&D 정보센터.

차종환(2015.11.27.). 골프, ICT옷 입고 똑똑하게 치자. 정보 통신신문.

채민선(2019.06.18.). 제조업 위기, 한국형 디지털 트랜스포메이션. 중기이코노미.

채수웅(2018.02.12.). [2018 평창] 공항서 경기장까지…AR 길안내 서비스 'AR Ways' 호평. 디지털데일리.

천종문(2017). 쉽게 배우고 함께 나누는 SMART 체육수업. 한국스포츠교육학회, 17, 60-63.

천제민(2019). 4차 산업 혁명 기술과 스포츠 환경의 변화. 주간기술동향. 1862호.

최기성(2018.10.12.). 제이퍼스트게임즈, 'AI 축구 해설가' 서비스 개발. 매일경제.

최정호, 이제욱(2019). 가상 · 증강 현실 기반 e스포츠의 스포츠화를 위한 입법 개선방안 연구. 스포츠엔터테인먼트와법, 22(1), 109-127.

최진영, 고유상, 이승철, 강찬구, 최우석(2011). 헬스케어 3.0: '건강수명'시대의 도래, 삼성경제연구소.

최철환(2019). 자기결정성(Self-Determination) 이론으로 바라본 한국골프산업: 연령에 따른 골프 참여 동기와 재미의 차이를 중심으로. 골프연구, 13(2), 91-104.

콘텐타매거진(2019), Z세대가 온다, 그들은 누구일까요. http://magazine.contenta.co/2019/08/z%EC%84%B8%EB%8C%80-%EA%B7%B8%EB%93%A4%EC%9D%80-%EB%88%84%EA%B5%AC%EC%9D%BC%EA%B9%8C%EC%9A%94/

태스 네이버 블로그(2019.05.22.). 구글 글래스 2(Google Glass2) 엔터프라이즈 에디션 공개. https://blog.naver.com/mchoi0602/221544267238

통계청(2013). 스포츠 산업 특수 분류 V1.0

통계청(2013). 스포츠 산업 특수 분류 V2.0

통계청(2013). 스포츠 산업 특수 분류 V3.0

편집부(2017). 디지털 헬스케어 국가전략. 포럼보고서, 1-201.

플랫커머스 Platcommerce(2020.01.20.), 비즈니스 인큐베이터 정의 http://blog.naver.com/PostView.nhn?blogId=platcommerce&logNo=221779060398

하봉우(2014.06.21.). 스포츠 동호인들, '한 게임할 팀 찾으세요?'. 시빅뉴스,

한국e스포츠협회(2019). e스포츠 20년사(2008~2017). 서울 : 겜툰.

한국경제연구원 보도자료(2019), 유니콘 기업 육성하려면 투자 막는 규제부터 풀어야.

한국교육학술정보원, "교육정보화 백서", 2017

한국디자인진흥원(2010), 첨단 융합 산업과 디자인 산업 적용, 디지털 컨버전스: 미래를 바꾸는 키워드. 기획포커스 매거진.

한국인터넷진흥원(2017). 클라우드 정보보호 안내서

한국정보 통신 기술협회(2015). ICT 시사상식 2015.

한국정보화진흥원(2019). 2018 디지털 정보 격차 실태 조사

한국콘텐츠진흥원(2018). [대한민국 콘텐츠산업 2018년 결산과 2019년 전망] 자료집

한현수(2014). 실버 ICT 동향과 정책적 시사점. Journal of Information Technology Applications & Management, 21(4), 501–516.

함지현(2019.10.04.). 구매력 커지는 '액티브 시니어'…"나를 위해 쓴다". 이데일리.

허종호(2020.04.06.). "兆단위 중계권료 날아간다" EPL 등 빅리그 취소 않고 연기 거듭. 문화일보.

허지윤(2020.04.28.). 주거공간에 '사물 인터넷+인공 지능' 플랫폼 결합 '스마트홈'으로. 조선비즈.

현대경제연구원(2016), 국내외 스타트업 현황과 시사점, VIP Report 654, 1–17.

홍석윤(2019.11.13.). 아디다스 3년 만에 로봇공장 문닫는 이유는. 이코노믹리뷰.

황한솔(2020). 스포츠 ICT와 융복합트렌드. 스포츠과학, 150, 14–19.

황현정, 황용석(2017). 노인집단내 정보격차와 그에 따른 삶의 만족도 연구: 가구구성형태 효과를 중심으로. 사회과학연구,24(3), 359–386.

황희정(2013). 유헬스의 새로운 접근, 웰니스 표준현황과 발전 방향. TTA Journal, 145, 50–54.

저자 약력

이봉규 | 연세대학교 정보대학원 교수

- 연세대학교 상경대학 졸업 / 경제학 전공
- Cornell University, Dept. of CRP (MS)
- Cornell University, Dept. of CRP (Ph.D)
- 주요 경력: 연세대학교 방송통신정책연구소장(현), 학술정보원장(전), 정보대학원 원장(전), 정보통신부 통신위원회 위원(전), 한국인터넷정보학회 회장(전)

이철원 | 연세대학교 스포츠응용산업학과 교수

- 연세대학교 체육교육학과 졸업
- 연세대학교 대학원 석사 / 스포츠심리학 전공
- The Ohio State University / 레저학 전공 (Ph.D)
- 주요 경력: 연세대학교 체육위원회 위원장(현), 한국질적탐구학회 회장(현), 한국여가레크리에이션학회 회장(전)

강희엽 | 연세대학교 스포츠응용산업학과 강사

- 한국체육대학교 사회체육과 졸업
- 연세대학교 대학원 석사 / 레저학 전공
- 연세대학교 대학원 박사 / 레저학 전공
- 주요 경력: 숭실대학교 평생교육원, 명지전문대학교 강사(전)

박수경 | 연세대학교 정보대학원 연구교수

- 성신여자대학교 정치외교학과 졸업 / 정치학 전공
- 연세대학교 정보대학원 석사 / IT 정책 · 산업 전공
- 연세대학교 기술경영학 박사 / 경영학 전공
- 주요 경력: 연세대학교 일반대학원 · 한성대학교 경영학과 · 서경대학교 경영학과 강사(전)

사혜지 | 한국외국어대학교 특임강의 교수, 홍익대학교 산업스포츠학과 겸임교수

- 고려대학교 사회체육학과 졸업
- 연세대학교 대학원 석사 / 레저학 전공
- 연세대학교 대학원 박사 / 레저학 전공
- 주요 경력: 연세대학교, 한국외국어대학교 강사

이민석 | 연세대학교, 경민대학교 강사

- 연세대학교 스포츠레저학과 졸업
- 연세대학교 대학원 통합과정 박사 / 레저학 전공
- 주요 경력: e스포츠 커뮤니티 PGR21 운영진(2014~현재)

전성범 | 연세대학교, 세종대학교, 경민대학교, 서강대학교 강사

- 세종대학교 호텔관광경영학부 졸업
- 연세대학교 대학원 석사/ 레저학 전공
- 연세대학교 대학원 박사/ 레저학 전공
- University of Alberta 박사/ Faculty of Kinesiology, Sport, and Recreation

정유진 | 국제사이버대학교 객원교수

- 국민대학교 체육학 / 체육교육학 졸업
- 연세대학교 대학원 석사 / 레저학 전공
- 연세대학교 대학원 박사 / 레저학 전공
- 주요 경력: 국제스포츠전략위원회(ISF) 국제협력팀 팀장(前), 2018평창동계올림픽대회조직위원회 입장권기획팀 매니저(前)

조지연 | 연세대학교 방송통신정책연구소 전문연구원, 연세대학교 스포츠응용산업학과 강사

- 단국대학교 경영학부 졸업 / 경영학, 경영정보학 전공
- 연세대학교 정보대학원 석사 / IT 정책 · 산업 전공
- 연세대학교 정보대학원 박사 / 정보통신 · 미디어 산업/ 정책 전공
- 주요 경력: 연세대학교 일반대학원 · 단국대학교 경영학과 강사(전)

스포츠 산업과 ICT

저자 이봉규 · 이철원 · 강희엽 · 박수경 · 사혜지 · 이민석 · 전성범 · 정유진 · 조지연 **펴낸곳** 청송미디어
주소 서울시 서대문구 연세로 50 **전화** 02) 2123-3380~2
팩스 02) 2123-8673 **등록** 2016년 5월 9일 (제25100-2016-37호) **인쇄** (주)동국문화
발행 2020년 11월 10일 1판 1쇄 2023년 3월 24일 1판 2쇄

ISBN 979-11-89042-10-3 (93690)

값 28,000원

http://press.yonsei.ac.kr ysup@yonsei.ac.kr

청송미디어는 연세대학교 출판문화원의 패밀리브랜드입니다.